JOSÉ GUMILLA Y
LA HISTORIA TERRITORIAL Y SOCIAL DE LA ORINOQUIA.
SIGLOS XVII Y XVIII

Cuadernos publicados

1. *Reflexiones sobre la organización territorial del Estado en Venezuela y en la América Colonial*. Allan R. Brewer-Carías, Caracas 1997, 311 pp.
2. *Reflexiones sobre el constitucionalismo en América*. Allan R. Brewer-Carías, Caracas 2001, 436 pp.
3. *Libertades y emancipación en las cortes de Cádiz de 1812*. Aguiar Asdrúbal, Caraca, 2012, 211 pp.
4. *El Olvido de los Próceres*. Giovanni Meza Dorta, Caracas 2012, 127 pp.
5. *El desempeño del sistema judicial venezolano en el marco histórico de 1810 a 2010*, Carlos J. Sarmiento Sosa, Caracas, 2015, 310 páginas.
6. *Sobre el constitucionalismo hispanoamericano pre-gaditano 1811-1812*, Allan R. Brewer-Carías, Caracas, 2013, 432 pp.
7. *Sobre Miranda entre la perfidia de uno y la infamia de otros y otros escritos*, Allan R,. Brewer-Carías, Caracas, 2016, 302 pp.
8. *La aculturación misional en la Orinoquía. Del poblado indígena a la reducción-municipio*, Caracas 2017, 380 pp.
9. *José Gumilla y la historia territorial y social de la Orinoquia. Siglos XVII y XVIII*, Caracas, 2018, 302 pp.

© José Del Rey Fajardo S.J.
email: jdelrey@ucab.edu.ve
ISBN: 978-980-365-442-9
Depósito Legal: DC2018001904

Impresión por Lightning Source, a INGRAM Content company
para su distribución por: Editorial Jurídica Venezolana International Inc.
Panamá, República de Panamá
ejvinternational@gmail.com

Editorial Jurídica Venezolana
Sabana Grande, Av. Francisco Solano, Edif. Torre Oasis, Local 4, P.B.
Apartado Postal 17.598, Caracas 1015-A, Venezuela
Teléfonos: 762.2553/762.3842 - Fax: 763.5239
E-mail fejv@cantv.net
http://www.editorialjuridicavenezolana.com.ve

Diagramación, composición y montaje
por: Francis Gil, en Time New Roman 12,5, Interlineado: Exacto 16
Mancha 18 x 11,5

José del Rey Fajardo, S.J.

JOSÉ GUMILLA Y LA HISTORIA TERRITORIAL Y SOCIAL DE LA ORINOQUIA. SIGLO XVII y XVIII

Colección Cuadernos de la Cátedra Fundacional
Charles Brewer Maucó, Sobre Historia del Derecho.
Universidad Católica Andrés Bello

Nº 9

Editorial Jurídica Venezolana
Caracas, 2018

ÍNDICE

Nota del autor a la segunda edición	11
Resumen	13
Introducción	15

Proemio: Los jesuitas y las raíces de la venezolanidad 27

I.	El reto fundacional	28
II.	Las raíces profundas de la Compañía de Jesús	32
III.	La oferta americana de la Compañía de Jesús	35
IV.	La República de las Letras	37
V.	El Proyecto Orinoquia y sus indígenas	39
VI.	Sembrados en la venezolanidad	46

Capítulo I: Marcos Referenciales 51

I. Las Misiones Jesuíticas orinoquenses en el marco de la defensa de la territorialidad venezolana 52

    1. El contexto histórico europeo y su acción americana 52

    2. El contexto neogranadino y la Provincia de Guayana 55

    3. La problemática misional llanero-orinoquense... 58

    4. Las misiones jesuíticas 63

    5. Las visiones geopolíticas 63

        a) *La visión de la continentalidad.* 64

        b) *La vocación Atlántica.* 65

        c) *El imperialismo Caribe y el eclipse de las visiones misionales.* 66

	d)	*El siglo XVIII y la batalla final contra el imperialismo Caribe*	68
	e)	*El descubrimiento del Casiquiare y la nueva frontera.*	72
	f)	*El Tratado de Límites de 1750 y el ocaso de la acción jesuítica en la Orinoquia.*	75
6.		**El poblamiento, la reducción y la cultura reduccional**	79

Capítulo II: La personalidad de José Gumilla........................ 93

I.   **Biografía (1686-1750)** 93
II.   **La obra escrita de José Gumilla** 106
    1.   **Filología** 107
    2.   **Historia** 111
        a)   *La Historia de la misionalización de la gran familia betoy* 112
        b)   *Biografía del P. José Cavarte* 115
        c)   *Biografía del P. Juan Rivero* 120
    3.   **Memoriales y Cartas** 123
        a)   *La problemática Caribe y la defensa del Orinoco* 123
        b)   *Problemas territoriales* 133
III. **Bibliografía Gumillana** 152

Capítulo III: El Orinoco ilustrado y su visión de la Orinoquia... 163

I.   **La visión previa de la Orinoquia** 165
II.   **El contenido del primer *El Orinoco ilustrado*** 167
III. **El tercer *Orinoco ilustrado* y la gran década jesuítica orinoquense (1741-1751)** 188
IV. **Gumilla y la preilustración** 197

Capítulo IV: Las ideas de José Gumilla en el Diseño de Venezuela como nación 201

    1. **El Proceso fundacional de Venezuela como nación** 202
    2. **La geopolítica jesuítica en la Sudamérica colonial** 207
    3. **Las visiones geopolíticas** 211
    4. **El contexto americanista de la obra de José Gumilla** 216
    5. **José Gumilla descubridor científico de la Orinoquia** 219
    6. **El gran proyecto gumillano y la futura Venezuela** 222

Capítulo V: Gumilla y la cartografía orinoquense 233
    Visión geo-histórica 233
    La cartografía gumillana 239

Anexos 253
    Mapa N° 1 253
    Mapa N° 2 254
    Mapa N° 3 (Parte I) 255
    (Parte II) 256
    (Parte III) 257
    Mapa N° 4 258

Archivos y Bibliografía 259

NOTA DEL AUTOR A LA SEGUNDA EDICIÓN

A los efectos de esta segunda edición de mi obra *sobre José Gumilla y la Historia territorial y social de la Orinoquia en los siglos XVII y XVIII* me ha parecido útil indicar como escueta guía para enmarcar el tema del libro, lo siguiente:

Las coordenadas que limitan los espacios temporales de este hecho histórico corren de 1661 a 1767.

Y la extensión geográfica de la Orinoquia jesuítica, tras los convenios y concordias misionales de 1662, 1732, 1734 y 1736, significaba un territorio equivalente a unos 800 mil kilómetros cuadrados. Pero en 1764, la corona española apartaría de las zonas objeto de estudio de la Expedición de Límites de 1750 a los jesuitas venezolanos y les trazaría, como frontera sur, el Raudal de Maipures.

Por otra parte, el número promedio de misioneros que mantuvo la Compañía de Jesús en las reducciones casanareñas fue de 10 hombres. Cuando se abren las circunscripciones de los ríos Orinoco y Meta el índice subió a 23.

La denominada la "gran Orinoquia" la constituían durante el dominio hispánico las siguientes entidades: Guayana y su Provincia, el Llano colombo-venezolano, la intensa biografía colonial del río Orinoco y la mirada expansiva de las Provincias de Venezuela y de la Nueva Andalucía. A ello habría que añadir los intentos expansionistas de naciones extranjeras como Holanda, Francia, Inglaterra y Brasil que trataremos en su debida oportunidad.

Por otra parte, la Provincia del Nuevo Reino de Granada de la Compañía de Jesús nace en 1604 pero su expansión misional en tierras guayanesas se plantea en 1646 y tendrá vigencia hasta 1767 cuando es expulsada por el Rey Carlos III de todos sus dominios. Por lo tanto el aporte jesuítico se inicia en 1646.

Mayo, 2018

RESUMEN

La presente investigación pretende adentrarse en la historia territorial y social de la gran Orinoquia a lo largo de los siglos XVII y XVIII vista por uno de sus protagonistas como fue el misionero José Gumilla. Se inicia el estudio con la visión de la "República cristiana" que fue el proyecto humano y social de más aliento que llevaron a cabo jesuitas en estas regiones. El primer capítulo se adentra en los marcos referenciales que se presentan como dos puntos de referencia a fin de poder ubicar tanto el tema de la territorialidad como el de la referencia al contexto social en la gran Orinoquia. Los cuatro capítulos restantes se explican por sí mismos. El segundo estudia la Personalidad de José Gumilla. El tercero se centra en el análisis del El Orinoco ilustrado y su visión de la Orinoquia. El cuarto está dedicado a las Ideas de José Gumilla en el diseño de Venezuela como nación. Y el último está dedicado a la Cartografía orinoquense.

Palabras clave: Orinoquia. Gumilla. Historia territorial y social. Cartografía.

Abstract:

This research aims to delve into the territorial and social history of the great Orinoquia throughout the seventeenth and eighteenth centuries View by one of its protagonists as was the missionary José Gumilla. The study began with the vision of the "Christian Republic" which was the most humane and social project that took Cabo Jesús in these regions. The first chapter delves into the frames of reference that are presented as two points of reference for locating power in the great Orinoquía. The remaining four chapters are self-explanatory. The second study the Personality of José Gumilla. The third focuses on the analysis of the illustrated Orinoco and its vision of the Orinoquia. The fourth is dedicated to the Ideas of José Gumilla in the design of Venezuela as a nation. And the last one is dedicated to the Orinocan cartography.

Key words: Orinoquia. Gumilla. Territorial and social history. Cartography.

INTRODUCCIÓN

Siempre supone un reto interpretar el mundo intelectual y simbólico de los hombres que llevaron a cabo el proyecto misional en las tradicionalmente denominadas Misiones de Casanare, Meta y Orinoco.

Por todo ello no le resulta fácil al historiador moderno poder asomarse a las provincias del espíritu que inspiran la acción de los hombres de una orden religiosa y por ello hay que recurrir a la Identidad y Memoria histórica pues ambas deben iluminar el *élan vital* que se genera entre los miembros de cualquier institución que desea gozar de las intuiciones fundacionales tanto en el tiempo como en el espacio.

En verdad, durante los tiempos coloniales, las fronteras de lo inédito y de lo desconocido significaban, en un Estado "in fieri", un reto no sólo para la audacia sino también para toda experiencia que propiciase el desarrollo.

En consecuencia, desentrañar "la historia de las fuerzas subterráneas del ideal" que Ignacio quiso dejar en herencia a sus seguidores supone asomarse a los misteriosos encuentros que sostuvo con Dios, pues en definitiva toda revolución comienza en el silencio de un corazón iluminado.

En efecto, la disponibilidad del jesuita de los siglos XVI, XVII y XVIII para participar e integrarse en todos los frentes de la ciencia y la cultura hizo que dejaran honda huella en la historia de las gentes. Pero como anota Rafael Olaechea: "Huellas y efectos que causaban, por igual, la admiración y el odio, la oposición y el respeto, la reticencia, la apología o la calumnia (pero nunca la indiferencia) como jamás los ha producido ninguna agrupación católica, al igual que tampoco ninguna ha recibido tantos ataques por parte de los adversarios de la Iglesia católica, ni ha conocido en el interior de ésta tantos sinsabores y humillaciones, incluida la mayor de todas: su supresión en 1773"[1].

Pero, cómo explicar la coexistencia de hombres sabios en medio de la barbarie más absoluta como era el caso de la gran Orinoquia?

El seguidor de Ignacio de Loyola que se insertaba en esas recónditas regiones eran hombres que la universidad los había profesionalizado para

---

1 Rafael OLAECHEA, "Historiografía ignaciana del siglo XVIII". En: Juan PLAZAOLA (Edit.). *Ignacio de Loyola y su tiempo*. Bilbao (1992) 66.

ser ciudadanos de una comunidad cultural internacional, pero en los espacios misionales debían adquirir otra ciudadanía mental bien ajena en muchos aspectos a los arquetipos vividos y presentidos.

En este momento de tránsito de la academia a la vida real es necesario formularse una nueva pregunta. ¿Cómo y dónde adquirió el jesuita orinoquense los "saberes misionales" que le obligarían a interpretar no sólo los laberintos de las etnias y sus lenguas sino además a construir la reducción como proyecto de futuro?

En una primera respuesta podemos afirmar que, fuera de la formación intelectual de la que hemos hablado más arriba, la Compañía de Jesús neogranadina sólo pudo entregar a sus hombres una mística convencida del reto que asumían frente a los indígenas llaneros y orinoquenses y a su hábitat inhóspito y agresivo.

El número de miembros de la Compañía de Jesús que integra la acción evangelizadora en las demarcaciones antes mencionadas ofrece un universo aproximado de 153 misioneros[2].

Pero la vida en la geografía misional significaba un cambio profundo en la existencia del jesuita y requería además una extrema capacidad de adaptación que no era asequible a todos. El hostigamiento de la naturaleza, las privaciones, la soledad, el entorno adverso y a veces hostil e incluso la muerte, así como otras causas motivaron que algunos se derrumbaran física o psicológicamente. Ello hizo que casi un 43,79% de los misioneros durara entre 1 y 4 años en tierras casanareñas u orinoquenses. Entre 5 y 9 años el 20,26 %. Entre 10 y 14 años el 13,07% y más de tres lustros el 22,88%. Así pues, sólo una cuarta parte superó los tres quinquenios.

Llama la atención el hecho de que una cuarta parte de los hombres que sumergieron su existir entre las etnias llaneras y orinoquenses provenían de Italia, Francia, Alemania, Austria, Bohemia y Yugoeslavia. Este mosaico de nacionalidades y de concepciones de la vida, de cultura y de ciencia es natural que generaran un pluralismo a veces difícil, pero siempre beneficioso, en la búsqueda de la "otredad indiana".

---

2 Para quien desee verificar la afirmación, puede consultar: José del REY FAJARDO. *Bio-bibliografía de los jesuitas en la Venezuela colonial*. San Cristóbal-Santafé de Bogotá. 1995.

Las tres cuartas partes restantes las configuraron miembros de la Orden provenientes de todos los reinos de España (casi un 43%) y también un diciente porcentaje de jesuitas criollos (casi un 31%)[3].

Y la iniciación en los saberes misionales se llevaría a cabo, en cada caso, mediante la convivencia junto a un misionero experimentado quien debía adiestrar al novicio en la lengua y en la carta de navegar en el mar de las reducciones.

Esta ingente tarea la podemos circunscribir a tres grandes actitudes que en definitiva medirían su capacidad para crear, imitar e improvisar el porvenir.

La *primera* hace relación a la flexibilidad para trascender los modelos culturales adquiridos a fin de poder adoptar otros nuevos. Pensamos que la familiaridad con las literaturas clásicas facilitó la gestación de una apertura mental hacia la comprensión de los nuevos horizontes habitados por las lenguas, las mitologías y las concepciones de vida de las naciones a las que servían.

Asimismo, tanto europeos como criollos habían vivido, a su manera, los cambios de mentalidad producidos bien en sus sociedades respectivas, bien en el imperativo de las ciencias, bien en el orden social y económico que trataba de imponerse, bien en las polémicas religiosas.

De las ciudades renacentistas traían los europeos en su mente la trilogía descrita por Adolf Muschg: la Iglesia como el lugar de la verdad religiosa; el Ayuntamiento como arena para la res publica; y la Plaza del Mercado como espacio para el intercambio de los bienes económicos. Pero, esta concepción del espacio y del hombre se sustentaba sobre las exigencias de equilibrio impuestos por la filosofía de lo social: cuando el balance entre Religión, Política y Economía se desequilibraba, se iniciaba el camino hacia la servidumbre, la cual podía adoptar muy diversas máscaras[4].

La experiencia universal de la Compañía de Jesús creó un modelo que se basaba en la persuasión y en la simbiosis de las culturas y, en consecuencia,

---

3 *Nacionalidad de los misioneros*: Españoles: 65 (42,48%); Neogranadinos: 47 (30,72); Italianos: 18 (11,76); Alemanes: 10 (06,54); Belgas: 05 (03,27); Franceses: 03 (01,96); Austríacos: 02 (01,31); Bohemios: 02 (01,31); Yugoeslavos: 01 (00,65). Total: 153.
4 Warnfried DETTLING, "Was heisst Solidarität heute". En: *Die Zeit*, 27 Dezember, 1996, pag., 1.

debía interpretar y asimilar el conocimiento de los particularismos locales, la maestría técnica de las lenguas y las reglas sociales[5].

La armonización y "criollización" de estos principios tuvo una epifanía en la República guaranítica del Paraguay con la consiguiente reinvención del paisaje y del espacio en medio de la selva, concretizado en una ciudad civilizadora y racional[6]. Por todo ello algunos comparan el régimen de la reducción con las abadías benedictinas de la Edad Media, sólo que el claustro era suplantado por la selva.

Este juicio de valor, que proviene de un crítico del arte, formula la última síntesis de lo que en realidad trataron de practicar los jesuitas en sus misiones: elevar los actos de los hombres a sacramentos salvando así el abismo que media entre las necesidades humanas y su satisfacción. Por eso, añade: "A través del rito acompaña la vida con un aparato que es esencialmente <mundano>, sin embargo, para quienquiera, tiene la capacidad espiritual de trascenderlo, llenándolo de significados misteriosos y <superiores>, de manera que concilia las ceremonias con ciertas difíciles aspiraciones del alma e infunde a las necesidades vitales cierto arrebato que parece trascenderlas y casi destruir su imperiosa necesidad"[7].

En la cosmovisión reduccional se cultiva una trilogía compuesta por liturgia, fiesta y trabajo y de esta forma la mundanidad alcanza un valor estético y así divorcia el utilitarismo del ser que la practica.

Estamos ante la ritualización del tiempo y del espacio mediante los actos y contenidos litúrgicos. En este contexto la plaza mayor asume un significado idealizador y su cúspide se centra en la iglesia.

En *segundo término*, la "razón de estado" les induciría a los jesuitas a superar la tensión entre los ideales religiosos de la evangelización y los procesos de "mundanización" que debía transformar las poblaciones misionales.

---

5 Claude BLANCKAERT. "Unité et altérité. La parole confisquée". En: Claude BLANCKAERT (Edit.). *Naissance de l'ethnologie?*. Paris, Les Editions du Cerf (1985) 15.

6 Archivo de la Provincia de Quito. Leg., 3. Instrucción y órdenes dadas por el Padre Provincial Rodrigo Barnuevo para los Padres Andrés Ignacio y Alonso Fernández para la misión de la Guaiana donde son enviados por la santa obediencia en 4 de junio de 1646. El documento ha sido publicado por José DEL REY FAJARDO. Documentos jesuíticos relativos a la Historia de la Compañía de Jesús en Venezuela. Caracas. II (1974) 153-156.

7 Humberto MORRA. *Coloquio con Berenson*. México, Fondo de Cultura Económica (1968) 213-214.

Cuando Berenson establece que la Iglesia católica ha sido dispensadora de "mundanidad", opinamos que interpreta el valor de su pedagogía cultural y espiritual como categoría integradora de los opuestos.

En ella todo debe ser majestuoso pues se ha convertido en el lugar sagrado para el intercambio entre la palabra de Dios y la respuesta del hombre.

En la forma asistimos a una socialización ritualizada. Guardando las debidas distancias se puede aseverar de la Orinoquía algo parecido a lo que expresa Lacouture para el Paraguay: que la religiosidad teatral de la Compañía de Jesús se entrelaza con el "barroquismo salvaje de los neófitos, con un resabio de militarismo español y de paganismo de la selva"[8].

El triunfalismo de las ceremonias religiosas se mueve entre el espectáculo y la oración, entre la vistosidad y el recogimiento interior, entre la nostalgia del pasado y el misterio del porvenir. Por esta razón se estudian al detalle los movimientos de masas y se someten a ritmos en los que alternan la fiesta con la devoción y por ello están envueltos en incienso, cánticos, chirimías, danzas, altares, arcos de triunfo y procesiones.

La monotonía de la cotidianidad debe ser continuamente rota por la fiesta y la liturgia. Lo religioso en un mundo no festivo equivalía a trivializar la vivencia superior y a despojarle del brillo que constituye su vida propia. Como apunta Jensen: "la representación sacra es algo más que una realización aparente, y también algo más que una realización simbólica, porque es mística. En ella algo invisible e inexpresado reviste una forma bella, esencial, sagrada"[9]. Por ello adquiere un gran relieve la estudiada periodización de la vida reduccional en la que los contenidos de los ciclos vitales de la etnia son asumidos, insertados, o refundidos, a través del culto y de la ritualización, en los ciclos litúrgicos cristianos de forma tal que el hombre y el tiempo se hagan festivos.

Mas, el proceso aculturador es muy lento. Los mayores añoran sus antiguos lares pero se sienten atrapados por el acoso circular de caribes, guahivos y chiricoas, guaypunabis y europeos. Cada vez más el retorno a la

---

8   Jean LACOUTURE. *Jesuitas*. 1. *Los conquistadores*. Barcelona-Buenos Aires-México, Ediciones Paidós (1993) 530.
9   A. E. JENSEN, *Mito y culto entre pueblos primitivos*. México, Fondo de Cultura Económica (1966) 65.

selva conlleva mayores problemas de seguridad y subsistencia. Y el misionero debe estar convencido de esta alternancia en la conducta social de su reducción. En última instancia es un abismo lo que separa la prehistoria de la historia.

Mientras tanto se intensifica la esperanza en la educación de los niños, conscientes de que habrá que esperar, por lo menos, hasta la tercera generación[10]. Sólo la convicción de esta realidad y la responsabilidad consiguiente se convierten en dogma para volver a comenzar de nuevo todo el proceso.

La tercera contempla la remodelación de la identidad del misionero por las imposiciones de la mundanidad. Gobernar una ciudad "in fieri" suponía adquirir y poner en práctica una serie de labores gerenciales que las debía aprender in situ[11].

Quizá uno de los retos más difíciles para el misionero fue el de conjugar la puesta en marcha del aparato productivo y la ruptura en la conducta del indígena del binomio falta de necesidades-ausencia de actividad.

La tradición misional en los Llanos de Casanare había experimentado con éxito algunos principios fundamentales. La intensificación y mejoramiento de la agricultura "conduce al buen estado de las poblaciones"[12]. Además, el criterio del autoabastecimiento fomentó la necesidad de la preindustria con su consiguiente acompañamiento de las artes manuales sobre todo de la fragua[13], los telares[14], la carpintería[15], y la pintura[16].

---

10 Agustín de VEGA. Noticia del Principio y progreso del establecimiento de las Missiones de Gentiles en el Río Orinoco... En: José del REY FAJARDO. Documentos jesuíticos relativos a la Historia de la Compañía de Jesús en Venezuela. Caracas. 11 (1974) 107.

11 Una imagen del misionero orinoquense la trazó el Provincial Mateo Mimbela al describir la acción del P. José Gumilla: "... porque olvidado de sus lucidos talentos que pedían ocupaciones de mayor lustre, valiéndose de sus buenas habilidades y tomando sobre sí las ocupaciones de muchos oficiales, servía de carpintero, albañil, alarife, escultor, pintor, jugando con tal primor los instrumentos de cada arte, como si hubiera sido ese el único empleo de toda su vida". (AGI. Santafé, 298. Relación formada por el P. Mateo Mimbela).

12 GILIJ. Ensayo de Historia americana..., III, 67.

13 GUMILLA. El Orinoco ilustrado, 515: "El atractivo más eficaz para establecer un pueblo nuevo y afianzar en él las familias silvestres es buscar un herrero y armar una fragua, porque es mucha la afición que tienen a este oficio, por la grande utilidad que les da el uso de las herramientas, que antes ignoraban".

14 GUMILLA. Ob. cit., 515: "No importa menos buscar uno o más tejedores de los pueblos ya establecidos para que tejan allí el hilo que traen ellos, porque la curiosidad los atrae a

En este marco de realizaciones no es de extrañar que la mundanización como valor estético promoviera en los indígenas opciones más altas de cultura como lo demuestra el misionero de La Encaramada, P. Felipe Salvador Gilij, para quien el descubrimiento de un pueblo músico le lleva a concluir que se puede convertir en música una nación[17].

También la preocupación social requiere espacios importantes en la planificación misional. Las viudas, los huérfanos, los ancianos y los enfermos constituyen el otro rostro de la comunidad al que hay que sostener y atender. Esto explica la función social de las haciendas[18] y la sanitaria de las boticas[19] y la hospitalaria cuando los hombres, tiempos y lugares lo permitían[20].

Pero si nos ceñimos al tema de la presente investigación afirmamos que pretende estudiar la historia territorial y social de la gran Orinoquia a lo

---

ver urdir y tejer, y ver vestidos a los oficiales y a sus mujeres les va excitando el deseo de vestirse y se aplican a hilar algodón". Sin embargo, anotará de su reducción el P. Gilij (*Ensayo de Historia americana*..., III, 64-65): "No pude nunca conseguir, dados los cambios de los tiempos, introducir la de tejer, que por lo demás se halla en todas las antiguas reducciones".

15   GILIJ, Ensayo de Historia americana..., III, 65.
16   Juan RIVERO, *Historia de las Misiones de los Llanos de Casanare y los ríos Orinoco y Meta*. Bogotá (1956) 449: "... los muchachos más hábiles de manos se aplican al oficio de pintor, uno de los cuales sabe ya buscar la vida con sus pinceles, vendiendo a los españoles varias imágenes de santos". GILIJ, *Ob. cit.*, III, 65: "... saben embellecer muy bien las iglesias, coloreándolas con varias tierras y con jugos de algunas plantas".
17   GILIJ, *Ensayo de Historia Americana*. Caracas, III (1965) 64. GUMILLA, *El Orinoco ilustrado y defendido*, 515. Véase: Alfred E. LEMMON, "Jesuits and Music in the Provincia del Nuevo Reino de Granada". En: *Archivum Historicum Societatis Jesu*. Roma, XLVIII (1979) 149-160.
18   Edda O. SAMUDIO A. "Las haciendas jesuíticas de las Misiones de los Llanos del Casanare, Meta y Orinoco". En: DEL REY FAJARDO (Edit.), *Misiones jesuíticas en la Orinoquia*. San Cristóbal, I (1992) 776-777.
19   Agustín VEGA, *Noticia*, 105. Refiriéndose al misionero dice: "... un amoroso Padre de familia, que tiene prevención de medicinas, quantas puede adquirir, y el libro de mayor importancia después de los necesarios, que nunca les falta, es alguno de medicina".
20   De la misma forma que contrataban maestro de música se esforzaban en conseguir, dentro de sus posibilidades, médicos. El P. Dionisio Mesland, cuando en 1653 llegó a Guayana se trajo consigo a Renato Xabier "... cirujano y médico y hace las más curas y medicinas con mucha /ilegible/ de interés y los pobres los cura de balde y aun los sustenta en su casa mientras los esta curando y que asimismo tiene una botica donde saca los recados para las medicinas necesarias sin ningún interés..." (Archivo Nacional de Chile, *Jesuitas*, 226. *Renato Xabier y el Sargento Guido Behle vecinos de la ciudad de Santa María de Rosa ante vuestra merced parecemos... y decimos que a nuestro derecho conviene que vuestra merced mande se nos saque un tanto autorizado...* [Pauto, marzo de 1678]).

largo de los siglos XVII y XVIII. Y como es natural abarca a su principal protagonista el P. José Gumilla.

El año 1741 hacía acto de presencia de forma súbita un personaje totalmente desconocido en el mundo del pensamiento europeo. Su nombre era José Gumilla y provenía de las confusas tierras del mítico Dorado y su aporte era el libro intitulado *El Orinoco ilustrado* (Madrid, 1741)[21].

Esta obra conocía la luz pública juntamente con la del P. Joseph Cassani. *Historia de la provincia de la Compañía de Jesús del Nuevo Reyno de Granada*[22] que se erige como la primera visión histórica escrita sobre los jesuitas en tierras neogranadinas. La presentación de José Cassani, en su condición de miembro fundador de la Real Academia [23], y por su polifacética obra escrita [24], su posición al frente de la cátedra de matemáticas en el Colegio Imperial de Madrid y su autoridad científica y literaria[25] constituían en ese momento el mejor aval para la publicación que ofrecía el jesuita misionero en 1741.

Su momentáneo éxito se debió al aval del reconocido cofundador de la Real Academia José Cassani y por ello tuvo pronto una enorme repercusión en el mundo europeo. Para citar tan sólo un ejemplo ilustrativo: en los tres lustros que separan la segunda edición (1745) de *El Orinoco ilustrado* y *defendido* del año 1760, aparecieron en Francia extensas síntesis y estudios que venían a hacerse eco de la problemática planteada por la curiosa sagacidad del misionero jesuita[26]. En última instancia, las semillas del gran

---

21 José GUMILLA. *El Orinoco ilustrado y defendido*. Caracas, (2ª edición de la Academia Nacional de la Historia). 1993.

22 Joseph CASSANI. Historia de la provincia de la Compañía de Jesús del Nuevo Reyno de Granada en la América: descripción y relación exacta de sus gloriosas misiones en el Reyno, llanos, meta, y río Orinoco, almas y terreno que han conquistado sus misioneros para Dios. Madrid, En la Imprenta y Librería de Manuel Fernández, 1741.

23 Constacio EGUIA RUIZ. "El P. José Cassani, cofundador de la Academia española". En: *Boletín de la Academia española*. Madrid, XXII (1935) 7-30.

24 José Eug. De URIARTE y Mariano LECINA. Biblioteca de escritores de la Compañía de Jesús pertenecientes a la antigua Asistencia de España desde sus orígenes hasta el año de 1773. Madrid, II (1930) 143-151.

25 Gabriel BOUSEMART. Carta del Padre Gabriel Bousemart, Rector del Colegio Imperial de Madrid, para los Padres Superiores de la Provincia de Toledo, sobre la religiosa vida, y virtudes del Padre Joseph Cassani, difunto el día doce de noviembre de 1750. [Madrid, 1750].

26 Mémoires pour l'Histoire des Sciences et des beaux Arts, commencés d'être imprimés l'an 1701 a Trevoux et dédiés a son Altesse Sérénissime Monseigneur le Prince Souverain de Dombes.

Proyecto Orinoquia ya se habían dispersado por todo el mundo occidental gracias a *El Orinoco ilustrado*.

Por otro lado, tampoco conviene olvidar el liderazgo que ejerció el hijo de Cárcer en la gestión de los territorios llaneros y orinoquenses desde 1715 a 1737. Así lo demuestra su obra escrita que, cronológicamente penetra unos 7 lustros, y literariamente los temas más variados: Geografía, etnología, misionología, filología, antropología, historia y áreas paralelas.

De igual forma, se hizo presente por sus planteamientos misionales tanto ante las autoridades locales como ante las santafereñas e hispanas así como también por los conflictos con las autoridades que dirigían la Expedición de Límites de 1750[27].

Además, también hay que señalar que hay historiadores que ubican a Gumilla dentro del grupo generacional de escritores-misioneros de ese espacio temporal (entre los años 1715 y 1767) pero nosotros opinamos que se debe considerar como anterior a todo el grupo y en cierto sentido como su inspirador.

A Paris, Chez Chabert:
- (1747) Oct. Dec., pp. 2.319-2.345, 2.501-2.524.
- (1748) Jan. Mar., pp. 27-53, 189-191.
- (1759) Mar.-Avril, PP. 623-640.

Année Littéraire, année M.DCC.LVIII par M. Fréron, des Académis d'Angers, Montauban, de Nancy, de Marseille et de Caen.
A Amsterdam. Et se trouve a Paris chez Michel Lambert.
- (1758) Tom. VI, pp. 327-350.
- (1758) Tom. VII, pp. 73-92.

Journal encyclopédique par une société de gens de lettres, dédié a Son Alt. Ser. et Emin. Jean Théodore, Duc de Baviére, etc....
A Liege, de l'Imprimerie du Bureau du journal.
- (1759) Tom. I, part. 3, pp. 73-84.
- (1759) Tom. II, part. 1, pp. 82-100.

Journal Étranger ou notice exacte et détaillée des ouvrages des toutes los nations étrangéres, en fait d'arts, des sciences, de litterature, etc., par M. Fréron, des Académies d'Angers, de Montauban et de Nancy.
A Paris, chez Michel Lambert.
- (1756) Janvier, pp. 3-46.

Journal des savants combiné avec les Mémoires de Trévoux.
A Amsterdam, chez Marc Michel Rey.
- (1758) Sept.-Oct. PP. 353-359.

27 Daniel de BARANDIARAN. "El Orinoco amazónico de las Misiones jesuíticas". En: José DEL REY FAJARDO (Edit.). *Misiones jesuíticas en la Orinoquía*. San Cristóbal, II (1992) 129-360.

Así lo demuestra el siguiente cuadro del siglo XVIII: el binomio clásico: Juan Rivero[28] y José Cassani[29]. Las corrientes nuevas: José Gumilla[30] y Agustín de Vega[31]. Los inéditos: Roque Lubián[32] y Manuel Román. Las obras desconocidas del autor del *Orinoco Ilustrado* (Madrid, 1741). Y la literatura de los expulsos Felipe Salvador Gilij[33] y Antonio Julián[34].

---

28   Juan RIVERO. Historia de las Misiones de los Llanos de Casanare y los ríos Orinoco y Meta. Bogotá, Biblioteca de la Presidencia de Colombia, 1956.
29   Joseph CASSANI. Historia de la provincia de la Compañía de Jesús del Nuevo Reyno de Granada en la América: descripción y relación exacta de sus gloriosas missiones en el Reyno, llanos, meta, y río Orinoco, almas y terreno que han conquistado sus mi sioneros para Dios. Madrid, En la Imprenta y Librería de Manuel Fernández, 1741.
30   José GUMILLA, José. *El Orinoco ilustrado.* Historia Natural, Civil y Geographica, de este Gran Río, y de sus caudalosas vertientes: Govierno, usos, y costumbres de los indios sus habitantes, con nuevas y utiles noticias de Animales, Arboles, Aceytes, Resinas, Yervas, y Raíces medicinales: Y sobre todo, se hallarán conversiones muy singulares a nuestra Santa Fé, y casos de mucha edificacion. *Escrita* por el P. Joseph Gumilla, de la Compañía de Jesús, Mi sionero, y Superior de las Mi siones del Orinoco, Meta, y Casanare, Calificador, y Consultor del Santo Tribunal de la Inquisición de Cartagena de Indias, y Examinador Synodal del mismo Obispado, Provincial que fue de su Provincia del Nuevo Reyno de Granada, y actual Procurador a entrambas Curias, por sus dichas Mi siones y Provincia. Madrid, por Manuel Fernández, 1741, XL (sin foliar)-580 + 19 de índices.
31   Agustín VEGA, Agustín de *Noticia del principio y progresos del establecimiento de las Mi siones de gentiles en la río Orinoco por la Compañia de Jesús.* Estudio introductorio: José del Rey Fajardo sj y Daniel de Barandiarán. Caracas, Academia Nacional de la Historia, 2000.
32   *Historia del Orinoco.* (AIUL. Papeletas: Lubián, Roque: "En fol. Dispuesta para la imprenta. Al morir la dejó al P. Manuel Balzátegui y de ella se aprovechó el P. Antonio Julián para las dos disertaciones que trae en los pags. 119-142 de *La Perla de América...*". Antonio JULIÁN. *La perla de América provincia de Santa Marta.* Bogotá (1951) 168-169). También incluimos un texto del Archivo Nacional de Chile. *Jesuitas*, 446. En un Inventario de la biblioteca de la Procura de la Provincia del Nuevo Reino, hecho a raíz de la expulsión de 1767 se lee: "Otro legajo, encuadernado, en folio, manuscrito, con el título de Historia de las conquistas de españoles y descubrimiento de naciones, reducciones de infieles en el río Orinoco, a cargo de la Religión de la Compañía, por el P. Juan Ribero y el P. Thomas de Casabona".
33   Felipe Salvatore GILIJ.. Saggio di Storia Americana, ossia Storia Naturale, Civile e Sacra dei Regni, e delle provincie Spagnole di Terraferma nell'America meridionale. Scritta dall'Abate Filippo Salvatore Gilij e consacrata alla Santità di N. S. Papa Pio Sesto felicemente regnante. Tomo I. Della storia geografica e naturale della provincia dello Orinoco. Roma MDCCLXXX. Per Luigi Perego Erede Salvioni, Stampatore vaticano nella Sapienza. 8º, XLIV-399 pp. Tomo II. De' Costumi degli Orinochesi. Roma, MDCCLXXXI. 8º, XVI-399 pp. Tomo III. Della religione e delle lingue degli Orinochesi, e di altri Americani. Roma, MDCCLXXXII. 8º, XVI-430 pp. Tomo IV. Stato presente di Terra-Ferma. Roma, MDCCLXXXIV. 8º, XX-498 pp.
34   Antonio JULIÁN. La Perla de América, Provincia de Santa Marta, reconocida, observada y expuesta en discursos históricos por Don Antonio Julián. Madrid, por Don Antonio de Sancha, 1787.

La estructura de la investigación que hoy presentamos consta de dos capítulos introductorios y cuatro que pretenden analizar e interpretar la temática de la que hemos hablado más arriba.

Iniciamos con el capítulo: "Los jesuitas y las raíces de la venezolanidad". Varias razones nos obligan a introducir este proemio.

La primera es netamente histórica. Venezuela tal como hoy la conocemos se consagró el año 1777 -10 años después de la expulsión de los jesuitas de toda América- con la territorialidad que hoy define su carácter de nación. Esta nueva organización territorial integraba de las siguientes provincias: Margarita (1525), Venezuela (1528), La Nueva Andalucía (1568), Guayana (1568) y la de Mérida-La Grita y Maracaibo (1676)[35].

La segunda, al no gozar de autonomía propia también desde el punto de vista jesuítico siempre dependió de la Provincia del Nuevo Reino de Granada hemos juzgado conveniente que este libro se inicie con una visión de los valores y dimensiones de la Compañía de Jesús.

A los mundos del nuevo continente la nueva Orden religiosa trató de dotarlos con la mejor red de colegios, base del humanismo que produjo la "República de las Letras". Ésta hizo acto de presencia en las ciudades de Mérida, Maracaibo y Caracas. La "República cristiana", en las soledades del Llano y en lo profundo de la Orinoquia, fue el proyecto humano y social de más aliento que llevaron a cabo jesuitas en estas regiones y se puede calificar como *Una utopía sofocada*[36].

Todavía más, algunos de los jesuitas expulsos se convertirían en colaboradores del Precursor de la Independencia. Y fue Francisco de Miranda quien publicó, en 1799, el librito del exjesuita Juan Pablo Viscardo y Guzmán[37] *Lettre aux Espagnols Américains* (publicado en Londres y no como dice la portada en Filadelfia) y en 1801 conocería la luz pública en castellano: *Carta dirigida a los españoles americanos por uno*

---

35 Para el estudio jurídico véase: Allan R. BREWER-CARIAS. *La ciudad ordenada*. Madrid, Instituto Pacual Madoz. Universidad Carlos III de Madrid. Boletín Oficial del Estado, 1997.

36 J. DEL REY FAJARDO. Una utopía sofocada: Reducciones jesuíticas en la Orinoquia. Caracas, 1998.

37 C. E. RONAN. "Viscardo y Guzmán, Juan Pablo". En: Charles E. O'NEILL y Joaquín Mª. DOMÍNGUEZ, *Diccionario histórico de la Compañía de Jesús*, Roma-Madrid, IV (2001) 3986-3988.

de sus compatriotas, escrito que tuvo una gran difusión en tierras americanas[38].

De esta suerte no sólo se habían sembrado en las raíces de la venezolanidad sino que también se sembraron en el primer idealismo independentista y republicano.

El segundo capítulo estudia los marcos referenciales que se presentan como dos puntos de referencia a fin de poder ubicar tanto el tema de la territorialidad como el de la referencia al contexto social en la gran Orinoquia.

Los cuatro capítulos restantes se explican por sí mismos. El segundo estudia la Personalidad de José Gumilla. El tercero se centra en el análisis del *El Orinoco ilustrado* y su visión de la Orinoquia. El cuarto está dedicado a las Ideas de José Gumilla en el diseño de Venezuela como nación. Y el último está dedicado a la Cartografía orinoquense.

Anrtes de concluir esta Introducción juzgamos conveniente alertar al lector de que a veces se repiten algunos pequeños conceptos pero hemos juzgado necesaria esta advertencia porque pensamos que ilustran el contexto.

Creo que es un deber de justicia expresar mi gratitud a la Sra. Marleni Lozano por la preparación del manuscrito para su debida publicación.

Caracas, enero de 2018

---

38 Todavía Miranda publicó un extracto en inglés en *The Edinburgh Review*, enero de 1809.

PROEMIO:

LOS JESUITAS Y LAS RAÍCES DE LA VENEZOLANIDAD

El día 15 de agosto de 1534, en el barrio parisino de Montmartre, siete intelectuales se reúnen para comprometerse en una gran aventura: "la búsqueda de algo inmenso"[39]. Con todo, habría que esperar a 1540 para que el Papa Paulo III, con la bula *Regimini militantis ecclesiae* (27 de septiembre de 1540), les confiriera la carta de ciudadanía dentro de la Iglesia católica.

Casi 5 siglos más tarde, el escritor francés Michel Rondet, percibe a las tres principales personalidades de ese encuentro histórico de la siguiente manera: a Ignacio de Loyola como un hombre de la Edad Media quien al percibir los retos de la modernidad decidió buscarla en la Universidad de París porque era la más célebre de Europa y la más internacional de su tiempo. A Francisco de Javier como el hombre de las nuevas fronteras en el siglo de los grandes descubrimientos. Y a Pedro Fabro, como el infatigable peregrino del diálogo y de la reconciliación en Italia, España, Francia y Alemania, quien merecería figurar entre los patronos de Europa[40].

Sin embargo, el anglicano inglés Jonathan Wright plantea su juicio sobre la Compañía de Jesús de la siguiente manera: "… nunca ha existido una historia única de los jesuitas, ni un *ethos* jesuítico único que invite sin más vuelta de hoja al elogio o a la reprobación global, sino que en el mito y el antimito, en las caricaturas rivales del jesuita como un energúmeno de la religión y del jesuita como un héroe de santidad, en sus altibajos de cara a la consideración general es donde se encuentra la esencia de la Compañía"[41].

---

39 Jean LACOUTURE. *Jesuitas. I. Los conquistadores*. Barcelona-Buenos Aires-México. Edciones Paidis (1993) 106.
40 Michel RONDET. "Ignace-François Xavier-Pierre Favre". En: *Études*. Paris. (Juin 2006) 786-795.
41 Jonathan WRIGHT. *Los jesuitas*. Una historia de los <soldados de Dios>. Santa Perpetua de Mogola (Barcelona) (2005) 24.

I. El reto fundacional

El imaginario trazado por los siete doctores de la Sorbona viviría en tres lustros tan profundas transformaciones que es necesario analizar las causas de esta explosión expansiva ciertamente inaudita. En verdad, pocos mapas fundacionales de Ordenes religiosas han vivido la violencia de los cambios iniciales como el de la Compañía de Jesús.

Si el diseño inicial de 1540 ofrece un programa de acción, noble pero humilde, cómo explicar que en 1556 –fecha de la muerte del fundador- la geografía conceptual de la Compañía de Jesús plantee retos tan ciclópeos como los que se pueden percibir del legado que dejaba Ignacio de Loyola a través de sus 938 miembros, de un centenar de residencias y de casi 50 colegios y universidades[42] distribuidos en tres mundos: Europa, Asia y América.

Dos acciones imprevistas trazarían la historia del éxito de la recién fundada corporación religiosa y la identificarían con los ideales de los nacientes Estados nacionales y con los nuevos espacios del deseo de una sociedad totalmente nueva: las empresas misioneras en los nuevos mundos y el asumir la educación como factor trascendental de cambio.

El primer reto se ubica en las geografías recién descubiertas en Asia y América. Con visión culturalista escribe Fernando García de Cortázar que el legado de Francisco de Javier "forma parte de la mejor historia viajera de los jesuitas, que ha impregnado al resto de la humanidad de ideas y valores y que con sus personajes y sus obras ha enriquecido el patrimonio universal y sin cuya aportación nuestro mundo no sería el mismo"[43].

Ciertamente que el periplo por el mundo oriental llevado a cabo por el jesuita navarro, quien en 11 años recorrió la India, Malaca, parte de Indonesia, Japón y le sorprende la muerte, en 1552, a las puertas de China por donde pensaba regresar a Roma siguiendo los pasos de Marco Polo[44],

---

42 Luce GIARD. Les jésuites à la Renaissance. Paris (1995), p. XIII. László PORGAR. Bibliographie sur l'histoire de la Compagnie de Jesús 1901-1980.
43 Fernando GARCIA DE CORTAZAR. "Algo más que un aventurero. 500 años del nacimiento de San Francisco Javier". En: SIC. Caracas, n°., 684 (2006) 165.
44 Félix ZUBILLAGA. Cartas y escritos de San Francisco Javier. Madrid. Biblioteca de Autores Cristianos, t. 101 (1979) 30-34.

traza "la insólita carrera evangelizadora de Javier [que] constituyó la primera gran historia de éxito de los jesuitas"[45].

Pareciera que el joven doctor parisino asimiló vivamente, en su infatigable caminar asiático, la existencia de sociedades avanzadas y religiones bien establecidas lo que le llevaría a plantear a sus seguidores que sólo la ciencia y la inculturación podían definirse como los caminos nuevos para llegar al fin propuesto[46].

En verdad este Ulises de la fe cristiana en las Indias orientales abrió la puerta a una monumental producción geográfica que recoge en parte la *Bibliothèque* de Sommervogel[47] y que se inspira en las Constituciones de la Compañía de Jesús cuando establece que "el bien cuanto más universal es más divino"[48].

Para el siglo XVII los seguidores de Ignacio de Loyola habían levantado visiones geográficas en América desde las Los Grandes Lagos hasta Chile y Paraguay; en África desde Etiopía hasta Madagascar y en Asia desde la India hasta China y Japón.

En una panorámica de altura[49] podríamos señalar a Pedro Páez (1564-1622)[50] como el primer europeo en llegar a las fuentes del Río Nilo (1618)

---

45 Jonathan WRIGHT. *Los jesuitas*, 14.
46 Félix ZUBILLAGA. *Cartas y escritos de San Francisco Javier*. Madrid. Biblioteca de Autores Cristianos, t. 101 (1979) 30-34.
47 Carlos SOMMERVOGEL. *Bibliothèque de la Compagnie de Jésus*. París, XI, 1932. Sólo para las Misiones recoge la bibliografía que se extiende desde la columna 1221 a la 1366. Y conviene completar esta información con la bibliografía anual que publica la Revista *Archivum Historicum S.I.* del Instituto Histórico de la Compañía de Jesús en Roma. El tema está todavía vigente como lo demuestra el libro Juan PLAZAOLA (Edit.). *Jesuitas exploradores, pioneros y geógrafos*. Bilbao. Ediciones Mensajero, 2006.
48 Ignacio IPARRAGUIRRE, Cándido de DALMASES y Manuel RUIZ JURADO. *Obras de San Ignacio de Loyola*. Madrid, Biblioteca de Autores Cristianos, 1991. El texto se encuentra en la Parte VII de las Constituciones, [n°., 622] que reza: "Porque el bien quanto más universal es más divino, aquellas personas y lugares que, siendo aprovechados, son causa que se estienda el bien a muchos otros que siguen su autoridad o se gobiernan por ellos, deben ser preferidos. Asi la ayuda spiritual que se hace a personas grandes y públicas (ahora sean seglares como Principes y Señores y Magistrados o administradores de justicia, ahora sean ecclesiásticos como perlados) y la que se hace a personas señaladas en letras o auctoridad, debe tenerse por más de importancia, por la mesma razón del bien universal....". (pag., 597).
49 Charles E. O'NEILL, "Geografía". En: Charles E. O'NEILL y Joaquín Mª DOMINGUEZ. *Diccionario histórico de la Compañía de Jesús*. Roma-Madrid, 2 (2001) 1712-1714.
50 Philip CARAMAN, "Páez, Pedro". En: Charles E. O'NEILL y Joaquín Mª DOMINGUEZ. *Diccionario histórico de la Compañía de Jesús*. Roma-Madrid, 3 (2001) 2946

y una década después Jerónimo Lobo (1595-1678)[51] dejaría para la posteridad la descripción del Nilo Azul. Y en Madagascar y Mozambique hay que reseñar a Luis Mariana (1582-1634)[52].

Para algunos historiadores el más extraordinario de los exploradores jesuitas fue el H. Benito de Goes (1562-1707)[53] quien, para buscar unas comunidades siro-nestorianas, salió de Agra en 1602 y tras atravesar Afganistán y por la ruta de la seda llegó a Catay en diciembre de 1605. Y sus viajes vinieron a probar que las tierras de "Catay" y China eran lo mismo. El H. Gaspar Gómez (1552-1622)[54] fue uno de los primeros exploradores de las islas Malucas en 1592. Y Antonio Andrade (1580-1634)[55] visitó dos veces el Tibet, en 1625 y en 1626-1629 y así lo dio a conocer en su libro *Novo descobrimento do Gram Cathayo ou reinos do Tibet* (1626). Y así podríamos seguir con la brillante página de China[56].

Si nos circunscribimos a América hacemos nuestras las consideraciones de Manuel Aguirre Elorriaga quien al afirmar que la "historia de los grandes ríos americanos está vinculada de modo singular, y por extraña y persistente coincidencia, a grandes misioneros, escritores y descubridores jesuitas"[57] estaba estableciendo una simetría histórica entre los caminos acuáticos de la geografía americana y la presencia de miembros de la

---

51 Philip CARAMAN y Hubert JACOBS. "Lobo, Jerónimo". En: Charles E. O'NEILL y Joaquín Mª DOMINGUEZ. *Diccionario histórico de la Compañía de Jesús*. Roma-Madrid, 3 (2001) 2404.

52 Angel SANTOS. "Mariana (Mariano). Luis". En: Charles E. O'NEILL y Joaquín Mª DOMINGUEZ. *Diccionario histórico de la Compañía de Jesús*. Roma-Madrid, 3 (2001) 2507.

53 John CORREIA-AFONSO y Nancy M. GETTELMAN. "GOES (GÓIS), Bento de". En: Charles E. O'NEILL y Joaquín Mª DOMINGUEZ. *Diccionario histórico de la Compañía de Jesús*. Roma-Madrid, 2 (2001) 1765-1766.

54 Hubert JACOBS. "Lobo, Jerónimo". En: Charles E. O'NEILL y Joaquín Mª DOMINGUEZ. *Diccionario histórico de la Compañía de Jesús*. Roma-Madrid, 2 (2001) 1773.

55 Richard F. SHERBURNE. "Andrade, Antonio de". En: Charles E. O'NEILL y Joaquín Mª DOMINGUEZ. *Diccionario histórico de la Compañía de Jesús*. Roma-Madrid, 1 (2001) 160-161.

56 Véase: Joseph SEBES y John W. WITEK. "China". En: Charles E. O'NEILL y Joaquín Mª DOMINGUEZ. *Diccionario histórico de la Compañía de Jesús*. Roma-Madrid, 1 (2001) 776-787.

57 Manuel AGUIRRE ELORRIAGA. *La Compañía de Jesús en Venezuela*. Caracas (1941) 3.

Compañía de Jesús que supieron legar a la posteridad la biografía de las grandes arterias de los mundos descubiertos por Colón[58].

La empresa misionera se evidenció vital para la forja de la identidad jesuita y en un contexto expansionista a una escala mundial sin precedentes. Evangelización basada en la tecnología, continuada por varios generaciones de astrónomos, cartógrafos y artistas, a la que se unirían los lingüistas, etnólogos, antropólogos, historiadores y literatos.

Con sobrado optimismo recogerá la *Imago primi saeculi* el ímpetu creador de las primeras generaciones jesuíticas al incluir una ilustración que rezaba: *unus non sufficit orbis*, un solo mundo no basta[59].

La segunda intuición fue la visión del valor transformador de la educación. Y para ello disponía de un ordenamiento de los estudios experimentado en Europa, América y en algunas partes de Asia: Nos referimos a la ya reconocida internacionalmente *Ratio Studiorum*[60].

La Ratio era un sistema educativo innovador adaptado a la demanda social y política de la época que se encaminaba a la producción y circulación del saber y a la formación de ciudadanos cultos, probos y virtuosos. Consistía en una tarea comunitaria para preparar la modernidad, pues significaba la inserción en el mundo cultural de un talento colectivo de innovación que tenía conciencia de los mecanismos exigidos por una empresa fuera de lo común de capitalización intelectual y de organización institucional a escala internacional. Y como confiesa Luce Girad se "puede avanzar que la Compañía de Jesús fue, antes que la Academia del Cimento o la Royal Society, la primera verdadera sociedad científica"[61].

De esta forma se convirtieron los jesuitas en los regentes de la instrucción de la juventud europea, americana y en parte asiática y ello los situó en las encrucijadas de la historia civil y la religiosa. Todavía más, los conflictos religioso-políticos de la Europa de la fe les haría asumir la tarea

---

58 Francisco MATEOS. "Antecedentes de la entrada de los jesuitas españoles en las Misiones de América". En: *Missionalia Hispanica*, Madrid (1944) 109-166.
59 Ioannes BOLLANDUS. Imago primi saeculi Societatis Iesu a Provincia Flandro-Belgica eiusdem Societatis repraesentata. Amberes, 1640.
60 Eusebio GIL CORIA (Edit.). *La pedagogía de los jesuitas, ayer y hoy*. Madrid, Universidad Pontificia de Comillas, 2002.
61 Luce GIARD. *Les jésuites à la Renaissance*. Paris (1995), p. XXV.

de formar a una proporción notable del clero secular europeo: alemán, húngaro, griego e inglés.

La trascendencia de esta decisión fue tan fundamental que la Orden "enseñante"[62] lo fue no sólo de la palabra hablada sino también, y muy especialmente, de la escrita, es decir, de la "publicística", inigualable palestra intelectual para la sociedad del conocimiento[63].

II. Las raíces profundas de la Compañía de Jesús

Pero es necesario buscar una explicación a las raíces profundas de este gran hecho histórico. En consecuencia, hay que llegar a las interpretaciones genuinas más allá de las visiones y los estereotipos en que se mueven defensores y detractores.

La historiografía actual ha rechazado los esquemas interpretativos tradicionales de esta polémica histórica del Occidente para afrontarlos sin la presión de las ideologías políticas o religiosas[64]

Al estallar la reforma protestante tanto Roma como Lutero detectan la necesidad de la cristianización de las masas y la espiritualización del sentimiento religioso, al decir de Jean Delumeau[65]. Por ello ambas iglesias tratan de renovar las obsoletas estructuras medievales así como las actitudes religiosas generadas por el cansancio de una religiosidad anquilosada. Este esfuerzo restaurador les hace buscar a las dos Reformas los caminos de la modernidad[66]. Y la Compañía de Jesús que antes era significada como el símbolo de la reacción conservadora pasa a ser

---

62 Pedro LETURIA. "Perché la Compagnia di Gesù divenne un Ordine insegnante". En: *Gregorianum*. Roma. 21 (1940) 350-382.

63 Para ello, véase: Carlos SOMMERVOGEL. *Bibliothèque de la Compagnie de Jesús*. Bruxelles-Paris, 1890-1932, 11 vols.

64 Seguimos aquí el interesante artículo de: Agostino BORROMEO. "Ignacio de Loyola y su obra a la luz de las más recientes tendencias historiográficas". En: Quintín ALDEA (Ed.). *Ignacio de Loyola en la gran crisis del siglo XVI*. Bilbao, Universidad Complutense-Mensajero-Sal Terrae, S/f [1991] 321-334.

65 Jean DELUMEAU. *Le catholicisme entre Luther et Voltaire*. París (1979) 247. Citado por Agostino BORROMEO. "Ignacio de Loyola y sobra a la luz de las más recientes tendencias historiográficas". En: Quintín ALDEA (Ed.). *Ignacio de Loyola en la gran crisis del siglo XVI*. Bilbao, Universidad Complutense-Mensajero-Sal Terrae, S/f [1991] 327.

66 W. REINHARD. "Gegenreformation als Modernisierung? Prolegomena zu einer Theorie des konfessionellen Zeitalters". En: *Archiv für Reformationsgeschichte*, 68 (1977) 226-252. Citado por Agostino BORROMEO. "Ignacio de Loyola...", 337.

considerada ahora como la imagen de la modernidad dentro de la Iglesia católica por su eficiente organización, su sistema pedagógico, por su red de colegios y universidades, por sus originales métodos misioneros y por su búsqueda de las masas en toda Europa.

Además tras la ruptura de la unidad religiosa de la Cristiandad se impone la era de la "Confesionalización" en donde las confesiones luchan por generar una nueva identidad no sólo en sus instituciones sino también en los modelos de comportamiento y en las prácticas religiosas[67] porque de ello depende su nueva biografía.

A partir del Renacimiento lo religioso, cultural, social y político se invaden mutuamente y es la autoridad estatal la que pretende imponer su autoridad política sobre la base de la confesionalización. Y para ello recurre al concepto de "disciplinamiento social" requisito imprescindible sobre el que se construirá el Estado absoluto de la época moderna [68]. El ordenamiento religioso se vincula al político y al social y tiene como objetivo la uniformización de las conductas con rituales y símbolos comunes a la Iglesia y al Estado.

En este contexto se inserta la obra del vasco visionario pues él y sus compañeros inventaron una Orden religiosa que no es propiamente una Orden sino una "Compañía" que además se convierte en una corporación internacional, apoyada sobre el Papa y reconocida por las nuevas nacionalidades a las que presta sus servicios[69].

¿Cómo explicar entonces la gran revolución que experimenta la Iglesia católica con el modo de proceder jesuítico cuando su fundador y arquitecto inicia la transformación de la sociedad por el hombre individual y concreto?

Ha sido el catedrático de Historia de la Iglesia de la Universidad de Innsbruck, Hugo Rahner, quien se introducido en el alma de este enigma histórico: "A Ignacio y a su obra los entienden tan sólo el que penetra en la

---

67 Wolfgang REINHARD. "Konfession und Konfessionalisierung in Europa". En: Wolfgang REINHARD. *Bekentniss und Geschichte*, Manchen (1981) 165-189.

68 W. SCHULZE. "Gerhard Oestereichs Begriff <Sozialidisziplinierung> in der frühen Neuzeit". En: *Zeitschrift für historische Forschung*, 14 (1987) 265-302. Citado por: A. BARTOLOMEO. "Ignacio de Loyola...", 328.

69 Dominique BERTRAND. "Ignace de Loyola et la politique". En: Juan PLAZAOLA (Edit). *Ignacio de Loyola y su tiempo*. Bilbao (1992) 713.

hondura escondida donde las ingentes fuerzas de su vida activa quedan sueltas en el íntimo encuentro con Dios. La acción de Ignacio y de su Orden en la Iglesia, en política, en cultura, en su misión por todo el mundo es en último término un resultado de su vida espiritual. Pues los grandes hechos de la historia comienzan siempre en el centro silencioso de un corazón"[70].

Así pues, la obra de Ignacio de Loyola resulta en cierto sentido inclasificable para los teóricos del cambio histórico y social pues tuvo la audacia y la visión de proponer la transformación de la sociedad a través de una experiencia inédita: la "reforma interior e individual". El principio es cartesiano pues sólo mediante la auto-reforma se podría lograr la reforma de los demás. Así pues, si la cabeza de la iglesia se sometiera a este principio pronto el cuerpo sentiría y adoptaría la mejora[71].

Pero además, el fundador de la Compañía de Jesús es el hombre convencido del poder del discernimiento, de un discernimiento que es interpelado tanto por la convicción como por la responsabilidad y traducido en palabras más reales necesita tanto de la mística como de la política[72].

De esta forma, la clave del éxito para la reforma interior debía medirse en la práctica con dos actitudes de tensión espiritual sin las cuales no puede darse ningún compromiso: el deseo de señalarse en el servicio (que es el magis) a Dios y a los hombres y el discernimiento como mejor opción para la elección correcta y liberadora.

El valor de la elección lo clarificó la aguda inteligencia de Baltasar Gracián: "No hay perfección donde no hay elección" porque vivir es saber elegir y no son suficientes ni el estudio ni la inteligencia sino que se imponen el buen gusto y el juicio recto. La elección tiene dos ventajas: "poder escoger y elegir lo mejor. Muchos con una inteligencia rica y sutil,

---

70 Hugo RAHNER. Ignacio de Loyola y su histórica formación espiritual. Santander (1955) 11-12.

71 Así se desprende del testimonio del propio Ignacio cuando fue elegido Paulo IV en 1555. Dice González de Cámara: "El sábado [18 de mayo de 1555] decía el Padre que si el papa reformase a sí y a su casa y a los cardenales en Roma, que no tenía más que hacer y que todo lo demás se daría luego". L. GONÇALVES DA CAMARA. "Memoriale seu diarium". En: *Fontes narrativi de S. Ignatio de Loyola et de Societatis Iesu initiis*. I: *Narraciones scriptae ante annum 1557*. A cargo de D. FERNANDEZ ZAPICO, C. DE DALMASES. Romae (1943) 583.

72 Dominique BERTRAND. "Política y mística en los jesuitas". En *Manresa*. Madrid. 63 (1991) 377-391.

con un juicio riguroso, estudiosos y de cultura amena se pierden cuando tienen que elegir... Por ello, éste es uno de los máximos dones del cielo"[73].

III. La oferta americana de la Compañía de Jesús

¿Qué oferta presentaba la Compañía de Jesús a las sociedades americanas para la creación de una matriz histórica capaz de generar sus valores fundantes para la denominada Tierra Firme?

La erudición, los experimentos, el derecho, las lenguas, la historia, los viajes, la antigüedad y los descubrimientos imponían un tipo de sabiduría y de ciencia que constituían parte de la novedad en la actuación culturalista de la Orden de Ignacio de Loyola. En este marco referencial hay que situar el *ideal integracionista* del Fundador de la Compañía de Jesús como nítidamente lo sintetiza F. Charmot:

> San Ignacio organizaría el apostolado de la Compañía de tal forma que las universidades pudieran volver a someterse a la Santa Sede, que la teología se uniera a la sagrada Escritura, que la filosofía concordara con la ciencia sagrada, que la enseñanza teológica y filosófica fuera precedida, sostenida y fecundada por el humanismo, que todas las ciencias profanas fueran orientadas hacia un fin único, que la razón y la fe volvieran a ser hermanas, que el clero tuviera medios de familiarizarse con el movimiento intelectual del mundo, que hubiera finalmente entre las naciones autónomas, por encima de los bienes privativos de cada nación, un bien común, una lengua, un espíritu, una doctrina, una verdad, una caridad católicas. Por esta razón vemos al Fundador tan preocupado en las Constituciones en salvar y fortalecer la *unidad* de su Compañía, a fin de salvar y fortalecer la del mundo[74].

A los mundos del nuevo continente la nueva Orden religiosa trató de dotarlos con la mejor red de colegios, base del humanismo que produjo la "República de las Letras", y sembró en todas sus universidades las doctrinas del doctor Eximio quien sin lugar a dudas fue el pensador que

---

73 Baltasar GRACIAN. *Oráculo manual y arte de prudencia*. Madrid (1998) 30, nº.. 51.
74 F. CHARMOT. *La pedagogía de los jesuitas*. Sus principios. Su actualidad. Madrid (1952) 28.

más influyó en la América hispana hasta principios del siglo XIX. En realidad, Francisco Suárez "es, sin discusión, uno de los talentos más profundamente analíticos que han cruzado la historia de la Filosofía" y su obra metafísica ostenta tanto la novedad del genio por la disposición externa "(las *Disputationes* crearon su género), así como por la coherente unidad de su línea sistemática, por sus concepciones originales, en ese ambiente superior de grandiosidad trascendental en que constantemente se mueve"[75].

Al construir la obra ciclópea de la Metafísica, diseñada con planos tan gigantescos, entregó al patrimonio de las universidades americanas la magnitud, el ímpetu, la riqueza constructiva y el poder científico y modernizador de esta obra que serviría de texto en las universidades alemanas hasta fines el siglo XVIII[76].

La clarividencia intelectual del filósofo granadino previó la agonía de la cristiandad europea en sus fachadas política e internacional e intuyó que no eran los imperios el camino ideal para lograr la estructuración orgánica del mundo y la convivencia pacífica de todas las naciones sino la comunidad internacional que comprendiera todos los pueblos de todas las razas para generar así como una gran familia de la que fuesen miembros, mediante pactos y tratados, todas las naciones, pero todas autónomas[77]. Y Lawrence precisará que "la ley aplicable a esta Sociedad o Familia no es ya aquella ley común a todas las naciones, sino una ley *entre* las naciones, una ley que debe observarse por todos los pueblos y Estados en sus relaciones mutuas"[78]. Este es el mandato ético de la verdad metafísica.

Así pues, será Suárez, –a juicio de Pereña[79]–, y con él el suarismo[80], el genuino teorizante oficial de la política de la España católica y su

---

75 José GOMEZ CAFFARENA. "Suárez filósofo". En: *Razón y Fe*. Madrid. 183 (1948) 137.
76 Joaquín IRIARTE. "La proyección sobre Europa de una gran Metafísica –o– Suárez en la Filosofía de los días del Barroco". En: *Razón y Fe*. Madrid, 138 (1948) 229-283.
77 Véase: Ricardo GARCIA VILLOSLADA. "La idea del Sacro Romano Imperio, según Suárez". En: *Razón y Fe*. Madrid, 183 (1948) 286-311.
78 LAWRENCE. *The Society of Nations*. New York. 1919. Citado por García Villoslada en "La idea del Sacro Romano Imperio, según Suárez", 311.
79 Luciano PEREÑA. *Teoría de la guerra en Francisco Suárez*. Madrid, 1 (1954) 29.
80 Félix RODRIGUEZ BARBERO. "Suarismo". En: Charles E. O'NEILL y Joaquín Mª. DOMINGUEZ, *Diccionario histórico de la Compañía de Jesús*. Roma-Madrid, IV (2001) 3658-3662.

influencia será decisiva para recomponer —casi a la letra[81]— el Derecho Indiano desde el empleo de la fuerza para la predicación de la fe, hasta lo que consideramos el cenit de su contribución jurídica a estas tierras: *el problema de la igualdad jurídica*.

El Doctor eximio comprobó científicamente, con su exquisitez metafísica, que todos los hombres son iguales en su origen, en su destino, en sus obligaciones y en sus derechos[82]. Este esfuerzo hará que el concepto suareciano de la igualdad jurídica, teórico y operativo, explique su concepción de la unidad del género humano[83]. Algo que en cierta medida, a nuestro juicio, se adelantará en mucho tiempo a lo que luego Kant y la modernidad jurídica introducirán sobre la eficacia del Derecho.

Con toda razón podríamos afirmar con Guillermo Furlong que las doctrinas suarecianas en Venezuela, fueron como en el Río de la Plata, "la llave de oro con que nuestros próceres de 1810 noblemente abrieron las puertas a la libertad política y a la soberanía argentina"[84].

Pero viniendo al caso venezolano haremos tan sólo referencia a dos grandes proyectos: al de la "República de las Letras" y a la "República cristiana" de la Orinoquia.

IV. La República de las Letras

Manuel Briceño Jáuregui afirma que la gran novedad del Humanismo "fue la fundar por vez primera una cultura general, una guía del pensamiento y de la vida para llegar a la realización más alta de la carrera humana"[85].

La enseñanza de la Retórica creó en Venezuela la denominada "República de las Letras" pues, fuera de las ciencias, esta disciplina

---

81 Rafael GÓMEZ HOYOS. *La Iglesia de América en las Leyes de Indias*. Madrid (1961) 73.
82 Eleuterio ELORDUY. *La igualdad jurídica según Suárez*. Salamanca (1948) 101.
83 Eleuterio ELORDUY. *Ob. cit.*, pág. 115.
84 Guillermo FURLONG. *Historia social y cultural del Río de la Plata 1536-1810*. El trasplante cultural: Ciencia. Buenos Aires (1969) 172.
85 Manuel BRICEÑO JAUREGUI. "La prelección como elemento metodológico en la enseñanza de las humanidades en los colegios jesuíticos neogranadinos (s. XVII-XVIII)". En: José DEL REY FAJARDO (Edit). *La pedagogía jesuítica en Venezuela*. San Cristóbal. Universidad Católica del Táchira, II (1991) 593.

constituyó el único prestigio social e intelectual hasta mediados del siglo XVIII. Como estatuye Roland Barthes la *Ratio Studiorum* de los jesuitas consagra la preponderancia de las humanidades y de la retórica latina en la educación de las juventudes. Su fuerza formativa la deriva de la ideología que legaliza, la "identidad entre una disciplina escolar, una disciplina de pensamiento y una disciplina de lenguaje"[86].

Los jesuitas fueron penetrando en el occidente y centro del país a través de dos formas singulares y poco estudiadas.

La primera es tenue y casi imperceptible, pero, al estudiar las mentalidades venezolanas nos lleva a detectar un gran influjo de los grandes maestros de la Compañía de Jesús en los campos de la historia, filosofía, teología, moral y derecho canónico a juzgar por los haberes que reposan en las bibliotecas coloniales[87].

La segunda deja sus huellas en el flujo de estudiantes patrios que buscaron su promoción intelectual en los centros universitarios jesuíticos de Santafé de Bogotá en la Universidad Javeriana[88] y de la ciudad de Santo Domingo en la Universidad de Gorjón[89].

---

86 Roland BARTHES. *Investigaciones retóricas*. I. La antigua retórica. Buenos Aires (1974) 37.
87 LEAL, Ildefonso. *Libros y bibliotecas en Venezuela colonial (1633-1767)*. Caracas. Biblioteca de la Academia Nacional de la Historia. Fuentes para la Historia Colonial de Venezuela, 1978, 2 vols.
88 José DEL REY FAJARDO. Jesuitas, libros y política en el Real Colegio Mayor y Seminario de San Bartolomé. Bogotá. 2004. Nicolás de BARASORDA Y LARRAZABAL. Relacion de los svgetos, qve se han criado en el Colegio Seminario, y Mayor de San Bartolomé, fundado en la Ciudad de Santa Fè, Nuevo Reyno de Granada... Madrid, 1723. Ha sido reeditado por William JARAMILLO MEJIA. Real Colegio Mayor y Seminario de San Bartolomé. Bogotá, Instituto colombiano de cultura hispánica (1996) 235-271. Archivo del Colegio Mayor de San Bartolomé. Caja, Siglo XVIII, Varios, Nº., 1: Testimonio de la información de los sujetos beneméritos de la ciudad y provincia de Antioquia enseñados y educados por los reverendos padres de la Compañía de Jesús en el Colegio Mayor Real y Seminario de la ciudad y corte de Santafé. Año 1720. Ha sido publicado por: Daniel RESTREPO y Guillermo y Alfonso HERNANDEZ DE ALBA. El Colegio de San Bartolomé. I. El Colegio a través de nuestra historia. Por el P. Daniel Restrepo S. J. II. Galería de Hijos insignes del Colegio. Por Guillermo y Alfonso Hernández de Alba. Bogotá, II (1928) 105-126. Guillermo HERNANDEZ DE ALBA. Documentos para la historia de la educación en Colombia. Bogotá, III (1976) 109-126.
89 Antonio VALLE LLANO. *La Compañía de Jesús en Santo Domingo durante el período hispánico*. Ciudad Trujillo. Seminario de Santo Tomás, 1950. J. L. SAEZ. "Universidad Real y Pontificia Santiago de la Paz y de Gorjón en la Isla Española (1747-1767)". En: José DEL REY FAJARDO (Edit.). *La pedagogía jesuítica en Venezuela*. San Cristóbal, I (1991) 175-224.

No se puede escribir la historia de las élites –civiles y eclesiásticas– neogranadinas y del Occidente de Venezuela sin adentrarse en la biografía del Real Colegio Mayor y Seminario de San Bartolomé[90]. Con toda razón escribía el más ilustre de los catedráticos de Filosofía de la Javeriana colonial, el P. Juan Martínez de Ripalda, en su libro *De usu et abusu doctrinae divi Tomae*, publicado en Lieja en 1704: "A ustedes les debe la Teología ciento veinte Doctores, cuatrocientos doce Maestros la Filosofía, siendo más de quinientos treinta los títulos concedidos por toda la academia recorran casi todas las provincias del Nuevo Reino y contemplen a sus laureados: unos revestidos de sagradas Ínfulas; cubiertos otros con las más ilustres Togas; unos rigiendo los pueblos con la santidad de las costumbres y con el alimento de la doctrina en los Templos; moderando otros las Ciudades desde los Tribunales con la equidad de las Leyes y con integridad incorrupta del Derecho. Todos ellos, finalmente decorados con algo de singular piedad y con el premio de la munificencia Regia. Ciertamente, toda esta gloria, cuan grande es, revierte a sus cultivadores"[91].

Pero, el aporte directo de la Compañía de Jesús al Humanismo colonial venezolano, se realizó fundamentalmente a través de sus colegios de Mérida, Caracas y Maracaibo y de sus universidades de Bogotá y Santo Domingo.

V. El Proyecto Orinoquia y sus indígenas

Si en la "República de las Letras" la Compañía de Jesús en la Nueva Granada y Venezuela formó las élites del humanismo cultural, también los hombres de la Universidad Javeriana supieron asumir el reto de la "República cristiana" en las soledades del Llano y en lo profundo de la Orinoquia. Sin lugar a dudas, el proyecto humano y social de más aliento

---

90 William JARAMILLO MEJIA. *Real Colegio Mayor y Seminario de San Bartolomé. – Nobleza e hidalguía- Colegiales de 1605 a 1820*. Santafé de Bogotá. Instituto Colombiano de Cultura Hispánica. 1996. Daniel RESTREPO, Guillermo y Alfonso HERNANDEZ DE ALBA, *El Colegio de San Bartolomé*. I. El Colegio a través de nuestra historia. Por el P. Daniel Restrepo S.J. II. Galería de hijos insignes del Colegio. Por Guillermo y Alfonso Hernández de Alba. Bogotá. 1928.
91 Juan MARTINEZ DE RIPALDA. *De usu et abusu doctrinae divi Tomae*. Leodii. 1704. Epístola dedicatoria.

que llevaron a cabo jesuitas en estas regiones se puede calificar como *Una utopía sofocada*[92].

La historia de esta empresa misional es suficientemente conocida en la literatura histórica venezolana y colombiana. Por este motivo sintetizo la obra espiritual llevada a cabo por los seguidores de Ignacio de Loyola con el espíritu gráfico de Jean Lacouture: la reducción fue una especie de colectivo donde se fabricaban civilizados; una forja para sociabilizar y convertir, y todo "diseñado, construido, creado para obligar a una vida en común ordenada por la razón e iluminada por la fe en un Dios único"[93].

Pero, el mejor indicador de la tensión espiritual de los jesuitas venezolanos –formados en su casi totalidad la Academia de San Francisco Javier o Universidad Javeriana de Bogotá– lo constituye el conjunto de ciencias, saberes, conocimientos y disciplinas con que zurcieron la verdadera historia de estos pueblos aborígenes.

Si pretendiéramos establecer una síntesis diríamos que la primera disciplina que tuvieron que desarrollar fue la lingüística como único y exclusivo método de acceder al otro.

En el horizonte lingüístico de las "Reducciones progresivamente ordenadas" pronto amaneció un sueño utópico de los misioneros del corazón de América y del que dejó constancia el autor del *Ensayo de Historia Americana*, confirmado por las afirmaciones de Humboldt[94]: las lenguas generales. Para las áreas orinoquenses no hubieran sido el caribe y el tamanaco, propuestos por el viajero alemán[95] sino el maipure ya que éste último –anotará Gilij– lo entienden todos en el gran río "y se podría hacer común si se quisiera"; por lo tanto, de persistir el "obstáculo de tantas lenguas ésta sería bastante a propósito para hacer de ella una lengua general"[96].

---

92 J. DEL REY FAJARDO. Una utopía sofocada: Reducciones jesuíticas en la Orinoquia. Caracas, 1998.

93 Jean LACOUTURE. *Jesuitas. I. Los Conquistadores*. Barcelona-Buenos Aires-México, Ediciones Paidós, I (1993) 557.

94 Alejandro de HUMBODLT. Viaje a las regiones equinocciales del nuevo continente. Caracas, II (1941) 178.

95 A. de HUMBOLDT. *Ob. cit.*, 181.

96 GILIJ. *Ensayo de Historia americana.*, III, 170-171. Y en el T. II, p. 56 dice: "Hacen amistad con todos y apenas se encuentra en Orinoco una nación en que no haya algún maipure.

Del ingente material filológico, lingüístico y literario producido en Casanare, Meta y Orinoco durante el período colonial (1661-1767)[97] sólo vendría a conocer la luz pública la obra del P. Felipe Salvador Gilij (1780-1784) en el contexto de su destierro en la ciudad eterna[98].

Sin lugar a dudas, el mérito mayor de este jesuita italiano consistió en divorciar de forma definitiva la familia lingüística caribe de la maipure. Tras su muerte el silencio pareció sepultar su obra. Cien años más tarde con los estudios de Lucien Adam y Karl von den Stein se pudo valorar el acierto del autor del *Ensayo de Historia Americana* y la proyección que tenía para la lingüística comparada. Por ello, en la historia de la lingüística indígena de América del Sur hay un reconocimiento general al P. Gilij como fundador del comparatismo en la región del Orinoco[99].

La segunda fue la misionología o la forma de tratar y convivir con el indígena para aculturarlo al sistema reduccional.

Los misioneros ingresaron al mundo cultural indígena porque, al dominar sus lenguas, lograron conocer sus universos míticos. La convivencia y el diálogo les hicieron partícipes del hábitat en que vivían inmersos y por ende convertirse en parte de su historia, de su geografía, de su literatura y de sus modos de ser y existir porque, en definitiva, el lenguaje interpreta la diversidad humana e ilumina la identidad exclusiva del ser humano. A la diversidad de idiomas siempre corresponde diversidad de corazones, escribirá Gilij[100] y por ello rechazaría todo parecido a la

---

Su lengua, como facilísima de aprender, se ha convertido entre los orinoquenses en lengua de moda y quien poco, quien mucho, quien medianamente, quien bien, la hablan casi todos...".

97 DEL REY FAJARDO, José. *Aportes jesuíticos a la filología colonial venezolana*. Caracas, 1771, 2 vols.

98 Para el estudio de la lingüística giligiana nos remitimos a Jesús OLZA. "El Padre Felipe Salvador Gilij en la historia de la lingüística venezolana". En: DEL REY FAJARDO (Edit). *Misiones jesuíticas en la Orinoquia*. San Cristóbal, II (1992) 361-459. Marie Claude MATTEI-MILLER. "El Tamanaku en la lingüística caribe. Algunas propuestas para la clasificación de las lenguas caribes de Venezuela". En: DEL REY FAJARDO (Edit.). *Misiones jesuíticas en la Orinoquia*. San Cristóbal. II (1992) 461-613.

99 Wilhelm SCHIMIDT. *Die Sprachfamilien und Sprachkreisen der Erde*. Heidelberg (1962) 243, 250. Un estudio de la importancia comparatista del P. Gilij lo hizo Marshall Durbin: Marshall DURBIN. "A survey of the carib language family". En E. B. BASSO (ed): *Carib-speaking indians: culture, society and language*. Tucson. The University of the Arizona Press (The Anthropological Papers of the of Arizona, 28) 24.

100 Felipe Salvador GILIJ. *Ensayo de Historia Americana*. Caracas, Academia Nacional de la Historia, II (1965) 147. "Me parece a mi el corazón del hombre no diferente de la lengua que le tocó en suerte al nacer".

mentalidad reaccionaria de los que en este ámbito hablan de estructuras profundas y estructuras superficiales[101].

La tercera vertiente fue la historia en todas sus dimensiones, desde la carta, el memorial, el informe, la relación y la crónica hasta las obras innovadoras dentro de un contexto de venezolanidad y de americanidad.

La historiografía jesuítica colonial neogranadina se abre en París en 1655 con el francés Pierre Pelleprat y se cierra en Roma con el italiano Felipe Salvador Gilij en 1784.

Tres escritores del "diecisiete" han conocido hasta el momento la luz pública: el francés Pedro Pelleprat (1655)[102], el criollo Pedro Mercado (1957)[103] y el español Juan Martínez Rubio (1940)[104].

Las perspectivas historiográficas del siglo XVIII se encuadran dentro de una actitud totalmente nueva. El dieciocho está invadido por una verdadera floración de obras, temas, ensayos y personalidades. Nos parece que influyeron en este proceso: el florecimiento de las universidades jesuíticas del continente, el influjo directo cultural centroeuropeo establecido a través de sus misioneros y la toma de conciencia de los jesuitas neogranadinos ante la insospechada "Literatura Americanista" producida en tierras colombinas por los miembros de la Compañía de Jesús[105].

---

101 Jesús OLZA, "El Padre Felipe Salvador Gilij en la historia de la lingüística venezolana". En: DEL REY FAJARDO (Edit), *Misiones jesuíticas en la Orinoquia*, San Cristóbal, II (1992) 439. Para explicitar esta teoría: Susan SONTAG, *Kunst und Antikunst*. Reinbek bei Hamburg, 1968 y sobre todo el capítulo I: "Gegen Interpretation", pp. 9-18.

102 Pedro PELLEPRAT, *Relato de las Misiones de los Padres de la Compañía de Jesús en las islas y en tierra firme de América Meridional*. Estudio preliminar por José del Rey s.j. Caracas, Biblioteca de la Academia Nacional de la Historia, n°, 77, 1965. [La edición príncipe apareció en París en 1655]. J. DEL REY FAJARDO, *Bio-bibliografía*, 485-487.

103 Pedro de MERCADO, *Historia de la Provincia del Nuevo Reino y Quito de la Compañía de Jesús*. Bogotá, Biblioteca de la Presidencia de la República, 1957, 4 vols. Sobre el P. Pedro de Mercado: José DEL REY FAJARDO, "Introducción al estudio de la historia de las misiones jesuíticas en la Orinoquia". En: José DEL REY FAJARDO (Edit.), *Misiones jesuíticas en la Orinoquia*. San Cristóbal, Universidad Católica del Táchira, I (1992) 282-298. J. DEL REY FAJARDO, *Bio-bibliografía*, 388-395.

104 Juan MARTINEZ RUBIO. " Relación del estado presente de las Misiones...". La traducción castellana la publicamos por vez primera en: *Documentos jesuíticos relativos a la Historia de la Compañía de Jesús en Venezuela*. Caracas, I (1966) 143-168. Sobre Martínez Rubio: J. DEL REY FAJARDO, "Introducción...". En *Ob. cit.*, I, 299-306. J. DEL REY FAJARDO. *Bio-bibliografía*, 366-369.

105 Indicaremos algunas obras representativas de las regiones más importantes. Miguel VENEGAS, *Noticia de la California y de su conquista temporal y espiritual hasta el tiempo presente*. Madrid, 1757. Eusebio KINO. *Las misiones de Sonora y Arizona*. México, 1913-1922.

Existe a todas luces una interesante evolución historiográfica. A grandes rasgos podríamos trazar el siguiente cuadro del siglo XVIII.

Con *El Mudo Lamento* (1715) del antioqueño Matías de Tapia se deja atrás la crónica del XVII y se inicia la búsqueda de nuevas fórmulas de expresión histórica[106].

De inmediato surge el binomio clásico compuesto por los PP. Juan Rivero y Joseph Cassani. El primero tendría que esperar al año 1883 para conocer la luz pública[107] y el segundo avalaría con su firma de fundador de la Real Academia la primera biografía oficial de la Orinoquia[108]. En Rivero, su inserción misionera le proporciona las medidas que interpretan una armonía entre historia, paisaje y hombre. En Cassani, los cánones del neoclasicismo le asisten para traducir al gusto europeo las historias manuscritas e inéditas de Mercado y Rivero.

Y en planos cronológicos casi paralelos brotan las nuevas corrientes que zurcen la pre-ilustración con el pre-romanticismo: nos referimos a José Gumilla[109] y a Felipe Salvador Gilij[110], verdaderos descubridores de la

---

José ORTEGA, *Apostólicos afanes de la Compañía de Jesús, escritos por un Padre de la misma sagrada Religión de su provincia de México*. México, 1754. Pedro LOZANO, *Descripción Chorographica del terreno, Rios, Arboles y Animales de las dilatadissimas Provincias del Gran Chaco, Gualamba y de los ritos y costumbres de las innumerables naciones barbaras e infieles que la habitan...* Córdoba, 1733. Martín DOBRIZHOFFER. Historia de Abiponibus Esquestri. Bellicosaque Paraquariae Natione locupletata... Viennae, 1784.

106 Matías de TAPIA. *Mudo Lamento* de la vastisima, y numerosa gentilidad que habita las dilatadas margenes del caudaloso Orinoco. su origen, y sus vertientes, a los piadosos oidos de la Magestad Catholica de las Españas, nuestro Señor Don Phelipe Quinto (que Dios guarde). Madrid, 1715. Véase: J. DEL REY FAJARDO. "Introducción...". En *Ob. cit.*, I, 307-314. J. DEL REY FAJARDO. *Bio-bibliografia*, 608-610.

107 Juan RIVERO. *Historia de las Misiones de los Llanos de Casanare y los ríos Orinoco y Meta*. Bogotá. 1883. Para Rivero. véase: J. DEL REY FAJARDO. "Introducción...". En *Ob. cit.*, I, 315-324. J. DEL REY FAJARDO. *Bio-bibliografia*, 526-529.

108 José CASSANI. *Historia de la Provincia de la Compañía de Jesús del Nuevo Reyno de Granada en la América*. Madrid, 1741. Véase: J. DEL REY FAJARDO. "Introducción...". En *Ob. cit.*, I, 354-381. J. DEL REY FAJARDO. *Bio-bibliografia*, 131-141.

109 Citamos tan sólo: Memoires pour l'Histoire des Sciences et des beaux Arts, commencés d'etre emprimés l'an 1701 a Trévoux, et dédiés á Son Altesse Sérénissime Monseigneur le Prince Souverain de Dombes. A Paris. Chez Chaubert: (1747) oct-dec., pp. 2319-2345, 2501-2524, (1748) jan-mar., pp. 27-53, 189-191, (1759) marz-abril, pp. 623-640.

110 Véanse por ejemplo: *Nuovo Giornale di Letteratura di Modena*. Tomo 33. Págs. 233-251. *Efemeridi Letterarie di Roma*. X: 1-3; 7-9; 9-12; 25-27; 33-35; 289-291; 297-299. XI: 153-155; 161-163; 169-171. XII: 97-99. *L'Esprit des Journaux*. Paris. 1781 (junio): 106-116. 1782 (enero): 75-90. 1784 (julio): 187-209. 1785 (octubre): 160-169. *Biographie Universelle Ancienne et Moderne*. Paris, t. XVII (1816) pp. 382-383.

Orinoquia en el mundo culto y científico de la Europa de la segunda mitad del XVIII. Con todo, entre *El Orinoco Ilustrado*[111] (1741) y el *Saggio di Storia Americana*[112] (1780-1784) se interpone un espacio científico similar al comprendido entre el inicio de la Ilustración y los comienzos del Romanticismo.

La cuarta área se mueve en el ámbito de la antropología y de la etnología es necesario recurrir a los historiadores antes mencionados[113]. Sin embargo, para el mundo caribe nadie ha superado hasta el presente la fina sensibilidad y perspicacia observadora de un humilde Hermano Coadjutor, el H. Agustín de Vega[114] quien además recoge la problemática geomisional en la época comprendida entre 1731 y 1745.

---

111 *El Orinoco ilustrado*. Historia Natural, Civil y Geographica, de este Gran Río, y de sus caudalosas vertientes: Govierno, usos, y costumbres de los indios sus habitantes, con nuevas y utiles noticias de Animales, Arboles, Aceytes, Resinas, Yervas, y Raíces medicinales: Y sobre todo, se hallarán conversiones muy singulares a nuestra Santa Fé, y casos de mucha edificacion. Madrid, 1741, XL (sin foliar)-580 + 19 de indices. Véase: J. DEL REY FAJARDO. "Introducción...". En *Ob. cit.*, I. 325-353. J. DEL REY FAJARDO. *Bio-bibliografía*. 289-298.

112 Saggio di Storia Americana, ossia Storia Naturale, Civile e Sacra dei Regni, e delle provincie Spagnole di Terraferma nell'America meridionale. Scritta dall'Abate Filippo Salvatore Gilij e consacrata alla Santità di N. S. Papa Pio Sesto felicemente regnante. Tomo I. Della storia geografica e naturale della provincia dello Orinoco. Roma MDCCLXXX. Per Luigi Perego Erede Salvioni. Stampatore vaticano nella Sapienza. 8°. XLIV-399 pp. Tomo II. De' Costumi degli Orinochesi. Roma. MDCCLXXXI. 8°. XVI-399 pp. Tomo III. Della religione e delle lingue degli Orinochesi, e di altri Americani. Roma. MDCCLXXXII. 8°. XVI-430 pp. Tomo IV. Stato presente di Terra-Ferma. Roma. MDCCLXXXIV. 8°, XX-498 pp. Véase: J. DEL REY FAJARDO. "Introducción...". En Ob. cit., 1, 385-399. J. DEL REY FAJARDO. Bio-bibliografía, 259-264.

113 Las mejores descripciones de las etnias llaneras se encuentran en la *Historia de las Misiones* del P. Juan Rivero aunque sus fuentes de inspiración correspondan, en la mayoría de los casos, a otros misioneros.
Para los sálivas, opinamos, que la mejor interpretación la ofrece el jesuita alemán Gaspar Beck, quien con su escrito *Missio orinocensis in novo Regno*. 1684 nos traza una visión certera de esta nación al concluir el siglo XVII.(Archivum Romanum Societatis Iesu. *Provincia Novi Regni et Quiti*., 15-I, fols., 71-78v. La traducción castellana se debe al P. Manuel Briceño, Profesor de Humanidades Clásicas en la Universidad Javeriana de Bogotá. Fue publicada en: José DEL REY FAJARDO. *Documentos jesuíticos relativos a la historia de la Compañía de Jesús en Venezuela*. Caracas, II (1974) 168-190. J. DEL REY FAJARDO. *Bio-bibliografía*, 498-500).
Para el mosaico de naciones de la gran Orinoquia hay que recurrir tanto a *El Orinoco ilustrado y defendido* de Gumilla como al *Ensayo de Historia americana* del P. Gili.

114 Noticia del Principio y progreso del establecimiento de las Missiones de Gentiles en el Rio Orinoco... En: José DEL REY FAJARDO. Documentos jesuíticos relativos a la Historia de la Compañía de Jesús en Venezuela. Caracas, II (1974) 3-149.

La quinta área contempla los conocimientos generados en el ámbito de la geografía[115], la cartografía[116] y la historia natural.

Dos son los aportes fundamentales de los jesuitas a la geografía orinoquense: el primero haber descubierto la conexión fluvial Orinoco-Amazonas a través del río Casiquiare[117] y el segundo en haberse constituido en los descubridores científicos del gran río venezolano a través de las obras de los PP. Matías de Tapia, José Gumilla y Felipe Salvador Gilij. Por ello no es de extrañar que Esteve Barba afirme que la ciencia geográfica de gran parte del XVII americano corre a cargo de los jesuitas[118].

En el ámbito de la cartografía hay que tener presente que toda la historia de los siglos XVI, XVII y XVIII identifica el nacimiento del Orinoco con el Nudo de Pasto en la misma perspectiva de sus supuestos hermanos gemelos amazónicos el Caquetá y el Putumayo. No es lo mismo el Orinoco histórico que el Orinoco geográfico de hoy. La visión primigenia de los dos grandes ríos suramericanos plasmó el espejismo histórico de un Orinoco amazónico, un verdadero mito geográfico que se incrustó en el inconsciente de los hombres, de los gobernantes y de los misioneros de los siglos XVII y XVIII. Y este mito sirvió para la creación de una entidad gubernativo-provincial hispana de la doble provincia del Dorado: la del Dorado amazónico de Jiménez de Quesada y la del Dorado orinoquense de su familiar Antonio de Berrío.

Sin lugar a dudas el aporte más decisivo a la cartografía orinoquense nos la suministra en 1747 el P. Bernardo Rotella en el documento ilustrativo de su mapa[119]. Entre la producción autóctona conocida es el primer mapa que revoluciona la concepción cartográfica guayanesa en sus aspectos fundamentales pues traza al Orinoco como río íntegramente guayanés y no

---

115 Daniel BARANDIARAN. "El Orinoco amazónico de las misiones jesuíticas". En: DEL REY FAJARDO (Edit). *Misiones jesuíticas en la Orinoquia*. San Cristóbal, II (1992) 129-360.

116 Manuel Alberto DONIS RIOS. "La cartografía jesuítica en la Orinoquia (siglo XVIII)". En: DEL REY FAJARDO (Edit). *Misiones jesuíticas en la Orinoquia*. San Cristóbal. I (1992) 783-840.

117 Descubrimiento realizado por el P. Manuel Román en 1744. GILIJ, *Ensayo...*, I, 55 y ss..

118 Francisco ESTEVE BARBA. *Cultura virreinal*. Barcelona-Madrid. Salvat Editores (1965) 636.

119 Museo Naval. Madrid. Mss., 320. *Noticias sobre la Geografía de la Guayana*. Bernardo Rotella. Caicara, abril 1 de 1747.

andino, establece la comunicación Orinoco-Amazonas y sitúa al lago de la Parima como distribuidor de las aguas que corren a las hoyas del Amazonas, Orinoco y Esequivo[120].

El estudio de la medicina y la salud en las misiones jesuíticas de la Orinoquia (1661-1767) es un capítulo de la historia misional que todavía está por escribirse[121].

Con las salvedades que imponía la lejanía y la pobreza también los poblados misionales dispusieron de su rudimentaria botica[122]. Asimismo, nos consta de la relación que mantenían los misioneros con la botica de la Universidad Javeriana pues a ella remitían lo que consideraban podía ser útil para su mejoramiento; así lo evidencian, por ejemplo, los envíos del P. Gumilla al "hermano Juan de Agullón, boticario, médico y excelente químico del colegio máximo"[123].

Y la literatura espiritual[124] coronaría este recuento.

VI. Sembrados en la venezolanidad

A lo largo del mes de julio de 1767 les fue intimada a los jesuitas venezolanos la expulsión decretada por el rey Carlos III para todos los miembros de la Compañía de Jesús residentes en el mundo hispánico. De esta forma llegaron a la Península ibérica privados de su nacionalidad,

---

120 J. DEL REY FAJARDO. El aporte de la Javeriana colonial a la cartografía orinoquenmse. Bogotá. 2003.

121 Ello no excluye la presencia de valiosos estudios parciales como el de José Rafael Fortique sobre los aportes médicos en la obra del P. José Gumilla. José Rafael FORTIQUE. *Aspectos médicos en la obra de Gumilla*. [Caracas] 1971.

122 Es convincente la declaración de un personaje clave en la historia del Orinoco entre 1730 y 1750; nos referimos al H. Agustín de Vega quien al describir al misionero dice: "... [es] un amoroso Padre de familia, que tiene prevención de medicinas, quantas puede adquirir, y el libro de mayor importancia despues de los necesarios, que nunca les falta, es alguno de medicina" (Agustín VEGA. *Noticia*, 105).

123 GUMILLA. El Orinoco ilustrado y defendido, 399.

124 JUAN RIVERO. *Teatro del desengaño* en que se representan las verdades católicas, con algunos avisos espirituales a los estados principales, conviene a saber. *Clérigos. Religiosos y Casados*, y en que se instruye a los mancebos solteros para elegir con acierto su estado y para vivir en el interin en costumbres cristianas. obra póstuma, escrita por el V. P. Juan Rivero, Religioso Profeso de la Compañía de Jesús, misionero apostólico y Superior de las Misiones del Orinoco, Meta y Casanare, que cultiva la provincia del Nuevo Reyno, en la América Meridional. Córdoba, 1741.

condenados al silencio y auténticos apátridas[125] y allí volverían a vivir la amarga experiencia de ser nuevamente expulsados de España, despedidos de Córcega, rechazados por Génova a la vez que Roma les cerraba sus puertos. Por fin arribarían a los Estados Pontificios. Y el cronista que escribe este exilio cierra su historia con esta trágica descripción: llegaron a sus destinos "… con los vestidos destrozados, faltos de fuerza, lánguidos, macilentos, descoloridos, quemados por el sol, tanto que los nativos del país mostraban horror, llenos de enfermedades y dolencias contraídas por la gran diversidad de climas, víveres, cárceles, navegaciones y, cuantos padecimientos se puede imaginar"[126]. Pero este vía crucis que tendría su clímax, en 1773, en los Estados Pontificios[127] con la muerte de la Orden, decretada por el propio Jefe de la Iglesia católica, a la que habían servido con lealtad en el gran proyecto americano[128].

Quizá haya que esperar al siglo XX (que ha conocido las mayores migraciones humanas de la historia) para evaluar la magnitud del exilio de los 2.746 jesuitas americanos desterrados en 1767 entre los que se contaban hombres santos, sabios, eruditos, escritores, profesores universitarios, humanistas, predicadores, misioneros enraizados en los espacios profundos de América, así como abnegados formadores de juventudes y directores de

---

125 Pragmática sanción de su Majestad, en fuerza de Ley, para el estrañamiento de estos Reynos a los Regulares de la Compañía, ocupación de sus Temporalidades y prohibición de su restablecimiento en tiempo alguno, con las demas precauciones que expresa. Dada en el Pardo a dos de Abril de mil setecientos y sesenta y siete años. La transcipción puede verse en: José DEL REY FAJARDO. La expulsión de los jesuitas de Venezuela (1767-1768). San Cristóbal (1990) 14-19.

126 José YARZA. Expulsio sociorum. 1767. Narratur historia laborum Societatis inter Indianos quórum indoles et mores describuntur. Iter exsulium Jesuitarum in Italiam. Suppressio Societatis. 1773. Traducción parcial por Juan Manuel Pacheco. "La expulsion de los jesuitas del Nuevo Reino de Granada en 1767". Fue publicada por José DEL REY FAJARDO. Documentos jesuíticos para la Historia de la Compañía de Jesús en Venezuela. Caracas, III (1974) 89.

127 José DEL REY FAJARDO. La expulsión de los jesuitas de Venezuela (1767-1768). San Cristóbal, 1990.

128 Breve de nuestro muy santo Padre Clemente XIV por el qual su Santidad suprime, deroga, y extingue el instituto y orden de los Clérigos Regulares, denominados de la Compañía de Jesús, que ha sido presentado en el Consejo para su publicidad. Madrid. En la imprenta de Pedro Marin, 1773. (El texto que reposa en el archivo del Instituto de Investigaciones Históricas de la UCAB es bilingüe. Una copia fue publicada en J. A. FFERRER BENIMELI. "La expulsión y extinción de los jesuitas según la correspondencia diplomática francesa 1770-1773". En Paramillo. San Cristóbal, 17 (1998) 319-372.

almas. En verdad constituían un verdadero potencial espiritual, moral e intelectual cualificado en los saberes del mundo hispánico[129].

Así, mientras surcaban las aguas del mar Caribe, contemplaban inertes cómo se distanciaban de aquella Venezuela por la que habían luchado durante más de un siglo y se ponía fin a su utopía americana.

Ciertamente, no podían desalojar de su memoria el reto creado en el imaginario de las juventudes venezolanas a través de los sueños y compromisos del humanismo en las aulas del colegio San Francisco Javier de Mérida o en los de Maracaibo y Caracas en donde había nacido la "República de las Letras" y con ellas la fecundidad del "humanismo venezolano". Allí aprendieron las juventudes a reivindicar la palabra débil que no es otra cosa que respetar lo que la palabra es: el lugar de la revelación del ser, al mismo tiempo que lugar del ocultamiento, lugar de luz y oscuridad, lugar de encuentro entre los humanos al igual que lugar de engaño mutuo. En última instancia, las palabras las fabrica el hombre pero sólo la ciencia y la virtud las cualifican y las moralizan. Sin embargo, en la sociedad merideña quedaba sembrada una acuciante vocación cultural y académica que significaría el germen de la futura Universidad de los Andes todavía hispana.

Decepcionante tuvo que ser para los jesuitas de la Orinoquia el derrumbe del macroproyecto de redención y aculturación del indígena llanero y orinoquense que flotaría en sus corazones como recuerdo de unas ruinas de lo que fue una utopía que sofocó el poder real.

Sin embargo, las semillas del gran Proyecto Orinoco ya se habían dispersado por todo el mundo occidental gracias a *El Orinoco ilustrado* del P. José Gumilla. Y la biografía de la Provincia de Guayana, la del gran Antonio de Berrío, nunca olvidará al Rector de la Javeriana Manuel Román, descubridor del Casiquiare en 1744 y el iniciador de las nuevas relaciones con las naciones del sur del Orinoco, así como de la nueva cartografía[130]; ni a Bernardo Rotella, fundador de Cabruta y pieza clave no sólo en las luchas anticaríbicas sino forjador del nuevo equilibrio interracial

---

129 Manfred TIETZ (Edit.). *Los jesuitas españoles expulsos*. Su imagen y su contribución al saber sobre el mundo hispánico en la Europa del siglo XVIII. Madrid-Frankfurt am Main, 2001.
130 José DEL REY FAJARDO. *Bio-bibliografía*, 546-550.

en los espacios surorinoquenses[131]; ni a Francisco del Olmo[132] y Roque Lubián[133] genuinos hombres de frontera y sin cuya colaboración los hombres de la Expedición de Límites hubieran tenido que afrontar dificultades insuperables; ni a Agustín de Vega a quien se debe la luminosidad esclarecedora del comportamiento social y bélico del Caribe depredador del Orinoco, cuyo libro le merece exclamar a un especialista de la historia de la Guayana: "esta Crónica aparece en la bibliografía jesuítica e histórica de la Orinoquia, como un monolito único y ejemplar, pues no tiene algo similar en ninguna de las bibliografías coetáneas"[134]; ni a Felipe Salvador Gilij a quien la historia de la lingüística indígena de América del Sur lo reconoce como el fundador del comparatismo en la región del Orinoco[135]; en fin, ni al fruto de la experiencia y reflexión misioneras que proporcionarían a Sudamérica la inquietud por los estudios de sociolingüística y psicolingüística.

Y, mientras el poder real hispano los arrojaba de toda América, quizá nunca se imaginaron que con ellos desaparecía la memoria histórica de la provincia de Guayana que se extendía hasta las márgenes del río Amazonas y que el virreinato de Santafé y la Capitanía General de Venezuela se verían obligados a renunciar a lo que debió haber sido la Amazonia neogranadina y venezolana, ribereña a lo largo de todo el río grande de América.

En verdad, algo sagrado se había quebrado en el alma de la americanidad y de la venezolanidad. Teresa de la Parra percibió este fenómeno con sensibilidad femenina. Los jesuitas -según ella- se habían convertido en hábiles directores de conciencia y "su influencia imperaba por completo en el reino de las almas" y especialmente en las femeninas. "En ellas

---

131 José DEL REY FAJARDO. *Bio-bibliografía*, 553-555.
132 José DEL REY FAJARDO. *Bio-bibliografía*, 192-194.
133 José DEL REY FAJARDO. *Bio-bibliografía*, 348-350.
134 Daniel de BARANDIARAN. "La crónica del Hermano Vega 1730-1750". En: Agustín de VEGA. *Noticia del principio y progresos del establecimiento de las Misiones de gentiles en el Río Orinoco, por la Compañía de Jesús*. Caracas, Biblioteca de la Academia Nacional de la Historia, (2000) 127.
135 Wilhelm SCHMIDT. *Die Sprachfamilien und Sprachkreisen der Erde*. Heidelberg (1962) 243, 250. Un estudio de la importancia comparatista del P. Gilij lo hizo Marshall Durbin: Marshall DURBIN. "A survey of the carib language family". En E. B. BASSO (ed): *Carib-speaking indians: culture, society and language*. Tucson, The University of the Arizona Press (The Anthropological Papers of the of Arizona, 28) 24.

inculcaban la idea inseparable de Dios, Patria y Rey. Estos tres conceptos formaban un solo credo. La Patria y el Rey eran sinónimos de la sumisión a España. Arrojados y perseguidos por el Ministro del Rey se disoció la trinidad y cundió en las conciencias la anarquía del cisma". Y concluye esta escritora su análisis con esta sentencia: el Conde de Aranda "no se dio cuenta de la catástrofe sentimental primero y política después que iba a desencadenar en América la salida de los jesuitas"[136].

Y como suele acontecer en el imaginario de las sociedades emergentes se crean ciertos mitos y leyendas que van unidas al sentimiento popular y uno de ellos nos habla de "la ira reconcentrada con que presenció aquel atropello el joven Francisco de Miranda, a quien se supone discípulo de los Padres jesuitas"[137].

Lo cierto es que un buen número de jesuitas expulsos se convertirían en colaboradores del Precursor de la Independencia. Y fue Miranda quien publicó, en 1799, el librito del exjesuita Juan Pablo Viscardo y Guzmán[138] *Lettre aux Espagnols Américains* (publicado en Londres y no como dice la portada en Filadelfia) y en 1801 conocería la luz pública en castellano: *Carta dirigida a los españoles americanos por uno de sus compatriotas*, escrito que tuvo una gran difusión en tierras americanas[139].

De esta suerte no sólo se habían sembrado en las raíces de la venezolanidad sino que también se sembraron en el primer idealismo independentista y republicano.

---

136 Teresa DE LA PARRA, *Obras completas de Teresa de la Parra*. Caracas, Editorial Arte, 744-745.
137 Manuel AGUIRRE ELORRIAGA. *La Compañía de Jesús en Venezuela*. Caracas (1941) 138.
138 C. E. RONAN. "Viscardo y Guzmán, Juan Pablo". En: Charles E. O'NEILL y Joaquín Mª. DOMINGUEZ. *Diccionario histórico de la Compañía de Jesús*. Roma-Madrid, IV (2001) 3986-3988.
139 Todavía Miranda publicó un extracto en inglés en *The Edinburgh Review*, enero de 1809.

Capítulo I

MARCOS REFERENCIALES

La pasión por el aporte y el conocimiento de las corrientes del pensamiento jurídico-público de las Américas y Europa ha convertido al Dr. Allan Randolph Brewer-Carías en un lugar de encuentro y de diálogo para los investigadores que sueñan y tratan de diseñar la arquitectura de un nuevo Estado y de una nueva sociedad.

Pero más allá de las provincias del derecho administrativo, A.R. Brewer ha venido descubriendo al hombre que ama, sufre y espera un amanecer que lo libere de sus esclavitudes de cien años de soledad.

Un camino nuevo de acercamiento ha sido su meditación sobre la génesis histórico-jurídica de La ciudad ordenada[140] ya que como asienta Luciano Parejo "la trascendencia de tal concepto es clara pues sin él no se entiende ni el inmediato florecimiento en suelo americano de una intensa vida cultural y política propia, ni el edificio de gobierno político-administrativo capaz de articular tan vastos y diversos territorios"[141].

Se trata de un reto para recrear un nuevo renacimiento que inspire a los hombres preocupados por el verdadero futuro de nuestros pueblos una reflexión serena y comprometedora que aliente los cambios a la luz de la razón jurídica, de la arquitectura, de la poesía del paisaje humano y de la historia.

---

[140] BREWER-CARÍAS, Allan R., *La ciudad ordenada*. (Estudio sobre -el orden que se ha de tener en descubrir y poblar- o sobre el trazado regular de la ciudad hispanoamericana, en particular, de las ciudades de Venezuela). Instituto Pascual Madoz. Universidad Carlos III de Madrid, Boletín Oficial del Estado. Madrid 1997.

[141] PAREJO ALFONSO, Luciano, "Prefacio: sobre el Autor y la Obra" en BREWER-CARÍAS, Allan R., *ob. cit.*, p. 21.

Dada la complejidad del tema dividiremos el capítulo en dos grandes acápites a fin de poder ubicar tanto el tema de la territorialidad como el de la referencia al contexto social en la gran Orinoquia.

Diseñaremos primero el contexto internacional de las "misiones carismáticas" para tratar después de explicar los objetivos y retos de las denominadas "misiones institucionales". Y dado que Venezuela no existía como proyecto de nación ni en lo administrativo, ni en lo político, ni en lo religioso ensayaremos vertebrar lo que fue la gran Provincia de Guayana, dependiente del Nuevo Reino de Granada, hasta llegar a los umbrales de la Capitanía General de Venezuela en 1777.

También nos adentraremos en los horizontes imprecisos de la Venezuela profunda y examinaremos las visiones geopolíticas misionales como fundamento de la formación de la territorialidad venezolana y los difíciles caminos que hubo que recorrer para superar la soberanía del imperialismo caribe y el descubrimiento de la nueva frontera tras el descubrimiento del Casiquiare en 1744.

I. Las Misiones Jesuíticas orinoquenses en el marco de la defensa de la territorialidad venezolana

Quizá pueda resultar extraño plantear el tema de Misiones y territorialidad y más cuando los jesuitas fueron expulsados de América en 1767 y los conflictos territoriales entre las naciones hispanoamericanas comienzan en la etapa republicana. Sin embargo, la referencia obligada al principio del "Uti possidetis juris" formulado por el Libertador para definir las fronteras de los nuevos países conduce a la documentación legada por los miembros de la Compañía de Jesús como testimonio de su acción en las regiones profundas de la Orinoquia y del corazón de Sudamérica.

1. El contexto histórico europeo y su acción americana

En Venezuela se ensayaron dos métodos misionales totalmente diversos que obedecen a tiempos y contextos históricos muy diferentes.

El primero corresponde a las denominadas "Misiones carismáticas", las cuales se inscriben en una nueva concepción de la otredad americana que soñó y ensayó sus propias utopías, muchas de la cuales estuvieron cargadas de misticismo y espiritualidad y por ello pertenecen a un género distinto como es el de la utopía teológica y mística.

En la búsqueda de las raíces identitarias brota con pulcritud edénica la tesis de la marcha sin fin de las utopías en América Latina de Oswald Andrade[142], apasionante dinámica entre "Nuevo Mundo" y "espacio del anhelo", ese otro mundo posible que compromete el sueño y el imaginario de América.

El ciclo de las utopías se inicia en el denominado continente de la esperanza, antes de que la obra del excanciller inglés, decapitado en la Torre de Londres el 6 de julio de 1535, se conociera en los mundos recién descubiertos. La primera sería la de los Gobernadores Jerónimos en la Isla la Española[143]. Seguirían de inmediato las dos intentadas en las costas venezolanas: la de los franciscanos, en el que se comprometía la posibilidad de una república cristiana de aborígenes, sin la trabazón del mestizaje, desde Cariaco al Lago de Maracaibo[144]. Y la lascasiana[145] que caminaría por los mismos derroteros. Todas acabarían en el fracaso[146].

En última instancia se trataba de ensayar la conciencia de un imperio identificado con una cristiandad posible y con una universalidad católica supracontinental que disponía de un vehículo de comunicación humana como era la lengua de Castilla.

El segundo hace referencia a las "Misiones institucionales" que se iniciaron en Venezuela y en el Nuevo Reino de Granada a mediados del siglo XVII.

---

142 *A marcha das utopias* (1953). Véase a Fernando AINSA. "La marcha *sin fin* de las utopías en América Latina". En: *Cuadernos Hispanoamericanos*. Madrid, n°. 538 (1995) 35-44. Aunque el objeto de estudio de Andrade es el Brasil, pensamos que su síntesis ilumina el resto del continente. "Y lo será, por ser el Brasil heredero y producto de la condición exógena del pueblo árabe, del catolicismo de sentimientos órficos, de las virtudes de la contrarreforma, de la <plasticidad política> de los jesuitas apostando a favor del eclecticismo y la comunicación humana y religiosa. Fernando AINSA. *Art. cit.*, 41.

143 Frank MOYA PONS. *La Española en el siglo XVI, 1493-1520*. Santiago, República Dominicana (1973) 207-242.

144 Pablo OJER. La formación del Oriente venezolano. Caracas (1966) 46.

145 LAS CASAS. *Historia de las Indias*. Biblioteca de Autores Españoles. Madrid 1957.

146 Pablo OJER. "Las Misiones carismáticas y las institucionales en Venezuela". En: José DEL REY FAJARDO (Edit.), *Misiones jesuíticas en la Orinoquia*. San Cristóbal, I 1992) 141-154.

En verdad, en la larga centuria que separa ambos intentos misionales tanto Europa como América habían llevado a cabo profundas transformaciones. Haremos alusión a dos acontecimientos fundamentales.

El primero: el Cardenal Richelieu había obtenido un breve del Santo Oficio, el 12 de julio de 1635, el cual significaba una derogación tácita de la bula de Alejandro VI del 12 de mayo de 1493[147] por la que se entregaba a españoles y portugueses el mundo que se estaba descubriendo[148] y abría los espacios americanos al influjo francés[149].

El segundo: con la firma del Tratado de Münster (1648) los Países Bajos habían asumido su total independencia de España y comenzaron a actuar de forma más incisiva en diversos frentes del imperio español de Indias.

Paralelamente, la realidad política, cultural, religiosa y social de Occidente se había convulsionado de tal forma que las luchas religiosas habían producido cruentas guerras entre las nuevas naciones aunque también hay que reconocer que no siempre coincidían los intereses religiosos con los políticos.

Las alianzas políticas europeas generaron rivalidades que repercutieron en los ámbitos de las tierras descubiertas por Colón. Y el riesgo de posesión colonial europea de signo protestante que se impone en el Caribe comienza a incrementar la inseguridad tanto en el extenso litoral marítimo venezolano (Provincias de Maracaibo, Venezuela y Margarita) así como también en la fachada atlántica de la Provincia de Cumaná y sobre todo el río Orinoco que es la puerta a toda la Provincia de Guayana y del Nuevo Reino.

En el caso concreto de Venezuela: en la primera mitad del XVII se establecen las colonias foráneas protestantes: los calvinistas holandeses en los territorios ultraesequivos y como amenaza todavía más peligrosa en Curazao en 1634[150], mientras que los ingleses ponen su pie definitivo en Jamaica en 1655. Y los franceses cercarían con algunas islas caribeñas el

---

147 G. DE VAUMAS. *L'éveil missionnaire de la France au XVIIe. Siècle*. Paris, Bloud & Gay. Bibliothèque de l'histoire de l'Eglise. Collecion publiée sous la direction de e. Jarry, Giovanni, 198.

148 Para entender la versión francesa, véase: Joseph LECLER. "La <donation> d'Alexandre VI". En: *Etudes*, Paris (1938) 1-16; 195-208.

149 Véase: G. DE VAUMAS. *L'éveil missionnaire*, 198-199.

150 Carlos FELICE CARDOT, *Curazao hispánico*. Antagonismo flamenco-español, Caracas, 1973

mar Atlántico venezolano desde 1639 y se instalarían posteriormente en Guyana[151].

2. El contexto neogranadino y la Provincia de Guayana

Quizá podrá extrañar al lector desprevenido la presencia de la Audiencia de la Nueva Granada en la Orinoquia venezolana.

La que sería la espina dorsal de las misiones jesuíticas del XVII y del XVIII era el Orinoco amazónico visualizado por dos actos gubernativos. El primero se basaba en la Capitulación de la Provincia del Dorado concedida a Jiménez de Quesada el 25 de julio de 1569[152], la cual comprendía "... desde el Pauto del Orinoco-Meta-Candelaria hasta el Papamene del Amazonas y de su complejo hidrográfico naciente". La segunda sumaba a la herencia legada por el fundador de Bogotá a su sobrino Antonio de Berrío la isla de Trinidad y toda la Guayana de Diego de Ordaz para configurar toda una unidad territorial y gubernativa confirmada por resolución del Consejo de Indias y su consecuente aprobación regia el 12 de octubre de 1595[153]. Así surge la Provincia integrada de "el Dorado y Guayana".

Antes de mediar el siglo XVII estaba sumida la Nueva Granada en una aguda crisis social.

---

151 Pierre PELLEPRAT. Relato de las misiones de los Padres de la Compañía de Jesús en las Islas y en Tierra Firme de América Meridional. Caracas (1965) 13-46. Véase: Abbé RENARD. Essai bibliographique sur l'histoire religieuse des Antilles françaises. Paris, s/f. Capítulo III. Además de las fuentes primarias que citaremos es necesario consultar P. De MONTEZON. Mission de Cayenne et de la Guyane française. París, 1857. (El verdadero nombre, según Sommervogel, es Fortuné DEMONTEZON y su amplia bibliografía la recoge en: SOMMERVOGEL. Bibliothèque, II, 1911-1913). G. DE VAUMAS. L'éveil missionnaire de la France au XVIIe. Siècle. Paris, Bloud & Gay. Bibliothèque de l'histoire de l'Eglise. Colleción publiée sous la direction de c. Jarry. Giovanni PIZZORUSSO. Roma nel Caraibi: organizzazione delle missione cattoliche nelle Antille en el Guyana (1635-1675). Ecole Franciase, 1995,
152 Daniel de BARANDIARÁN. "El Orinoco amazónico de las misiones jesuíticas". En: J. DEL REY FAJARDO. *Misiones jesuíticas en la Orinoquia*. San Cristóbal, Universidad Católica del Táchira, II (1992) 129-265.
153 D. BARANDIARÁN. "El Orinoco amazónico de las misiones jesuíticas". 139.

Por un lado, la herencia de las expediciones doradistas, que tanto vigor despertaron a fines del XVI [154], había corroborado el régimen de la encomienda en la fachada andina del piedemonte como medio de vida para los descendientes de los conquistadores. También en la Provincia de Venezuela no tuvo vigencia la "encomienda de tributo" de acuerdo con las *Leyes Nuevas* de 1542 sino que sigue implantado el servicio personal o mejor dicho el régimen de servidumbre.

Sin embargo, diversos factores influyeron para que este modelo colonizador se estancara ante lo incontrolable del Llano. Si bien es verdad que el Presidente don Martín de Saavedra y Guzmán (1637-1646) había elevado a Madrid un proyecto de supresión progresiva de la encomienda para que pasara de manos de los encomenderos a las de la real corona, sin embargo, la bancarrota de la economía hispana impuso que todo siguiera igual a la vez que se urgía a los encomenderos para que pagaran más tributos[155].

Por otro lado, al independizarse en 1640 Portugal de la corona española, precipitó una crisis que repercutió violentamente en la economía neogranadina. La suspensión del tráfico negrero, que había sido monopolizado hasta ese momento por Lusitania, motivó la necesidad de mano indígena para las minas con el consiguiente retroceso para el ritmo favorable que parecía tomar la política indigenista. Tal situación sólo vendría a mejorar al encargarse Holanda del comercio de ébano[156].

Todavía más, las concentraciones de población que imponía la emergente cultura urbana, la mala administración del erario público con sus secuelas de malestar social[157] explican en cierto modo el deseo de apertura a espacios inéditos, habitados por etnias adversas al hispano. De esta suerte toma cuerpo la denominada pacificación de "indios bravos".

---

154 Véase: Demetrio RAMOS PEREZ. *El mito del Dorado. Su génesis y proceso*. Caracas, 1973.

155 Richard KONETZKE. *Colección de documentos para la historia de la formación social de Hispanoamérica. 1493-1810*. Madrid, Consejo Superior de Investigaciones Científicas, II, tomo I (1958) 392.

156 Manuel LUCENA SALMORAL. *Nuevo Reino de Granada. Real Audiencia y Presidentes*. Tomo 2. Presidentes de Capa y Espada (1628-1654). Bogotá, Ediciones Lerner (1967) 331-332.

157 Véase: M. LUCENA SALMORAL. *Ob. cit.*, 247-262.

En este preciso contexto hay que ubicar los ensayos poblacionales y colonizadores que se llevaron a cabo en el piedemonte de la fachada oriental de la Nueva Granada con la fundación de ciudades-gobernaciones como San Martín del Puerto[158], San José de Cravo[159], Triunfo de la Cruz de Nueva Cantabria[160], entre otras[161].

La precariedad de la hacienda pública hacía que el nombramiento de los gobernadores de estas singulares entidades administrativas se llevara a cabo por el sistema de capitulaciones para elegir al "que las hace más a favor de la causa pública de aquella Provincia y de los reales intereses"[162]. Esta metodología explica de forma meridiana la facilidad con que los encomenderos podían medrar y robustecerse a la sombra de la propia ley pues se encarnaba en una sola persona el poder del mando con el poder del status.

Con la implantación del régimen misional se reformulaba radicalmente la relación indígena-conquistador ya que entre los elementos de este binomio se interponía el misionero, quien gozaba de amplias facultades en lo que a condiciones laborales y de contratación se refería así como los aspectos conexos con el domicilio

---

158 Juan FLOREZ DE OCARIZ. *Genealogías del Nuevo Reino de Granada.* Bogotá, Prensas de la Biblioteca Nacional. I (1943) 403

159 Juan RIVERO. Historia de las misiones de los Llanos de Casanare y los ríos Orinoco y Meta. Bogotá (1956) 85.

160 J. FLOREZ DE OCARIZ. Genealogías del Nuevo Reino de Granada. I, 409.

161 Espinosa de las Palmas (RIVERO. *Historia de las misiones.* 80); Punapuna (RIVERO. *Ob. cit.,* 85)

162 AGI. Santafé, 36. 1664-1697. Testimonio en relación a los autos obrados en razon de haber mudado los pocos indios que quedaban en el pueblo de San Bartolomé de la Cabuya al sitio de Sabana Alta, motivos que tuvo para ello el Presidente de Santa Fe don Gil de Cabrera y gestiones que hizo con el Arzobispo para entregarlos a la Religion de la Compañia de Jesus.. Como el arzobispo se quejara a don Gil Cabrera y Dávalos que no había nombrado gobernador de San Juan de los Llanos a don José Bravo de Torres, le contesta el mandatario: "El Gobierno de San Juan de los Llanos, como otros de la misma calidad, no se proveen provisionalmente sino por capitulaciones para cuyo efecto, en vacando, se ponen edictos y entre los que ocurren se gradúan los opositores y se elige el que las hace más a favor de la causa pública de aquella Provincia y de los reales intereses y con la audiencia del Señor Fiscal se pasa a la aceptación y afianzando lo capitulado y aceptado se despacha título con cargo de traer confirmación de S. M. dentro del término dispuesto por la Ley". (Respuesta del Presidente a la Consulta del Arzobispo. Santafé, 13 de febrero de 1696).

3. La problemática misional llanero-orinoquense

Se puede afirmar con toda propiedad que, al mediar el siglo XVII, Venezuela no tenía conciencia de su proyecto de nación ni en lo político, ni en lo administrativo, ni en lo religioso. La falta de integración de sus diversas provincias y su inserción en otros centros de poder como Bogotá en lo político y de Santo Domingo en lo judicial se evidencia en la dependencia de los diversos planos de la administración.

También la estructuración eclesiástica hacía referencia a las concepciones geopolíticas que imperaban en la primera mitad del siglo XVII: el occidente pertenecía a la arquidiócesis de Bogotá, el oriente y Guayana a la diócesis de Puerto Rico y la parte central a la de Santo Domingo[163].

Así pues, quien analice el proceso de integración nacional deberá tomar como uno de los puntos de partida fácticos las denominadas Misiones institucionales que se inician en Tierra Firme al mediar el siglo XVII[164]: en 1656 los franciscanos vuelven a fundar la Purísima Concepción de Píritu y los capuchinos en 1660 comenzaban la fundación de Santa María de los Ángeles cerca de la actual Caripe.

Para el Nuevo Reino sería el Presidente don Diego Egües de Beaumont (1662-1664)[165] quien trataría de planificar y diseñar una estrategia misional que diera respuesta a las inquietudes de penetración que intentaban dejar atrás la cordillera oriental y cristianizar al enorme gentilismo esparcido desde la Guayana a las nuevas ciudades-gobernaciones y desde el Arauca al Amazonas.

Para ello propuso Presidente Egües al Rey, en carta del 15 de junio de 1662, la creación de una Junta de Misiones que debía presidirla el

---

163 J. M. OTS CAPDEQUI. *Instituciones*. Barcelona, Ed. Salvat, Tomo XIV de la *Historia de América y de los Pueblos Americanos* dirigida por Antonio Ballesteros Baretta. Rafael FERNÁNDEZ HERES. "Factores históricos determinantes en la creación del Arzobispado de Caracas". [Manuscrito]

164 Pablo OJER. "Las misiones carismáticas y las institucionales en Venezuela". En: J. DEL REY FAJARDO. *Misiones jesuíticas en Venezuela*. San Cristóbal, Universidad Católica del Táchira, I (1992) 139-195. Josef METZLER. *America Pontificia*. Roma. I (1991) 533.

165 Sergio Elías ORTIZ. *Nuevo Reino de Granada. Real Audiencia y Presidentes*. Tomo 4. Presidentes de capa y espada (1654-1719), Bogotá, Academia Colombiana de la Historia, Historia Extensa de Colombia, vol., III (1966) 101-127.

Arzobispo e integrarla el Presidente de la Audiencia, el Oidor más antiguo, el Provisor y los Provinciales de las diversas Ordenes Religiosas. Debían reunirse semanalmente e informar a la Monarquía cada año. La proposición fue aprobada por Real Cédula del 27 de septiembre de 1663[166].

En la Junta del 12 de julio de 1662 el cuerpo decidió repartir los territorios llaneros entre las diversas entidades religiosas que configuraban la iglesia neogranadina para que cada una se responsabilizara del área a ella asignada.

Al clero diocesano se le señaló el territorio de la gobernación de los Llanos de San Juan, desde la misión de los franciscanos hasta el río Caguán "y desotra parte entrando en el Airico, que es una cordillera que atraviesa, en donde está todo el mayor gentío".

A los agustinos ermitaños se les asignó los Llanos de San Martín entrando por su doctrina de Fómeque y a los recoletos el terreno comprendido entre los ríos Upía y Cusiana y en el ínterin sustituían al cura de Santiago de las Atalayas.

A los franciscanos se les encomendó "la parte de donde sacó indios infieles el P. fray Bernardo de Lira en el gobierno de San Juan de los Llanos y línea recta imaginaria entrando en el Airico".

A los dominicos se les trazó el área de los chíos y mámbitas, antesala de las regiones llaneras.

A los jesuitas se les adjudicó el territorio "junto al río de Pauto y de allí para abajo hacia la villa de San Cristóbal y ciudad de Barinas, y todos los Llanos de Caracas, y corriendo línea imaginaria desde el río de Pauto hasta el Airico comprendiéndole"[167].

Y para completar la acción de los misioneros en este proyecto se consiguió una real Provisión, de 18 de julio de 1662, que prohibía expresamente a los gobernadores hacer y permitir entradas "a conquistar y reducir indios con soldados"[168].

Pero viniendo al caso concreto de los jesuitas, de facto, se le encomendaba a la Orden fundada por Ignacio de Loyola gran parte de la

---

166 AGI. Santafé, 36. Autos del traslado de San Bartolomé de la Cahuya a Sabana Alta. Real Cédula. Madrid, 27 de septiembre de 1663.
167 ANB. *Conventos*, t. 68, fol., 437v-438.
168 ANB. *Conventos*, t. 7, fol., 526.

Provincia de Guayana, la creada por don Antonio de Berrío, que "se empujaba hasta el Amazonas y lo abarcaba desde su nacimiento hasta su desembocadura", es decir, la Provincia y Gobernación de Guayana integrada por la Provincia del Dorado de Papamene-Pauto de Quesada y la Provincia de Guayana y Caura de Ordaz y luego de Serpa[169]. Este territorio daba cabida a todo el complejo mesopotámico que hoy conforman las cuencas colombo-venezolanas del Orinoco y del Amazonas.

Los espacios señalados en esta geografía histórica pertenecen hoy a tres naciones: Venezuela, Colombia y Brasil.

Pero, esa primigenia Provincia de Guayana se desintegró a lo largo del siglo XIX de la siguiente manera. Por el Tratado de 1859, firmado con el Brasil, pasaron a la república sureña 200.000 kilómetros cuadrados: 150.000 correspondientes a la franja norte del Medio Yapurá y el Alto y Medio Río Negro-Guainía; y 50.000 comprendidos en la franja meridional del Medio Yapurá y el Río Amazonas o Solimoés[170]. Por el Laudo español de 1891 la Provincia de Guayana se desprendió de 519.857 kilómetros cuadrados[171] que se integraron a la actual República de Colombia[172]. Y a Venezuela le quedaron 460 mil kilómetros cuadrados contabilizados por el Delta Amacuro, el Territorio Federal Amazonas y el Estado Bolívar.

La superficie total de las Misiones jesuíticas en la primigenia Guayana occidental y meridional involucraba unos 50 mil kilómetros cuadrados de acción directa. A ellos habría que sumar los de los territorios de Casanare y Meta.

Frente a estas ingentes extensiones de terreno llama la atención la demografía de la población autóctona que habitó en estas tierras guayanesas.

---

169 Daniel de BARANDIARAN. "El Orinoco amazónico de las misiones jesuíticas". En: José DEL REY FAJARDO (Edit.). *Misiones jesuíticas en la Orinoquia*. San Cristóbal, Universidad Católica del Táchira, II (1992) 141.

170 Véase: Daniel de BARANDIARAN. "Brasil nació en Tordesillas". En: *Paramillo*. San Cristóbal, 13 (1994) 331-774.

171 Véase: Pablo OJER. *La Década fundamental en la controversia de Límites entre Venezuela y Colombia (1881-1891)*. Maracaibo, Corpozulia, 1982.

172 Comandancia del Vichada (100.242 Kilómetros cuadrados); Departamento del Meta (85.635); Comisaría del Vaupés (107.595); Comisaría del Guainía (72.238); Intendencia del Caquetá (44.482); y Comisaría del Amazonas (109.665).

Según Miguel Ángel Perera, durante los tiempos coloniales, no sobrepasó nunca esta tierra difícil y despoblada los 200.000 habitantes[173]. Quizá pueda llamar la atención esta afirmación pero su confrontación referencial con la población actual, que apenas supera el millón de habitantes, parece avalar el interesante estudio que ha venido realizando durante años el mencionado profesor de la Universidad Central de Venezuela.

Perera fundamenta su tesis en el análisis que ofrece la geografía de la Orinoquia en la que distingue las siguientes regiones:

En primer lugar la inmensidad superficial de los Bosques y Selvas, con un total de 350 mil kilómetros cuadrados. Ellos integran los Bosques de Galería a lo largo de los ríos y con abundancia de población y de faunística, junto con una agricultura básica de maíz y yuca y tubérculos diversos. Después se deben mencionar los Bosques tropófilos de escasos recursos, los Bosques específicos de transición en el área mesopotámica de los ríos Guainía-Negro-Atabapo-Casiquiare, con agrupaciones indígenas diseminadas forzosamente por la escasez de espacios abiertos; finalmente, los inmensos Bosques ombrófilos de la llamada comúnmente Selva Virgen, en donde, ayer como hoy, las etnias indígenas, con un promedio de no más de 0'2 habitantes por kilómetro cuadrado, pugnan por vivir holgadamente.

En segundo término hay que aludir a las Sabanas con un total de 55 mil kilómetros cuadrados. De ellos 10 mil kilómetros cuadrados los constituyen las sabanas altas de arenisca, con suelos impermeables, y con imposibilidad de habitación poblacional; 5 mil son inundables por su condición de sabanas fluviales, con sus transhumancias estacionales de vivienda y de modos de vida; 40 mil kilómetros cuadrados son sabanas bajas, de suelos duros y siempre arrasadas por el fuego y con escasa posibilidad de una cultura agrícola, pero con abundante cacería mayor. La sustentabilidad poblacional indígena extrema de esa región sabanera no pasó de los 30 mil habitantes.

En tercer término hay que señalar el Estuario deltáico del Orinoco y los pantanales del Casiquiare-Río Negro, con un total de 30 mil kilómetros

---

173 PERERA, Miguel Ángel. Oro y Hambre: Antropología histórica y Ecología cultural de un mal entendido. Guayana en el siglo XVI. **Manuscrito.**

cuadrados y que pudieron sustentar, por su riqueza piscícola y frutera a unos 50 mil habitantes indígenas.

Y en último lugar, aparecen las áreas geográficas inhabitables de Guayana como son las regiones altas de los Tepuyes, las cordilleras más hostiles y las marismas propiamente dichas, que conforman un total de más de 30 mil kilómetros cuadrados a los que habría que añadir los 3.500 kilómetros cuadrados que conforman el espejo superficial de los grandes ríos en sus madres respectivas[174].

Del lado colombiano, (sede de las Misiones del Meta y Casanare), hay que hacer referencia a los departamentos del Meta, Arauca, Casanare y Vichada[175]. En una perspectiva fisiográfica se deben distinguir los Llanos altos, apegados a las estribaciones de los Andes, configurados por anchas franjas de tierra de aluvión de grano fino sobre los que reposan bosques húmedos que incentivan el cultivo del arroz, café, caña de azúcar, maíz, algodón, plátano y otros productos agrícolas. Los Llanos bajos, más al oriente, es "tierra yerma, castigada por las vicisitudes del clima" en la que solo se producen pastos de mala calidad[176].

Toda la región está sometida a dos estaciones anuales: la temporada de lluvias que se extiende desde abril hasta finales de noviembre y la seca que abarca de diciembre hasta marzo[177]. Y su población no superaba los 100.000 habitantes[178].

En 1780 escribía el ex-misionero orinoquense P. Felipe Salvador Gilij: "Todavía insolentes y bárbaros, los orinoquenses, a los jesuitas y a todos les parecieron infinitos. Pero amansados en el día de hoy por la santa ley de

---

174 BARANDIARÁN, Daniel de, "El Orinoco amazónico de las misiones jesuíticas" en Misiones jesuíticas en la Orinoquia, Universidad Católica del Táchira, II, J. DEL REY FAJARDO (edit.), San Cristóbal 1992, pp. 129-285.

175 WEST, Robert C., "The Geography of Colombia" en The Caribbean Contemporary Colombia, CURTIS WILGIUS, A. (edit.), Gainesville 1962, p. 19. Citado por RAUSCH, Jane M., Una frontera de la sabana tropical. Los llanos de Colombia 1531-1831, Colección Bibliográfica Banco de Colombia, s/a (El original inglés es de 1984) Santafé de Bogotá, p. 7. ACEVEDO LATORRE, Eduardo, Diccionario geográfico de Colombia, Instituto Geográfico A. Codazzi, Bogotá 1971.

176 WEST, Robert C. *The Geography of Colombia*, p. 19.

177 VERGARA Y VELASCO, F.J., Nueva geografía de Colombia, Bogotá 1901-1902, p. 683.

178 RAUSCH, Jane M., Una frontera de la sabana tropical. Los llanos de Colombia 1531-1831, Santafé de Bogotá 1984, p. 33.

Dios, y reducidos a ovejas, a cualquiera que tenga ojos deben parecerle poquísimos, como son en realidad"[179].

4. Las misiones jesuíticas

Las coordenadas que limitan los espacios temporales de este hecho histórico corren de 1661 a 1767 para los Llanos de Casanare, vale decir, para las misiones del piedemonte andino. Sin embargo, las reducciones orinoquenses sólo lograron consolidarse en 1731, es decir, 36 años antes de la expulsión de Carlos III en 1767[180].

5. Las visiones geopolíticas

Existe un punto de partida que clarifica en parte el reto que asumió la Compañía de Jesús en la evangelización de América. Si se centró fundamentalmente en las tierras interioranas del continente es porque su llegada sucede bien doblada la primera mitad del siglo XVI cuando los dominicos, franciscanos y agustinos habían seguido el ritmo del descubrimiento y de la conquista en sus ámbitos territoriales[181].

Más, quien analice la geografía histórica de nuestro subcontinente durante el período hispánico observará la existencia de un cinturón de misiones jesuíticas que se iniciaba en el alto Orinoco y pasaba por Mainas, Mojos, Chiquitos y el Paraguay[182] y el cual significaba un bloqueo y una tentación para el avance portugués siempre ajeno al espíritu de Tordesillas. Esta evidente realidad le llevó a declarar en 1646 al conde de Salvatierra,

---

179 Felipe Salvador GILIJ. *Ensayo de Historia americana*. Caracas, Academia Nacional de la Historia, I (1965) 76.
180 José DEL REY FAJARDO. "Introducción al estudio de la historia de las misiones jesuíticas en la Orinoquia". En: José DEL REY FAJARDO (Edit.). *Misiones jesuíticas en la Orinoquia*. San Cristóbal, Universidad Católica del Táchira, I (1992) 415-419.
181 Para una visión global de la acción jesuítica en América. Véase: Ángel SANTOS HERNÁNDEZ. "Acción misionera de los jesuitas en la América Meridional española". En: *Miscelánea Comillas*. Madrid, 46 (1988) 43-106.
182 Para una información sistemática, véase: Ángel SANTOS HERNÁNDEZ. "Actividad misionera de los jesuitas en el continente americano". En: José DEL REY FAJARDO (Edit.). *Misiones jesuíticas en la Orinoquia*. San Cristóbal, I (1992) 34-56; 65-83.

virrey del Perú, que los indígenas de las reducciones jesuíticas eran los "custodios de la frontera"[183].

Sin embargo, la política territorial del virreinato del Perú, lamentablemente, le dio la espalda a esta utopía del corazón de América y el virrey Chinchón desoyó el consejo de la reunión resolutoria de Lima para que inaugurara la vía fluvial Napo-Amazonas, como vía formal de enlace con España y de esa forma evitar la ruta continental y marítima que trajinaba el océano Pacífico y atravesaba el Istmo de Panamá[184].

a) *La visión de la continentalidad.*

En 1646 llegaban los jesuitas a Santo Tomé de Guayana. Desconocemos los orígenes precisos que generaron el proyecto guayanés, pero la *Instrucción* dada a los exploradores encargados del proyecto[185] y la política misional de la joven Provincia jesuítica del Nuevo Reino y Quito[186] delatan una concepción geo-misionera del corazón de Sudamérica. La *Instrucción* remite al viaje del P. Acuña por el Marañón y Amazonas[187] y a la

---

183 Constantino BAYLE. "Las Misiones, defensa de las fortalezas de Mainas". En: *Missionalia Hispanica*. Madrid (1951) 417-503.
184 Rubén VARGAS UGARTE. *Historia General de Perú*. Lima. III (1971) 223 y ss. Citado por Daniel de BARANDIARAN. "Brasil nació en Tordesillas. (Historia de los límites entre Venezuela y Brasil). Primera parte: 1494-1801". En: *Paramillo*. Universidad Católica del Táchira. 13/1994, 412-413.
185 APQu., Leg., 3. Instrucción y órdenes dadas por el Padre Provincial Rodrigo Barnuevo para los Padres Andrés Ignacio y Alonso Fernández para la misión de la Guaiana donde son enviados por la santa obediencia en 4 de junio de 1646. El documento ha sido publicado por José DEL REY FAJARDO. Documentos jesuíticos relativos a la Historia de la Compañía de Jesús en Venezuela. Caracas, II (1974) 153-156.
186 No conocemos hasta el momento ningún estudio específico sobre el tema; sin embargo, la acción llevada a cabo con el mundo negro a través de Alonso de Sandoval y Pedro Claver en Cartagena; el ensayo desarrollado en los Llanos entre 1625 y 1628; y los intentos con los Paeces y en las costas del Pacífico por los jesuitas neogranadinos obligan a formular tales teorías. No incluimos aquí los esfuerzos de la parte de Quito encauzados a la misión del Marañón.
187 Cristóbal de ACUÑA. *Nuevo Descubrimiento del Gran Río de las Amazonas*. Por el Padre Christoval de Acuña, Religioso de la Compañía de Iesus, y Calificador de ls Suprema General Inquisición. El qual fue y se hizo por orden de su Magestad el año de 1639. Por la Provincia de Quito en los Reynos de Perú. Al Excelentísimo Señor Conde Duque de Olivares. Con licencia. En Madrid, en la Imprenta del Reyno, año de 1641; 46 hs y 6 de prels. Constantino BAYLE. "Notas sobre bibliografía jesuítica de Mainas". En: *Missionalia Hispanica*. Madrid (1949) 277-317. Idem. "Cuarto Centenario del descubrimiento del Amazonas. Descubridores jesuitas del Amazonas". En: *Revista de Indias*. Madrid (1940) 121-149. Francisco MATEOS. "Misioneros jesuitas españoles en el Perú desde el siglo XVI". En:

experiencia de los jesuitas en el Paraguay[188], como métodos orientadores del ensayo. Asimismo les advierte que pongan toda diligencia en averiguar si hay comunicación fluvial entre el Orinoco y el Amazonas y si los indígenas de ambas cuencas tienen trato entre sí[189].

El esfuerzo por la pervivencia de la Misión de Guayana, se mantuvo con el esfuerzo del P. Denis Mesland (1654-1664). Siguieron los esfuerzos de los PP. Ellauri y Vergara en 1665 y el reentable en 1668 de la misión significaba la obsesión guayanesa de la Compañía de Jesús neogranadina así como la vocación atlántica que quería imprimirle el jesuita de Calais[190].

b) *La vocación Atlántica.*

Creemos que el peregrinar del P. Antonio de Monteverde por el mundo insular caribeño así como sus conversaciones con hombres de gobierno y las dolorosas experiencias de su compatriota Dionisio Mesland coadyuvaron para que su mente reordenara los grandes espacios llaneros y el Atlántico.

Su estrategia fue la de concebir el Orinoco como una entidad única en la que se daban la mano Casanare, Guayana y la Isla de Trinidad porque siendo la Guayana puerta "para innumerables infieles, se encadenaban las misiones, se dilataba su esfera, y aún se facilitaba más esta parte de la misión con los socorros temporales de herramientas y otros menesteres que podían servir en Casanare"[191]. El plan incluía también una residencia en la isla de Trinidad, la cual debía servir de escala para los misioneros que vinieran de Europa evitando de esta forma el fatigoso caminar de Cartagena a Bogotá y de aquí a Casanare[192].

Missionalia Hispanica. Madrid (1944) 559-571. Idem. "En pleno corazón del Amazonas". En: *Razón y Fe.* Madrid, 152 (1955) 99-109.
188 APQu. Leg., 3: *Doc. cit.,* n. 9.
189 APQu. Leg., 3, *Doc. cit.,* n. 22.
190 J. DEL REY FAJARDO. *Misiones jesuíticas en la Orinoquia.* Caracas, I (1977) 95-102.
191 Juan RIVERO. Historia de las Misiones..., 176.
192 Todo el plan lo formuló Monteverde en una carta que dirigió al P. José de Urbina, Rector de la Universidad Javeriana de Bogotá, en marzo de 1664 (Véase: Juan RIVERO. *Historia de las Misiones...,* 176).

Tras la muerte del gobernador don Martín de Mendoza y de la Hoz Berrío, en 1656, la Provincia de Guayana y su gobernación se sumen "en la más profunda de las noches administrativo-civiles dejando prácticamente el campo abandonado para la doble estrategia contradictoria: la misionera evangelizadora y la caribe depredatoria y esclavizadora"[193].

Lo que Barandiarán acertadamente designa como "guerrilla fluvial y selvática de los indios caribes al servicio del azúcar holandés"[194] lo denuncia en 1684 el jesuita alemán Gaspar Beck y las consecuencias que de ello se derivaban. A los actos de opresión, guerra y cautiverio añade el misionero teutón la "dura esclavitud" a que son sometidos más de 350 niños anualmente por los caribes quienes los entregaban a los ingleses y holandeses con el fin de deportarlos a sus islas para producir caña de azúcar y cacao[195]. Tal situación le obligaba al P. Beck a preguntarse por el rechazo que sentía en todo el entorno geográfico del mundo sáliva –impenetrable en aquel momento ante la débil presencia hispana- y la explicación de que el régimen de miedo y terror impuesto por el caribe garantizaba la piratería humana y la animadversión hacia cualquier tipo de presencia española en esas rentables e inhóspitas latitudes. Por ello apelará a la presencia del ejército y escribirá con dolor y frustración: "Ya escribí a Roma, a Madrid y a Santa Fe a los consejeros del Rey. Pero qué? al estilo español!"[196].

c) *El imperialismo caribe y el eclipse de las visiones misionales.*

Más, al concluir el siglo XVII la ejecución del proyecto trazado por la Junta de Misiones de 1662 arrojaba un balance que no correspondía a los frutos esperados.

---

193 Daniel BARANDIARAN. "El Orinoco amazónico de las Misiones Jesuíticas". En: José DEL REY FAJARDO (Edit.). *Misiones jesuíticas en la Orinoquia*. San Cristóbal, II (1992) 317.
194 D. BARANDIARAN. "El Orinoco amazónico de las Misiones Jesuíticas", 317.
195 G. BECK. Misión del Río Orinoco. En: José DEL REY FAJARDO. Documentos jesuíticos relativos a la historia de la Compañía de Jesús en Venezuela. Caracas, II (1974) 173.
196 G. BECK. *Misión del Río Orinoco*, II, 190. A lo largo del texto hay muchas alusiones a este específico problema. "Pero a esto fácilmente le pueden poner ellos remedio, y al mismo tiempo promover la causa cristiana, los que llevan el timón de la barca" (*Ibidem*, 173). "... si no faltara el auxilio real, se podría cosechar inmenso fruto y hacer algo grande por la gloria de Dios" (*Ibidem*, 189). "... y de qué región del mundo traen tantos niños y niñas cautivos cada año: por eso es necesario ejército" (*Ibidem*, 190).

Si los jesuitas habían depositado en 1646 la gran esperanza de penetrar, evangelizar y culturizar los inmensos espacios guayaneses y conectarse con las Misiones quiteñas de Mainas, en 1681 tendrían que reconocer que ese diseño había fracasado[197].

Idéntico balance arrojaría todo el proyecto que se estructuró en el Orinoco medio entre el área superior a la desembocadura del Meta (1669) y las regiones sureñas del Guaviare, pues, en enero de 1695 el dominio caribe y la lejanía de las reducciones instaladas en Casanare dejaría en ruinas los cinco ensayos que se habían llevado a cabo en la segunda mitad del siglo XVII[198].

Sin embargo, todavía en los estertores del siglo XVII la Provincia del Nuevo Reino diseñaría una nueva estrategia que contemplaba dos acciones para retornar al gran río venezolano. Hacia el sur se habían iniciado en 1695 las "Misiones del Airico" con los PP. Alonso de Neira y José Cavarte[199]. Hacia el norte trataban de expandirse, en 1697, hacia Barinas teniendo como punto de apoyo el camino que unía esta ciudad con la de Santafé. Sus portavoces fueron el P. Martín Niño y el P. Miguel Alejo Schabel pero concluiría en 1705[200].

En 1695 había instalado el P. Manuel Fritz más de 30 reducciones a lo largo del río Amazonas, desde Mainas hasta Río Negro. Pero del lado neogranadino los caribes habían arruinado la posibilidad de establecer el contacto estratégico entre ambas misiones que dependían de la misma cabeza jesuítica: el Provincial del Nuevo Reino y Quito. Así naufragaba el proyecto de vertebrar los dos grandes ríos sudamericanos en una doble anastomosis: "hidrológica la primera y poblacional-misionera la segunda; captación que seguramente hubiera consolidado la presencia y la raigambre españolas en ese inmenso espacio mesopotámico entre el Orinoco y el

---

197 J. DEL REY FAJARDO. "Introducción al estudio de la Historia de las Misiones jesuíticas en la Orinoquia". En: DEL REY FAJARDO (Edit.). *Misiones jesuíticas en la Orinoquia*. San Cristóbal, I, Universidad Católica del Táchira (1993) 406-411.

198 J. DEL REY FAJARDO. "Introducción al estudio de la Historia de las Misiones jesuíticas en la Orinoquia", 411-419.

199 J. DEL REY FAJARDO. "La Misión del Airico: 1695-1704". En: *Boletín de la Academia Nacional de la Historia*. Caracas, t. LXXVI, nº. 302 (1993) 49-68.

200 J. DEL REY FAJARDO. "Miguel Alejo Schabel S. J. Escritor, Aventurero y Misionero". En: *Boletín Universitario de Letras*. Caracas, Universidad Católica Andrés Bello, 1 (1994) 169-196.

Amazonas, espacio que conformaba a la misma Provincia-Gobernación de Guayana"[201].

Sin embargo, arrinconados en el piedemonte neogranadino por el letargo impuesto por el caribe mantuvieron el sueño de interconectar las misiones orinoquenses con las amazónicas, las del Gran Chaco y las paraguayas.

Así lo demuestra el testimonio del P. José Cavarte (1655-1724), lazo de unión entre las generaciones jesuíticas del XVII y XVIII, quien en su vejez componía una Gramática enagua "por las esperanzas que tenía de que se pudieran conquistar los que la usan" y también había solicitado de Quito que le remitieran una gramática inca para estudiarla[202].

d) *El siglo XVIII y la batalla final contra el imperialismo Caribe.*

La Guerra de Sucesión española y sus consiguientes reformas borbónicas es lógico que produjeran en América grandes transformaciones[203].

Si es indudable que Francia que comenzó a controlar todo el comercio de la América española en incluso la presencia de sus naves de guerra en todos los puertos de América[204], es lógico que su presencia se hiciera notar también en el río Orinoco a la vez que garantizaban la libertad de movimientos de sus aliados caribes.

Como respuesta la Corona hispana comienza a tomar en serio la fortificación del río Orinoco. Es una historia que se inicia con la propuesta del gobernador guayanés Francisco de Meneses que duraría hasta 1765 con la fundación de Angostura[205].

---

201 Daniel de BARANDIARAN. "El Orinoco amazónico de las Misiones jesuíticas". En: José DEL REY FAJARDO (Edit.). *Misiones jesuíticas en la Orinoquia*. San Cristóbal, II (1992) 195.
202 RIVERO. Historia de las Misiones, 405.
203 Véase: José María JOVER ZAMORA y Elena HERNÁNDEZ SANDOICA. "España y los Tratados de Utrecht". En: José María JOVER ZAMORA (Director). *Historia de España. La Época de los primeros borbones*. Tomo XXIX. Volumen I: La nueva Monarquia y su posición e Europa (1700-1759). Madrid. Espasa-Calpe (1987) 339-440.
204 Véase: E. W. DAHLGREN. Les rélations comerciales et maritimes entre la France et les côtes de l'Ocean Pacifique. París, 1909.
205 Véase: Daniel de BARANDIARAN. "El Orinoco amazónico de las Misiones jesuíticas". En: José DEL REY FAJARDO (Edit.). *Misiones jesuíticas en la Orinoquia*. San Cristóbal, II (1992) 237-241. Demetrio RAMOS PÉREZ. *Estudios de Historia venezolana*. Caracas, Academia Nacional de la Historia, (1988) 681-750.

Es necesario anotar otro antecedente interesante: entre los años 1700 y 1736, los capuchinos aragoneses que laboraban en la Provincia de Cumaná habían orientado sus esfuerzos para colonizar el río Guarapiche dominio de los caribes y centro de intercambio con los otros caribes de las islas caribeñas. Las acciones del gobernador José Francisco Carreño [206] obligarían a los representantes de esta etnia a retirarse a la obra banda del Orinoco[207], es decir, a las regiones de Puruey y Caura desde donde se federaron, sin dificultades geográficas, con sus hermanos de raza que habitaban la gran región de Barima, Aquire y Esequivo y de esta suerte fortalecieron la gran Caribaria.

Pero, despejado el peligro en la zona norte del Orinoco se creaban dos entidades autónomas en la zona sur: el núcleo del Bajo Orinoco (Barima-Sierra Imataca con el río Aquire y Cuyuni) y el núcleo del Orinoco medio (ríos Aro, Caura y área del Puruey hasta cerca del Cuchivero)[208].

A ello hay que añadir la trágica realidad que vivía la Provincia de Guayana. La inmolación étnica del libre imperio caribe en el Orinoco "puede fácilmente calcularse en más de 30 mil indios aniquilados y más de diez mil vendidos como esclavos por los caribes, con la complicidad de los holandeses, franceses, ingleses y hasta de los mismos españoles. ¡Cuarenta mil víctimas en solo la hidrografía del Orinoco, en solo 30 años (1696-1730) sin contar los doce años de la hecatombe que representó el episodio de Quirawera (1684 a 1696)". Y concluye Barandiarán: "Todo era desolación, esclavitud y muerte"[209].

Con estas premisas es lógico pensar que toda la industria del comercio humano indígena no podía quebrar sólo por decisiones éticas y misionales.

---

206 O. A. P. [Omar Alberto PÉREZ]. "Carreño, José Francisco". En: FUNDACIÓN POLAR. *Diccionario de Historia de Venezuela*. Caracas, I (1997) 699.
207 Buenaventura de CARROCERA. *Misión de los Capuchinos en Guayana*. Caracas, Academia Nacional de la Historia (1979) 17-22.
208 BARANDIARÁN. "El Orinoco amazónico de las Misiones jesuíticas". En: José DEL REY FAJARDO (Edit.). *Misiones jesuíticas en la Orinoquia*. San Cristóbal, II (1992) 241.
209 Daniel de BARANDIARÁN. "El Orinoco amazónico de las Misiones jesuíticas". En: José DEL REY FAJARDO (Edit.). *Misiones jesuíticas en la Orinoquia*. San Cristóbal, II (1992) 237-241. Demetrio RAMOS PÉREZ. *Estudios de Historia venezolana*. Caracas (1988) 241.

Todo este espacio temporal comprendido entre 1733 y 1744[210] constituye la historia más sangrienta del Orinoco del siglo XVIII en donde, en definitiva, el Estado español se declaraba, de facto, incompetente para frenar la gran ofensiva protagonizada por la confederación de una serie de naciones bárbaras, vigorizadas por el apoyo holandés y francés.

La historia documentada de la guerra declarada por la nación caribe en 1733 contra las Misiones jesuíticas puede verse en la crónica que escribió un testigo presencial: el Hermano Coadjutor jesuita llamado Agustín de Vega[211].

El estudioso de este fenómeno orinoquense llega a la conclusión de que en épocas de crisis la paz se compra o se pretende instaurar al margen de la justicia y de esta forma las invasiones caribes de 1733 hay que verlas a la luz de esta realidad. De esta forma la seguridad jurídica y política de las gentes del Orinoco quedaba viciada y la impotencia obligaba al misionero a apelar a acciones desesperadas.

¿Cuál fue la respuesta de la Compañía de Jesús a las múltiples formas de acción y penetración que desarrollaría la nación caribe en los escenarios sitos entre Cabruta y el Raudal de Atures?.

Con los pueblos destruidos, las diversas etnias indígenas misionadas dispersas y atemorizadas los jesuitas comenzaron a tomar sus propias decisiones a fin de afrontar la crisis que ponía una vez más entre la espada y la pared el futuro misional y por ende territorial de la corona española en la Orinoquia.

La primera fue levantar un fortín en Marimarota, monte todo de roca, situado en las cercanías de Pararuma[212]. Se trataba de un lugar estratégico donde el río "se estrecha como a un tiro de fusil"[213]. De seguidas

---

210 Agustín de VEGA. *Noticia del principio y progresos del establecimiento de las Misiones de gentiles en la río Orinoco por la Compañía de Jesús*. Caracas (2000) 26: "... por marzo de 733, quedo rota la guerra con la Nacion Cariba que nos dieron bastante que hacer hasta el año de 744".

211 Agustín de VEGA. *Noticia del principio y progresos del establecimiento de las Misiones de gentiles en la río Orinoco por la Compañía de Jesús*. Estudio introductorio: José del Rey Fajardo sj y Daniel de Barandiarán. Caracas, Academia Nacional de la Historia, 2000.

212 José DEL REY FAJARDO. "Topohistoria misional jesuítica llanera y orinoquense". En: José DEL REY FAJARDO y Edda O. SAMUDIO. *Hombre, Tierra y Sociedad*. San Cristóbal-Bogotá (1996) 61-62.

213 José GUMILLA. *El Orinoco ilustrado y defendido*. Caracas (1993) 202.

establecieron los mecanismos de defensa y enfrente levantaron una especie de fortín de forma tal que el fuerte se dotó de cañones y el pueblo de "estacadas"[214]. El P. Gilij describe el entorno así: "Es terrible el trozo de río entre el Castillo y Carichana por los muchos escollos que se pasan"[215]. La construcción del reducto de San Javier en Marimarota trajo tranquilidad durante el año 1736 pues este primitivo puesto militar consiguió impedir el flujo de las armadas caribes aguas arriba[216].

La segunda respuesta se inicia en 1740 con la fundación de Cabruta. Su valor estratégico sería reconocido a posteriori. Sin lugar a dudas, tras el fortín de San Javier, supone el segundo gran antemural que levantaron los jesuitas en su lucha con los caribes. En este punto la visión de Rotella fue mucho más intuitiva que la de Román, que era el Superior de la misión en aquel entonces.

El corrimiento de la frontera jesuítica a Cabruta y su ubicación en un punto geográfico vital como antemural para contener las fuerzas caribes[217] abre un nuevo ciclo en la intercomunicación con la Provincia de Caracas y en la toma de conciencia de los jesuitas orinoquenses de buscar en la ciudad del Ávila su nueva capital. Pero, además, se erigía como un privilegiado lugar de encuentro de muchos pueblos orinoquenses en busca de subsistencia y mercadeo y sobre todo por el valor del mercado de la tortuga[218].

La polémica fundación de Cabruta obligó a los caribes a reformular de nuevo sus rutas esclavistas y a refinar sus técnicas de dominio y terror entre los conglomerados indígenas acogidos a la vida misional. Por una parte

---

214 Agustín de VEGA. *Noticia del principio y progresos...*, 76-77: Y anota con cierta complacencia el H. Vega: "Con esto cobró tan gran fama el Castillo de San Xavier que no se hablaba de otra cosa en todo Orinoco sino del Castillo"

215 Felipe Salvador GILIJ. *Ensayo de Historia Americana*. Caracas, Academia Nacional de la Historia, I (1965) 40

216 AGI. *Quito*, 198. *Segunda Vía. Respuesta al pliego... 1742*. (José GUMILLA. *Escritos varios*. Estudio preliminar y compilación del P. José del Rey S. J. Caracas, Academia Nacional de la Historia (1970) 307).

217 GILIJ. *Ensayo de Historia Americana*, I, 71: "Esta aldea que está en la frontera de los caribes, fue fundada por Rotella en 1740 con el designio de fortificarla lo más que pudiese contra los insultos de estos enemigos que entonces dominaban, y pensó en hacer de ella como un antemural fortísimo para defender también a las otras reducciones".

218 Demetrio RAMOS. *El tratado de límites de 1750 y la expedición de Iturriaga al Orinoco*. Madrid (1946) 154.

mataban o secuestraban a los indios reducidos cuando los encontraban desguarnecidos en los contornos de los poblados o en despoblado; y por otra les hacían llegar su criterio de que si no emigraban a las tierras caribes regresarían para matarlos y destruir los enclaves misionales. Tal fue su modo de actuar a lo largo de los años 1740 y 1741[219].

La tercera respuesta sería inédita e inesperada. Lo que no pudieron conseguir ni los gobernadores ni los misioneros lo obtendrían los nuevos aliados indígenas de los jesuitas. En efecto, serían los cabres y sobre todos los guaypunabis quienes acabarían de raíz la hegemonía caribe en el Orinoco medio. Gilij, que llegó al Orinoco en 1749, debía recordar muy vivamente las historias misioneras como ya superadas, pues escribiría en su *Ensayo de Historia Americana* que Puruey "ahora es a modo de quemada Troya humeante memoria de sus triunfos sobre las naciones orinoquenses, si dejando a los valerosos se hubieran contentado con subyugar a los más débiles"[220].

Así pues, entre 1744 y 1745 la historia del Orinoco viviría el inicio de una gran transformación. Dos hechos significativos marcarían las nuevas rutas: el descubrimiento del Casiquiare y la comunicación fluvial Orinoco-Amazonas y la sorpresiva quiebra del imperio caribe en el gran río venezolano debido fundamentalmente a la acción de los indios guaypunabis.

e) *El descubrimiento del Casiquiare y la nueva frontera.*

Destruida la red caribe del comercio humano en el Orinoco medio comienzan a tener noticias claras los misioneros del negocio esclavista portugués en las áreas sureñas del Orinoco. Para afrontar el problema decide el P. Manuel Román, en 1744, viajar a las posesiones portuguesas del Pará y de esa forma inesperada realiza el descubrimiento del brazo Casiquiare que aclaraba la intercomunicación fluvial del Orinoco con el Amazonas[221].

---

219 AGI. *Quito*, 198. *Doc. cit.* (GUMILLA. *Escritos varios*, 306).
220 Felipe Salvador GILIJ. *Ensayo de Historia Americana*. Caracas, I, 62.
221 AIUL. Papeletas: ROMÁN, Manuel. "Descubrimiento de la comunicación del Orinoco con el Marañón y Relación que hace el P. Manuel Roman de su viaje de Carichana al Rio

El arrojo y valentía del P. Manuel Román para introducirse en el reto de lo desconocido consiguió de inmediato dos grandes logros: el primero, la confraternización con los indios caberres y guaypunabis "con cuya intervención logró el exterminio o la expulsión al extremo oriente guayanés de la horda Caribe esclavizadora"; y la segunda "la visualización "in situ" y no ya en los mapas del Caño Casiquiare y la defensa que hizo de la soberanía territorial de la Provincia de Guayana en aquella área"[222].

Pero el principal objetivo del viaje del misionero orinoquense era resolver el problema de la esclavitud de los indígenas venezolanos. Presentamos el balance suministrado por el jesuita portugués Aquiles Avogadrí al P. Manuel Román que habla por sí mismo:

> Me dijo que en seis años que había estado en aquel ministerio por obediencia, se habían registrado ocho mil esclavos indios y dado otros por horros, esto es, sirven cinco años y quedan libres; y que en entradas que se habían hecho de los pueblos se habían agregado a ellos cuatro mil almas libres. Los que pasan por alto por no pagar el tributo debido a su rey son muchos. Los daños que hacían y muertes para cautivar a tantos no se puede saber. Lo cierto es que serán más a los que quitan las vidas que a los que cautivan[223].

Este nuevo impulso pro amazónico adoptaría dos rumbos bien definidos. El primero incursionaría la margen derecha del Orinoco a través de los ríos Suapure, Parguaza, Sipapo y Ventuari-Manapiare[224]. La génesis de este

---

Negro: desde el 4 de febrero hasta el 15 de octubre de 1744. ANB. *Reales Cédulas*, t. 14, fols., 580 y ss. *Informe del P. Manuel Román sobre la misión del Orinoco. 1749.* (GUMILLA. *Escritos varios*, 317-318).

222 Daniel de BARANDIARÁN. "La Crónica del Hermano Vega 1730-1750". En: Agustín de VEGA. *Noticia del principio y progresos del establecimiento de las Misiones de gentiles en la río Orinoco por la Compañía de Jesús*. Estudio introductorio: José del Rey Fajardo sj y Daniel de Barandiarán. Caracas (2000) 377-378. (Sobre el viaje del P. Manuel Román, véanse las páginas 368-415).

223 ANB. Reales Cédulas, t. 14, fols., 580 y ss. Informe del P. Manuel Román sobre la misión del Orinoco. 1749. (GUMILLA. Escritos varios, 317-318).

224 Gran parte de las excursiones del P. Forneri sospechamos que se dirigieron a la puesta en acción de la nueva política aunque el cronista atestigua que "no es mi intención aquí hacer la lista de todos los viajes de este misionero" (GILIJ. *Ensayo de Historia Americana*, III, 103). Si excluimos los "muchos y fatigosos" que hizo a los yaruros, los demás de esta época se orientaron a los maipures del Tuapu, a los piaroas del Ventuari (GILIJ. *Ob. cit.* I, 70), a los

periplo tomaba su origen en la necesidad de rastrear los caminos secretos que los caribes trazaron para seguir invadiendo las reducciones jesuíticas. Después de 1745 el objetivo principal se basará en la nucleización de las tribus desparramadas por esa área. Y para ello se ensayó la idea de abandonar las orillas del Orinoco y establecer reducciones tierras adentro; así nacieron San Estanislao de Patura, San Javier de los Parecas y otras de muy efímera existencia; los motivos del fracaso de este ensayo los reduce Gilij a una sola línea "el clima es grandemente dañoso a la población"[225].

La segunda ruta penetraría por la margen izquierda de nuestro gran río y se centraría en la toma de posesión de las zonas que se suponían rionegrinas y que se confundían con la hoy vasta zona interfluvial llanera colombiana del Vichada, Guaviare, Inírida y Guainía[226]. De esta época datan el viaje del P. Lubián en 1751 a los Betoyes –o mejor betoas- del Sur y a los Chavinavos con el fin de descubrir las naciones que habitan los ríos que desaguan en el Orinoco y en el río Negro por la parte del poniente[227]. Casi con idéntica misión pero por derroteros distintos visitó algunos años más tarde a los pamivas el P. Francisco del Olmo[228] quien llegaría a entablar amistad con los guaipunaves y especialmente con su cacique Cuseru[229], persona clave en las relaciones hispano-guaypunaves durante la Expedición de Límites[230].

---

parecas en 1751 (GILIJ. *Ob. cit.*, III, 104), a los guaipunavis del río Inírida (GILIJ. *Ob. cit.*, III, 104-105) y al fortín de Cuseru en el Atabapo (GILIJ. *Ob. cit.*, III, 109).

225 GILIJ. Ensayo de Historia Americana. I, 70.
226 GILIJ. Ensayo de Historia Americana, III, 97-115.
227 GILIJ. *Ensayo de Historia Americana*, III, 104. Además era excelente amigo del P. del Olmo. (GILIJ. *Ob. cit.*, I, 7 2).
228 GILIJ. *Ensayo de Historia Americana.*, III, 104. Gran parte de la vida misionera del P. Francisco del Olmo la absorbe la incesante búsqueda de los yaruros a lo largo del Sinaruco, Meta y "otros ríos que desaguan en el Orinoco" (GILIJ. *Ob. cit.*, III, 90. Otros detalles interesantes de la págs. 91 a 97). También el Ventuari catalizó varios de sus viajes con el afán de reducir los maipures (GILIJ. *Ob. cit.*, III, 90-91). Con mucha justicia escribía Gilij al narrar su muerte: "con mucho disgusto mío murieron con él las muchas rarisimas noticias que habrian podido darme de sus viajes a los gentiles" (GILIJ. *Ob. cit.*, I, 129; III, 104).
229 Hacia 1750 debió realizar su viaje al río Inírida a visitar a Cuseru (GILIJ. *Ensayo de Historia Americana*, II, 188-190).
230 GILIJ. *Ob. cit.*, III, 104.

f) *El Tratado de Límites de 1750 y el ocaso de la acción jesuítica en la Orinoquia.*

Un punto de confluencia de este antagonismo Estado ilustrado-Jesuitas nos lo ofrece la trayectoria de la llamada Expedición de Límites de 1750.

Existe una corriente histórica española sobre esta temática que se inicia con la tesis doctoral del infatigable profesor vallisoletano, D. Demetrio Ramos[231] y se completa con la obra del joven investigador Manuel Lucena Giraldo[232]. A ella hay que agradecer su invalorable aporte a esta zona histórica bastante olvidada en el haber de la conciencia nacional.

Sin embargo, dentro de la historiografía revisionista venezolana ha habido una toma de posición crítica que encabeza el antropólogo e historiador Daniel de Barandiarán quien ha sometido a la luz de la historia y la geografía guayanesas todo el inmenso acervo producido por la Expedición de Límites de 1750 y a su obra remitimos nuestras observaciones[233].

En el caso específico de las Misiones orinoquenses la literatura española considera el Tratado de Límites de 1750 como un "conjunto de tareas encaminadas a la reforma política, social y económica de la frontera tropical"[234].

Lucena Giraldo afirma que la Expedición constituye un éxito regional de mucha trascendencia. Y afirma: "Entre la paz con los grandes jefes indígenas del Alto Orinoco –marzo de 1759- y la retirada de la Expedición

---

231 Demetrio RAMOS. *El Tratado de Límites de 1750 y la expedición de Iturriaga al Orinoco*. Madrid, 1946. Demetrio Ramos ha sido un excelente colaborador en la reconstrucción de la historia colonial venezolana y su obra es amplísima.

232 Manuel LUCENA GIRALDO. *Laboratorio tropical. La Expedición de Límites al Orinoco, 1750-1767*. Caracas. Monte Avila Editores-consejo superior de Investigaciones Científicas, 1991. A Lucena Giraldo se le puede considerar como el renovador de la literatura ilustrada de la frontera. Tiene diversas obras de las que solamente citamos: "Defensa del territorio y explotación forestal en Guayana, 1758-1793". En: M. LUCENA GIRALDO (Edit.). *El bosque ilustrado. Estudios sobre la política forestal española en América*. Madrid, 1991. --- "Ciencia para la frontera: las Expediciones de Límites españolas (1754-1804)". En: *Cuadernos Hispanoamericanos*, Los Complementarios/2. Madrid, 1988.

233 Daniel de BARANDIARÁN. "Brasil nació en Tordesillas. (Historia de los límites entre Venezuela y Brasil). Primera Parte: 1494-1801. En: *Paramillo*. San Cristóbal, 13 (1994) 331-774.

234 Manuel LUCENA GIRALDO. "Los jesuitas y la expedición de límites al Orinoco, 1750-1767". En: *Paramillo*. San Cristóbal, 11-12 (1992-1993) 245.

de Límites de Venezuela –julio de 1761- transcurre el período con mayores transformaciones que vivió la Guayana española a lo largo del siglo XVIII. El gran ciclo de exploraciones y la eclosión fundacional en la frontera con el Amazonas, la derrota de los caribes y su repliegue hacia el interior del continente o el intento de consolidación de una ruta más o menos estable con el Virreinato de Nueva Granada fueron hechos que por si solos constituyeron cambios de consecuencias insospechadas. La conjunción de todos ellos en tan breve período permite hablar, con más razón todavía, de una verdadera mutación regional como consecuencia de los trabajos de organización territorial de la Expedición de Límites"[235].

Por su parte, Barandiarán establece una serie de "cautelas obvias" ante estas afirmaciones inspiradas casi en su totalidad en la amplia documentación redactada por los comisarios regios sin la verificación correspondiente en la geografía histórica guayanesa.

Aquí deseamos circunscribirnos al tema más importante cual es el de las fronteras para resaltar un ejemplo de lo que formula la historiografía ilustrada y la revisión crítica a la luz de la geografía y la documentación preterida.

El Tratado hispano-portugués de límites de 1750 planteaba en el fondo la sustitución del Tratado de Tordesillas por otras fronteras más reales que aseguraran a los españoles el dominio exclusivo de la cuenca del río de la Plata y a los portugueses el de la cuenca del Amazonas.

Todavía más, Pombal asoma en 1758 a la corte española que, en el conflicto jesuítico, la expulsión de los miembros de la Compañía de Jesús de las reducciones guaraníticas podría extenderse a todas las misiones de América[236]. Y en 1759, decretada la expulsión de los jesuitas de Portugal, Gomes Freire proponía al Comisario General español que "si su Católica

---

[235] M. LUCENA GIRALDO. *Laboratorio tropical*, 203. Prácticamente reitera los mismos conceptos en: M. LUCENA GIRALDO y Antonio E. DE PEDRO. *La frontera caribica: Expedición de Límites al Orinoco, 1754-1761*. Caracas, Cuadernos Lagovén (1992) 64. Y en la página 81 añade: "La cantidad de información cartográfica, botánica, geográfica, lingüística e histórica adquirida con métodos modernos permitiría construir la política gubernamental española sobre la realidad de la frontera tropical y no sobre lejanas o interesadas noticias, cuando no sobre puras ficciones e incluso proyecciones literarias".

[236] Guillermo KRATZ. El Tratado hispano-portugués de límites de 1750 y sus consecuencias. Roma, Institutum Historicum S. I. (1954) 224-225.

Majestad tomara una medida semejante, ello significaría un alivio para toda América"[237].

Es evidente que con estas premisas la corte española tratara de alejar a los jesuitas de sus fronteras con Brasil.

En efecto, la preocupación del primer comisario, José de Yturriaga, por distanciar a la Compañía de Jesús del área norte del conflicto limítrofe vino a cristalizar en una Real Orden de 2 de noviembre de 1762 por la que se comisionaba a los capuchinos andaluces de Venezuela "para los nuevos pueblos del Alto Orinoco y Río Negro, señalándoles S. M. por terreno desde el Raudal de Maipures inclusive arriba"[238].

Una vez que los Capuchinos tomaron posesión de sus nuevas demarcaciones misionales fueron enfrentando la dura realidad de aquellas inhóspitas regiones. Cuando el P. Jerez de los Caballeros arribaba a San Carlos el 1º de abril de 1765 pudo verificar que las poblaciones que había dejado la Comisión de Límites se habían reducido a un recuerdo[239].

Sin embargo, Fray Jerez que había participado con los miembros de la Expedición de Límites en la exploración del Cuchivero-Caura, "tendrá una actuación fulgurante y de gran efecto, pero, como el cohete en el aire, se quemará casi de inmediato"[240]. En sus famosas "Jornadas" fundará 8 pueblos entre 1765 y 1770, pero las intrigas antimisioneras del gobernador guayanés Centurión, las enfermedades y muertes de los misioneros y el desamparo del área obligaron a los capuchinos a retirarse a los Llanos de Caracas a fines de 1771[241]. La historia se había repetido una vez más con los capuchinos.

---

237 AGS. *Estado*, 7393, fol., 82. *Carta de Gomes Freire a Valdelirios*, 22 de febrero de 1759. Citado por KRATZ. *Ob. cit.*, 237.
238 AGI. *Caracas*, 205. *Carta del P. Fernando Ardales al Rey*. Misión de Caracas, 30 de mayo de 1764. El P. Ardales había recibido dos comunicaciones sobre este asunto: la primera fechada el 12 de noviembre de 1762 y la segunda el 28 de febrero de 1763.
239 AGI. Caracas, 440. Informe de 8 de febrero de 1766 del Presidente de las nuevas poblaciones del alto Orinoco y Río Negro a la Capitanía General de Venezuela. José A. Jerez de los Caballeros. [El documento lo trascribe Baltasar de LODARES. Los franciscanos capuchinos en Venezuela. Caracas, I (1929) 317-319]. En este escrito nos dejará constancia de San Fernando "ya destruida": del Raudal de Santa Bárbara "en cuya situación encontré aun los resquicios de la fundación que V. S. allí emprendió con el capitán Imo y sus gentes"; de la Garita de la Buena Guardia, a la entrada del Casiquiare "en cuyo distrito no hallamos más población de indios que la del Capitán Daviaje".
240 Daniel BARANDIARÁN. "Brasil nació en Tordesillas", 559.
241 BARANDIARÁN. "Brasil nació en Tordesillas", 559.

Y concluye el escritor guayanés: "Se perdió la noción misma integrada del área Meta-Guaviare-Inírida-Vichada-Tuparro-Orinoco-Atabapo-Río Negro que los misioneros jesuitas detentaban, dentro de la misma originalidad de la Provincia Gobernación de Guayana y con los resabios-sucursales de autoridad gubernativa supletoria de Santa Fe de Bogotá en el área de Meta-Casanare"[242].

Con la expulsión de los jesuitas en 1767 se perdía la visión del Orinoco histórico, visualizado como Orinoco amazónico y columna vertebral de la inmensa Provincia de Guayana y conceptuado como la muralla frente al Brasil portugués. Sobre esta visión se había construido la territorialidad gubernativa, política y misional de aquellas inmensas áreas mesopotámicas del Amazonas-Orinoco. El no haber entendido esta dicotomía que divorcia el Orinoco histórico del Orinoco geográfico le llevó a España a perder grandes extensiones de terreno en sus delimitaciones con el Brasil.

Con tristeza escribe Barandiarán al analizar el Tratado de Límites de 1777: "Más tarde, la propia Junta de Límites, preparatoria en España del último Tratado de Límites de 1777 entre España y Portugal, ya no sabía que Berrío, heredero de Quesada, había recibido de éste todo el Dorado amazónico. Fueron llamados el propio Centurión y el veterano guayanés Vicente Doz y ninguno de los dos fue capaz de dar razón alguna sobre los límites jurisdiccionales del territorio de la Provincia de Guayana, simplemente porque nadie sabía Historia"[243].

En la historia de la formación y deformación de nuestras nacionalidades la visión amazónica española acabaría ignorando las posiciones estratégicas y la diligencia mostrada por la Compañía de Jesús para mantener los extensos territorios que le había conferido a la corona hispana el Tratado de Tordesillas.

No sin cierta suspicacia anotaba en 1850 el historiador colombiano D. José A. Plaza al descubrir este ensueño jesuítico: "La idea de establecer una escala de comunicaciones mercantiles desde las márgenes del Meta hasta las posesiones portuguesas y las aguas del Atlántico, surcando el Orinoco y

---

242 BARANDIARÁN. "Brasil nació en Tordesillas", 560.
243 BARANDIARÁN. "Brasil nació en Tordesillas", 548. El autor fundamenta su elucubración en M. Consuelo CAL MARTÍNEZ, *La defensa de la integridad territorial de Guayana con Carlos III*. Caracas (1979) 63-70.

el Amazonas, proyectada por los jesuitas, espantó al Gabinete de Madrid y aceleró la muerte del Instituto. Este plan portentosamente civilizador hubiera variado la faz del continente suramericano y revela lo grandioso del genio que no pide elementos sino libertad para obrar"[244].

El poblamiento, la reducción y la cultura reduccional

No fue fácil habilitar un nuevo espacio para un nuevo orden a través de la reducción. De la espacialidad tradicional orinoquense, juzgada como dispersión, había que transitar a una espacialidad caracterizada como concentración urbana.

Señalaremos brevemente las dos fases fundamentales del proceso: la primera consistía en ubicar los grupos humanos que se iban a *reducir* para proceder después la fundación de la *reducción*; la segunda, se dirigía a la creación de una cultura capaz de salvaguardar las promesas hechas para el nuevo poblamiento de forma tal que perviviera la *misión ordenada*.

Desde sus inicios la Compañía de Jesús concibió la cristianización como un proceso que se inicia con la *reducción*, continúa con la educación e incorporación a la vida civil, y concluye con la conversión.

Los jesuitas habían elaborado su concepción propia de *reducción* con el ensayo llevada a cabo en Juli, en el altiplano peruano[245]. Esta experiencia iluminaría buena parte de las reflexiones que consagra el P. José de Acosta en su libro *De procuranda indiorum salute*. A ella se añadirían las enseñanzas del Paraguay y las levantadas por los jesuitas portugueses en el Brasil.

El P. Alonso de Neira, primer misionólogo llanero, diseña como objetivo de la evangelización la *conversión temporal y espiritual*[246]. En 1692 describía el Consejo la acción de los jesuitas "... que no se contentan solamente con reducir a los gentiles y agregarlos a pueblos, sino que procuran también con toda solicitud enseñarlos a vivir vida social, política

---

244 José A. PLAZA, Memorias para la Historia de la Nueva Granada. Bogotá (1850) 314.
245 ECHÁNOVE, Alfonso, "Origen y evolución de la idea jesuítica de *Reducciones* en las Misiones del Virreinato del Perú" en *Missionalia Hispanica*, XII, nº 34, Madrid 1955, pp. 95-144; XIII, nº 39, Madrid 1956, pp. 497-540.
246 RIVERO, Historia de las Misiones, 164.

y económica, como también su educación en las buenas costumbres y su mayor aumento"[247]. Y el cofundador de la Real Academia, P. José Cassani, sintetizaría el proceso en "... atraerlos a vida racional, para pasar de aquí a reducirlos a Catholicos"[248].

El primer paso de la reducción consistía en convencer a los integrantes de las diversas naciones de las ventajas de la nueva vida.

Los criterios para llevar a cabo un contacto con tribus que eran susceptibles de convertirse en *indígenas reducidos* fueron múltiples. En unos casos se acudía a los integrantes de la misma familia lingüística para iniciar las conversaciones y facilitar el encuentro; en otros casos se buscaban los enclaves comerciales fomentados por los autóctonos a lo largo de las principales arterias fluviales. Pero con el tiempo se recurrió a la figura de los *misioneros volantes*, hombres de salud férrea, dotados de gran conocimiento de las lenguas y del país, y experimentados conocedores de la psicología indígena, quienes debían recorrer sistemáticamente toda la geografía lejana misional a fin de entablar los primeros contactos con los gentiles y reclutar posteriormente neófitos para las reducciones[249].

El encuentro se regía por las formalidades del *mirray* que no es otra cosa que *el descubrimiento del otro* tal como lo practicaban las etnias llaneras y orinoquenses y consistía en un largo acto protocolar cuyo hecho central recogía el discurso de bienvenida del cacique al que respondía del mismo modo el huésped[250].

Este discurso coloquial se ubica en la mitad geográfica de lo que los tratadistas señalan como los planos de la incomunicación entre el español y el indígena. Todavía más, se erige en una metodología del diálogo y del entendimiento practicado más allá de las diferencias del nivel lingüístico y del nivel cultural que poseían las diferentes naciones que compartían los espacios de la Orinoquia. Era el modo tradicional de interpretar los signos de alteridad entre conglomerados humanos distintos y distantes.

---

247 RIVERO, *ob. cit.*, 293.
248 CASSANI, Joseph, Historia de la Provincia de la Compañía de Jesús del Nuevo Reyno de Granada, Academia Nacional de la Historia, Caracas 1967. p. 58.
249 GILIJ, *Ensayo de Historia americana*. III, pp. 90-97, (La jornada de camino estaba calculada en 30 millas. *Ibidem*).
250 Un ejemplo puede verse en GUMILLA, *El Orinoco ilustrado*, p. 242.

Los misioneros se sirvieron de este obligado ritual para todos y cada uno de los contactos llevados a cabo en su entorno indígena. La pedagogía del encuentro conllevaba un gran sacrificio pues, a la larga y reiterativa retórica de los incidentes del viaje y de los objetivos de su presencia, seguían las innumerables preguntas de los visitados a los ayudantes del jesuita mientras el misionero se hacía conducir a los enfermos, se preocupaba por los niños y regalaba a todos avalorios y otros regalos[251].

Las opciones de la decisión final eran muy variadas: o fijaban una fecha para trasladarse ya sea a fundar una reducción, ya sea a un lugar próximo a una de las poblaciones misionales ya existentes[252]; o se llegaba a buenas palabras y había que repetir cada año la visita hasta lograr el objetivo (la reducción del pueblo betoy le llevó al P.Gumilla 8 años)[253]; o el misionero decide quedarse, incluso años, hasta convencerlos de las ventajas de la vida reducida (8 años gastó el P. Cavarte con los achaguas del sur del Airico y tuvo que capitular)[254]; o convertirse en un beduino más como acompañante de los guahivos y chiricoas sin arraigarse nunca en algún lugar[255]; o una simbiosis de todas estas posibilidades.

Pero también cabe preguntarse qué hicieron los jesuitas para enfrentarse a una geografía difícil y a unas naciones aisladas y dispersadas en tan grandes espacios guayaneses. Consolidadas las misiones de la zona media orinoquense, refrenado el impulso caribe y abiertos los espacios amazónicos se desarrollará una década caracterizada por las grandes exploraciones. De 1746 a 1756 la geografía orinoquense sería auscultada en grandes zonas por los misioneros jesuitas a la vez que diseñarían una expansión misional no solamente en la coordenada norte-sur, a los márgenes de la gran arteria fluvial venezolana, sino que paralelamente incursionarían la coordenada este-oeste.

---

251 MERCADO, *Historia de la Provincia...*, II, pp. 289-290.
252 Los achaguas del río Aritagua se reducen en San José de Aritagua y después pasan a San Salvador del Puerto (MERCADO, *Ibidem*)
253 RIVERO, *Historia de las Misiones*, pp. 359-388.
254 RIVERO, *ob. cit.*, p. 339.
255 GILIJ, *Ensayo de historia americana*, 1, p. 66 "Haría falta que uno tuviese la paciencia de ir de matorral en matorral, de río en río, de prado en prado con ellos. Así lo hizo antaño el célebre P. RAUBER".

El sueño jesuítico de interconectar las misiones orinoquenses con las amazónicas, las del Gran Chaco y las paraguayas revive tras el letargo impuesto por el caribe. Así lo demuestra el testimonio del P. José Cavarte (1655-1724), lazo de unión entre las generaciones jesuíticas del XVII y XVIII, quien en su vejez componía una Gramática enagua "por las esperanzas que tenía de que se pudieran conquistar los que la usan" y también había solicitado de Quito que le remitieran una gramática inca para estudiarla[256].

Este nuevo impulso pro amazónico adoptaría dos rumbos bien definidos. El primero incursionaría la margen derecha del Orinoco a través de los ríos Suapure, Parguaza, Sipapo y Ventuari-Manapiare[257]. La génesis de este periplo tomaba su origen en la necesidad de rastrear los caminos secretos que los caribes trazaron para seguir invadiendo las reducciones jesuíticas. Después de 1745 el objetivo principal se basará en la nucleización de las tribus desparramadas por esa área. Y para ello se ensayó la idea de abandonar las orillas del Orinoco y establecer reducciones tierras adentro; así nacieron San Estanislao de Patura, San Javier de los Parecas y otras de muy efímera existencia; los motivos del fracaso de este ensayo los reduce Gilij a una sola línea "el clima es grandemente dañoso a la población"[258].

La segunda ruta penetraría por la margen izquierda de nuestro gran río y se centraría en la toma de posesión de las zonas que se suponían rionegrinas y que se confundían con la hoy vasta zona interfluvial llanera colombiana del Vichada, Guaviare, Inírida y Guainía[259]. De esta época datan el viaje del P. Lubián en 1751 a los Betoyes -o mejor betoas- del Sur y a los Chavinavos con el fin de descubrir las naciones que habitan los ríos

---

256 RIVERO, *ob. cit.*, p. 405.
257 Gran parte de las excursiones del P. FORNERI sospechamos que se dirigieron a la puesta en acción de la nueva política aunque el cronista atestigua que "no es mi intención aquí hacer la lista de todos los viajes de este misionero" (GILIJ, *ob. cit.*, III, p. 103). Si excluimos los *muchos y fatigosos* que hizo a los yaruros, los demás de esta época se orientaron a los maipures del Tuapu, a los piaroas del Ventuari (GILIJ, *ob. cit.*, I, p. 70), a los parecas en 1751 (GILIJ, *ob. cit.*, III, p. 104), a los guaipunavis del río Inírida (GILIJ, *ob. cit.*, III, pp. 104-105) y al fortín de Cuseru en el Atabapo (GILIJ, *ob. cit.*, III, p. 109).
258 GILIJ, Ensayo de historia americana, I, p. 70.
259 GILIJ, *ob. cit.*, III, p. 97-115.

que desaguan en el Orinoco y en el río Negro por la parte del poniente[260]. Casi con idéntica misión pero por derroteros distintos visitó algunos años más tarde a los pamivas el P. Francisco del Olmo[261] quien llegaría a entablar amistad con los guaipunaves y especialmente con su cacique Cuseru[262], persona clave en las relaciones hispano-guaypunaves durante la Expedición de Límites[263].

¿Y cómo se llevó a cabo la segunda fase de este proceso? Mediante lo que David Block denomina la *cultura reduccional*. Este concepto abarca el proceso que vivirían las reducciones en sus usos y costumbres hasta llegar a desarrollar formas de vida cada vez mejores. Algunas de ellas, y no las más importantes, fueron: el cruce y selección de modos de subsistencia europeos e indígenas, así como en su resultante híbrido que adoptó formas más eficientes para llevar a cabo las tareas tradicionales. De esta suerte las reducciones se convirtieron en centros urbanos en miniatura, poblados por indígenas que producían bienes para su propia subsistencia y para los mercados españoles[264] a la vez que cultivaban fórmulas de bienestar social.

¿Pero, cuáles eran los medios idóneos para lograr tales objetivos?. En primer lugar hay que destacar que la lengua se había transformado no sólo en el instrumento de cohesión, sino además generaba un nuevo espacio de comunicación. En segundo término apelarían a dos metas, casi utópicas: a la educación y al progresivo cambio de mentalidad a través del uso religioso del tiempo detalladamente ritualizado.

Los misioneros ingresaron al mundo cultural indígena porque lograron conocer sus universos míticos. La convivencia y el diálogo les hicieron

---

260 GILIJ, *ob. cit.*, III, p. 104. Además era excelente amigo del P. DEL OLMO. (GILIJ, *ob. cit.*, I, p. 72).
261 GILIJ. *ob. cit.*, III. p. 104. Gran parte de la vida misionera del P. Francisco DEL OLMO la absorbe la incesante búsqueda de los yaruros a lo largo del Sinaruco, Meta y "otros ríos que desaguan en el Orinoco" (GILIJ, *ob. cit.*, III, p. 90. Otros detalles interesantes de la pp. 91 a 97). También el VENTUARI catalizó varios de sus viajes con el afán de reducir los maipures (GILIJ, *ob. cit.*, III, pp. 90-91). Con mucha justicia escribía GILIJ al narrar su muerte: "con mucho disgusto mío murieron con él las muchas rarísimas noticias que habrían podido darme de sus viajes a los gentiles" (GILIJ, *ob. cit.*, I, p. 129; III, p. 104).
262 Hacia 1750 debió realizar su viaje al río Inirida a visitar a Cuseru (GILIJ, *ob. cit.*, II, pp. 188-190).
263 GILIJ, *ob. cit.*, III, p. 104.
264 BLOCK, David, *La cultura reduccional de los Llanos de Mojos*. Tradición autóctona, empresa jesuítica & política civil, 1680-1880. SUCRE, *Historia Boliviana*, 1997, p. 32.

partícipes del hábitat en que vivían inmersos y por ende convertirse en parte de su historia, de su geografía, de su literatura y de sus modos de ser y existir porque, en definitiva, el lenguaje interpreta la diversidad humana e ilumina la identidad exclusiva del ser humano. A la diversidad de idiomas siempre corresponde diversidad de corazones, escribirá Gilij[265] y por ello rechazaría todo parecido a la mentalidad reaccionaria de los que en este ámbito hablan de estructuras profundas y estructuras superficiales[266].

En el horizonte lingüístico de las ciudades-reducciones pronto amaneció un sueño utópico de los misioneros del corazón de América y del que dejó constancia el autor del *Ensayo de Historia Americana*, confirmado por las afirmaciones de Humboldt[267]: las lenguas generales. Para las áreas orinoquenses no hubieran sido el caribe y el tamanaco, propuestos por el viajero alemán[268] sino el caribe y el maipure ya que éste último -anotará Gilij- lo entienden todos en el gran río "y se podría hacer común si se quisiera"; por lo tanto, de persistir el "obstáculo de tantas lenguas... ésta sería bastante a propósito para hacer de ella una lengua general"[269].

En este sentido hay que reflexionar sobre los desvelos del misionero para fabricar un futuro mejor, pues, como afirmaba el misionero de La Encaramada, supone una enorme fatiga el aprender una lengua y cuando después de mucho esfuerzo se llega a dominarla, con ella no se puede servir sino a muy pocos hablantes. De querer llegar a otros es preciso volver a recorrer el mismo camino. Al hablar de los indios voqueares dirá:

---

265 GILIJ, Felipe Salvador, *Ensayo de Historia Americana*, Academia Nacional de la Historia, II, Caracas 1965, p. 147. "Me parece a mí el corazón del hombre no diferente de la lengua que le tocó en suerte al nacer".

266 OLZA, Jesús, "El Padre Felipe Salvador Gilij en la historia de la lingüística venezolana" en *Misiones jesuíticas en la Orinoquia*, II, José DEL REY FAJARDO (edit), San Cristóbal 1992, p. 439. Para explicitar esta teoría: SONTAG, Susan, *Kunst und Antikunst*, Reinbek bei Hamburg 1968, y sobre todo el capítulo I: "Gegen Interpretation", pp. 9-18.

267 HUMBOLDT, Alejandro de, *Viaje a las regiones equinocciales del nuevo continente*, II, Caracas 1941, p. 178.

268 HUMBOLDT, A. de, *ob. cit.*, p. 181.

269 GILIJ, *Ensayo...*, III, pp. 170-171. Y en el t. II, p. 56 dice: "Hacen amistad con todos y apenas se encuentra en Orinoco una nación en que no haya algún maipure. Su lengua, como facilísima de aprender, se ha convertido entre los orinoquenses en lengua de moda y quien poco, quien mucho, quien medianamente, quien bien, la hablan casi todos...".

"No eran en mi tiempo más de sesenta almas. Perece con ellos su lengua, y el misionero se queda menos apenado que mudo"[270].

En segundo término la socialización y la convivencia significaban la primera fase de la urbanización y por ende de la civilización. Los espacios simbólicos y vitales de la misión había que dotarlos de un sistema de valores y de actitudes que garantizaran la nueva realidad.

La función psíquica exige para poder desarrollarse sustancia y promesas, es decir, arquetipos de identificación. Por ello, el indígena necesitaba encontrar en el mundo exterior una herencia cultural que le hiciera habitante de una historia y partícipe de una sociedad, para de esta forma sentirse actor en una red de relaciones a partir de las cuales pudiera elaborar comportamientos en respuesta a problemas existenciales.

En la reestructuración de la ciudad-reducción no sólo se recuperan algunas estructuras autónomas fundamentales de la etnia sino que la aculturación se rige por una intencionalidad que pretende sumar de forma progresiva elementos que generen un nuevo ciclo de mejor vida, donde la acción solidaria se encamine al sustentamiento y mejoramiento de las funciones comunitarias definidas por el bien común y los espacios de futuro[271].

Por ejemplo: la estructura social y administrativa de la reducción solía respetar las jerarquías políticas existentes en las naciones antes de reducirse. Los caciques gozaban de dignidad perpetua y hereditaria excepto en caso de rebelión contra el Soberano[272]. En la misión usaban bastón de mando con pomo de plata y en la iglesia ocupaban un sitial de honor[273]. Sin embargo, los alcaldes, fiscales, capitanes y alguaciles, todos indígenas, eran elegidos anualmente[274].

---

270 GILIJ, *Ensayo...*, III, p. 170.
271 Para comprender este proceso nos remitimos al apéndice: "Carta de navegar en el peligroso mar de los indios gentiles" (GUMILLA, José, *El Orinoco ilustrado*, pp. 505-519).
272 GILIJ, *ob. cit.*, II, p. 331. Sobre los caciques orinoquenses, V., GILIJ, *ob. cit.*, II, pp. 169-173.
273 GILIJ, *ob. cit.*, II, p. 173.
274 GILIJ, *ob. cit.*, III, p. 331. El 2 de julio de 1737 escribía el P. José María CERVELLINI al P. Francisco Pepe desde la Misión de los Llanos: "Respecto al gobierno civil de estas tribus: el *cacique*, al igual que un pequeño príncipe, las preside con la suprema autoridad y se sirve para la más cómoda administración de su pueblo de un *teniente*; a éste, como hay muchas parcialidades en estas tribus, el cacique agrega la misma cantidad de *capitanes* y estos a su vez

La nueva concepción del espacio obligaba al asentamiento y al fomento del trabajo como ley de la ciudad pero se suavizaba con la flexibilidad de la legislación misional y el equilibrio de la autoridad del misionero y de las responsabilidades del cacique.

En sus *Lecciones de Filosofía de la Historia* Hegel afrontaría en repetidas ocasiones el tema americano para establecer su tesis que "América se ha mostrado siempre física y espiritualmente impotente"[275]. Sólo los jesuitas –según él- tratarían de romper esa especie de noria circular de la impotencia basada en el binomio falta de necesidades-ausencia de actividad y para ello crearon nuevas necesidades y con ellas el deseo y la voluntad de obtenerlas pues ese es el móvil principal de las acciones de los hombres[276].

De esta forma la reducción producía un nuevo modo de ser en la búsqueda de cambios profundos y por ello se orientaba a crear cultura en todos los órdenes: político, económico y religioso.

Un axioma, adoptado y vivido por las reducciones jesuíticas, fue: "El trabajo es el primer deber del hombre en la naturaleza; la justicia, su primer deber en la sociedad"[277]. Si la fundación de un poblado estaba zurcida de vicisitudes, no menos onerosa era su consolidación. El autor de *El Orinoco ilustrado* anotará que "... no es lo mismo agregar los gentiles a un pueblo que ser luego cristianos; se gasta mucho tiempo en domesticarlos, desbastarlos, quitarles de la cabeza la malicia y el sobresalto en que están

---

tienen sus lugartenientes llamados *alcaldes*. Los últimos cumplen con las órdenes dadas a ellos a través de otros oficiales menores llamados alguaciles, y a quienes pertenece preocuparse por que todo el pueblo asista diariamente..." (STÖCKLEIN, J., *Der neue Welt-bott*, Carta nº 568).

275 HEGEL, G.W.F., *Vorlesungen über die Philosophie der Geschichte*. Werke 12, Frankfurt/M 1986, p. 108: "Physich und geistig ohnmächtig hat sich Amerika immer gezeicht". PÉREZ ESTEVES, Antonio, "Hegel y América" en *Analogía Filosófica*, año 8, nº 2, México 1994, pp. 119-137.

276 HEGEL, *Vorlesungen über die Philosophie der Geschichte*, p. 108: "Als die Jesuiten und katholische Geistlichkeit die Indianer in europäische Kultur und Sitten gewöhnen wollten (bekanntlich haben sie einen Staat in Paraguay, Klöster in Mexico un Kalifornien gegründet), begaben sie sich unter sie und schrieben ihnen, wie Unmündigen die geschäfte des Tages vor, die sie sich auch, wie träge sich auch sonst waren, von der Autorität der Väter gefallen liessen. Diese Vorschriften (mitternachts musste eine Glocke sie sogar an ihre ehelichen Pflichten erinnern) haben ganz richtig zunächst zur Erweckung von Bedürfnissen geführt, den Triebfendern der Tätigkeit des Menschen überhaupt".

277 FERET, H.M., Sur la terre comme au ciel. Le vrai drame de Hochwälder, col. Contestations, Paris 1953, p. 79.

embebidos; y entre tanto se coge el fruto que prudentemente se puede, que no es poco..."[278].

La tradición misional en los Llanos de Casanare había experimentado con éxito algunos principios fundamentales. La intensificación y mejoramiento de la agricultura "conduce al buen estado de las poblaciones"[279]. Además, el criterio del autoabastecimiento fomentó la necesidad de la preindustria con su consiguiente acompañamiento de las artes manuales.

El P. José Gumilla insiste en los elementos esenciales que se requerían para fundar una reducción: buscar un herrero, montar una fragua, proporcionar tejedores de los pueblos ya establecidos y entablar una escuela[280]. Con todo, el P. Felipe Salvador Gilij explicita como exigencias imprescindibles de una misión: la escuela en donde aprendían a leer, a escribir y sobre todo la música; las artes (carpintería, herrería, tejerías); los animales (insiste en la necesidad de los domésticos) y la agricultura[281].

A la luz de este contexto se deben estudiar las haciendas[282] que tanto interés han despertado en la investigación moderna americana. Estos núcleos productivos se orientaban a la creación de misiones-haciendas y a promover el soporte de la compleja actividad que surgió en ellas. Y el sistema hacendístico se levantó como un paradigma de racionabilidad económica debidamente cuidada y controlada que, además de servir de escuela para los propios indígenas, permitió que la reducción cumpliera con sus aspiraciones de índole espiritual, social, laboral y cultural en ámbitos tan lejanos como los de la Orinoquia[283].

---

278 GUMILLA, El Orinoco ilustrado y defendido, p. 123.
279 GILIJ, Ensayo de historia americana, III, p. 67.
280 GUMILLA, *El Orinoco Ilustrado*, p. 515.
281 GILIJ, Ensayo de Historia Americana, III, pp. 63-67.
282 SAMUDIO A., Edda O., "Las haciendas jesuíticas de las Misiones de los Llanos del Casanare, Meta y Orinoco" en *Misiones jesuíticas en la Orinoquia*, I, José DEL REY FAJARDO (edit.), San Cristóbal 1992, pp. 717-781.
283 SAMUDIO, Edda O., *Art. cit.*, I, pp. 776-777.

Por ello, siempre llamó la atención la liberalidad con que los jesuitas actuaron frente a la población adulta a la que permitían ausentarse de los poblados durante cinco días a la semana para atender sus sembradíos[284].

El alejamiento de algunas naciones de su entorno selvático o sabanero era compensado por la introducción de tecnologías que observaban la rotación de cultivos, la cría de animales domésticos, el uso de arados de rastreo y de surco de suelos, frutales y en definitiva por la adopción de una alimentación proteínica con el pescado y la carne aunque la fertilidad de los conucos les obligara a hacer sus rozas lejos del mismo Orinoco[285].

Otra vertiente de desarrollo la definió la educación. Fueron los niños lo que polarizaban todas las esperanzas de una educación fundamentada en la psicología del indígena y en las necesidades del país. Su pasión por la música, su propensión por la novedad y su inclinación a imitar usos extraños hicieron que se introdujeran sin dificultad y desde el primer momento tanto la Escuela de primeras letras como la Escuela de música[286].

El descubrimiento de un pueblo músico le lleva a concluir al autor del *Ensayo de Historia Americana* que se puede convertir en música una nación[287]. El canto y la orquesta e incluso la fabricación de algunos instrumentos musicales transformaron las reducciones y fueron abriendo su espíritu a opciones más altas de cultura[288].

Mientras tanto los niños y los jóvenes eran moldeados, sin interferencias, en los valores –viejos y nuevos- de la misión. Cada jornada, después del acto religioso, se iniciaban las tareas del día pregonadas en el umbral de la puerta de la iglesia. Los varones debían acudir primero a la escuela y después a arreglar las dependencias públicas de la reducción; las mujeres,

---

284 ALVARADO, Eugenio de, "Informe reservado sobre el manejo y conducta que tuvieron los Padres Jesuitas con la expedición de la Línea Divisoria entre España y Portugal en la Península Austral y orillas del Orinoco (1756)" en *Documentos jesuíticos relativos a la Historia de la Compañía de Jesús en Venezuela*, Academia Nacional de la Historia, José DEL REY FAJARDO (edit.), Caracas 1966, pp. 251-255.
285 BARANDIARÁN, *Art. cit.*, II, p. 318.
286 GILIJ, *Ensayo de historia americana*, III, pp. 63-64. V. LEMMON, Alfred E., "Jesuits and Music in the Provincia del Nuevo Reino de Granada" en *Archivum Historicum Societatis Jesu*, XLVIII, Roma 1979, pp. 149-160.
287 GILIJ, *ob. cit.*, III, p. 64.
288 GUMILLA, El Orinoco ilustrado y defendido, p. 515.

según sus edades, se consagraban al aseo del pueblo y al cuidado de sus casas[289].

Otro elemento integrador fue la religión, pues, introdujo el nuevo espacio del templo y en él la representación de la palabra divina a través de la plástica, de las oraciones en la iglesia, de las grandes ceremonias, de los cantos y de un gran aparato musical. Lacouture sintetiza este sentido de fiesta al verificar que "se entrelaza la religiosidad teatral de la Compañía y el barroquismo salvaje de los neófitos, con un resabio de militarismo español y de paganismo de la selva"[290].

Tan sólo llevaba trece años de existencia Carichana —capital de las Misiones del Orinoco- cuando el Maestre de Plata, don Pascual Martínez Marco, se vio obligado a vivir el día de Jueves Santo de 1749 en la mencionada población. En su *Diario* anotaría estas lacónicas líneas: "Vimos el monumento que se hace muy precioso y celebran todas las funciones de iglesia como en cualquiera catedral por tener una capilla y cuerpo de música muy crecido y diestro"[291].

Esta obsesión por el rito invadió toda la vida cotidiana y se observa desde los mismos inicios de cualquier poblado jesuítico[292].

En consecuencia, el método jesuítico en las nucleizaciones indígenas tuvo su impronta original pues preestablecía un doble fundamento: por una parte, fomentaba la creación de un clima de confianza basada en el diálogo en la lengua de la nación que se intentaba cultivar; y por otro lado, asentaba las bases de la convivencia en la captación de la voluntad favorable de los caciques y de las comunidades involucradas. Tras ello se establecían las razones que giraban, como en toda promoción social, sobre la seguridad étnica, la alimentación planificada y la educación de los hijos; "en una palabra, sobre el ser y el deseo de todo hombre y de toda sociedad para

---

[289] ALVARADO, *Informe reservado*, p. 257.
[290] LACOUTURE, Jean, *Jesuitas. I. Los Conquistadores*. I. Barcelona-Buenos Aires-México, 1993, p. 560.
[291] DUVIOLS, Jean-Paul, "Pascual Martínez Marco. Viaje y derrotero de la ciudad de Cumaná a la de Santa Fe de Bogotá (1749)" en *Cahiers du monde hispanique et luso-brésilien*, 26. Toulouse 1976, p. 27.
[292] PLA, Josefina, "Los Talleres Misioneros (1609-1767)" en *Revista de Historia Argentina*, n° 75-78, Buenos Aires 1973, pp. 9-53.

progresar y no autoeliminarse en un gesto de franco suicidio, por el rechazo a todo lo ajeno y extraño a la Etnia"[293].

La tolerancia y la comprensión exigieron al misionero armarse de paciencia y resistencia pues ésta era la única clave para diseñar el paso de una civilización *sacral* a una *profana*. Conciliar el dualismo entre su cultura y la de los indígenas, en las que lo sagrado y lo profano se identificaban en una sola concepción y vivencia, requería observación, meditación, tacto y aceptación de un ritmo temporal que no se adecuaba a las categorías occidentales.

Así pues, no es de extrañar que para el bien común de la reducción se fomente la propiedad comunal, como empresa común para atender las necesidades no previstas en la población. De este modo se beneficiaban las viudas, se sustentaban los niños de la escuela, los huérfanos y los enfermos[294].

Una vez consolidada la reducción, los misioneros se desprendían de la propiedad de los hatos en favor de la economía del pueblo, vale decir, en función de las comunidades indígenas.

En la nueva mentalidad social, esa esperanza se erigía como la memoria del futuro y en consecuencia se trazaba el mejor camino para garantizar la subsistencia de la república cristiana y comunitaria. Este fenómeno, histórico y legal, desconcertó a los funcionarios regios encargados de implantar en las misiones la *Pragmática Sanción* del rey Carlos III e ir *desposeyendo* a los jesuitas de todas sus reducciones. Tan importante documento, registrado en Santafé de Bogotá el 30 de abril de 1743, aclara la genuina posición de la Compañía de Jesús en torno a su gestión en las misiones llaneras, y sólo la conocemos porque don Andrés de Oleaga se vio precisado a insertarlo en los autos de la expulsión en 1767[295].

En la ciudad-misión se repite la concepción de la ciudad ordenada. Su plaza central con la Iglesia y la escuela rige la vida espiritual, cultural y

---

293 BARANDIARAN, *Art. cit.*, II, pp. 318-319.
294 GUMILLA, El Orinoco ilustrado, 514. ALVARAIX), Informe reservado, p. 252.
295 ANB, Conventos, t. 29. Testimonio de autos /sobre/ la expulcion de quatro religiosos de la Compañia /en/ el Partido de Meta. /D/ Andres de Oleaga. Fol., 817v-819. Lo reproducimos en nuestro libro La expulsión de los jesuitas de Venezuela (1767-1768), San Cristóbal 1990, pp. 67-68.

social[296]. Al recinto de la iglesia procuraron darle su carácter sagrado -majestuoso y respetuoso- a la vez que lo acercaban a la conciencia e imaginación del indígena con abundante imaginería. Como monumento público observará el misionero Gilij: "Más atraídos son por la belleza de sus iglesias y si se pudieran hacer de mayor duración, en no mucho tiempo se volverían hermosísimas. Pero es muy rara la construcción que sobrepasa el decenio (...) En diez y ocho años y medio que yo estuve en el Orinoco tuve tres Iglesias (...) Y si atendemos a la calidad de los lugares, era no sólo grande, sino hermosa. No creo que merezca la pena hacer demasiado minuciosamente la descripción. Baste sólo saber que siendo los indios de un genio en el que externa magnificencia de las cosas les hiere increíblemente en la fantasía, yo puse todo el cuidado en embellecerla, incluso con alguna reducción del propio sustento necesario"[297].

Quien desee una visión global de todas las fundaciones misionales llevadas a cabo por los jesuitas coloniales en la Orinoquía nos remitimos a nuestra investigación "Topohistoria misional jesuítica llanera y orinoquense"[298].

Ésta es, a grandes rasgos, la síntesis de la acción jesuítica en las Misiones del Orinoco.

Por una parte se sentían parte integral del corazón de América y por ello establecieron la red fluvial comunicacional que pretendía integrar las acciones parciales en un todo.

Por otro lado, el ordenamiento de la reducción-ciudad pretendió copiar la inspiración indiana pero lo difícil fue aculturar a naciones tan diversas para que aceptaran un nuevo orden espacial con miras a conseguir mejores estándares de vida.

---

296 El único croquis que existe sobre una misión jesuítica orinoquense es atribuible al alférez de navío Ignacio MILILAU de la Expedición de Límites: BARANDIARAN, Daniel de, "El Orinoco amazónico de las Misiones jesuíticas" en *Misiones jesuíticas en la Orinoquía*, II, José DEL REY FAJARDO (edit.), San Cristóbal 1992, pp. 259-260.
297 GILIJ, *Ensayo*, III, p. 62.
298 DEL REY FAJARDO, J., "Topohistoria misional jesuítica llanera y orinoquense" en DEL REY FAJARDO, J. y SAMUDIO, Edda, *Hombre, tierra y sociedad*, San Cristóbal-Bogotá 1996, pp. 7-158.

En realidad es un testimonio para la historia pues con la expulsión de la Compañía de Jesús, en 1767, de España y sus dominios muchos de sus hombres y territorios fueron reconquistados por la naturaleza.

Capítulo II

LA PERSONALIDAD DE JOSÉ GUMILLA

I. Biografía (1686-1750)[299].

El P. José Gumilla es sin lugar a dudas el jesuita venezolano más conocido en la historia misional de Hispanoamérica. Por ello, no reiteraremos lo ya escrito sobre el ámbito que configura *El Orinoco ilustrado* (1741 y 1745) y en tal sentido nos remitimos a estudios anteriores[300]. En el presente capítulo nos reduciremos a presentar lo que hemos venido denominando *Crónica Menor* para de ese modo poder redescubrir mejor su aporte a la historiografía misional llanero-orinoquense.

Nació el P. José Gumilla en Cárcer[301] (Valencia) el 3 de mayo de 1686[302]. Ingresó en la Compañía de Jesús el 13 de junio de 1704[303]. Existen

---

299 José DEL REY FAJARDO. *Bio-bibliografía de los jesuitas en la Venezuela colonial*. San Cristóbal-Santafé de Bogotá, Universidad Católica del Táchira-Pontificia Universidad Javeriana (1995) 253-268.

300 J. DEL REY FAJARDO. *Fuentes para el estudio de las Misiones Jesuíticas en Venezuela (1625-1767)*. San Cristóbal, Universidad Católica del Táchora (1988) 125-154.

301 Llama la atención que el gran bibliógrafo de la Compañía de Jesús, Sommervogel, pusiera como lugar de nacimiento a Jánovas de Aragón, diócesis de Barbastro (SOMMERVOGEL. *Bibliothèque de la Compagnie de Jésus*, Bruxelles-Paris, III (1892) 285). Quizá la fuente del error del P. Sommervogel pudo haber estado en una mala lectura de la afirmación del Catálogo del Nuevo Reino de 1738 que indica como lugar de nacimiento de Gumilla: "Jativensis in Hispania" (ARSI. N. R. et Q., 4, fol., 274).

302 Francisco MATEOS. "La patria del Padre José Gumilla". En: *Sic*. Caracas (1953) 416-419. El P. Mateos publica la partida de nacimiento de Gumilla, documento incontrovertible para las siguientes consideraciones. Los catálogos neogranatenses coinciden todos con esta fecha a excepción del de 1711: 3 de mayo de 1688 (ARSI. N. R. et Q., 4, fol., 61); y del de 1720: 3 de mayo de 1687 (*Ibidem*. fol., 221).

303 ARSI. N. R. et Q., 4, fol., 61. Catálogo de 1711. La misma fecha reiteran todos los Catálogos posteriores.

opiniones sobre la ciudad en que fue admitido como jesuita. En principio pareciera que fue la ciudad de Valencia (España)[304] la que lo recibió en la Orden de Ignacio de Loyola a juzgar por su expediente en la Casa de Contratación de Sevilla y de la ciudad levantina partió el 10 de agosto para Sevilla con su compañero de viaje Jaime Bayo[305]. Sin embargo, debemos aducir tres testimonios autorizados que señalan la ciudad de Sevilla como lugar de ingreso de Gumilla a la Compañía de Jesús. En el *Catálogo de los sujetos de las misiones del Nuevo Reino y Quito* expresamente se afirma: "... fue recibido en el noviciado de Sevilla para una de las dos provincias, el 13 de junio de 1704"[306]. Ximeno, coetáneo de Gumilla, escribía en 176:

> ...como lo tengo averiguado por la misma casa donde estudió en esta ciudad y de donde se fue derechamente a Sevilla a vestir la ropa de jesuita para pasar a Indias. También concuerdan en esto diferentes Padres del Colegio de San Pablo y de la Casa Profesa a quien lo he preguntado[307].

El tercer testimonio viene de los bibliógrafos españoles, los PP. Uriarte y Lecina, quienes taxativamente señalan a Sevilla como lugar de ingreso[308].

Por nuestra parte pensamos que quizá ambos tienen razón pues muy posiblemente el joven Gumilla inició sus contactos con la Compañía de Jesús en Valencia pero, por razones que desconocemos, fue inscrito en Sevilla como miembro legal de la Compañía de Jesús conservando como fecha de ingreso el 14 de junio de 1704.

En la ciudad del Betis tuvo que dar comienzo real a su noviciado mientras esperaba la fecha de embarque, que fue el 4 de mayo de 1705 en

---

[304] El 27 de julio de 1704 le firmaba la patente de viaje el Rector del Colegio de Valencia (AGI. Contratación, 5548. Mision de 45 relijiosos de la Compañia de Jhesus los 43 dellos que ban a expensas de la Real Hazienda a las del Nuebo Reino y Quito por quenta de los 61 que estan concedidos a diferentes sugetos de dicha Compañía).

[305] AGI. *Contratación*, 5548. *Mission al Nuebo Reino y Quito, 1705*. Certificación hecha por el P. Joaquín de Velasco el 19 de febrero de 1705.

[306] APQu. Leg., 5.

[307] Vicente XIMENO. Escritores del Reyno de Valencia cronológicamente ordenados desde el año M.CC.XXXVIII, de la Christiana Conquista de la misma Ciudad, hasta el de M.DCC.XLVIII. Tomo II. Contiene los Escritores que han florecido desde el oao M.DC.LI hasta el de M.DCC.XLVIII y principios de XLIX y cino indices, uno particular de este Tomo y quatro generales a toda la Obra. En Valencia. En la Oficina de Joseph Estevan Dolz, Impressor del S. Oficio, (1749) 285.

[308] AIUL. Papeletas: GUMILLA, José.

el navío San José de la flota de Tierra Firme[309]. Entre los expedicionarios se encontraban los PP. Juan Capuel, Tomás Casabona, Miguel Ardanaz, José Romeo, Juan Rivero y Jaime López[310], cuyas biografías volverían a entremezclarse de muy diversas maneras en el correr de los tiempos en las misiones llaneras y orinoquenses.

Una vez en el Nuevo Reino pensamos que Gumilla tuvo que concluir su noviciado en la ciudad de Tunja en junio de 1706. Los estudios superiores los cursó en Bogotá en la Universidad Javeriana: Filosofía de 1706 a 1709 y Teología de 1709 a 1713[311]. Recibió la ordenación sacerdotal en Santafé de Bogotá el 31 de marzo de 1714[312]. En Tunja llevó a cabo su año de Tercera Probación del 6 de septiembre de 1714 al 6 de septiembre de 1715[313]. [OJO: por qué la ordenación en 1714]. La biografía misional de Gumilla se puede dividir en dos etapas: la que podríamos llamar casanareña y la orinoquense.

A finales de 1715 debió llegar Gumilla a las misiones[314]. Era Superior el P. Juan Capuel. El Provincial, P. Mateo Mimbela, había escogido a Casiabo, de acuerdo con el cacique don Antoni Calaimi, como el lugar idóneo para levantar una nueva reducción. Allí llegó Gumilla, tras su noviciado misional de 6 meses, y los trasladó a las orillas del río Tame

---

309 AGI. Contratación. 5548. Certificacion de Matheo Felix de Pineda.
310 AGI. Contratación, 5548. Mi sion al Nuebo Reino y Quito, 1705.
311 ARSI. N. R. et Q., 4, fol., 61. Catálogo de 1711: "Studuit 3 Phi. et Theol. 1 intra", lo que significa que cursaba 2º año de teología en 1711. Si el Catálogo de 1713 dice que estudió "intra" 3 años de Filosofia y 4 de Teología, significa que para esa fecha (finales de 1713: Ibidem, fol., 112) había puesto punto final a sus estudios (Ibidem, fol., 114).
312 ARSI. N. R, et Q., 4, fol., 140v. Supplementum primi et secundi catalogi hujus Provinciae Novi Regni confectum a prima decembris 1713 ad 26 decembris 1715.
313 ARSI. N. R. et Q., 4, fol., 140v.
314 Si el 6 de septiembre concluía su Tercera Probación en Tunja y "si el mes de enero de 1716 le pareció al Padre José Gumilla que era tiempo de hacer su primera entrada" (Juan RIVERO. *Historia de las Misiones de los Llanos de Casanare y los ríos Orinoco y Meta*. Bogotá, Biblioteca de la Presidencia de Colombia (1956) 359), en ese lapso intermedio de tiempo hay que ubicar la llegada de Gumilla a las misiones. (MIMBELA, Mateo. "Relación de la entrada a las Naciones Betoyes y su cristianización (1725)", En: José GUMILLA. *Escritos varios*. Caracas. Academia Nacional de la Historia (1970) 208) dice que partió a las misiones directamente del colegio de Tunja; así es que creemos que no ofrece dudas la llegada de Gumilla a las misiones a fines de 1715.

dando lugar a la fundación de San Ignacio de Betoyes hacia marzo o abril de 1716[315].

Hacia dos polos geográficos y étnicos dirigió su estrategia Gumilla desde San Ignacio de Betoyes: la región de los lolacas y las tierras de los anabalis.

A los lolacas, distantes 16 jornadas de San Ignacio[316], se llevaron a cabo dos entradas: la primera en 1716[317]; la segunda, en 1717 bajo la dirección del propio Gumilla[318], finalizó con la incorporación de los habitantes de los Pantanos[319] y de las Lagunas a la fundación de Betoyes[320].

Más desafortunada fue la entrada en 1718 a los quilifayes y mafilitos, moradores del territorio lolaca[321]. Los sucesos trágicos que tuvo que afrontar la inexperiencia del P. Miguel de Ardanaz obligaron a que esta empresa se pospusiese hasta 1722[322].

La prudente renuncia a las naciones antes mencionadas facilitó la búsqueda de nuevas etnias. De esta suerte se inicia en 1719 la misionalización de los anabalis[323] al otro lado del Sarare[324]. Los contactos con esta nación resultaron esperanzadores pues de esta forma pudo Gumilla entablar amistad con Seisere, cacique de los situjas[325], al que obedecían otros muchos pueblos del área. Las perspectivas que abrió Seisere debieron sustentar tales esperanzas que la Congregación Provincial del Nuevo Reino proponía en 1720 al P. General de la Compañía de Jesús la fundación de una misión estable en el Sarare[326].

En 1722 consiguió el autor de *El Orinoco ilustrado* reunir a los situjas y anabalis y la promesa de los guaneros y mafilitos[327]. Con dos entradas más en 1723 y 1724 se puso fin a la reducción de la nación betoye[328].

---

315 MIMBELA. Relación de la la entrada. 208-210. RIVERO. Historia e las Misiones, 356-357.
316 RIVERO. Historia de las Misiones, 365.
317 RIVERO. Historia de las Misiones, 359.
318 RIVERO. Historia de las Misiones, 361.
319 RIVERO. Historia de las Misiones, 362.
320 RIVERO. Historia de las Misiones, 363.
321 RIVERO. Historia de las Misiones, 368.
322 RIVERO. Historia de las Misiones, 370.
323 RIVERO. Historia de las Misiones, 371.
324 RIVERO. Historia de las Misiones, 381.
325 RIVERO. Historia de las Misiones, 378.
326 ARSI. *Congregationes Provinciales*, t. 88, fols., 322 y ss.
327 RIVERO. Historia de las Misiones, 383.
328 RIVERO. Historia de las Misiones, 387-388.

Con toda razón podía escribir en 1741 Gumilla:

> ... de éste [el Apure] mejor que de ningún otro río puedo hablar por haber gastado nueve años continuos en sus vegas, visto sus cabeceras, navegado sus medianías y bocas repetidas veces[329].

En 1723 era nombrado Superior de las misiones[330] y en consecuencia las preocupaciones tuvieron que abrir paso no sólo a la totalidad de las misiones casanareñas sino también a los nuevos proyectos que pretendían recuperar los ensayos llevados a cabo en el Airico al concluir el siglo XVII.

Para 1724 tenía Gumilla idea clara y precisa de su diseño misional:

> Deseaba la Religión adelantar unas Misiones y, aunque se solicitaban por todas partes modos prudentes para el paso al Orinoco, o para nuevas reducciones de los muchos indios que habitan en las riberas del río Meta, de el río Vichada y otros ríos, no se encontraban[331].

Pieza clave para interpretar la apertura hacia el gran Airico la encontramos en la personalidad del P. José Cavarte. El 26 de octubre de 1722 había recibido el veterano misionero en su avanzada del Beato Regis de Guanápalo la visita del Superior P. Juan Capuel y de un refuerzo que era el P. Juan Rivero[332]. Su misión consistía en verificar las potencialidades de expansión tanto en el mundo achagua como en el sáliva. Y a fines de enero de 1723 se confirmó con la visita del Provincial P. Francisco Antonio González[333]. Pero este proyecto lo llevaría adelante el P. Juan de Rivero.

También en 1724 se pensó en reiniciar la acción misional con los guagivos y chiricoas, quienes dominaban la parte inferior del río Meta[334]. Los ensayos jesuíticos no remontarían el año 1730.

---

329 GUMILLA. El Orinoco ilustrado, 63.
330 APT. Leg., 132. *Carta del P. Tamburini al P. Francisco Antonio González*. Roma, 27 de marzo de 1723. Fol., 263. Sospechamos que el cambio debió llevarse a cabo en el segundo semestre de 1723 ya que en octubre de ese mismo año el P. González actuaba como Rector de la Universidad Javeriana (ANB. *Notaria 3a*, t. 151 (1723), fol., 201).
331 MIMBELA. Relación de la entrada..., 196.
332 RIVERO. Historia de las Misiones. 399.
333 RIVERO. Historia de las Misiones. 400.
334 MIMBELA. Relación de la entrada, 197-200.

Las ideas del nuevo Superior de las misiones habían ciertamente cosechado sus frutos, tanto que el P. General de la Compañía de Jesús le escribía el 15 de diciembre de 1725:

> En el informe repetido que tengo del feliz estado y progreso de las misiones, me ha llenado de gozo viendo las nuevas reducciones formadas y los que cada día acuden para ser instruidos en nuestra santa fe; con singularidad de informan del infatigable celo del P. Gumilla, superior de ellas, y de lo mucho que también trabaja el P. Rivero[335].

Al entrar en 1730 el P. Juan Rivero como Superior de las misiones[336] cesó Gumilla en su superiorato. En 1729 regresó a Bogotá por vez primera desde que dejó la sabana[337]. En 1727 declaraba como una pausa en el proceso fundacional y así se lo testimoniaba al Presidente del Nuevo Reino:

> ... en las expediciones meditadas para este próximo verano más tiraremos a defender y a asegurar los pueblos nuevamente entablados que a entablar otros[338].

Una primera pregunta radica en precisar la fecha exacta de la iniciación de las actividades misionales jesuíticas en el gran río venezolano. Según Cassani "tomaron su viaje" el 10 de diciembre de 1731[339]; sin embargo, según el testimonio gumillano a fines de noviembre se había "empezado la labor por esta medianía del Orinoco"[340]. A pesar de que Cassani dispuso de información de primera mano para esta precisa etapa de la labor misional

---

335 APT. Leg., 132, fol., 270. *Carta del P. Tamburini al P. Méndez.* Roma. 15 de diciembre de 1725.
336 José GUMILLA, Breve Noticia de la Apostolica y exemplar vida del P. Juan Ribero. Madrid, 1739 (N°. 20)
337 ANB. *Notaria, 3a,* t. 160 (1729) fols., 61-62, 66 (Citado por PACHECO. *Ob. cit.,* III, 468).
338 AGI. *Santafé,* 301. *Carta del P. José Gumilla al Presidente del Nuevo Reino.* San Ignacio de Betoyes, 10 de octubre de 1727.
339 Joseph CASSANI. *Historia de la Provincia de la Compañia de Jesús del Nuevo Reyno de Granada en la América.* Estudio preliminar y anotaciones al texto por José del Rey, s. J. Caracas. Biblioteca de la Academia Nacional de la Historia, 1967 (379).
340 AGI. *Caracas,* 391. *Carta de Gumilla a Sucre.* 23 de febrero de 1733.

nos inclinamos por la afirmación de Gumilla porque de lo contrario sería muy difícil explicar su presencia en Trinidad a fines de diciembre de 1731.

Una segunda precisión gira en torno a los iniciadores de la misión ya que habitualmente se cita a Gumilla y Rotella[341]; con todo hay que resaltar que, desde sus inicios, les acompañó el H. Agustín de Vega[342].

Su objetivo inicial fue la ciudad de Guayana en donde debían encontrarse con el nuevo gobernador Don Carlos de Sucre para fijar las estrategias misioneras para la cristianización del Orinoco[343]. También decidió dialogar con los Capuchinos de Guayana de quienes obtuvo anuencia para emprender la reducción de los aruacas sitos "a la espalda del cerro de la Hacha a la orilla del río Caroní"[344] y tradicionalmente amigos de los españoles[345].

Dada la tardanza del mandatario cumanés, resolvió Gumilla pasar a Trinidad, todavía en 1731[346], mientras Rotella permanecía en Santo Tomé enfermo[347].

Activa fue la estancia de Gumilla en la capital de Trinidad: no sólo les predicó una misión durante quince días[348] sino que además pudo concretizar estrategias con su gobernador, don Agustín de Arredondo, encaminadas a una mejor restauración de las misiones.

---

341 CASSANI, Historia de la Provincia de la Compañía de Jesús, 379.

342 Agustín de VEGA, *Noticia del Principio y progreso del establecimiento de las Misiones de Gentiles en el Río Orinoco, por la Compañía de Jesus...* Estudio introductorio: José del Rey Fajardo sj y Daniel de Barandiarán. Caracas, Biblioteca de la Academia Nacional de la Historia (2000) 10: "Señaló el Padre Provincial a los primeros Padres que fueron el Padre Joseph Gumilla sujeto muy práctico en reducir a los gentiles y al Padre Bernardo Rotella *y a otro sujeto por su compañero*". El H. Vega en su escrito utiliza generalmente este estilo de tercera persona.

343 VEGA, Noticia del Principio y progreso, 10. CASSANI, Historia de la Provincia de la Compañía de Jesús, 379-380.

344 AGI, Santo Domingo, 678. Da quenta a Vuestra Majestad con certificación del escribano de Cámara de lo que ha executado sobre el deslinde y demarcacion de las misiones de los religiosos capuchinos y de la Compañía de Jesus en la Provincia de la Trinidad y Guayana en conformidad del Real Orden de Vuestra Majestad. (Citaremos por José GUMILLA, Escritos varios. Estudio preliminar y compilación del P. José del Rey S. J. Caracas, Academia Nacional de la Historia, (1970) 93.

345 GUMILLA, *El Orinoco ilustrado*, 137: "Yo quise hacer el último esfuerzo el año de 1731".

346 GUMILLA, *El Orinoco ilustrado*, 416: "... pero navegando por dicho golfo Triste el año de 1731 y 1732"; luego quiere decir que la ida fue en 1731 y el regreso en 1732.

347 VEGA, Noticia del Principio y progreso, 10.

348 GUMILLA, El Orinoco ilustrado, 44. VEGA, Noticia del Principio y progreso, 10.

El 29 de diciembre de 1731 expedía el Gobernador un decreto por el que otorgaba licencia a los Jesuitas para doctrinar a los aruacas "desde el río Caroní arriba sin perjuicio de los egidos y tierras de Guayana, de las misiones de los Padres Capuchinos y de los pueblos ya formados y de sus terrenos". Permitía, además, formar su escolta dependiente del teniente de Guayana y prometía escribir "una carta de término" a Araguacare para presentarle a Gumilla y sus intenciones[349].

No hemos podido precisar la fecha de regreso de Trinidad a Guayana del P. José Gumilla pero pensamos que para el 21 de enero de 1732 se había apersonado en Santo Tomé[350].

Un mes más tarde firmaba con Fray Tomás de Santa Eugenia, Prefecto de las misiones del Caroní, el Convenio de Guayana mas el Superior capuchino dejaba sentada su posición de anuencia sobre el pueblo de los aruacas pero no sobre los linderos que podían perjudicar el futuro desarrollo de sus misiones[351]. En tal sentido parece ratificar la interpretación del acuerdo don Francisco Javier de Robles y Lorenzana, Teniente justicia mayor y capitán a guerra de Santo Tomé el 22 de febrero de 1732[352].

Ciertamente que nos encontramos ante un punto oscuro de la historiografía jesuítica como es la misionalización de los aruacas dado el silencio que todas las fuentes coetáneas guardan sobre este asunto.

Una doble intencionalidad creemos descubrir en la acción gumillana en la capital guayanesa: dejar sentada una base sólida de apoyo en Santo Tomé tanto para estructurar las misiones desde un poblado español como para establecer una alianza con la nación aruaca que había sido consecuente desde tiempos inmemoriales con la corona hispana.

Con todo, el 21 de febrero de 1732 le escribía al Gobernador Sucre desde Guayana: "el deseo de lograr el verano en el cultivo de los indios guayqueríes me obliga a la retirada y al presentáneo viaje"[353]. Muy inmediato a esa fecha tuvo que efectuarse el viaje por el Orinoco. Se

---

349 AGI. Santo Domingo, 678. Doc. cit. (GUMILLA. Escritos varios. 94-97).
350 GUMILLA. *Escritos varios*, 98.
351 GUMILLA. *Escritos varios*, 99-100.
352 GUMILLA. *Escritos varios*, 100.
353 AGI. Santo Domingo, 632. Carta del P. José Gumilla al Gobernador y Capitán General de Guayana. Guayana, febrero 21 de 1732.

detuvieron los misioneros dos días en Puruey con el fin de entablar, al menos, un clima de paz con los caribes[354]. Y 6 ó 7 días río arriba dieron fondo en un caño que llaman Uyapi, habitado por los indios guayqueríes[355]. Estas afirmaciones nos llevan a precisar la fundación Nuestra Señora de la Concepción de Uyapi a principios de marzo de 1732[356].

Sentadas las bases de la reducción prosiguió Gumilla su viaje ascendente por espacio de 8 días "hasta llegar a un cerro que sirve de muro al Orinoco, llamado Barraguan"[357], habitado por los otomacos y un grupo de abaricotos. Tras 15 días de convivencia procedió a demarcar el sitio para la población

> y levantando en primer lugar el madero de la Santa Cruz y dedicando con la primera Misa en aquel lugar a esta nación al Patriarca San Joseph, quedó nombrado San Joseph de Uruana[358].

Allí dejó Gumilla a don Antonio Luis Pinto, conocedor de la lengua abaricota, con tres soldados para ordenar la nueva población[359].

Tras 3 días de navegación arribaron a Pararuma y también repitió el ritual fundacional con los sálivas. Allí nombró a Pudua con el título de Teniente de Capitán, le entregó el bastón, los soldados dispararon sus armas y se ofreció un convite. Asimismo concurrió el capitán Pacari con su gente lo cual formó un conglomerado de 800 almas, todos sálivas[360].

El 1 de diciembre de 1732 estaba de nuevo en Santo Tomé de Guayana e ignoramos el objetivo del viaje[361].

El 23 de febrero de 1733 declaraba Gumilla que tenían fundadas cuatro poblaciones: La Purísima Concepción de guayqueríes, San José de

---

354 VEGA. *Noticia del Principio y progreso*, 12-13.
355 VEGA. *Noticia del Principio y progreso*, 12.
356 CASSANI. *Historia de la Provincia de la Compañía de Jesús* 381: "Emprendieron pues el viaje en la primavera del año de 1732 a la nación de los Guayqueríes, arriba de Caura".
357 VEGA. *Noticia del Principio y progreso*, 13.
358 VEGA. *Noticia del Principio y progreso*, 14.
359 Ibidem.
360 VEGA. *Noticia del Principio y progreso*, 15.
361 AGI. *Santo Domingo*, 678. (GUMILLA. *Escritos varios*, 74-75).

Otomacos, Los Ángeles de Pararuma y Santa Teresa de indios sálivas a la vez que alertaba sobre la presencia de los suecos en el río Barima[362].

Pero la paz con los caribes pronto hizo quiebra. En marzo de 1733 se declaró la guerra que, según el H. Vega, duraría hasta 1744[363]. En realidad la historia de las invasiones caribes está todavía por hacer ya la mayor parte de la literatura de que disponemos se refiere al primer gran ataque llevado a cabo en marzo y abril de 1733. Dada la peligrosidad del ataque caribe Gumilla mandó subir a Rotella y lo ubicó en Pararuma[364].

El 7 de octubre de 1733 llegaba de nuevo a Guayana Gumilla acompañando a don Agustín de Arredondo, quien había consagrado 55 días a una expedición punitiva contra los caribes[365]. El 14 de noviembre le escribía a don Carlos de Sucre advirtiéndole que una vez que don Agustín de Arredondo se reintegre a Trinidad "quedará esto expuesto a toda desdicha, al arbitrio del enemigo"[366].

El 2 de enero de 1734 seguía el jesuita en Santo Tomé y desde esta capital volvía a plantear los problemas que confrontaba.

Con respecto a los caribes Arredondo había dejado correr la voz entre ellos que si solicitaban la paz la hallarían porque así lo exigía la trágica situación que vivía el Presidio; paralelamente había dispuesto, como medida preventiva, que un barco de guardia se ubicase frente al castillo. En este orden de cosas creía Gumilla que no era el momento para que Cumaná enviase 400 hombres para la acción anticaribe planificada pues sólo pelearían contra el hambre ya que los alimentos no se conseguían ni "con los patacones en la mano". A esto se unía el haber desertado muchos soldados pues "no hay quien tenga que comer para dos días y el diario es contingente porque depende de la pesca". Pero sí insistía en que los Observantes de Píritu se arrimasen al Orinoco a fundar pueblos. Con respecto a las misiones de la Compañía señala que "están taladas por la

---

362 AGI. Caracas, 391. Carta del P. José Gumilla al Presidente Rafael de Eslava. Orinoco, 23 de febrero de 1733.
363 VEGA. Noticia del Principio y progreso, 26.
364 VEGA. Noticia del Principio y progreso, 24.
365 AGI. Santo Domingo, 607. Carta del P. José Gumilla a los Señores Alcaldes Gobernadores. Guayana, 14 de octubre de 1733.
366 AGI. Santo Domingo, 599. Carta del P. José Gumilla al Gobernador y Capitán General don Carlos de Sucre. Guayana, 14 de noviembre, 1733.

invasión de los caribes de este año pasado". Además, debía remitir a los misioneros orinoquenses un barco con sal y otra lancha con bastimentos[367].

El 20 de marzo de 1734 firmaba en Santo Tomé la Concordia de Guayana por la que se dividía el territorio guayanés en las siguientes áreas: los Capuchinos de Guayana se encargarían desde la Angostura hasta la boca grande del Orinoco; los Observantes de Píritu debían tomar a su cargo los espacios comprendidos entre la Angostura y el Cuchivero desde las márgenes del gran río venezolano hasta el Amazonas; y a los Jesuitas se les asignaba desde el Cuchivero "lo restante del Orinoco, tirando siempre para arriba" hasta el Marañón.

Parece que su reintegro a las misiones jesuíticas se llevó a cabo el 16 de mayo de 1734 a la misión de San Ignacio[368].

El 31 de octubre de 1735 escribía el P. Gumilla al P. General de la Compañía de Jesús. Un dejo de pesimismo deja traslucir el misionero orinoquense en su correspondencia con el P. General de la Orden. La furia de los caribes crece de día en día y ha sido necesario afincarse con la escolta en solo dos poblaciones. Por otra parte anuncia la llegada de refuerzos: el P. Juan Capuel que pasa de los 70 años, el P. Ernesto Steigmiller "es muy débil de salud para tanto trabajo y comidas agrestes" y el P. Agustín de Salazar "habitualmente enfermo"[369].

A fines de noviembre de 1735 estaba de nuevo en Guayana a fin de dar cumplimiento al mandato real que exigía el deslinde de las misiones jesuíticas de las de los capuchinos guayaneses[370].

El 28 de noviembre de 1736 firmaba en Caracas con Fray Salvador de Cádiz la Concordia de Caracas por la que los Capuchinos caraqueños entraban a ser tomados en cuenta[371].

---

367 AGI. Santo Domingo, 599. Carta del P. José Gumilla a don Carlos de Sucre. Guayana, 2 de enero de 1734.
368 Biblioteca de Santa Cruz. Valladolid. Mss. 342. *Carta del P. José Gumilla a don Carlos de Sucre*. San Ignacio, mayo 22 de 1734.
369 ARSI, N, R, et Q., 15, fol., 108. *Carta del P. José Gumilla al P. General de la Compañía de Jesús*. Orinoco, octubre 31 de 1735.
370 AGI. Santo Domingo, 678. Da quenta a Vuestra Majestad con certificacion del escribano de Camara de lo que ha executado sobre el deslinde y demarcacion de las misiones de los religiosos capuchinos y de la Compañía de Jesus en la provincia de la Trinidad y Guayana.
371 AGI. Santo Domingo, 634.

Es difícil precisar la cronología gumillana tras su salida de las misiones. Creemos que tuvo que hacerse cargo del colegio de Cartagena muy a los comienzos de 1737 a juzgar por el testimonio emitido por Guillaume Duez, fechado en Santafé el 1 de marzo de 1737:

> Lo cierto es que habiendo su General a este P. Gumilla que fuera a ser Rector de Tunja, como allí no hay puerto ni es posible haberlo, no admitió. Y apenas el Provincial Jaime López le mandó ir a Cartagena, que es puerto, se fue con toda ligereza sin reparar en misiones de las que finge mil primores que escribe, que apoya el Provincial Jaime López porque es valenciano[372].

Ciertamente permaneció en Cartagena durante todo el año 1737. Disponemos de un testimonio directo pues el 18 de octubre remitía un reconocimiento de mil doblones oro que dejó don Antonio Claudio Álvarez de Quiñones, arzobispo que fue de Santafé, a Su Majestad para la urgencias de Orán[373].

Cuándo abandonó Cartagena y pasó a Santafé?. En junio de 1738 actúa ya como Provincial[374]. En la Congregación Provincial reunida en Santafé el 8 de septiembre de 1738 fue elegido Procurador a Roma juntamente con el P. Diego Terreros[375].

Para realizar su viaje a España no siguieron los Procuradores el camino tradicional del río Magdalena, sino que buscaron el Puerto de la La Guayra.

---

[372] AGI. *Santafé*, 400. Citado por PACHECO. *Los jesuitas en Colombia*, III, 469. Si el escrito es del 1 de marzo quiere decir por el contexto que para esas fechas ya estaba en Cartagena, lo cual nos hace sospechar que posiblemente el viaje lo realizó desde Caracas en barco.

[373] AGI. Contratación, 5149. Carta del P. José Gumilla, rector del colegio de Cartagena de Indias, al Presidente de la Casa de Contratación, Cartagena y octubre 18 de 1737. En 1738 permanecía al frente del colegio (GUMILLA. El Orinoco ilsutrado, 93).

[374] AGI. *Santafé*, 415. *Carta del P. José Gumilla al Rey*. Santafé, 30 de junio de 1738.

[375] AGI. Santafé, 406. Carta de los PP. Diego Terreros y José Gumilla en que comunican haber sido elegidos (Citada por PACHECO Los jesuitas en Colombia, III, 258).

Por Pamplona[376] llegaron a Mérida en febrero de 1739[377] en donde acababa de ser Rector el P. Terreros y de allí siguieron rumbo a Caracas[378].

En julio de 1739 había llegado a Madrid pues el día 28 firmaba en la capital hispana la biografía del P. Juan Rivero[379]. No hemos podido precisar los límites temporales de esta su primera estancia en Madrid. El 28 de julio recibían ambos Procuradores el permiso para viajar a Roma[380].

Nos consta que en febrero de 1740 estaba en Roma pues el 13 de febrero de ese año escribía el P. Gaspar Rodero, Procurador General de Indias, a la Secretaría de Nueva España que le era imposible remitir el *Informe* de Gumilla "porque su Author los dejó distribuidos antes de pasar a Roma"[381]. La estancia romana parece que concluyó el tercer día de pascua de 1740 en que le anuncia a su corresponsal en Madrid, H. Miguel Sanchís, que saldrá para Loreto y Génova y de allí a Barcelona, "sea por agua, sea por tierra"[382].

También su regreso de Roma abre algunos interrogantes. Nos consta de su paso por Valencia y ciertamente el 5 de noviembre de 1740 residía en Madrid. El propio P. José Cassani reconoce que los últimos capítulos de su *Historia de la Provincia de la Compañía de Jesús del Nuevo Reyno de Granada en la América* fueron redactados a finales de 1740 y que fue vista por los PP. Procuradores del Nuevo Reino[383] y la licencia del Provincial para la impresión data del 27 de noviembre de 1740[384] todo lo cual nos

---

376 GUMILLA. El Orinoco ilustrado, 255.
377 AUCAB. *Libro de Consultas del Colegio de Mérida*, fol., 74v. Consulta del 2 de febrero de 1739.
378 GUMILLA. *El Orinoco ihistrado*, 251: " como me consta por carta del P. Superior, Manuel Román, que recibí antes de embarcarme para España en Caracas".
379 GUMILLA. *Escritos varios*, 54.
380 AGI. *Santafé*, 406.
381 AGI. *Santo Domingo*, 632.
382 Archivo General del Reino de Valencia. *Clero: Compañía de Jesús*. Leg., 57. *Carta del P. José Gumilla al H. Miguel Sanchís*. Roma, 25 de marzo de 1740. (GUMILLA. *Escritos varios*, 177-179. Esta carta rompe la hipótesis que habíamos mantenido de que muy posiblemente la estancia de Gumilla en Roma habría que alargarla hasta el 31 de julio (GUMILLA. *Escritos varios*, p. L) pues en *El Orinoco ilustrado* (p. 363) aduce una anécdota que se dió en la Casa Profesa de Roma.
383 CASSANI. *Historia de la Provincia de la Compañía de Jesús*, 307, 321, 323 de a edición príncipe.
384 CASSANI. Historia de la Provincia de la Compañía de Jesús, 9.

lleva a presumir que su llegada a la urbe matritense es anterior a noviembre de 1740.

Una de las principales actividades del jesuita valenciano en la Corte fue la de redactar *El Orinoco ilustrado*, obra que concluyó hacia marzo de 1741 ya que el 1 de abril le remitía don Dionisio de Alcedo y Herrera su dictamen definitivo[385]. Más lento aparece el proceso de aprobaciones que concluye el 7 de septiembre con el del Consejo de Indias[386].

Según el expediente de embarque de la Casa de Contratación Gumilla debió haber abandonado Madrid para dirigirse a Sevilla el 18 de febrero de 1741[387]; sin embargo los hechos evidencian lo contrario. Todavía más, el 19 de febrero de 1742 le escribía desde el Puerto de Santa María a Madrid el P. Diego Terreros[388] lo cual ratifica que Gumilla seguía para esas fechas en la capital hispana.

El 19 de enero de 1743 se embarcó con 7 jesuitas rumbo a Cartagena en el navío francés San Rafael[389]. El 16 de abril se encontraba ya la expedición en Santafé de Bogotá[390].

Regresó a San Ignacio de Betoyes en donde le sorprendió la muerte el 16 de julio de 1750[391].

II. La obra escrita de José Gumilla

En el presente acápite nos reduciremos a presentar lo que hemos venido denominando "Crónica Menor" para de ese modo poder redescubrir mejor

---

385 GUMILLA. El Orinoco ilustrado, 21.

386 15 de mayo: Aprobación del P. Tomás Nieto Polo. 17 de mayo: Licencia del Ordinario. 14 de julio: Aprobación del P. Antonio Goyeneche. 20 de julio: Licencia del Consejo. 5 de septiembre: Licencia de la Orden. 7 de septiembre: Licencia del Consejo de Indias. (GUMILLA. *El Orinoco ilustrado*

387 AGI. *Contratación*, 5549. *Misión de Jesuitas para el Nuebo Reyno de Granada. Año de 1743*. Contaduría Principal. Viatico y entretenimiento de 26 religiosos Jesuitas y 4 Coadjutores que han pasado a la Provincia del Nuevo Reyno... fol., 7.

388 AGI. *Santo Domingo*, 634. *Carta del P. Diego Terreros al P. José Gumilla*. Puerto de Santa María, 19 de febrero de 1742.

389 AGI. Contratación, 5549. *Doc. cit.*, fol., 7.

390 J. A. VARGAS JURADO. Tiempos coloniales. Bogotá (Biblioteca de Historia Nacional, vol., 1) 24.

391 Biblioteca Nacional de Colombia, Mss. 105, Libro de la Sacristía del Colegio de Tunja, fol, 158.

su aporte a la historiografía misional llanero-orinoquense que puedan ilustrar el objetivo que nos proponemos.

Para el estudio ulterior hemos seleccionado los siguientes capítulos:

1. Filología;
2. Historia;
3. Memoriales y Cartas;
4. Cartografía;
5. El Orinoco ilustrado y sus etapas;

1. Filología

La obra literaria gumillana se inicia con la Filología, y lamentablemente es la vertiente de su producción escrita más oscura y difícil, por no decir imposible, de recopilar.

Los motivos de este silencio son fundamentalmente documentales: La *Historia* del P. Cassani, a pesar de que se remonta hasta 1740 es muy poco lo que añade a la de Rivero en la zona cronológica de 11 años que separan las obras de estos dos historiadores orinoquenses. Habrá que esperar a que la investigación y los bibliógrafos descubran las obras inéditas de los PP. Tomás Casabona, Roque Lubián y Antonio Salillas[392] y sobre todo la biografía del mismo P. Gumilla, a fin de abrir nuevas rutas a la orientación bibliográfica[393].

La personalidad filológica gumillana es la de un escritor, que por una parte es viajero y hombre de acción y por otra un pensador comprometido

---

[392] Archivo Nacional de Chile. *Jesuitas*, 446. En un Inventario de la biblioteca de la Procura de la Provincia del Nuevo Reino, hecho a raíz de la expulsión de 1767 se lee: "Otro legajo, encuadernado, en folio, manuscrito, con el título de Historia de las conquistas de españoles y descubrimiento de naciones, reducciones de infieles en el río Orinoco, a cargo de la Religión de la Compañía, por el P. Juan Ribero y el P. Thomas de Casabona". A ella habria que añadir la *Historia del Orinoco* del P. Roque Lubián (Lorenzo HERVÁS Y PANDURO. *Biblioteca jesuítico-española (1759-1799)*. Estudio introductorio, edición crítica y notas: Antonio Astorgano Abajo. Madrid, Libris: Asociación Libreros de viejo. I (2007) 344). También desconocemos la *Historia Natural del Orinoco* del P. Antonio Salillas (AIUL. Papeletas: SALILLAS, Antonio. "Mss.").

[393] En el Archivo inédito de Uriarte-Lecina nos encontramos entre las papeletas del P. Manuel Padilla la siguiente obra: "Memorias para la vida y correrías apostólicas del P. Gumilla".

en la redención conjunta del indio y del gran potencial que yace irredento en su paisaje geográfico[394]. De ahí que la vertiente lingüística, a pesar de sus indudables atisbos, no sea ni la más genuina ni tampoco la más profunda de la literatura gumillana.

Para comprender la obra de literatura indigenista del autor de *El Orinoco ilustrado* hay que señalar que no surge de la línea tradicional jesuítica, achagua o sáliva, sino que la mayor parte de su vida se desarrolla en un quehacer pionero en el difícil mundo betoye y en el complicado mosaico de naciones del gran río venezolano, con un paréntesis en las misiones del Meta.

Con todo, podemos afirmar que Gumilla fue un gran lingüista y un cultivador de la Filología indígena. Dominó la lengua betoye[395] y estudió con ahínco la caribe, otomaca[396] jirara y otras[397].

El serio aprendizaje de las lenguas indígenas fue una de sus principales preocupaciones como Superior de las Misiones, hasta el punto de escribir al General de la Compañía de Jesús pidiéndole que de ninguna manera permitiese sacar de los Llanos a los que supieran las lenguas indígenas[398]. Y sospechamos que dos amonestaciones del P. Tamburini, General de los Jesuitas, a los Provinciales del Nuevo Reino en 1723 y 1725 responden a este tesón gumillano de revalorizar las misiones[399].

---

394 José DEL REY. "Venezuela y la ideología gumillana. En: *Sic*, Caracas (1964) 74-76.

395 Juan RIVERO. Historia de las Misiones de los Llanos de Casanare y los ríos Orinoco y Meta. Bogotá, Biblioteca de la Presidencia de Colombia (1956) 361. Josef CASSANI. Historia de la Provincia de la Compañía de Jesús del Nuevo Reino de Granada en la América. Estudio preliminar y anotaciones al texto por José del Rey, s. j. Caracas, Biblioteca de la Academia Nacional de la Historia (1967) 238.

396 CASSANI. Historia de la Provincia de la Compañía de Jesús del Nuevo Reyno de Granada.... 306.

397 CASSANI. *Historia de la Provincia de la Compañía de Jesús del Nuevo Reyno de Granada* , 237: "hasta que ya bien instruido en la lengua jirara, y con bastantes noticias de otras, y no pocas que pudo adquirir su estudio". Una lectura atenta de *El Orinoco ilustrado* nos llevaría a la insinuación de que también supo otras lenguas: lolaca (p. 288; 458), sáliva (p. 299); sitafa (p. 299); achagua (p. 170; 290) y sobre todo en AGI. *Santo Domingo*, 634. En una carta del P. Román al P. Gumilla hay varios párrafos en achagua, y concluye así su asunto el P. Román: "Ya casi no me acuerdo de la lengua achagua, me falta el ejercicio, pero V. R. supongo entenderá bien e inferirá lo que quiero decir".

398 APT. Leg. 132: Cartas de PP. Generales. *Retz al Provincial del Nuevo Reino*. Roma, 15 de septiembre, 1736.

399 APT. Leg. 132, fol. 270. *Carta del P. Tamburini al P. González*. 3ª carta, Roma, 27 de marzo, 1723. *Carta de Tamburini a Méndez*, 15 de diciembre de 1725, fol. 270: "Solo siento

La producción, de la que hoy tenemos noticia, se refiere sólo a la lengua betoye y tenemos noticia de los siguientes manuscritos: *Gramática de la lengua betoy*[400], *Vocabulario de la lengua betoy*[401] y su correspondiente *Catecismo*[402] *y Pláticas varias*[403].

Puede ser que en su segunda estancia en los Llanos, después de su regreso de Europa, aumentase la producción literaria indigenista al amparo de su vida sedentaria y pacífica.

Pero su preocupación filológica no encalló en lo gramatical sino que también intentó hacer Filosofía del Lenguaje. Al fin y al cabo tomó conciencia de que era parte viva de una tradición jesuítica que se había esmerado desde los comienzos en el estudio de la idiomática llanera[404]. Es muy significativo que el P. José Dadey, fundador de la cátedra de muisca en la Universidad Javeriana de Bogotá[405], fuera más tarde también el fundador de las misiones llaneras y al mismo tiempo el iniciador de los estudios filológicos.

---

que no haya toda aquella aplicación que se requiere, en algunos, para aprender las lenguas indígenas".

400 GILIJ. *Ensayo de historia americana*, III, 332: "La lengua betoy fue reducida a Gramática por el P. Gumilla, manuscrito". Puede verse además (Tomo IV, 392). AGI. *Santafé*. 298. *Relación del P. Mateo Mimbela*: "... perfezionandose tanto en el lenguaje que en breve pudo predicarles y enseñarles haciendo Bocabulario y algunas notas importantes para su inteligencia".

401 RIVERO. *Historia de las Misiones de los Llanos*, 389: "Por estos medios y principalmente con las pláticas frecuentes que el Padre les hace en su propia lengua a la cual se aplicó con eficacia sacando Vocabulario y Arte, traduciendo en ella el catecismo".

402 RIVERO. *Historia de las Misiones de los Llanos*, 389. GUMILLA. *El Orinoco ilustrado*, 283: "No obstante en la nación beyota hubo que vencer algo, porque pusimos en el catecismo esta pregunta: "Theodá, Dios o qué"? El sol es Dios? y al punto respondían que si. La respuesta que se les enseña es: "*Ehamucá, fuuit ajajé Diosó abuhi, ebadú, tuluebacanutó*". No es, porque es fuego que Dios crió para alumbrarnos".(Sigue un párrafo interesante en el que se citan algunas otras preguntas del Catecismo).

403 AIUL. Papeletas: Gumilla, José. "Arte y Vocabulario de la lengua betoy; con doctrina, Confesionario y Pláticas en ella".

404 GUMILLA, *El Orinoco ilustrado*, 298: "Nuestros mayores, bien prácticos en los rudimentos de las lenguas, nos dejaron advertido que las que se derivan de una capital siempre mantienen los pronombres primitivos de su matriz, aunque con alguna variedad, y se ha experimentado que es regla cierta".

405 José DEL REY FAJARDO. La Universidad Javeriana, intérprete de la "otredad" indígena (siglos XVII-XVIII). Bogotá, Pontificia Universidad Javeriana (2009) 26-36.

Este aporte a la filología venezolana –hoy casi en su totalidad perdido– culmina con la obra de Felipe Salvador Gilij y de los jesuitas expulsos en Italia[406].

Dos temas fructíferos plantea Gumilla en los capítulos III y IV de la Segunda Parte de *El Orinoco ilustrado*: la enumeración de las lenguas matrices y derivadas del área llanero-orinoquense; y el origen de esas mismas lenguas.

En este primer intento de clasificación descubre nuestro misionero 5 idiomas matrices: caribe, sáliva, achagua, guahiva y betoyegirara. Sobre el otomaco, aruaco y guaraúno no se atrevió a emitir ningún juicio y del modo similar al que las lenguas romances se derivan del latín, estas cinco matrices se ramifican de la siguiente manera: De la caribe provienen: la guayana, palenque, guiri, guayquirí, mapuy y cumanagota. La aturi viene a ser una corruptela de la sáliva. De la achagua no se han descubierto derivadas, ya que las palabras adjudicadas a la maypure se deben a la vida comercial. De la guahiva nace la gran variedad de chiricoas. De la betoye y jirara se deducen: la situfa, ayrica, ele, luculía, jabúe, arauca, quilifay, anabalí, lolaca, atabaca y otras[407].

Respecto al estudio del origen de las lenguas reconoce desde el principio una doble dificultad metodológica: por una parte son pocos los indios que las hablan y por otra desconocen el profundo significado de las tradiciones y ancestros[408].

Con todo, esta objeción no parece afectar a las "lenguas derivadas o subalternas" pues el esfuerzo de los misioneros ha logrado superarlas. "... la separación de su original no puede proceder de otro principio que de una notable dispersión de muchas familias de la lengua principal, que, o voluntariamente desterradas, o extraídas violentamente por enemigos más fuertes y pobladas á notables distancias de la falta de comunicación entre sí

---

[406] José DEL REY FAJARDO. La Universidad Javeriana, intérprete de la "otredad" indígena (siglos XVII-XVIII), 127-159.
[407] GUMILLA. *El Orinoco ilustrado*, 298. El P. Gilij hizo una nueva clasificación de las lenguas orinoquenses y establece 9 lenguas matrices: caribe, sáliva, maipure, otomaca, guama, guahiba, yaruro, guraúno y arauaco. (GILIJ. *Ensayo de historia americana*, III, 174-1759.
[408] GUMILLA. El Orinoco ilustrado, 297.

y de la insensible omisión de unas sílabas y aumento de otras al cabo de años viene a resultar un nuevo lenguaje"[409].

No fue tan afortunado Gumilla al elucubrar sobre el origen de las lenguas matrices pues no pudo liberarse de las concepciones aprioristas y falsamente bíblicas tan en boga en América. Con todo, su intención le llevó a negar tanto la autoctonía idiomática como la dependencia exclusiva de los antiguos hebreos; e indirectamente dejó sentado el origen múltiple en el poblamiento americano.

El error del erudito jesuita radica en recurrir al curioso fenómeno bíblico de la dispersión de los hombres tras el fracaso de la Torre de Babel[410] para explicar un hecho que para él cada día se hacía más incontrovertible. Pero si apela a esta exégesis de la Sagrada Escritura es por dos razones: porque le parece que la dispersión de Babel es más universal etnológica y cronológicamente que la trasplantación del pueblo Judío llevada a cabo por el rey de Asiria Salmanasar; y en segundo lugar, porque "siendo sus lenguajes tan regulares y expresivos de los conceptos como la más cultivada lengua de nuestra Europa, es inventiva muy superior a la cortedad de su genio"[411].

No acepta la teoría de que los hebreos fueron los pobladores de América porque es imposible pensar en un continente vacío durante tanto tiempo, y sobre todo, el hacer depender de las tres lenguas comunes a las doce tribus de Israel toda la proliferación de lenguas americanas es un imposible[412].

2. Historia

La vertiente histórica es la que más posibilidades ha abierto a la realización del proyecto de poder compilar la obra escrita de Gumilla.

Desafortunadamente, la realidad de las *Historias* de Mercado, Rivero y Cassani obligó a nuestro biografiado a intentar nuevas rutas, fuera de los

---

409 GUMILLA. *El Orinoco ilustrado*, 300-301.
410 Génesis, cap. XI.
411 GUMILLA, *El Orinoco ilustrado*, 302. Continuamos la cita iniciada en el texto: "Esto es evidente a los Padres misioneros, quienes, penetrados íntimamente en el idioma y cotejado con la tosquedad de los que lo usan, al reconocer una regularidad tan formal como la del arte latino, ven que tiene superior fuente el caudal de aquella natural elocuencia y recurren luego al prodigio con que Dios confundió una lengua dividiéndola en muchas...".
412 GUMILLA. *El Orinoco ilustrado*, 303-305.

géneros tradicionales, para dar expresión al rico caudal de conocimientos adquiridos a base de observación, reflexión y experienci [413]. Consecuentemente, el autor de *El Orinoco ilustrado* no pudo insertar directamente en su obra la estructura específicamente histórica, de la que fue creador y orientador por muchos años.

Por eso, aunque esta dimensión penetra gran parte de la producción inédita gumillana, sin embargo nos limitaremos en este apartado, por razones meramente metodológicas, a estudiar las influencias en la *Historia de las Misiones* de Juan Rivero y las Biografías de los PP. Cavarte y Juan Rivero.

a) *La Historia de la misionalización de la gran familia betoy*

Los PP. Uriarte y Lecina atribuyen a Gumilla la paternidad de una serie de escritos que, debidamente organizados, pasaron a formar parte del Libro V de la *Historia de las Misiones* del P. Rivero[414]; aunque ignoramos las razones reales que tuvieron para esta asignación bibliográfica, nos inclinamos a creer que lo hicieron basados en la realidad que parece desprenderse del texto riverano.

Pero existe un paso previo que ilumina mejor la posibilidad de la paternidad literaria de Gumilla del cuerpo documental al que se refieren Uriarte y Lecina y que nosotros ampliamos a 14 capítulos del Libro V. Una confrontación minuciosa del texto riverano con la "Relación" entregada por el P. Maleo Mimbela al Presidente Manso en 1725 da como resultado

---

413 GUMILLA, *El Orinoco ilustrado*, "Prólogo", pero sobre todo las pp. 30-31.
414 AIUL. Papeletas de Gumilla, José
  a) "Relación de su entrada con el Cacique Don Antonio Calaimi y el Capitán Don Domingo Zorrilla a la Nación Lolaca y del fruto hecho entre estos indios: 1717". (Hay un extracto en la *Historia de las Misiones*, pp. 354-358).
  b) "Relación de su entrada a los Anibalis, y de los grandes peligros que pasó: 1720". Un extracto: *Historia de las Misiones*, 363-372.
  c) "Relación de su nueva entrada con el capitán Zorrilla a los Anibalis y otros indios vecinos: donde se da cuenta de la justicia que se hizo de algunos rebeldes, y de muchos infieles que vinieron pidiendo el Bautismo: 1722". Un extracto: *Historia de las Misiones*, 373-379.
  Nota: Uriarte y Lecina han utilizado la Edición de Bogotá de 1883.

la verificación de que Rivero ha transcrito, casi literalmente en su *Historia*, el largo manuscrito mimbeliano[415].

De ahí que el problema haya que ubicarlo en torno al documento original de 1725.

Y precisamente, una serie de circunstancias muy específicas nos obligan a hacer un planteamiento más de fondo: Es el P. Mateo Mimbela el autor o sólo el recopilador o redactor de la *Relación* de 1725?; o en otras palabras, qué diferencias existen entre la *Relación* que reposa en el Archivo de Indias enviada por el Presidente Manso y el texto primigenio del documento recibido por Mimbela en 1724?

Dos hechos nos inducen a reflexionar sobre esta problemática: la unidad histórico-literaria que desarrolla como tema la misionalización de la gran familia betoye en torno a la figura del P. José Gumilla, que pasa a ser su único protagonista y en segundo lugar la contraposición que establece el P. Mimbela en su escrito entre la historia antigua de las misiones jesuíticas y la nueva que surge a la sombra de la actividad del autor de *El Orinoco ilustrado*.

Es de notar la contraposición que el P. Mimbela hace en la Introducción que encabeza el largo documento: "... pongo en noticia de Vuestra Señoría la fundación de los primeros pueblos que hizo la Compañía que haré con

---

415 AGI. Santafé, 298. El Presidente de Santa Fe. Remite relación de las Missiones que tiene la Compañía de Jhesus en la Provincia de los Llanos y Orinoco. Santa Fe. y octubre 20 de 1725. (La Relación fue enviada el 20 de octubre de 1725 y recibida en el Consejo el 20 de abril de 1726). Este documento ha sido utilizado por Rivero en su Historia de las Misiones. Libro V, cap. VIII-XXII.
A continuación insertamos las equivalencia de los capítulos:
Memorial. Historia de las Misiones. Lib. V
4. Primer descubrimiento de los Betoyes   VIII. Primer descubrimiento de la nación y noticia de otras naciones   betoyes y noticias de otras naciones.
5.   IX.
6.   XII.
7.   XXI.
8.   X.
9.   XIII.
10.   XIV y XV.
11.   XVI.
12.   XVII y XVIII.
13.   XIX y XX.
14.   XXI y otras fuentes.
15.   XXII.
16.   XI.

brevedad, por estar ya sobre ellos seguidos autos y dado pleno informe a su Majestad, se han añadido las nuevas fundaciones con Relación plena que pedí al Superior de las Misiones pasa satisfacer al celo de Vuestra Señoría"[416].

El Superior que remitió la "Relación plena" no es otro que el P. Gumilla, quien en 1723 era nombrado Superior de las Misiones jesuíticas[417]. A esto hay que añadir una convergencia de argumentos: "las nuevas Fundaciones" se deben al espíritu pionero e innovador de Gumilla quien fue el creador de la Misión de Betoyes y a su vez el único que pudo suministrar los datos de una narración tan anecdótica, concreta y minuciosa, por haber sido el protagonista de la acción hasta 1724[418].

Además, de la misma forma en que Rivero adapta el documento mimbelano a su *Historia* con muy ligeras variaciones, así se puede conjeturar que actuó Mimbela con el escrito gumillano, práctica frecuente de los Superiores jesuitas cuando firmaban las *Cartas Annuas* o remitían a las autoridades civiles los correspondientes Informes, sobre todo misionales.

Otro problema lo constituirá la determinación de los límites del texto original gumillano ya que en la redacción del escrito de Mimbela existen evidentes interpolaciones, v. gr. en el cap. 14 donde se habla de las virtudes

---

416 AGI, *Santafé, Relación del P. Mimbela*, fol. 1. Es un poco extraño que no firmase la Relación el P. Francisco Méndez quien había sido nombrado Provincial el 27 de marzo de 1723 (APT. Leg. 132: *Cartas de PP. Generales*, fol. 263) y nos consta ciertamente que lo era el 22 de septiembre de 1724 (ANB. *Notaría 3*: t. 153 (1724), fol. 186). Estaría fuera de la capital visitando su extensa provincia? Hay una serie de coincidencias que pueden ilustrar el por qué firmó este documento el P. Mimbela, además de lo que diremos después. El P. Mimbela regresó de Europa en la misma expedición en la que venía el Presidente electo Don Antonio Manso Maldonado el 19 de febrero de 1724 (cfr. STÖCKLEIN, *Weltbott*, Brief n. 286, p. 88); sin embargo, José María RESTREPO SÁENZ, *Biografías de los Mandatarios y Ministros de la Real Audiencia (1671-1819)*. Bogotá (1952), 64 pone el 18 de febrero).

El P. Mimbela con su expedición debió llegar a Bogotá a finales de marzo, pues desde marzo de 1723 estaba nombrado consultor de Provincia (APT. Leg. 132, *Carta del P. Tamburini* del 27 de marzo de 1723; fol. 263). En febrero de 1728 desempeñaba el cargo de Prefecto de Estudios de la Universidad Javeriana (ANB. *Notaría 3*, t. 160 (1728), fol. 4v).

417 APT. Leg. 132. Fols. 263-264. *Tamburini a González*, Roma, 27 de marzo de 1723. RIVERO, *Historia de las Misiones de los Llanos*, 409: "Escribió sobre sus virtudes el Padre José Gumilla, como Superior que era entonces...". (La carta necrológica de Gumilla es del 26 de abril de 1724).

418 Como colaboradores inmediatos de Gumilla aparecen el capitán Domingo Zorrilla y el cacique Calaimi. A ambos les dedicó en *El Orinoco ilustrado* frases de amistad y gratitud. Y de ellos indudablemente recogió muchos datos de su Relación.

de la personalidad de Gumilla[419], o en el cap. 6 donde se describe su destino a las misiones por el Provincial, que entonces era el propio P. Mimbela[420].

b) *Biografía del P. José Cavarte*

Dentro del género histórico hay que incluir dos ensayos encaminados a perpetuar la memoria de grandes misioneros: los PP. José Cavarte y Juan Rivero.

La necrología del P. José Cavarte es el primer escrito que conocemos de este género. El manuscrito fue utilizado por Rivero, 4 años más tarde, en la redacción de su *Historia de las Misiones* y por su testimonio llegamos a la existencia de este escrito de Gumilla[421].

Fuera de Rivero no sabíamos de otro escritor que directamente hubiera manejado esta fuente gumillana, hecho que nos hacia sospechar que dicha biografía había pasado definitivamente al olvido.

Revisando el Archivo del Rectorado del Colegio del Salvador de Zaragoza (España) dimos con una hermosa obra manuscrita del P. Juan Arbizu titulada: *Historia del Colegio de la Compañía de Jesús de Zaragoza*[422]. En el Volumen III nos sorprendió el largo estudio que el autor dedicaba al P. José Cavarte, misionero orinoquense. Mas al final, nuestra sorpresa fue enorme al toparnos con la siguiente nota del P. Arbizu: "Añado: Que esta carta como va escrita, menos el principio de ella que da

---

419 AGI. *Santafé*, 298. Relación firmada por el P. Mimbela. (Desgraciadamente la copia que transcribimos no tiene numeración de páginas): "... diré en breve por evitar prolijidad lo que he visto y notado en dicho Padre, muchas veces que he tenido la fortuna de visitarle en su pueblo". (No creemos que el informante sea el P. Mimbela, ya que a pesar de que fue misionero a fines del siglo XVII. y Provincial hasta 1716, sus actividades le mantuvieron alejado de las misiones fuera de esos períodos).

420 El P. Matías Mimbela fue Viceprovincial de 1711 al 13, y Provincial de 1713 al 1716. Cfr. GOETSTOUWERS-VAN DE VORST. *Synopsis historiae Societatis Jesu*.Lovanii, Typis ad Sancti Alphonsi (1950) 665.

421 RIVERO. Historia de las Misiones de los Llanos, 409.

422 Juan ARBIZU, *Historia del Colegio de la Compañía de Jesús de Zaragoza*. Tercera parte. Comienza desde el año de 1650 hasta el de 1700. La ofrece a los muy Reverendos Rector, Padres y hermanos del mismo colegio. El Padre Juan Arbizu, de la Compañía de Jesús. Adornada de índices y catálogos como en los libros antecedentes. MS. que reposa en el Archivo del Rectorado del Colegio del Salvador de Zaragoza. (Lamentablemente se ha perdido uno de los tomos).

razón de su vocación, noviciado y partenza a Indias, es traslado de la que me envió desde Santa Fe de Bogotá y recibí en marzo de 1725 el Hermano Lucas Amat, valenciano que desde este Colegio de Zaragoza fue a la provincia del Nuevo Reino con otros a 7 de octubre de 1723. Y en la que me escribe, me dice que el Padre José Gumillas [sic], misionero residente en la reducción de San Ignacio de los Betoyes fue el que hizo la carta y la envió al Colegio de Santa fe; de la cual hizo hacer una copia. Y esta llegó a mis manos y la guardo con otras de las Indias"[423].

Este descubrimiento significó un gran aporte para el proyecto de la compilación de las "Obras Completas" de Gumilla así como para el estudio de la personalidad del P. José Cavarte, figura clave en una etapa misional de transición difícil y a la vez escasa en documentos.

Conviene ante todo, pues, asentar claramente la realidad y la valoración literaria del manuscrito que estudiamos. Desconocemos el auténtico original gumillano, fechado el 26 de abril de 1724 en San Ignacio de Betoyes[424]. La copia europea que hoy publicamos es un "traslado" del original que llegó a manos del P. Arbizu en marzo de 1725, lo cual nos obliga a concluir que debió ser remitida al poco tiempo de escribirse[425].

Pero en el "traslado" del P. Juan Arbizu se reconocen tres fuentes distintas que en parte nos hacen perder la realidad de la auténtica extensión del documento gumillano: la descripción inicial del autor de la *Historia del Colegio de Zaragoza*; el *Epistolario* del propio P. Cavarte insertado en el mismo texto; y la *Necrología* de Gumilla que se transcribe al pie de la letra desde "la partenza a Indias".

Tampoco podemos llegar a conclusiones claras a través de las fuentes riveranas que datan de 1729. A pesar de que Rivero conoció la *Carta Necrológica* de Gumilla[426], sin embargo actúa con autonomía y

---

[423] Juan ARBIZU, Historia del Colegio de la Compañía de Jesús de Zaragoza, III, 679: "Añadidura".
[424] ARBIZU, Historia del Colegio de la Compañía de Jesús de Zaragoza, III, 679.
[425] ARBIZU, *Ibidem*.
[426] RIVERO, *Historia de las Misiones de los Llanos*, 409-410: "Escribió sobre sus virtudes el Padre José Gumilla, como Superior que era entonces, en carta que sobre ellas envió a la ciudad de Santafé, en donde se hallan otras cosas de mucha edificación, que omito por la brevedad...".

originalidad puesto que no sólo convivió 15 meses con Cavarte[427] sino que además tuvo en su mano el archivo privado del incansable jesuita andariego[428], razones obvias para decidirse a escribir una biografía de Cavarte enteramente propia; de ésta se valió para ofrecer muchas de las noticias dispersas a lo largo de su *Historia de las Misiones*[429].

La importancia del P. José Cavarte en la historia de las Reducciones llaneras y orinoquenses es decisiva, no sólo en la vertiente misional, sino en la dimensión cultural, sobre todo filológica y cartográfica.

Cavarte fue uno de los mejores "lenguaraces" que tuvo la misión de los Llanos[430], llegando a dominar a la perfección los idiomas sáliva, achagua[431] y el girara[432]. En la historia de la filología indígena ocupará un puesto merecido.

"Revolviendo yo –dice Rivero– algunos papeles de los que dejó el Padre, encontré en uno de ellos un principio de gramática, que en su vejez estaba componiendo de la lengua enagua, por las esperanzas que tenía de que se pudieran conquistar los que la usan; tenía encargado con mucho empeño a la ciudad de Quito el arte de la lengua inca para estudiarla, por lo que podría suceder sobre las conquistas de los incas"[433].

Muchos de estos trabajos están hoy perdidos, pero su labor y la elaboración de un concepto fundamental de "misionero" fueron factores decisivos entre la joven generación que convivió con él, especialmente Rivero.

Dentro de la tradición cartográfica venezolana de la Compañía de Jesús que se remonta hasta mediados del siglo XVII con la obra del P. Pierre

---

427 RIVERO. *Historia de las Misiones de los Llanos*, 404: "... les habré de reducir a las pocas que adquirí en este sitio, en el espacio de 15 meses que le acompañé, desde que bajé al Meta".
428 RIVERO. *Historia de las Misiones de los Llanos*, 405: "Revolviendo yo algunos papeles de los que dejó el Padre...".
429 RIVERO. *Historia de las Misiones de los Llanos*, 404: "Tuve la curiosidad de encomendar a la pluma, para la edificación común, muchas de estas noticias, y de ellas me he valido hasta aquí en lo que llevo escrito cuando se ha ofrecido hablar de las empresas da dicho Padre...".
430 RIVERO. Historia de las Misiones de los Llanos, 283.
431 RIVERO. Historia de las Misiones de los Llanos, 318; 403; 408.
432 RIVERO. Historia de las Misiones de los Llanos, 405.
433 RIVERO. Historia de las Misiones de los Llanos, 405.

Pelleprat[434] no encontramos entre los jesuitas neogranadinos de ese siglo ningún otro testimonio fuera del de Cavarte, quien para 1696 había elaborado, por lo menos, un primer esbozo[435].

El mismo Gumilla acataba en 1741 algunas de las opiniones de Cavarte: "Yo ahora advierto que de aquí en adelante, por lo que mira a lo restante del río Orinoco, ya hablo de relación, porque sólo el venerable Padre José Cavarte siguió y apuntó este viaje"[436].

Que nuestro misionero era un hombre inquieto por los problemas geográficos lo demuestra su vida eternamente aventurera; un ejemplo entre muchos lo constituye el envío de Chepe Cavarte para explorar Barragua y su distrito[437].

También creemos necesario establecer una cronología cavartiana que ilustre algunos pasajes oscuros en la *Necrología* de Gumilla, como por ejemplo: la confusión que surge al hablar de la huida del P. Cavarte del Orinoco con motivo de los caribes[438].

Al abandonar España, la Casa de Contratación redactaba la siguiente ficha: "H. José Cabarte, natural de Zaragoza, teólogo, de 26 años, buen cuerpo, pelo castaño claro"[439]. Cuatro décadas más tarde añadirá escuetamente Gumilla: "era de complexión firme y de una robustez tan singular que en medio de muchos trabajos (...) siempre se mantuvo entero y fuerte sin que la misma ancianidad del padre se viese defraudada de aquel vigor que ordinariamente falta a todos los que llegan a ella"[440].

En 1686 pisa por vez primera territorio misional al ser destinado a la reducción de Pauto[441]. En realidad es poco lo que nos han conservado sus

---

434 Archivo General de la Nación, México. *Reales Cédulas*, Vol. 9. Exp. 56. Fols. 158-159: "Los quales se reducen a que este sujeto [Pelleprat] como grande ingeniero y cosmógrafo, tiene delineadas, y demarcadas, casi todas las costas de las Indias, ajustado mapa, y adquiridas grandes noticias de las plazas y fortificaciones de la Tierra firme, y Barlovento...".
435 RIVERO, *Historia de las Misiones de los Llanos*, 322: "... y guiándose por los rumbos de un Mapa del P. José Cavarte".
436 GUMILLA, El Orinoco ilustrado, 328.
437 RIVERO, Historia de las Misiones de los Llanos, Libro I, capítulo XI.
438 APT, *Fondo Astráin*, Leg. 5: "Letras Annuas de la Provincia del Nuevo Reyno de Granada. Contiene los años 1691, 92 y 93". Cfr. RIVERO, *Historia de las Misiones*, 305-306.
439 AGI, *Contratación*, 5.549. Expedición de 1681.
440 ARBIZU, Historia del Colegio de la Compañía de Jesús de Zaragoza, III, 671-672.
441 ARBIZU, *Historia del Colegio de la Compañía de Jesús de Zaragoza*, Carta del P. Cavarte a su familia. (Está sin paginar incluida en el texto).

biógrafos relativos al primer quinquenio de estancia en los Llanos; Rivero nos habla tan sólo de sus esporádicas visitas al fuerte de Carichana[442] cuando todavía las esperanzas jesuíticas de arraigarse en el Orinoco no se habían frustrado.

Para 1691 la férrea personalidad de nuestro misionero junto con el dominio de las lenguas indígenas había ya sacudido la atención de los Superiores[443]. A partir de este momento hasta su muerte, José Cavarte se vincula a la historia de las misiones en los puestos de avanzada y de vanguardia.

La problemática de la adaptación misionera al Orinoco polariza existencia cavartiana durante más de 2 lustros: primero como parte integrante de las dos últimas expediciones del siglo XVII que ensayaron misionar y colonizar el Orinoco en los años de 1691[444] y 1694[445]; y más tarde, tras el fracaso de la penetración fluvial a causa del control caribe, la reestructuración del plan misionero a través del Airico con la esperanza siempre puesta en el gran río[446].

Esta situación le llevó a enfrentar una vida solitaria y heroica durante 8 años[447] a la vez que procuraba explorar y descubrir los mundos ignotos que le rodeaban, como lo demuestra la expedición de Chepe Cavarte a Barragua[448].

La década que va de 1707 a 1718 es una etapa de trasiego por las diversas reducciones llaneras[449] pero siempre obsesionado por el Airico. En 1721 recibió la aprobación del P. Capuel, Superior de las Misiones, para reintegrarse a los achaguas del Beato Regis[450], pero hacía 3 años que los

---

442 RIVERO. Historia de las Misiones de los Llanos, 266.
443 RIVERO. Historia de las Misiones de los Llanos, 283.
444 ARSI. N. R. et Q. *Historia*, 15, fols. 244 y ss. *Relatio de statu praesenti...* RIVERO. *Historia de las Misiones de los Llanos*, 283.
445 RIVERO. Historia de las Misiones de los Llanos, 315.
446 RIVERO. Historia de las Misiones de los Llanos, 317.
447 RIVERO. *Historia de las Misiones de los Llanos*. 339. No están de acuerdo aquí las cronologías; para Rivero la vuelta sería hacia 1704; Gumilla la pone a raíz de la visita del P. Daza a las misiones en 1707.
448 RIVERO. Historia de las Misiones de los Llanos, 36.
449 ARBIZU, Historia del Colegio de la Compañía de Jesús de Zaragoza. III, 676.
450 RIVERO. Historia de las Misiones de los Llanos, 398.

atendía en Juaría, aldea situada a media legua de distancia del Meta. Dos años más tarde, el 7 de enero de 1724, le sorprendió la muerte[451].

c) *Biografía del P. Juan Rivero*

Lo más llamativo de esta obra de Gumilla es la poca correlación que existe entre el número de sus ediciones y el desconocimiento que ha imperado sobre todo en la vertiente de los investigadores.

Lo paradójico se resalta en el hecho de que Ramón Guerra Azuola se sirviese de la biografía del P. Rivero para el "Prólogo" de la primera edición de la *Historia de las Misiones*[452] en contraposición a los historiadores jesuitas, como Antonio Astrain y Manuel Aguirre, que ni siquiera citan el escrito gumillano, motivado en parte por la minusvaloración con que tratan la figura del misionero-historiador. Hay que hacer una excepción con el P. Daniel Restrepo quien manejó la *Necrología* de Rivero[453] y alertó sobre las libertades que se tomó en la transcripción de la *Historia de las Misiones* el editor de 1883[454].

Mejor acogida tuvo la Breve Noticia de la Apostólica y ejemplar vida del P. Juan Rivero en el difícil mundo de la Bibliografía[455].

Las circunstancias geográficas y editoriales de su impresión nos llevan a establecer dos fuentes bibliográficas distintas en un solo bienio.

La edición príncipe conoció la luz pública en Madrid, el 28 de julio de 1739; el fin que je propuso el autor fue la de remitir el folleto a la Provincia

---

451 Tampoco hay coincidencia en la fecha de la muerte: La copia de Arbizu (*Historia del Colegio de la Compañía de Jesús de Zaragoza*, III, 679) da el 7 de enero mientras que Rivero (*Historia de las Misiones de los Llanos*, 403) señala « a comienzos de febrero.

452 Ramón GUERRA AZUOLA. "Prólogo" a la *Historia de las misiones de los Llanos de Casanare y los ríos Orinoco y Meta*. Bogotá, Impr. de Silvestre y Compañía (1956), IV: "... y vamos a decir quién era él, extractando una carta que el Padre Gumilla escribió en Madrid y fue publicada allí en julio de 1739". (La edición de 1956 está copiada de la de 1883).

453 Daniel RESTREPO. *La Compañía de Jesús en Colombia*. Bogotá, Imprenta del Corazón de Jesús (1940) 394-396.

454 Daniel RESTREPO. La Compañía de Jesús en Colombia, 433.

455 José GUMILLA. Breve noticia de la Apostólica, y exemplar vida del Angelical y V. P. Juan Ribero, de la Compañía de Jesus, Missionero de Indios en los Rios de Cazanare y Meta, y otras vertientes del Rio Orinoco, perteneciente a la Provincia del nuevo Reyno. Carta escrita por el P. Joseph Gumilla de la misma Compañía, Superior que fue de dichas Missiones, y al presente Procurador General de dicha Provincia a entrambas Curias. En 4º, 31 pags. Sin pie de imprenta pero fechado: "Madrid, y julio 28, de 1739".

jesuítica del Nuevo Reino[456]. Pero curiosamente ha sido ésta la única pista que han seguido los bibliógrafos. Muy posiblemente se debe a que Ximeno fue el primero en incluir esta edición en su obra de 1749[457]. A partir del ilustre bibliófilo valenciano tanto los Repertorios tradicionales: Backer[458], Sommervogel[459], Medina[460], Streit[461], como los Manuales de los Libreros, v. gr. Palau y Dulcet[462] citan únicamente la obra de 1739.

A la existencia de la segunda edición llegaron los PP. Uriarte y Lecina a través del *Teatro del Desengaño*[463]. En 1741[464] apareció en Córdoba la obra póstuma del P. Juan Rivero el *Teatro del Desengaño* auspiciada por los Hermanos de la Escuela de Cristo. El mismo capellán de la Hermandad D. Juan de Alea y Estrada narra la historia del manuscrito: "... concluido el funeral que se celebró en Casanare el día 18 de agosto de 1736 pasaron luego todos con tanta codicia a saquear las pobres alhajas y papeles del

---

456 GUMILLA. *Breve Noticia de la Apostólica y ejemplar vida del P. Juan Rivero*. Madrid (1739) 31: "... formé este resumen, y breve Carta, que impresa, remito a esa santa Provincia...".

457 Vicente XIMENO. Escritores del Reyno de Valencia chronologicamente ordenados desde el año MCCXXXVHl de la christiana conquista de la misma Ciudad, hasta el de MDCCXLVII. En Valencia, en la oficina de Joseph Estevan Dolz, Impressor del S. Oficio, II (1749) 286.

458 Agustín de BACKER. Bibliothéque des écrivains de la Compagnie de Jésus, ou notices bibliographiques 1º de tous les ouvrages publiées par les membres de la Compaganie de Jésus de la fondation de l'ordre jusqu'á a nos jours, 2º des apologies, des controverses religieuses, des critiques littéraires et scientifiques suscitées á leur sujet. Liège-París, IV (1869) 297. (La cita es muy imprecisa: "Vida, y muerte del P. Juan Rivero. En Madrid").

459 Carlos SOMMERVOGEL. *Bibliothèque de la Compagnie de Jésus*. Bruxelles, Schepens-Paris, Picard, III (1892) 1949. Cita con toda perfección en la obra de Madrid.

460 José Toribio MEDINA. *Biblioteca Hispano-Americana (1493-1810)*. Santiago de Chile, Casa del Autor, IV (1901) nº., 3173.

461 Rob. STREIT.*Bibliotheca Missionum*.Freiburg/Br., Herder & Co, III (1927) 122.

462 PALAU Y DULCET, *Manual del Librero Hispanoamericano*. Barcelona Librería Palau & Oxford, Dolphin, VI (1953) 478. (Añade: "De mucha rareza").

463 J. Eug: de URIARTE. Catálogo razonado de obras anónimas y seudónimas de autores de la Compañía de Jesús pertenecientes a la antigua asistencia española. Madrid, Establecimiento Tipográfico <Sucesores de Rivadenyra> Impresores de la Real Casa, III (1906) 476-477; n. 4.507.

464 Juan RIVERO. *Teatro del desengaño* en que se representan las verdades católicas, con algunos avisos espirituales a los estados principales, conviene a saber, *Clérigos, Religiosos y Casados*, y en que se instruye a los mancebos solteros para elegir con acierto su estado y para vivir en el ínterin en costumbres cristianas. obra póstuma, escrita por el V. P. Juan Rivero, Religioso Profeso de la Compañía de Jesús, misionero apostólico y Superior de las Misiones del Orinoco, Meta y Casanare, que cultiva la provincia del Nuevo Reyno, en la América Meridional. Córdoba, [1741]. El libro no tiene fecha. La licencia del Ordinario data del 13 de Abril de 1741. La Tassa de D. Miguel Fernández Munilla, cuando ya el libro estaba impreso es del 22 de enero de 1742.

venerable difunto. Poco hubo que repartir y entre todos, aunque yo estaba ausente, me tocó la mejor parte, y es este libro que doy a luz, que recibí todo de letra del V. P. (...) Enviómelo uno de aquellos Padres Misioneros a quien viviré agradecido"[465].

El propio Dr. Alea decidió incluir la biografía de Rivero en esta publicación y muy probablemente colaboró el propio Gumilla a juzgar por la Licencia concedida por el P. General de la Compañía de Jesús, Francisco Retz, para las dos obras el 18 de abril de 1740[466]. La Biblioteca de la Presidencia de Colombia reeditó íntegramente en 1956 la edición de Córdoba[467]. No deja de causar extrañeza el que al concienzudo Valdenebro y Cisneros se le haya pasado por alto la inclusión del libro riverano en su estudio sobre la *Imprenta de Córdoba*[468].

Respecto al texto de las dos ediciones se puede afirmar que las variantes son más aparentes que reales; lo más significativo lo constituye la diversidad de títulos[469], la supresión en el párrafo 1 y en el último de casi la mitad del texto, y el haber prescindido en la segunda edición de la numeración arábiga de los párrafos[470].

Finalmente, al notificar las fuentes históricas en las que se ha inspirado Gumilla, además de su larga convivencia con Rivero, señala la *Necrología*

---

465 JUAN DE ALEA Y ESTRADA, "Introducción dedicatoria" al *Teatro de el Desengaño* del P. Juan Rivero. Bogotá, Biblioteca de la Presidencia de Colombia (1956) 8.

466 Juan RIBERO. *Teatro de el Desengaño*, 37. En la "Introducción Dedicatoria" al (*Teatro de el Desengaño*, 9) dice el Dr. Alea: "pondré aquí el compendio breve de la vida y virtudes del V. P. Juan Ribero, que en carta circular se envió a toda la Provincia de este Nuevo Reyno".

467 Juan RIBERO, *Teatro de el Desengaño*. Bogotá. 1956. Biblioteca de la Presidencia de Colombia, 1956.

468 José María de VALDENEBRO. *La imprenta en Córdoba*. Ensayo bibliográfico por Don José María de Valdenebro y Cisneros. Madrid, Madrid: [s. n.]. 1900 (Est. tip. "Sucesores de Rivadeneyra")

469 Edición de 1739: Breve Noticia de la apostólica y ejemplar vida del Angelical, y V. P. Juan de Ribero, de la Compañía de Jesús, Missionero de Indios en los Ríos de Cazanare, Meta y otras vertientes del gran Río Orinoco, pertenecientes a la Provincia del Nuevo Reyno. Carta escrita por el P. Joseph Gumilla de la misma Compañía, Superior que fue de dichas Missiones y al presente Procurador General de dicha Provincia a entrambas Curias.

Edición de 1741: Breve Noticia del Venerable Padre Juan de Ribero de la Compañía de Jesús, Apostólico Misionero en la Provincia del Nuevo Reyno de Granada. Carta circular, que para la misma Provincia imprimió en Madrid a 28 de julio de 1739 el P. Joseph Gumilla de la misma Compañía, Superior que fue de las mismas Misiones, y entonces Procurador General por la dicha Provincia a las Cortes de Madrid y Roma.

470 Fuera de lo indicado en el texto son mínimas y raras las variaciones. El par. 16 de la príncipe comienza: "No así"; la de 1741: "Mas".

del P. Quirós y las noticias de los conmisioneros del Orinoco que trabajaron largos años a su lado[471].

Juzgamos que en un sentido amplio se podría anexar a modo de apéndice al capítulo histórico una monografía curiosa, que podríamos calificar de "Tratado medicinal", redactada a base de la flora llanera y orinoquense. Sin duda que las abundantes referencias que hace en *El Orinoco ilustrado* significan una recopilación de escritos y de experiencia anteriores[472].

3. Memoriales y Cartas

La recopilación de gran parte de los Memoriales y Cartas gumillanos ha constituido hasta el momento el mejor aporte para la reconstrucción de lo que algún día serán sus "Obras Completas".

Todo este fondo documental abre un filón inapreciable no sólo para el estudio de su personalidad y de su ideología, sino también para clarificar los inicios del ensayo emprendido por la Compañía de Jesús en el Orinoco avanzado el siglo XVIII.

La mayor parte de la documentación gumillana reposa en el Archivo de Indias de Sevilla, pero también hemos encontrado escritos suyos en el Archivo de la Provincia de Toledo (Alcalá de Henares), en el Archivum Romanum Societatis Jesu de Roma y en la Biblioteca Universitaria de Valladolid.

Como criterio selectivo en la agrupación de los documentos hemos preferido seguir las grandes líneas ideológicas.

a) *La problemática caribe y la defensa del Orinoco*

Dado que el *Informe para impedir las hostilidades caribes* ha motivado algunas polémicas, estudiaremos en primer lugar este escrito.

---

471 GUMILLA. *Breve Noticia*, 31.
472 GUMILLA. *El Orinoco ilustrado*. Libro I, cap. 20; Libro II, cap. 3 y 21. Cfr. etiam las pp. 401, 402, 404, 416. AGI. *Santafé*, 298. *Informe del P. Mimbela*: "Escribió para este efecto un tratado de varios remedios y yerbas para aplicar a sus enfermos". Y Felipe Salvador GILIJ. *Ensayo de historia americana*, II, 76: "Madame Fouget también añadió a los remedios comunes en Francia los que diligentemente recogió de la obra del P. Gumilla".

El año 1739 fue de gran actividad para el misionero orinoquense: tuvo que alternar largas horas de estudio y de redacción de sus documentos con las visitas a grandes mandatarios, oficiales reales y diversos tipos de personalidades.

La problemática más acuciante de Gumilla trascendía a cuatro temas fundamentales: la promoción de la Orinoquia; el desarrollo del comercio y el fomento de una inmigración competente; los caribes y el reclutamiento de misioneros.

Prácticamente desde 1731, el autor de *El Orinoco ilustrado* había comenzado, en el duro contacto con la realidad, a fomentar de una manera clara y precisa esos postulados.

El "Informe para impedir las hostilidades caribes" ha provocado a lo largo del tiempo un doble problema. El primero compromete el campo ideológico: ¿responde genuinamente al pensamiento gumillano el contenido de este escrito?. El segundo es de tipo cronológico: ¿cuándo fue publicado el documento?

El Informe lo podemos dividir en cuatro partes nítidamente diferenciadas:

1. El deplorable estado de las Misiones: causas y situación actual (nn. 1-5');

2. Magnitud del problema: se trata de la "Puerta" de Venezuela y para resguardarla es necesario fortificar la isla Fajardo (nn. 6-9);"

3. Parte polémica: responde a las objeciones del Informe presentado por D. Carlos de Sucre y algunas opiniones sostenidas por el marqués de San Felipe y Santiago (nn. 10-17);

4. Representación final de Gumilla: facilitar la inmigración, la colonización y sus medios (nn. 18-22).

La primera parte del "Informe" guarda en sus líneas generales un paralelismo estructural con el capítulo IX del Libro II de *El Orinoco ilustrado*, si bien hay que recurrir también a la última parte del cap. VIII para buscar la cita paralela referente a las causas de la actitud caribe; el "Informe" añade además la preferencia de la nación caribe por el aceite María y por el Achote (n. 2).

En ambos escritos se hace referencia igualmente a los eventos históricos acaecidos en 1684 y 1693. A continuación presentamos su armazón comparado:

Informe: nn. 4-"5	Orinoco ilustrado: cap. 9
Desde el año 1733, y hasta el de 38 (y tengo por cierto que hasta aora).	(El último párrafo del cap. VIII se remonta al año 1731).
En 1733 quemaron nuestra colonia de nuestra Señora de los Ángeles y al día siguiente amanecieron 27 piraguas de guerra sobre la de San Joseph de Otomacos (n. 4).	Taricura quemó el pueblo de Nuestra Señora de los Ángeles y el día 31 de marzo del mismo año (...) Esa misma noche del día 31 de marzo navegaron río abajo las 28 piraguas (...) al amanecer del día primero de abril la acordonaron (S. José de Otomacos) pp. 331.
El año de 1735 quemaron dichos indios caribes la colonia de San Miguel de Bichada (n. 5").	Al año siguiente (1734) quemaron la colonia de San Miguel Arcángel del río Bichada (p. 333).
El 29 de septiembre de 1735 asaltaron la colonia de Mamo (n. S).	(*El Orinoco ilustrado* sitúa esta acción como la última y decisiva del año 1735 y la ubica detrás del incidente de Rotella (p. 334).
Poco después quemaron la Concepción de Uyapi (...), San Joseph de Otomacos (y poco después la de San Ignacio de Guamos) (n. 5).	Por estos años de 1734 y 1735 creció más la osadía del bárbaro enemigo y quemó la colonia de San José de Otomacos y San Ignacio de Guamos (p. 333). (Para las siguientes incursiones remite *El Orinoco ilustrado* al libro del P. Cassani).

Así pues, *El Orinoco ilustrado* ofrece una exposición mucho más rica y detallada de todos y de cada uno de los acontecimientos enumerados. Al hablar Gumilla de las incursiones caribes, dice que el año 1733 "me quejé agria aunque modestamente, al gobernador de Esequivo, con una larga carta, en la que le conté los daños que padecían nuestras misiones, y que de no poner remedio su señoría, daría cuenta a mi católico monarca"[473]. Pero lo que nos sorprende es el mutismo del misionero acerca del "Informe", a pesar de que conoció incluso las ordenanzas dadas por Felipe V a don Gregorio Espinosa de los Monteros[474] donde parece que se hace referencia a su Memorial. Pero de esto ya hemos hablado en la Biografía.

Un segundo capítulo se inicia con las objetivas reflexiones que el jesuita valenciano hace en torno al significado extraordinario y estratégico del Orinoco. Nuestra gran arteria fluvial es como una gran puerta abierta que ofrece paso franco al interior de Cumaná, Caracas, Maracaibo y todo el Nuevo Reino (n. 6).

La conclusión gumillana es lógicamente férrea: la llave de esta gran puerta debe reposar en manos de la corona española (n. 7). Pero en la última consecuencia es donde se localiza la verdadera polémica en torno a la defensa de Guayana: El "Informe" de Gumilla se decide por la isla Fajardo y en su apoyo cita el viaje exploratorio de los PP. Capuel y Romeo[475] y las cuatro reales cédulas que apoyan esta posición adoptada por el "Provincial de la Compañía de Jesús en el Nuevo Reino" (nn. 8 y 9). Pero más adelante el misionero completa y perfila ese postulado solicitando la inmigración para la isla de Trinidad que así "será un grande antemural para el resguardo del Orinoco" (n. 19).

El promotor de la idea de fortificar la isla de Fajardo había sido Fray Salvador de Cádiz quien influyó en 1718 de forma decisiva en el Provincial jesuita P. Ignacio de Meaurio[476].

El problema de la defensa de Guayana provocó siempre una gran revolución de burocracia sin llegar nunca a una solución concreta y real. Años antes de que Gumilla presentase su Memorial ya existían tres planes

---

[473] GUMILLA, El Orinoco ilustrado, 330.
[474] GUMILLA, El Orinoco ilustrado, 337.
[475] AGI, Santo Domingo, 632. El expediente del viaje del P. Juan Capuel reposa con: Autos fechos por el Señor Don Antonio de la Pedrosa y Guerrero del Consejo de S. M. en el Real y Supremo de Yndias sobre el río Orinoco, fols. 25-29.
[476] AGI, *Santo Domingo*, 634. (Aquí se encuentra gran parte del material relativo a este asunto).

de defensa: "el del capuchino fray Salvador de Cádiz, apoyado por los jesuitas, para fortificar la isla Fajardo; el de los franciscanos de los Llanos de Caracas sobre la fundación de una ciudad en la confluencia del Apure con el Orinoco; y el de los capuchinos catalanes que preferían la Angostura"[477].

Pero ya en 1738 se había abandonado el proyecto de la isla Fajardo[478]; ¿cómo comprender entonces la actitud de Gumilla al publicar su Memorial?

A no ser por una carta del propio Gumilla al Gobernador Tabares en 1746[479] nos hubiéramos quedado con la duda o quizá con el interrogante de un repentino e inexplicable cambio en la mentalidad del benemérito escritor orinoquense con respecto a este punto controvertido.

Si Gumilla entregó su Informe se debió a las presiones del Provincial del Nuevo Reino, P. Tomás Casabona; pero para salvar su conciencia entregó a Don José Borrull "un manuscripto con mi firma con muchas razones a favor de que se cierra mejor el Río Orinoco por dicho sitio". Y al enterarse de que el Gobernador Tabares traía consigo el Memorial dicho vuelve a insistir en su argumentación en pro del caño Limón: "lo primero el menor costo; segundo, que para fortificar en Fajardo quedan 12 leguas descubiertas a los extranjeros para entrar a las misiones de los reverendos padres capuchinos o para marchar por todas las misiones del Píritu, o a Barcelona o a Caracas, y este solo motivo sobra y omito los otros aunque no despreciables, la mucha comprensión de vuestra señoría verá que es así, y para mi tan cierto que di cincuenta pesos de contado en que se había tasado una estacada en dicho caño de Limón, y no se efectuó"[480].

---

477 Demetrio RAMOS. "La defensa de Guayana". En: *Revista de Indias*. Madrid, 66 (1956) 539.
478 Demetrio RAMOS. "La defensa de Guayana", 543.
479 Carta del P. José Gumilla al gobernador Tabares, octubre 4 de 1746. Publicada en BRITISH GUIANA BOUNDARY. Arbitration with the United States of Venezuela. Appendix to theCase on behalf of ther Government of her Britanic Magesty. London, Printed at the Foreign Office, by Harrison and Sons, Printers in Ordinary to her Majesty, III (1898) 92-93. Véase: Hermann GONZÁLEZ OROPEZA. "LA Objeción de conciencia del P. José Gumilla". E: Noticias Venezuela. Caracas, Oficina Provincial de la Compañía de Jesús, n°., 309 (1985) 2-6.
480 *Carta del P. José Gumilla al gobernador Tabares*, octubre 4 de 1746. Con todo, en honor a la justicia, ya desde los comienzos de la estancia de Gumilla en Guayana se había declarado en contra de la fortificación de la isla Caroní. En carta escrita en Guayana el 21 de

Ciertamente llama la atención, por una parte el mutismo hermético de *El Orinoco ilustrado* respecto a toda problemática sobre la isla Fajardo, y por otra su no inclusión de ninguno de los mapas gumillanos y la adopción del levantado por el ingeniero Pablo Díaz Fajardo en 1733[481]. De los tres puntos geográficos controvertidos: el caño de Limón, la isla de Fajardo y la Angostura, solo los dos primeros aparecen en el mapa anexado al escrito del misionero orinoquense, mientras que en el texto sólo se habla de los dos últimos.

¿Cuál fue la intención de Gumilla con estas omisiones? No podemos todavía conjeturarlo, aunque sospechamos que se inclinó por la más sana prudencia: el silencio. Es indudable que la Audiencia de Bogotá era partidaria de la defensa de la isla Fajardo (n. 17) y si tenemos en cuenta que Gumilla ocupó el cargo de Viceprovincial el año 1738, muy probablemente se sintió presionado su sucesor por la autoridad de la Audiencia y obligó al Procurador a tomar partido.

No insistimos en la tercera parte del Memorial que nos llevaría a una confrontación de los siguientes documentos: El Informe que comentamos. El Informe "novísimo" presentado por el Gobernador don Carlos de Sucre. El contra-informe entregado al fiscal del Consejo de Indias. El remitido por el marqués de San Felipe y Santiago, y el de los PP. Capuel y Romeo[482].

En toda la hábil argumentación de Gumilla observamos los siguientes datos:

a) No se menciona para nada, ni se hace referencia siquiera, al caño de Limón; sin embargo lo resalta abiertamente en el mapa con todas sus ventajas a la vez que ignora Angostura.

b) La fuerza probatoria de los argumentos que rebaten las diversas soluciones de los contrarios son casi apodícticas; más débil es la defensa positiva de la isla Fajardo.

---

febrero de 1732 dice: "... el remedio pretenso por mano del Señor Sucre consistía en la fortaleza intentada en la isla de Caroní y dos reductos: asunto de inmenso costo y menos efecto a causa del anegadizo que al lado del poniente hay en dicho sitio que da paso todo el invierno y no obstante la construcción dicha". (AGI. *Santo Domingo*. 632).

481 El mapa lo ejecutó Pablo Minguet en Madrid.

482 Abundante documentación sobre el tema, en AGI. *Santo Domingo*, 632.

c) En la contra argumentación, insiste el jesuita, como razones suficientes, en el menor costo de la fortificación del caño Limón y en que cubre 12 leguas más, muy importante para el dominio de las riberas orinoquenses.

En la cuarta parte vuelve Gumilla a retomar una serie de ideas que hemos expuesto más arriba. La inmigración a Guayana y Trinidad, además de solucionar el problema militar y el económico, sería un infranqueable antemural de protección de la Orinoquia.

También la fecha de publicación de este escrito gumillano ha levantado entre los bibliógrafos diversas teorías, motivadas todas ellas por el hecho de que Gumilla no fechó su Informe.

Del estudio del texto se desprenden tres referencias cronológicas, pero resultan insuficientes para ubicar su definitiva datación.

En el n. 1 habla el jesuita escritor de 22 años de misionero. Efectivamente: el año 1715 comenzó su biografía misionera y en 1737 se traslada al Colegio de Cartagena de Indias como Rector[483]. Luego el escrito es posterior a 1737.

En el n. 4 explicita: "... hasta el de 38 (y tengo por cierto que hasta ahora"): esto nos lleva a desembocar por lo menos al año 1739. El mapa que anexó a su escrito lleva la fecha de 1733. Creemos que el autor de *El Orinoco ilustrado* lo hizo conscientemente como hemos indicado más arriba –al hablar de las omisiones y de los contrastes– y en definitiva se puede aseverar que se trata de una pieza adicional que no resuelve nada respecto a la cronología.

Aunque las diversas teorías las sistematizaremos en cuatro grupos, sin embargo hay que hacer notar que las tres primeras soluciones coexisten desde el primer momento:

1. Algunos bibliógrafos guardan silencio ante el mutismo cronológico del documento. Se contentan con reseñar la ficha bibliográfica tal como

---

[483] José DEL REY, "El P. José Gumilla: un sociólogo audaz y un americanista olvidado". En: *Revista Javeriana*, Bogotá (1958) 11.

aparece en el Original sin pretender ninguna reflexión ulterior para dilucidar el problema de las fechas. Gallardo[484]; Sommervogel[485].

2. Un segundo grupo se vincula al año 1733. La única razón probatoria radica en el mapa anexo al "Informe" cuya leyenda reza así: "Plano de una parte del Orinoco, que comprehende desde el caño de Guaruapo asta la isla de Fajardo, está fiel e individualmente sacado por el que delineó D. Pablo Díaz Fajardo (. . .) por Junio de este año de 1733". Véase: Leclerc[486]; Toribio Medina[487]; Palau Dulcet[488]; Segundo Sánchez[489].

3. Pero la contradicción interna que salta a la vista al iniciar el estudio del texto mismo hizo que se abriera cauce otra tercera opinión el año 1740. Quizá los dos representantes más significativos sean Antonio Astráin[490] y Pedro Grases[491].

Aunque el autor de la *Historia de la Compañía de Jesús en la Asistencia de España* se limita a indicar el año 1740 como fecha del Informe, creemos que en parte podemos detectar sus razones. El P. Astráin se valió de la paciente obra del P. Pastells para elaborar su *Historia* y en el n. 1.044 del Índice Pastells se le asigna al "Informe" la fecha que da Astráin. En el Índice Reddam del British Museum observamos también una confusión, pues mientras el n. 536 lo clasifica el año 1739 (¿?), en el número 541 se vuelve al año 1740.

4. El primero en proporcionar la fecha de 1739 fue Otero D'Costa: "Parece indudable que este trabajo vio la luz en 1739, año en que llegó su autor a Madrid, porque lógicamente puede admitirse que, versando el

---

484 Bartolomé José GALLARDO. *Ensayo de una Biblioteca Española de libros raros y curiosos*. Madrid, Editorial Manuel Tello, III (1888), col. 153.
485 Carlos SOMMERVOGEL. *Bibliothèque de la Compagnie de Jésus*, III, 1948-1949.
486 Charles LECLERC. *Bibliotheca americana*: histoire, géographie, voyages, archéologie et linguistique des deux Amériques et des îles Philippines. Paris, Maisonneuve et cie. (1878) n°., 492.
487 José Toribio MEDINA. *Biblioteca Americana*. Santiago de Chile, Impreso en casa del Autor, IV (1901) n. 2.888.
488 Antonio PALAU Y DULCET. Manual del Librero Hispano Americano. Barcelona, Librería Anticuaria de A. Palau (1953) 478.
489 Manuel Segundo SÁNCHEZ. *Bibliografía venezolanista*. Caracas, Banco Central De Venezuela (1964), n. 353, p. 146.
490 Antonio ASTRAIN, Historia de la Compañía de Jesús en la Asistencia de España. Madrid, Razón y Fe, VII (1925) 463.
491 Pedro GRASES. *Temas de bibliografía y cultura venezolana*. Buenos Aires, Nova (1953) 79-82.

impreso sobre el tema que llevaba a su autor a España, debió de escribirle a raíz de su llegada, como que él le habría de servir de base para iniciar sus gestiones como procurador"[492].

También Demetrio Ramos ubica en 1739 la publicación del "Informe", puntualizando además que "su redacción se ejecutó en América, pues sobre las ideas previas –seguramente discutidas en la capital de Nueva Granada– se recogen las soluciones defensivas que impuso el Provincial de Santa Fe"[493].

Demetrio Ramos basa su argumentación en una "Instrucción real" de 3 de diciembre de 1739 dirigida a Espinosa de los Monteros[494] en la que se informa: "... después se han dado unos informes, como el del marqués de San Felipe y Santiago y el del P. Gumilla, variando el dictamen, pero estos solo los tendrá presentes para mejor conocimiento personal". Así pues, el "Informe" hubo de publicarse en los meses que precedieron a diciembre de 1739.

También nosotros defendemos el 1739 como fecha de composición del "Informe". El 9 de febrero de 1740 se dirigió la Secretaría de Nueva España al P. Rodero solicitando el *Informe* impreso del P. Gumilla[495]. Cuatro días más tarde contestaba el P. Rodero: "Muy señor mío; el adjunto Papel, que V. S. me ordena pase a sus manos, a costado algunas diligencias para encontrarlo así porque su impresión fue muy corta, como porque su Autor los dejo distribuidos antes de pasar a Roma; pero quedo con el gusto de haber servido a V. S"[496]. El 24 de julio de 1739 anotaba el Consejo: "Viene un informe del Padre Joseph Gumilla misionero de aquel paraje sobre este asunto"[497].

---

492 Enrique OTERO D'COSTA. "El P. José Gumilla". En: *Senderos*, Bogotá, 1 (1934) 133.
493 Demetrio RAMOS. "Un plan de inmigración y libre comercio defendido por Gumilla para Guayana en 1739". En: *Anuario de Estudios Americanos*. Sevilla, XV (1958) 221.
494 AGI. *Santo Domingo*, 634. Real Instrucción de 3 de diciembre de 1739 a Espinosa de los Monteros.
495 AGI. *Santo Domingo*, 632. Madrid, 9 de febrero de 1740: "Necesitamos tener presente en la Secretaría de Nueva España de mi cargo un ejemplar del Informe impreso que ejecutó el Padre José Gumilla".
496 AGI. Santo Domingo, 632. Carta del P. Gaspar Rodero a la Secretaría de Nueva España. Colegio Imperial, febrero 13 de 1740.
497 AGI. *Santo Domingo*, 632. Consejo de 24 de julio de 1739. (En este mismo Legajo nos encontramos: "Perfil del reducto proyectado en Puerto de España, isla de la Trinidad, 1733". En Planos, "Informe que hacea su Majestad en su Real y Supremo Consejo de las Indias el padre

En lo que no estamos de acuerdo con Demetrio Ramos es en su afirmación de que el "Informe" fue redactado en América.

La biobibliografía del *Informe para impedir las hostilidades caribes* se inicia a mediados del siglo pasado, ya que la etapa anterior queda totalmente absorbida por las ediciones y comentarios de *El Orinoco ilustrado*, si exceptuamos la minuciosidad del paisano de Gumilla, Ximeno[498].

Fue el P. Backer uno de los primeros en recopilar bibliográficamente esta pequeña obra gumillana. Aunque para la redacción del artículo «Gumilla» ha utilizado ampliamente a Michaud, sin embargo al reseñar esta obra cita su fuente original inmediatamente al pie de la ficha bibliográfica: Se trata del apéndice de la obra de M. Ternaux-Compans en su libro *Notice historique sur la Guyana francaise*. Paris, 1843[499].

A partir de este momento todos los bibliógrafos jesuitas recogen la cita de Backer sin que en realidad vuelvan a añadir nada nuevo.

Para la ulterior problemática nos remitimos a lo dicho anteriormente en la discusión levantada en torno a la fecha de publicación del *Informe*. Cuatro ediciones ha conocido el "Informe para impedir las hostilidades caribes".

La edición príncipe es de 1739 y fue preparada por el mismo Gumilla en sus primeros meses de estancia en la capital de España. Como el número de ejemplares fue muy reducido hoy es muy difícil conseguirla. Para la reimpresión utilizamos el rarísimo ejemplar que posee el historiador P. Francisco Mateos.

Las restantes reimpresiones se sucedieron, por motivos culturales y políticos a fines del siglo pasado en el quinquenio 1893-1898. La segunda edición es la de Bogotá (1893) y fue llevada a cabo por D. Antonio B. Cuervo en su obra: *Colección de Documentos inéditos sobre la Geografía y la Historia de Colombia*. El tomo III está dedicado a la Hoya del Orinoco durante la colonia. Prácticamente ha sido la edición más conocida y consultada por los investigadores. No incluye el mapa anexado en el

---

Joseph Gumilla ...". Con manera de la unión del Orinoco y Caroní (1733). Todo esto, como es natural se refiere al Mapa).

498 Vicente XIMENO, Escritores del Reyno de Valencia, II, 285.

499 Agustin de BACKER. Bibliothèque des écrivains de la Compagnie de Jésus, IV, 297.

impreso de 1739 y además prescinde de los pequeños resúmenes marginales y de la numeración por párrafos ideológicos.

Las reediciones de Londres y Nueva York responden exclusivamente a los intereses conflictivos surgidos de la disputa de límites entre Venezuela y la Guayana británica. La Edición de Londres (1898) es sin lugar a dudas la de más valor y la más desconocida. Es una hermosa impresión a doble columna: el texto castellano es copia del impreso de 1739; en la segunda columna se transcribe paralelamente la traducción inglesa[500]. Las notas marginales están todas en inglés. Finalmente, conviene reseñar dos *Extractos* del Informe publicados en Nueva York en 1898 y en inglés[501] Los editores sajones datan el escrito gumillano en 1745.

b) *Problemas territoriales*

La revitalización del Orinoco por parte de las Ordenes misioneras que laboraban a lo largo de su cuenca llevó indiscutiblemente a conflictos territoriales.

El primer Convenio de Misiones que conocemos data del 12 de julio de 1662. Realizado en Santafé de Bogotá tomaron parte las Ordenes que laboraban en el Nuevo Reino.

A la Compañía de Jesús se le señaló el territorio "... junto al río de Pauto y de allí para abajo hacia la villa de San Cristóbal y ciudad de Barinas, y todos los Llanos de Caracas, y corriendo línea imaginaria desde el río Pauto hasta el Airico comprendiéndole"[502].

---

[500] British Guiana Boundary. *Arbitration with the United States of Venezuela*. Appendix to the Case on behalf of the Government of Her Britannic Majesty. Volume III. London, Printed at the Foreign Office. (1898) 83-92.

[501] Venezuela-British Guiana Boundary Arbitration. The Case of the United States of Venezuela before the Tribunal of Arbitration to Convene at Paris under the Provisions of the Treaty between the United States of Venezuela and Her Britannic Majesty Signed at Washington February 2, 1897. Volume 2. Appendix: Parts 1 and 2. New York (1898), n. 363.

[502] ANB. *Conventos*, t. 68, fol., 437.

No se habla en este documento de la Guayana, pero a partir de 1646 se habían instalado allí los jesuitas[503]. Aunque con intervalos la presencia de la Compañía de Jesús en el ámbito guayanés se extiende hasta 1681.

Cuando en 1731 se instala Gumilla en Guayana aflora el problema jurisdiccional. Durante el medio siglo de ausencia (1681-1731) se habían operado grandes transformaciones en lo que respecta a una nueva concepción territorial del oriente venezolano y evidentemente los jesuitas santafereños desconocían la nueva realidad histórica acaecida durante ese intervalo temporal así como los títulos jurídicos que avalaban la presencia capuchina el suelo guayanés.

El deseo de radicarse y convertir al mundo aruaca toma, a nuestro parecer, cuerpo por dos premisas gumillanas: la lealtad aruaca a la nación hispana y el establecer una cabeza de puente en Santo Tomé, núcleo militar y político, capaz de dar basamento a la acción jesuítica aguas arriba.

Esta primera decisión dio lugar, el 22 de febrero de 1732, al Compromiso de Guayana suscrito por el Prefecto Fr. Tomás de Santa Eugenia por parte de los Capuchinos guayaneses y el P. José Gumilla por los jesuitas[504]. En realidad, ni las fuentes capuchinas[505] ni las jesuíticas[506] aportan el texto del compromiso.

En el expediente que nos sirve de texto único para este asunto[507] utiliza Gumilla la palabra "convenio"[508] y "compromiso"[509]. Fray Tomás de Santa Eugenia en su memorial del 22 de febrero de 1732 a don Agustín de Arredondo deja sentada su posición:

---

[503] APQu. Leg., 3. Instruccion y órdenes por el P. Pr. Rodrigo Barnuevo a los Padres Andrés Ignacio y Alonso Fernandez para la mision de Guayana, donde son enviados por la santa obediencia en 4 de junio de 1646.

[504] AGI. Santo Domingo, 678. El Presidente de la Real Audiencia de Santa Fee. Da quenta, fol., 27v.

[505] Buenaventura de CARROCERA. *Misión de los Capuchinos en Guayana*. Caracas. Academia Nacional de la Historia, I (1979) 28, 269-270.

[506] GUMILLA. *Escritos varios*, 99-100.

[507] AGI. Santo Domingo, 678. Da quenta a Vuestra Majestad con certificacion del escribano de Cámara de lo executado sobre el deslinde y demarcación de las misiones (GUMILLA. Escritos varios, 73-116).

[508] GUMILLA. *Escritos varios*, 94.

[509] GUMILLA. *Escritos varios*, 98.

... convengo con él con el fin de establecer para siempre la mayor paz y unión de entrambas misiones para que pueda fundar misiones en las bocas del río Caroní, lo que ha de servir para la demarcación de las tierras tirando donde ella linea recta de norte a sur cuando el señor gobernador de estos partidos mejor le pareciere demarcar según las reales leyes dichos terrenos sin detrimento ni perjuicio de las misiones de capuchinos que actualmente están fundadas y que con el tiempo se han de fundar, egidios (sic), sin dagnificar nuestro derecho y posesión que según las órdenes y reales cédulas de su majestad (que Dios guarde) tenemos porque de fundarse misiones desde la dicha boca del río Caroní de esta parte de la ciudad de Guayana, o bien hacer entradas y sacas de indios de cualquier naciones que fueren se sigue y seguirá grave detrimento a las sobredichas misiones de capuchinos que actualmente estan fundadas y con el tiempo se han de fundar por la limitada tierra que queda hasta los anegadizos de las bocas de Orinoco a la mar, a lo que no puedo condescender por ningún pretexto y de obrarse en contrario quiero siempre el poder ocurrir según el derecho en donde convenga[510].

Si el tiempo transcurrió sin que el compromiso tuviera en apariencia consecuencias de ningún tipo, sin embargo los Capuchinos se movieron en la corte para salvaguardar sus derechos y obtuvieron una Real Cédula, fechada en San Ildefonso el 25 de julio de 1734, por la que el Monarca fijaba el río Caura como frontera occidental de sus misiones guayanesas[511].

Además, desde 1733 los caribes compelieron a los jesuitas a reducirse a sus misiones del Orinoco medio con un precario horizonte de esperanzas.

Con todo, el 20 de marzo de 1734 se firmaba en Guayana, en presencia del Gobernador don Carlos de Sucre, la Concordia de Guayana que la suscribían los Capuchinos de Guayana, los Franciscanos de Píritu y los Jesuitas del Orinoco.

Amén de las demarcaciones territoriales el pacto fijaba una política misional para las áreas de conflicto. Ciertamente significaba un intento de respuesta comunitaria al reto que suponían los hombres y el dominio del gran río venezolano.

---

510 AGI, *Santo Domingo*, 678. (GUMILLA, *Escritos varios*, 99-100).
511 AGI, *Santo Domingo*, 678, *Doc. cit.* (GUMILLA, *Escritos varios*, 79-81). Esta Real Cédula llegó a Santafé de Bogotá el 15 de enero de 1735 (*Ibidem*, 81).

Con respecto a las fronteras misionales se fijan unos linderos que permanecerán hasta la década del 1760. De común acuerdo:

> ... y desde luego señalaron a dichos Reverendos Padres Observantes presentes y futuros para que establezcan y funden los pueblos que pudieren de esta parte de Gauyana de Orinoco desde la Angostura para arriba hasta las orillas de esta banda de abajo de el río Cuchivero tirando línea recta donde las márgenes de dicho Orinoco hasta Marañón y Amazonas; quedándose los Reverendos Padres Capuchinos para fomentar sus conversiones con el territorio y distrito que hay desde la misma Angostura para abajo hasta la boca grande dicho río Orinoco donde repartirán los misioneros que les vinieren; a los reverendísimos Padres Jesuitas desde las riberas de la parte de arriba del misio río Cuchivero lo restante del Orinoco, tirando siempre hacia arriba y yendo siempre unos y otros linderos o demarcaciones linea recta de Orinoco al Marañón y Amazonas[512].

Ignoramos los motivos que tuvieron los signatarios para establecer como principio

> que, por lo que toca a la conversion de dichas naciones sitas en los linderos, ha de ser libre para el que más trabajare en su adelantamiento de suerte que, sin excepción de naciones, puede cada misión por su parte convertir y adelantar de las de los linderos cuanto más puedan y que una vez reducidos los indios han de pertenecer a la misión de la religión que los redujo, sin poderse pasar a otra, con la mutua obligación, si sucediere, devolverlos a su pastor siempre[513].

Gran importancia revestiría este acuerdo intermisional que mereció una Real Cédula de confirmación, firmada en San Ildefonso el 16 de septiembre de 1736, gracias a las gestiones del Comisario franciscano, P. Francisco del Castillo[514].

---

512 AGI. Santo Domingo, 678. Doc. cit. (GUMILLA. Escritos varios, 101-104).
513 AGI. Santo Domingo, 678. Doc. cit. (GUMILLA. Escritos varios, 103).
514 AGI. Santo Domingo, 590. S. M. aprueba y manda se obxserve la concordia celebrada por los religiosos Misioneros de la orden de San Francisco; de la Compañía de Jesús y Capuchinos, sobre los territorios en que han de ejercer su sagrado instituto en la provincia de

Con anterioridad a la acción conciliadora de la Concordia de Guayana habían movido los Capuchinos guayaneses ante la Corona la solicitud de deslinde de sus misiones con las de los jesuitas. La Real Cédula del 25 de julio de 1734 fue recibida en Bogotá en enero de 1735 y de inmediato procedió del Rafael de Eslaba a dar cumplimiento[515].

Cuando Gumilla fue notificado de la decisión regia se dirigió al Gobernador de Cumaná para solicitar varias acciones. En primer término demandaba la averiguación "de las personas que V. S. fuere servido elegir" para que declaren "si de palabra o por escrito, directa o indirectamente se ha intentado excluir de las sus misiones a los Reverendos Padres Capuchinos que trabajan en esta Guayana". En segundo lugar pedía un exhorto para que Fray Agustín de Olot mostrase los documentos probatorios relativos al hecho de que la Compañía de Jesús había renunciado el 16 de junio de 1681 a las misiones de Guayana ante la Audiencia de Santa Fe pues "habiéndose trabajado muy exactamente en aquella Real Cancillería" y en el archivo de la Provincia del Nuevo Reino "ni en una ni en otra parte se ha hallado dicha dejación". Finalmente, para dejar bien clarificadas las cosas manda el jesuita de Cárcer que se anexe al expediente

> la Real Cédula que presento con la debida solemnidad, un tanto de la concordia y compromisos hechos entre mi y los Reverendos Padres Misioneros Capuchinos en esta Guayana a principios del año de mil setecientos y treinta y dos, y asimismo un tanto de la Concordia y Compromiso hecho ante el señor coronel don Carlos de Sucre, gobernador y capitán general de esta provincia, en que trataron los Reverendos Padres Observantes de la misiones de Píritu en virtud de la Real Cédula que tienen para el cultuvo y reducción de la nación caribe, los cuales dos compromisos son prueba firme de que no solo no he pretendido excluirlos de sus Misiones sino que antes bien he cooperado a que se radiquen más en ellas y se aumenten en servicio de ambas Majestades[516].

Cumaná. San Ildefonso, 16 de septiembre de 1736. Es curioso anotar que en el documento se añade: "Se imprimieron 13. Y entregaron a Fray Francisco del Castillo".
515 AGI. Santo Domingo, 678. Doc. cit. (GUMILLA. Escritos varios, 73-76).
516 AGI. Santo Domingo, 678. Doc. cit. (GUMILLA. Escritos varios, 76-78).

En realidad, los capuchinos guayaneses habían actuado en estricto derecho y gracias al conflicto pudieron los jesuitas salir del falso presupuesto histórico que les hizo incurrir en diseños no acordes con la realidad.

Más problemático iría a ser el conflicto con los capuchinos de Caracas quienes, no sabemos por qué motivos, fueron preteridos en la Concordia de Guayana de 1734.

El incremento de la acción misional en el Orinoco medio obligó a Gumilla a firmar un convenio con los Capuchinos de Caracas, quienes de una forma muy singular comenzaban también a confluir, en su movimiento norte-sur, hacia las áreas en que se movían los jesuitas.

En marzo de 1735 un misionero jesuita encontró un grupo de familias guamas que huían de las reducciones capuchinas para buscar refugio entre los caribes. Gumilla consiguió que no llevasen a cabo su propósito y que se residenciasen al cuidado del que los había encontrado[517] que no podía ser otro que el P. Bernardo Rotella. Sin embargo, Gumilla escribió al Obispo de Caracas a fin de que con el consejo de Fray Salvador de Cádiz buscasen la solución más conveniente. La respuesta fue que "la Compañía recogiese aquellas ovejas perdidas y las cuidase"[518].

Como el Superior de las misiones del Orinoco observase que el fenómeno de los indígenas fugitivos no constituía un hecho aislado sino por el contrario una actitud cada vez más generalizada, preocupado por esta situación, decidió en octubre de 1736 dirigirse a Caracas con el fin de conversar con las autoridades de los Capuchinos[519].

---

517 AGI. Santo Domingo, 634. Concordia de 28 de noviembre de 1736 entre el Padre José Gumilla y Fray Salvador de Cadiz. Carncas (1736), n° 8. Sin embargo, en el Memorial al Consejo del P. Gumilla habla de marzo de 1734 (AGI. Santo Domingo, 634, fol., 1v). En realidad ambas fechas son verdaderas ya que el P. Rotella había fundado a principios de 1734 San Ignacio de guamos; con todo, en lo que respecta al conflicto creemos que es más válida la fecha de la Concordia.

518 AGI. Santo Domingo, 634. Consejo 26 de abril de 1742. Póngase los antecedentes que hay en la Secretaria de Nueva España por instancias de los Capuchinos de Caracas, fol., 1v-2.

519 AGI. Santo Domingo, 634. Memorial al Consejo, fol., 2.

De esta forma se firmó en la capital venezolana el Convenio de Caracas el 28 de noviembre de 1736 y fue suscrito por los PP. José Gumilla y Salvador de Cádiz[520].

El documento pretende abarcar en sus 7 puntos la problemática común a las dos Órdenes Religiosas. Como en los anteriores acuerdos todo gira en torno a dos realidades difíciles de definir: los indígenas y los límites de sus tierras.

Con respecto al territorio se da una gradación en las cláusulas 1, 2 y 4. Comienzan estableciendo que sea territorio y término de posesión "todos aquellos parajes y sitios en que al presente se hallaren erigidas poblaciones de indios con doctrina y operario que les administre". En la cláusula segunda intentan definir un espacio abierto que es "todo el territorio que comprende entre los términos posesorios de una y otra reducción" ya que se trata de un "paraje despoblado y desierto para los españoles y habitado de innumerables indios gentiles de diferentes naciones". Sin embargo, en la cláusula 4 pasan a determinar las fronteras de la siguiente forma:

> ... por tanto no se asignan términos ni linderos entre las dos expresadas misiones si no es solamente las misiones que a cada una de estas dos misiones se señalan y asignan como campo en que puedan ejercitar su apostólico celo en la reducción de ellas. Y dejando a los Reverendos Padres de la Compañía de Jesús las que se contienen en las riberas de el otro lado del Orinoco y las que de este hay hasta el de el Marañón o Amazonas incluyendo en estas dichas naciones la de los Salivas que habitan en la boca del río de Meta. Se asignan y señalan por campo destinado para el cultivo de los Reverendos Padres misionarios Capuchinos de Caracas las naciones de guamos, atapaymas, guaranaos, amaibos, otomacos, guahivas y yaruros y chiricoas que habitan así de este lado como del otro de Meta, las cuales naciones viven desde la boca del Guárico o cerros de Cabruta por la parte occidental del Orinoco hasta el río de Meta y de el de Meta hasta el de Bichada o Ayrico para que los indios que de dichas naciones redujeren los expresados misionarios Capuchinos puedan poblarlos en el paraje que les fuere más oportuno exceptuando las riberas del otro lado del Orinoco como término posesorio que es de las misiones de la Compañía de Jesús.

---

520 AGI. Santo Domingo. 634. Concordia de 28 de noviembre entre el Padre Gumilla y Fray Salvador de Cádiz. El texto puede verse en: GUMILLA. Escritos varios, 109-116.

Para los indios fugitivos se establecen las siguientes normas en la cláusula 3: si se hallan bajo campana y doctrina no se les puede obligar a que se restituyan a su población de origen; si se encuentran en los montes con los gentiles, pueden ser aprehendidos y poblados en el paraje y términos de la misión a que perteneciere el misionero que los encuentre; y si son casados por la iglesia y sus mujeres residen en el pueblo que abandonaron "se ejecutará entonces lo que previenen las leyes".

La cláusula 5 determina que "en todas las naciones aquí nombradas y referidas" puedan entrar recíprocamente tanto jesuitas como capuchinos y en el caso de que se junten dos escoltas "poniéndose de acuerdo según el rumbo que llevaren, o irán a la expedición per modum unius o elegirán cada cual por diverso rumbo su derrota". Se especifica además que cuando en estas jornadas "se hallaren indios con licencia in scriptis del Padre que los doctrina" no se les debe molestar ni tratar como fugitivos.

La cláusula 7 (no existe la 6) prevé que en las licencias otorgadas por los doctrineros "se anote en ella día, mes y año y el tiempo que ha de valer"; pero si se encontraren los indígenas en sitios muy lejanos a su población y con la licencia vencida serán considerados apóstatas y poblados en la misión del religioso que los encontrare.

La cláusula 8 aplica los principios antes señalados a los guamos que huyeron de Calabozo a las misiones de los jesuitas.

Varias reflexiones se desprenden de la consideración del texto del convenio. En primer lugar, ambos signatarios apelan a la confirmación que deberán conferir al documento tanto el Provincial de la Compañía de Jesús en el Nuevo Reino como el R. P. Fray Miguel de Ardales, Comisario general de las misiones de los Capuchinos en las Indias.

No podemos precisar si tal ratificación llegó a llevarse a cabo. Diera la impresión que el convenio respondió a las causas inmediatas que lo produjeron como eran los indios fugitivos de las misiones llaneras. En 1742 Gumilla alegaba que él había querido remitirlo al Consejo para que S. M. lo aprobara "lo que parece no haber ejecutado según demuestra el efecto por los daños que de no haberse remitido o avisado a Vuestra Majestad se experimentan"[521].

Pensamos, además, que si no se hubieran presentado los incidentes de Cabruta quizá el Convenio hubiera concluido con su firma. A la verdad, Gumilla se vio precisado, en su calidad de Procurador, a redactar en 1742 un alegato ante el Consejo de Indias, prácticamente de memoria, pues no pudo disponer de la documentación precisa que se hubiera requerido. Sin embargo, la idea que guarda sobre el Convenio de Caracas es la siguiente:

> Lo 1º que dichos guamos de Cabruta quedasen al cargo del Jesuita que los recobió. 2º que los indios que adelante se ausentasen de ambos partidos de misiones, si hubiese oportunidad, se devolviesen mutuamente a sus pueblos. 3º que los indios que los Padres Capuchinos hallasen en Apure y otros ríos si su cabo mostrase licencia del misionero, que en tal caso no los llevase a sus misiones sino los dejen ir con su cabo pues llevando éste licencia del misionero van los indios a pescar, cazar, etc. para útil de ellos y no van fugitivo ni debe ser apartados de sus propias misiones[522].

Por su parte, Fray Miguel de Olivares, Prefecto de las Misiones capuchinas de Caracas, interpretaba el convenio en 1740 de la siguiente manera:

> hicieron una concordia que acompañó este memorial, conviniendo, como parece de ella, en los términos de posesión de una y otra misión y las naciones de indios que en ellos se comprendían, determinando que los indios gentiles que se redujesen por los Padres Jesuitas fuesen poblados del otro lado o riberas del Orinoco, por la parte oriental que continúa hasta el río de las Amazonas o Marañón, y que los indios que los Capuchinos redujéramos, se poblasen de este otro lado del Orinoco, en los términos que son de esta provincia, por la parte occidental, dejando paso abierto y franco todo nuestro campo inculto *para que así los Padres Jesuitas, como*

---

521 AGI. Santo Domingo, 634. Memorial sobre intentos de los Capuchinos de internarse en territorios de las Misiones de Jesuitas en Orinoco. (GUMILLA, Escritos varios, 125).
522 AGI. Santo Domingo, 634. Doc. cit. (GUMILLA. Escritos varios, 124).

nosotros, pudiesen libremente entrar a la reducción de los gentiles pero con la condición de poblarlos cada religión en su territorio[523].

Realmente hay que reconocer que el planteamiento del Prefecto de las Misiones capuchinas parece el correcto, o al menos esa es la interpretación que in recto se puede otorgar al texto del convenio.

Hay un hecho que llama poderosamente la atención y es que Gumilla haya aceptado (cláusula, 4) dejar toda la margen izquierda del Orinoco, no sólo la perteneciente a la Provincia de Caracas sino también a la de Guayana, a los Capuchinos pues les asigna claramente aquellas enormes regiones que se extienden desde el Apure hasta el Bichada, con expresa exclusión de las bocas del Meta que habían sido desde el siglo XVII territorios exclusivamente jesuíticos.

A nuestro parecer si lo que Gumilla pretendía era solucionar el corte del flujo de guamos hacia las tierras caribes porque su presencia debilitaba todavía más la precaria situación jesuítica en el Orinoco frente a las incursiones caribes, quizá momentáneamente lo consiguió pero comprometió a sus sucesores en un arreglo territorial que ellos difícilmente podrían aceptar.

Un problema distinto lo constituye la territorialidad de Cabruta que, a nuestro juicio, se erige en un verdadero conflicto de jurisdicciones in fieri pero que la corona resolvería a luz de un nuevo diseño de la Provincia de Venezuela.

En este punto trataremos, en la medida de lo posible, de deslindar dos líneas de acción: la gubernativa y la misional, a pesar de que de facto ambas se entremezclen por su propia esencia.

Gracias a una comunicación de don Gregorio Espinosa de los Monteros, gobernador de Cumaná y Guayana, de 1 de febrero de 1742 seguimos el proceso de usurpación de la Provincia de Caracas[524].

---

523 AGI. Santo Domingo, 826. Memorial del Prefecto P. Miguel de Olivares al Rey manifestándole las razones y derechos que los misioneros capuchinos de los Llanos tienen para que los jesuitas no funden pueblos en la banda izquierda del Orinoco. Caracas, 23 de junio de 1740. (CARROCERA. Misión de los Capuchinos en los Llanos de Caracas. Caracas, II (1972) 229). (El subrayado es nuestro).

524 AGI. Santo Domingo. 634. El Gobernador de Cumaná hace remisión de Autos obrados en consecuencia de vuestras reales cédulas sobre competencia de demarcación y jurisdicciones de aquella Gobernación con la Provincia de Venezuela. Cumaná, 1º de febrero de 1742.

El 29 de junio de 1740 tomó posesión de la gobernación de Cumaná don Gregorio Espinosa de los Monteros y de inmediato, sobre los autos obrados en la demarcación y términos de las jurisdicciones de Cumaná y Venezuela, llegó al convencimiento de "la indebida como absoluta usurpación" que resultó de tal acto.

El 14 de noviembre de 1731 concedió la Real Audiencia de Santo Domingo a don Juan de Urpín los siguientes linderos con Caracas: "... por la costa del mar el cabo de Quadera y desde él, corriendo al oeste, atravesando las montañas de Santa Lucía hasta las cabeceras del río Orituco y aguas de este vertiente a los Llanos hasta donde entre en el río Guárico y este abajo hasta incorporarse con el Orinoco, siguiendo sus corrientes hasta el mar" (fol., 3v-4)

El 20 de diciembre de 1731 le otorgó la Audiencia el título de conquistador y gobernador hasta el 28 de septiembre de 1733. Como los gobernadores de Caracas y Cumaná trataron de embarazar la conquista acudió Urpín hasta el Consejo de Indias, el cual, por auto del 9 de febrero de 1736, "declaró tocar y pertenecer la conquista y gobierno de la referida provincia de Barcelona al mencionado doctor Urpín".

Todavía más, el 29 de marzo le otorgó el Rey una real ejecutoria con la que se presentó a la Real Audiencia de Santo Domingo. La Audiencia en 30 de julio de 1736 le "despachó Real Ejecutoria con inserción de la del Real y Supremo Consejo en favor de dicho doctor Don Juan de Urpín nombrándole por Gobernador, conquistador y poblador de la Provincia de Barcelona bajo los términos señalados".

Sentada la premisa jurídica, pasa el Gobernador Espinosa de los Monteros a evidenciar la usurpación de límites de que es objeto su provincia por parte de los pobladores de San Sebastián de los Reyes y los inconvenientes que tal acto produce en su demarcación. Y en virtud de la Real Orden de del 19 de diciembre de 1739 que faculta a usar del derecho a los interesados ruega que el Consejo determine lo justo[525].

El 25 de enero de 1745 consideraba el Fiscal que la petición era intempestiva "y ocioso el nuevo recurso que se hace" pues por Real Cédula de 5 de febrero de 1741 se había prohibido a los habitantes de Barcelona

---

525 AGI. *Santo Domingo*, 634. *Doc. cit.* El expediente consta de 13 folios

que no molestase a los de San Sebastián de los Reyes. Alega además que "es éste una asunto resuelto por el Consejo con motivo de la competencia de los Religiosos Capuchinos de los Llanos de Caracas con los Padres de la Compañía y de que están mandadas expedir las cédulas correspondientes a favor de los Capuchinos". Concluye el Fiscal diciendo que "ocurran unos y otros interesados a la Audiencia de el distrito a deducir sus excepciones tanto sobre el juicio posesorio como en el de propiedad de la jurisdicción y territorio que a cada uno le corresponda"[526].

Con este marco de fondo entramos a analizar el conflicto jurisdiccional entre Capuchinos y jesuitas[527].

---

[526] AGI. Santo Domingo, 634. Dictamen del Fiscal del Consejo. Madrid y enero 25 de 1745.

[527] Para la documentación estudiada transcribimos una especie de índice que se incluye en: AGI. *Santo Domingo*, 634. *Tercera Pieza. Portheneciente a la visita de Guayana*. "Cabruta. Memorial del Padre Altamirano de 8 de agosto de 744, en que incluye un testimonio de que el virrey Eslava adjudicó a los Compañía el sitio de Cabruta ... y pide no se innove, con respuesta del Fiscal. N. 1. Carta del Gobernador de Cumana de 30 de septiembre de 743 dando quenta con autos de varios puntos y denuncia de varios excesos de los Misioneros Jesuitas. N. 2. Respuesta Fiscal. Otra del mismo con la propia fecha con respuesta fiscal de 25 de enero de 45 en que se incluyen 3 minutas de cedulas del mes de abril de 744 dirigidas al Obispo de Puerto Rico, al Gobernador y a los Misioneros Capuchinos. N. 3. El N. 4 tiene por cubierta una carta de 1º de febrero de 744 a que el Gobernador acompaño los autos de la demarcacion de su Gobierno con el de Venezuela y pide providencia sobre las usurpaciones de su Gobierno y debajo de él hay los papeles siguientes: Una respuesta Fiscal de 25 de enero de 745, en pliego separado. Un memorial dilatado del Padre Gumilla dado en 26 de abril de 42 sobre límites de Misiones con los Capuchinos que trata del sitio de Cabruta en que se mandaron poner los antecedentes y pasar al fiscal que respondió en 27 de abril de 744 y en esta respuesta sigue la resolución que tomo el Consejo en 7 de mayo. Siguen los antecedentes que son una carta del Gobernador de Caracas fecha en 15 de julio de 741 dando quenta con datos del litigio que siguieron en su gobierno sobre la Cabruta. Respuesta fiscal de 14 de diciembre de 741 con la resolución del Consejo de 11 de enero de 742 y la minuta de la cedula que se despacho sobre esto. Dos cartas de un Misionero Capuchino al Consejo y a Lardizábal con fecha de 23 de junio de 740, respuesta fiscal y decreto del Consejo. Papel simple al parecer dado al Arzobispo de Santa Fee con notas del Padre Gumilla que tratan del Mapa del Orinoco. Testimonio de varias cédulas antiguas que tratan de la paga de Misioneros en Orinoco. Tanto simple de cedula de 17 de febrero de 683 concediendo escolta a los Jesuitas ... Cedula del año de 722 para que el Gobernador de Caracas informe sobre la fortificacion de la Angostura en el Orinoco propuesta por Capuchinos. Dos cedulas del año de 92 que tratan de escolta a Capuchinos. Concordia de 28 de noviembre de 736 con 8 capitulos entre el Padre Gumilla y Fray Salvador de Cádiz aprobada por el Obispo de Caracas y obligación de que la aprobasen sus superiores. Siguen varios instrumentos, cartas y papeles dirigidos al padre Gumilla. Dos certificaciones de oficiales reales de Cumaná sobre comisos dadas en el año de 43 por Decreto del Gobernador. Dos cartas de este Gobernador fechas en mayo y junio de 41 en que avisa el recibo de varios despachos. Cedula de 19 de diciembre de 39 dirigida al Gobernador antecedente para que los vecinos de Cumana usen de su derecho sobre jurisdiccion con Caracas.

Al hablar del P. Bernardo Rotella hemos reseñado los incidentes del jesuita con Fray Vicente de Ubrique. Por la documentación utilizada podemos afirmar que el conflicto pasó de inmediato a la jurisdicción secular pues los capuchinos apelaron directamente el rey y el conflicto asumió dimensiones de litigio territorial entre provincias.

El 23 de junio de 1740 Fray Miguel de Olivares, nuevo Prefecto de las misiones, se dirigía al monarca hispano para plantear sus derechos[528].

En primer término alega que la fundación del P. Bernardo Rotella en Cabruta viola lo pactado en el Convenio de Caracas de 1736 y la posesión pacífica que desde 1657 venían realizando los capuchinos "en los términos y jurisdicción de esta provincia de Caracas y sus Llanos". Además, el 21 de abril de 1722 solicitó Fray Salvador de Cádiz hacer una población en Cabruta y que por un Real Despacho (Balsain, 8 de julio de 1722) el Gobernador de Caracas consideró más oportuno que se fundase primero en Calabozo, tres días distante de Cabruta, para de esa forma facilitar el poblamiento en las bocas de Río Guárico.

En segundo lugar constituye la nueva reducción un "gran perjuicio y atraso" para las misiones capuchinas porque les cierra la puerta al Orinoco y se constituye en una tentación de fuga para los indígenas recién convertidos.

Concluye el Prefecto solicitando que se guarde lo estipulado en la cláusula 4 que reduce a los jesuitas a la parte sur del Orinoco y que se respete Cabruta como jurisdicción de la provincia de Caracas.

Conocido el informe caraqueño dictaminaba el Fiscal el 10 de junio de 1741:

"... se libre despacho al gobernador de Caracas para que, instruido de la justificación de esta queja, causas y motivos que se representan, dé la providencia que tuviere más conforme a la quietud y utilidad de las misiones a cuyo fin se le podrá remitir copia de la carta escita al Consejo por el Prefecto de las de Capuchinos, *declarando desde luego por nula la citada concordia, así por estar otorgada sin licencia ni consentimiento*

---

528 AGI. Santo Domingo, 826. Memorial del Prefecto P. Miguel de Olivares... Caracas. 23 de junio 1740. (CARROCERA Misión de los Capuchinos en los Llanos de Caracas. II. 228-233).

real, como porque se hallan aprobados los ocho capítulos que comprende por el Reverendo Obispo, no competiendo a éste facultad alguna para su confirmación"[529].

Mediado el año 1741 se iba a producir un desfase en el sistema informativo del Consejo pues decidió no esperar más recaudos una vez que recibió el informe levantado el 15 de julio por el gobernador de la Provincia de Venezuela, don Gabriel de Zuloaga[530]. El escrito caraqueño no responde al requerimiento del Fiscal pues no había habido tiempo de que atravesara el Atlántico la solicitud firmada en Madrid el 10 de junio del año en curso.

Sin embargo, es interesante conocer el contenido del documento pues incursionamos la génesis del auge final con que la Corona trataría los conflictos territoriales interprovinciales. El Gobernador comunica que remite "dos cuadernos de autos de la expresada causa". Da por sentado que Cabruta pertenece a la jurisdicción de San Sebastián de los Reyes y se remite a una carta del 29 de diciembre de 1739 y a los autos y recaudos que la acompañaron. Más, cuando se disponía "para proveer con vista de los recaudos" ocurrieron los PP. Ignacio Ferrer y Carlos Nigri para presentar un escrito probatorio de sus facultades para fundar en la banda norte del gran río. Por todo ello tuvo a bien el mandatario caraqueño remitir la causa y los autos al conocimiento del Rey[531].

Por la argumentación del Fiscal (14 de diciembre de 1741) sabemos que el Consejo había decidido solicitar informes reservados al Gobernador y Cabildo sede vacante de Caracas así como al Arzobispo y Audiencia de Santafé, mas al conocer el informe del Gobernador de Caracas decidió que la materia era "meramente gubernativa" y propuso al Consejo que dé

---

529 AGI. Santo Domingo, 826. Dictamen del fiscal del Consejo de Indias sobre el pleito entre los misioneros capuchinos y jesuitas, diciendo que se Clare nula la concordia celebrada entre los superiores de ambas misiones y se mande al gobernador de Venezuela de la providencia necesaria para que dichos religiosos viven en paz y quietud. Madrid, 10 de junio de 1741. (CARROCERA. Misión de los Capuchinos en los Llanos de Caracas, II, 247-248). (El subrayado es nuestro).
530 Aníbal R. MARTÍNEZ. "Zuloaga y Moya, Gabriel José". FUNDACIÓN POLAR. *Diccionario de Historia de Venezuela*. Caracas, Fundación Polar, IV (1997) 356-357.
531 AGI. Caracas, 67. Informe del gobernador de Venezuela D. Gabriel de Zuloaga sobre el límite entre las misiones de unos y otros en el río Orinoco. Caracas, 15 de julio de 1741. (CARROCERA. Misión de los Capuchinos en los Llanos de Caracas, II, 248-251).

orden para que los misioneros jesuitas del Nuevo Reino de Granada no pasen ni establezcan pueblo alguno de la parte de acá del río Orinoco que comprenda la provincia de Caracas, y el que hubieren establecido lo desamparen y dejen a los misioneros capuchinos de aquella provincia, retirándose de la inmediación de estas misiones y conteniéndose en las suyas hasta de la banda de allá del Orinoco[532].

Se puede considerar que para 1741 el Consejo de Indias había fijado su criterio en torno al problema de Cabruta al determinar que el río Orinoco era la línea divisoria entre las gobernaciones y por ende entre las misiones del gran río y las de los Llanos de Caracas.

Con todo, el año de 1742 fue de gran actividad tanto por parte de la Compañía de Jesús como por parte de las autoridades criollas y españolas. Más, las posiciones permanecerían inmóviles: El Consejo de Indias a favor de los Capuchinos; el Virrey del Nuevo Reino y el Gobernador de Cumaná en pro de la Compañía de Jesús.

Todavía en Madrid en su cargo de Procurador, contestaba el P. Gumilla el 26 de abril de 1742, en un extenso memorial[533], las razones del Fiscal, suscritas por el Consejo el 11 de enero de ese año. El misionero jesuita divide su escrito en tres partes.

En la primera señala los hechos, de los que ya hemos hablado, los cuales los remonta a 1734. Reconoce que el convenio "que por entonces pareció oportuno" pero con el correr del tiempo se ha reconocido "ser casi impracticable" ya que la causa de los indios fugitivos radica en que en las misiones "carecen de la abundancia de víveres que tenían en sus tierras o nativo suelo". En consecuencia, si se les obliga a volver a esas misiones huirán y se retirarán a vivir entre los "enemigos de la fe como lo han ejecutado los otomacos y los mapoyes"[534].

---

532 AGI. Santo Domingo, 633. Dictamen del fiscal del Consejo de Indias sobre que, teniendo presente varias razones y para evitar inconvenientes se mandase que los Jesuitas del Nuevo Reino de Granada tuviesen sus misiones de la vbanda de allá del Orinoco y los Capuchinos de los Llanos de la vbanda de acá, lo que fue aprobado por el Consejo. Madrid, 11 enero 1742. (CARROCERA. Misión de los Capuchinos en los Llanos de Caracas, II, 252-254).

533 AGI. Santo Domingo, 634. Memorial sobre intentos de los Capuchinos de internarse en territorios de las Misiones de Jesuitas en Orinoco. (GUMILLA, Escritos varios, 121-135).

534 AGI. *Santo Domingo*, 634. *Doc. cit.* (GUMILLA, *Escritos varios*, 123-126).

En la segunda analiza los argumentos de los PP. Capuchinos que se reducen a que Cabruta pertenece al gobierno de Caracas. Tres razones opone Gumilla. Primera, tanto el gobierno civil como eclesiástico de Cumaná han ejercido su jurisdicción facultando al jefe de la escolta del Orinoco para que remita preso al cabo de la gente armada que bajare de los Llanos de Caracas a inquietar a los indios de Cabruta. Segunda, todo el río Orinoco y sus riberas han estado siempre bajo el dominio de la Guayana. Sólo en tiempo del gobernador don Carlos de Sucre mandó S. M. reconociese las riberas descubiertas y "demarcase las jurisdicciones y términos de los gobiernos inmediatos", mas su avanzada edad no le permitió llevar a cabo la real orden. En consecuencia "subsiste la mencionada posesión ínterim se asignen los términos de los mencionados gobiernos" y por ende es ajeno a la justicia que el gobernador de Caracas desposea al de Guayana del territorio "en que por tan dilatados años, sin contradicción, ha gobernado en conformidad de lo dispuesto por vuestra Majestad". Tercera, en el supuesto de que Cabruta perteneciera a Caracas "esto no da derecho a los Reverendos Padres Capuchinos para lo que pretenden" pues la corona, por las citadas cédulas de los años de 1670 y 1716, concedió a la Compañía de Jesús la misionalización del Orinoco sin excepción alguna y por lo tanto, aunque perteneciesen a Caracas, no deben entrometerse los capuchinos[535].

En el punto tercero resalta los graves inconvenientes que resultan del hecho de que los misioneros no respeten los linderos de sus jurisdicciones. La Compañía de Jesús del Nuevo Reino de Granada desea la paz aunque ella conlleve ceder algún terreno del que le tiene asignado la corona. La mejor prueba está en que desde 1732 los jesuitas han cedido "dos territorios considerables de misiones en el Orinoco" a los Observantes de Píritu y Capuchinos de Guayana. Todavía más, la Compañía de Jesús estaría dispuesta a adoptar la misma actitud con los capuchinos de Caracas si no existieran los siguientes inconvenientes. Si la corona asignó a los Jesuitas Cabruta y las vegas del Orinoco, no deben los capuchinos incursionar ese territorio, pues de lo contrario no sólo se originarán discordias sino pérdida de muchas almas que optarán por refugiarse en los montes como es el caso

---

535 AGI. *Santo Domingo*, 634. *Doc. cit.* (GUMILLA. *Escritos varios*, 126-129).

de los otomacos y mapoyes quienes pertenecían por terreno a los jesuitas "y por celo de dichos Reverendos Padres que entraron en territorio que no les tocaba se les ocasionó la ruina". Y entre esas y otras naciones existe el temor de que los jesuitas pueden entregarlos a los Capuchinos y por ello, fuera de Cabruta, todos los demás ensayos misionales han fracasado. Y los sucesos protagonizados por Fray Vicente de Ubrique motivaron que los yaruros de Santa Bárbara del Cinaruco huyeran a los montes.

Concluye Gumilla con dos solicitudes. Primera, que los capuchinos "no lleguen a Cabruta ni a diez leguas de las bocas del río Apure, ni del Guárico que entran en Orinoco, ni se acerquen a los ríos del Sinaruco y Meta por ser misiones que por vuestras reales cédulas tiene antigua posesión la provincia de la Compañía de dicho Nuevo Reino".

Y segunda, que los capuchinos no molesten ni demanden los indios fugitivos de sus misiones "con tal que se sujeten a la enseñanza de los misioneros jesuitas del Orinoco" a fin de que no se pierden entre los caribes y que el mismo trato reciban los fugitivos de las misiones jesuíticas que lleguen a las poblaciones capuchinas de los Llanos[536].

Además del Memorial presentó Gumilla unas *Notas* que se encuentran insertas en la presentación de su Mapa del Orinoco (del año 1733), lo que nos hace sospechar que también éste formó parte del expediente. Podríamos decir que el autor de *El Orinoco ilustrado* pretende establecer un argumento histórico basado en la realidad del mapa remitido en 1733 por don Agustín de Arredondo a Madrid[537].

Las notas son muy esquemáticas y en ellas reitera: Que todo el Orinoco es terreno de las misiones jesuíticas y más concretamente desde la Isla Fajardo (en cuyo mapa no aparece) era distrito de las misiones jesuíticas. Así como nombra a los Capuchinos de Guayana en "terreno que cedió a los tales la Compañía" si los Capuchinos de Caracas tuvieran parte en el Orinoco lo recogiera el mapa. Hace alusión a una declaración voluntaria de Fray Salvador de Cádiz quien "en aquel año no reconocía por de su misión costa alguna del Orinoco sino que andan allá en sus contornos".

---

536 AGI. *Santo Domingo*, 634. *Doc. cit.* (GUMILLA. *Escritos varios*, 129-133).
537 AGI. *Santo Domingo*, 634. *Sobre el Mapa del Orinoco. N. 1.* (GUMILLA. *Escritos varios*, 139-143). Y la remisión del Mapa se encuentra en: AGI. *Caracas*, 150. (GUMILLA. *Escritos varios*, 143-144).

No tienen con qué probar los dichos Capuchinos de Caracas haber hecho un pueblo en las márgenes del Orinoco y al contrario la Compañía: 1º formó los 5 de la Guayana y los entregó a los Capuchinos de Cataluña (los de Caracas son andaluces). 2º formó la Compañía segundas y terceras poblaciones que con muerte de los misiones destruyeron los indios caribes; lo 3º en cuarto lugar entré (yo que firmo abajo) y a tres leguas y media del sitio de Cabruta fundé el pueblo de San José (que después se mudó arriba a donde se demarca el plan de mi Historia de 20 leguas de Cabruta) y allí en el contorno los otros pueblos que constan del plan sin que los dichos Padres Capuchinos hubiesen alegado derecho alguno hasta que yo vine a este corte, estando contentos con sus Llanos de Caracas y en sus misiones de Calabozo distantes de de Cabruta cinco jornadas largas que se reputan por 50 leguas (las que yo tengo andadas).

Como postdata añade en las mismas Notas: la posesión pacífica de 80 años solo fue interrumpida por las muertes de los jesuitas a manos de los caribes. En el plano eclesiástico siempre recurrieron los misioneros del Orinoco al Obispo de Puerto Rico y no al de Caracas. Y en el ámbito militar la escolta y su capitán han dependido del gobernador de Guayana y Cumaná y no del de Caracas.

El 6 de octubre de 1742, don Sebastián de Eslava, Virrey neogranadino dictaba un decreto en Cartagena para que no se inquietase a los misioneros jesuitas "en la posesión que tienen" de Cabruta ya que significa el resguardo que tienen sobre los demás pueblos orinoquenses "guardándose en todo lo determinado por la Real Audiencia de Santo Domingo"[538].

La fase final del conflicto se inicia el 22 de abril de 1744 al pronunciarse el Fiscal del Consejo de Indias sobre el problema jesuítico-capuchino. El dictamen establece como fundamento de su argumentación que la parte sur del Orinoco pertenece a los jesuitas y la norte a los capuchinos y por ende Cabruta es término posesorio de los últimos por ser territorio y jurisdicción de San Sebastián de los Reyes. Además, las reales cédulas "para la reducción de los indios habitantes de los Llanos de Caracas" datan de 1657 y las que "se les adjudicaron las misiones del Orinoco" a los jesuitas son de

---

538 AGI. *Santo Domingo*, 634.

1689. Y el mapa del P. Gumilla solo prueba que Cabruta está en la parte norte del Orinoco y por lo tanto pertenece a los Capuchinos. Con respecto a los fugitivos se remite el fiscal a los títulos 1º, 2º y 3º del Libro 6º de la *Recopilación de Indias*[539].

Hay que resaltar que no hubo conclusión de esta fase final pues, aunque existe una Real Cédula, no firmada, que recoge casi en su totalidad el contenido de la carta del gobernador don Gabriel de Zuloaga y el Memorial de Fray Miguel de Olivares, sin embargo sospechamos que no fue firmada por el Rey y de ahí que el asunto permaneciera en su punto inicial. El anteproyecto de real cédula era realmente taxativo

> he resuelto que los misioneros jesuitas del Nuevo Reino de Granada no pasen ni establezcan pueblo alguno en la parte de acá del río Orinoco. Por tanto, por la presente mi real cédula ordeno y mando a mi gobernador que es o fuere de la Provincia de Venezuela y encargo a los Superiores de las Religiones de la Compañía de Jesús y de Capuchinos (...) que cada uno en la parte que respectivamente le toca, observe y haga observar la expresada mi real determinación[540].

La hipótesis manifestada de que el asunto llegó hasta el Consejo parece confirmarse por la respuesta que daba el 25 de enero de 1745 el Fiscal a un planteamiento del P. Ignacio Altamirano

> le parece al Fiscal no hay sino es que se lleven a puro y debido efecto las cédulas y despachos que a este fin se hallan formados, sin que obste para su curso ni produzca derecho alguno a la Compañía la provisión o despacho que se enuncia librado por el Virrey de Santafé por resultar del mismo haberse decretado la manutención que pidieron del sitio de Cabruta sin perjuicio de cualquier derecho que pudieren tener a él los Capuchinos de

---

539 AGI. Santo Domingo, 634. Dictamen del Fiscal del Consejo de Indias sobre que el río Orinoco es límite entre las misiones de los Capuchinos y Jesuitas. Madrid, 22 de abril de 1744. El Consejo el 7 de mayo estatuía: "Hágase como lo dice el Fiscal". (CARROCERA. Misión de los Capuchinos en los Llanos de Caracas, II, 255-257).

540 AGI. Santo Domingo, 633. Cédula por la que se marca el río Orinoco como límite entre las misiones de los Capuchinos de los Llanos de Caracas y las de los Jesuitas del Nuevo Reino de Granada. [Sin fecha y no firmada]. (CARROCERA. Misión de los Capuchinos en los Llanos de Caracas, II, 257-261).

Caracas y de la remisión que por el gobierno de esta provincia se había hecho al Consejo de esta controversia[541].

En todo caso, a partir de 1745 se silencia el ruido de los litigios en la documentación misional y Cabruta siguió siendo reducción jesuítica hasta la expulsión de 1767. En la visita que hizo el Obispo de Puerto Rico a las misiones del Orinoco en 1760, dice:

> ... Cabruta se ha dudado de a qué Obispado deba pertenecer, si al de Puerto Rico, o al de Caracas; mirando la linea que el Obispado de Puerto Rico lleva desde el mar hasta el río parece debe corresponder a Caracas, asentado, que este Obispado hace límites hasta el río Orinoco. En Caracas se excitó y trató esta duda de buena conformidad entre los dos Obispos, pero la dejaron indecisa[542].

Ciertamente llama la atención la toma de conciencia de la juridicidad territorial que se desprende del litigio, pues si a la luz de la evolución histórica se pudiera pensar que la Compañía de Jesús era la única que había trajinado el Orinoco, sin embargo para los funcionarios reales la estructuración de la provincia de Venezuela asumía mayor relevancia.

Por la importancia que tiene tanto la *Cartografía* como *El Orinoco ilustrado* les dedicaremos sendos capítulos más arriba.

III. Bibliografía Gumillana

1. Informe ... sobre impedir a los indios caribes y a los olandeses las hostilidades, que experimentan las colonias del gran Río Orinoco. [Madrid, 1739][1].

---

541 AGI. Santo Domingo, 634. Dictamen del fiscal del Consejo de Indias sobre la réplica del jesuita P. Ignacio Altamirano para que se dejase a los misioneros de la Compañía de Jesús en pacifica posesión del pueblo de Cabruta. Madrid, 25 de enero de 1745. (CARROCERA. Misión de los Capuchinos en los Llanos de Caracas, II, 261-262).

542 Héctor GARCÍA CHUECOS. *Historia documental de Venezuela*. Caracas, Editorial Rex (1957) 167. Visita del Obispo de Puerto Rico a la Región Oriental de Venezuela. 1760. La del Obispo de Puerto Rico don Pedro Martínez de Oneca a los Anexos Ultramarinos del Obispado. Puerto Rico. 14 de abril de 1760 (Véase: Álvaro HUERGA, *La evangelización del Oriente de Venezuela*. Ponce, Pontificia Universidad Católica de Puerto Rico (1996) 259-262).

2. Informe ... sobre impedir a los yndios caribes y a los holandeses las hostilidades que experimentan las colonias del gran río Orinoco. Bogotá, 1893[2].
3. Copia del informe ... sobre impedir a los indios Caribes y a los Olandeses las Ostilidades que experimentan las Colonias del Gran Río Orinoco. London, 1898 (Texto bilingüe: castellano-inglés)[3].
4. Informe ... sobre impedir a los indios Caribes y a los Olandeses las Ostilidades que experimentan las Colonias del Gran Río Orinoco. [Extractos]. New York, 1898[4].
5. Informe ... sobre impedir a los Indios Caribes y a los olandeses las hostilidades que experimentan las colonias del gran Río Orinoco, y los medios más oportunos para este fin. Caracas, 1970[5].
6. Breve Noticia de la Apostolica y exemplar vida del P. Juan Ribero. Madrid, 1739[6].
7. Breve Noticia del Venerable Padre Juan Ribero. Córdoba [1741][7].
8. Breve Noticia del venerable Padre Juan de Ribero. Bogotá, 1956[8].
9. Breve noticia ... Juan Ribero. Caracas, 1970[9].
10. *El Orinoco ilustrado*. Madrid, 1741[10].
11. El Orinoco ilustrado y defendido. Madrid, 1745[11].
12. Histoire naturelle, civile et geographique de l'Orenoque. Avignon, 1758[12].
13. Historia natural, civil y geográfica. Barcelona, 1791[13].
14. *El Orinoco ilustrado*. Barcelona, 1882[14].
15. *El Orinoco ilustrado*. Bogotá, 1944[15].
16. *El Orinoco ilustrado*. Madrid, [1945?][16].
17. El Orinoco ilustrado y defendido. Caracas, 1963[17].
18. Otras ediciones[18].
19 Biografía del Padre José Cavarte, 1724[19].
20. Apuntaciones históricas sobre la nación betoy y su reducción[20].
21. Convenio entre el P. José Gumilla y Fray Tomás de Santa Eugenia. Guayana, febrero de 1732[21].

22. *Concordia de Guayana.* Guayana, 20 de marzo de 1734[22].
23. Documentos sobre el deslinde y demarcación de las Misiones de los religiosos capuchinos y de la Compañía de Jesús en la Provincia de Trinidad y Guayana [1732-1735][23].
24. Concordia entre el Padre Gumilla y Fray Salvador de Cádiz. Caracas, 28 de noviembre de 1736[24].
25. Memorial sobre intentos de los capuchinos de internarse en territorio de las misiones de jesuitas en Orinoco. Madrid, 1742[25].
26. Epistolario[26].
27. Cartografía[27].
28. *Escritos varios.* Caracas, 1970[28].
  A. Gramática de la Lengua Betoy[29].
  B. Vocabulario de la Lengua Betoy[30].
  C. Catecismo en la Lengua Betoy[31].
  D. Pláticas en Lengua Betoy[32].
  E. Tratado medicinal[33].
  F. Adiciones a El Orinoco ilustrado y defendido[34].
  G. Indice de las Naciones, asta oy conocidas en este Orinoco. Guayana, y abril 26 de 1734[35].
  H. Indice y nominacion de las Naciones de Indios Barbaros que havitan en los Caños y anegadizos del Gran Rio Orinoco[36].
  I. Documentos varios[37].
  J. Epistolario inédito:
     a. *Sr. Governador y Corregidor. El Padre Joseph Gumilla de la Compañia de Jhs. Superior de estas Misiones de los Llanos, y misionero de la de los Betoyes ante V. S. paresco en aquella via y forma que mas en derecho aya lugar, y al aumento, util y conservacion de este Reduccion, y sus abitadores convengan ...* [38].
     b. *Certifico yo Joseph de Gumilla de la Compañia de Jesus Superior de las misiones de los Llanos y de Meta como los treinta y seis soldados que el Rey nuestro Señor tiene alistados para Escolta y resguardo de los Padres Misioneros*

en las fronteras y del gentilismo an estado prontas... 23 de marzo de 1726³⁹.

c. *Certifico yo Joseph Gumilla de la Compañia de Jesus, Superior de las Misiones de los Llanos y de Meta como el capitan Don Domingo Sorrilla y Salazar a servido al Rey nuestro Señor como cabo y capitan de la infanteria ... 23 de marzo de 1726⁴⁰*.

d. *Certifico yo el Padre Joseph Gumilla de la Compañia de Jesus, Superior de las misiones de los Llanos de Casanare, como don Domingo Sorrilla Salazar ...28 de febrero de 1727⁴¹*.

e. *Yo el Padre Joseph Gumilla de la Compañia de Jesus, Superior de las Misiones de los Llanos y Meta, certifico de la manera y forma que aga fee donde convenga ... 8 de marzo de 1728⁴²*.

f. *Certifico yo el Pe. Joseph Gumilla de la Compañia de Jhs. Superior de las Mi siones de los Llanos y Meta, como el capitan desta Escolta de dichas Mi siones Dⁿ Domingo Zorrilla Salazar, y los treinta y seis soldados desta Real Infanteria ... 25 de marzo de 1729⁴³*.

g. *Señores del Tribunal de Cruzada. El Pº Joseph Gumilla de la Compañia de Jhs Superior de las Mi siones de los Llanos y Orinoco ... Setiembre 1729⁴⁴*.

h. *Mi siones Planorum Societatis Jesu Novi Regni Granatensis. Anno 1729. Joseph Gumilla, Societatis Jhs. Superior Miss.* ⁴⁵.

i. *Carta del Padre José Gumilla S. J. Rector del Colegio de Cartagena de Indias al Sr. Presidente de la Casa de Contratación de Indias, en Sevilla, Don Francisco de Baras y Valdez. Cartaxena y octubre 18 de 1737⁴⁶*.

1   Informe que hace a su Magestad, en su Real, y Supremo Consejo de las Indias, el Padre Joseph Gumilla, de la Compañia de Jesús, mi sionero de las Mi siones de Casanare, Meta y Orinoco, Superior de dichas Mi siones, y Procurador General de la Provincia del Nuevo Reyno en esta Corte, sobre impedir a los Indios Caribes, y a los Olandeses las hostilidades que

experimentan las Colonias del gran Rio Orinoco, y los medios mas oportunos para este fin. En fol.; 8 hs. Sin lugar ni año de edición. (Fue en 1739: AGI. *Santo Domingo*, 632). Con un mapa o *Plano de una parte del Orinoco*, Que comprehende desde el Caño de Guaruapo asta la Isla de Faxardo esta fiel, e individualmente sacado por el que delineó D. Pablo Dias Faxardo Ingeniero de su Mag. en Cartagena, quien por orden de su Mag. vino a este asumpto por Iunio de este año de 1733.

2   Informe ... sobre impedir a los yndios caribes y a los holandeses las hostilidades que experimentan las colonias del gran río Orinoco. En: Antonio B. CUERVO. Colección de documentos inéditos sobre la Geografía y la Historia de Colombia. Bogotá, III (1893-1894) 483-497. (En la pag. 497 se lee: "Es copia exacta del documento original que se conserva en la Biblioteca del manuscrito del Depósito Hidrográfico, la cual ha sido tomada con regio beneplácito para el S. E. el Sr. General Antonio B. Cuervo. Madrid, 31 de marzo de 1888".

3   En: *British Guiana Boundary*. Arbitration with The United Satates of Venezuela. *Appendix to the Case on Behalf of the Government of Her Majesty*. Volume III, 1763-1768. London (1898) 83-89. (En la pag. 89 se lee: "Es copia del informe que queda en esta Secretaría del Consejo y Cámara de las Indias de la negociación de las Provincias de la Nueva España de mi cargo. Don Fernando Trivino. Madrid de 9 diciembre de 1745").

4   En: *The Case of the United States of Venezuela before the Arbitration to Convene at Paris*. Vol., 2 Appendix Parts 1 and 2. New York (1898) 294-296. Más exactamente: N° 353: "Estract from Report by Joseph Gumilla, S. J., to the King of Spain, as to Means for Preveting Hostilities of Dutch an Caribes (1745)". Reprinted from Blue Book, N°. 3, pp. 262-263.

5   En: José GUMILLA. *Escritos varios*. Estudio preliminar y compilación del P. José del Rey S.J. Caracas, Biblioteca de la Academia Nacional de la Historia (1970) 55-69.

6   Breve noticia de la Apostolica, y exemplar vida del Angelical y V. P. Juan Ribero, de la Compañia de Jesus, Misionero de Indios en los Rios de Cazanare y Meta, y otras vertientes del Rio Orinoco, perteneciente a la Provincia del nuevo Reyno. Carta escrita por el P. Joseph Gumilla de la misma Compañia, Superior que fue de dichas Misiones, y al presente

Procurador General de dicha Provincia a entrambas Curias. En 4°, 31 pags. Sin pie de imprenta pero fechado: "Madrid, y julio 28, de 1739". (Conocemos dos ejemplares en el Archivo de la Provincia de Toledo. Alcalá de Henares y otro en el Archivo Romano de la Compañía de Jesús en Roma).

7 Breve Noticia del Venerable Padre Juan Ribero de la Compañia de Jesus, Apostolico Mi sionero en la Provincia del Nuevo Reyno de Granada. Carta circular, que para la misma Provincia imprimió en Madrid a 28 de julio de 1739 el P. Joseph Gumilla de la misma Compañia, Superior que fue de las mismas Mi siones, y entonces Procurador General por la dicha Provincia a las Cortes de Madrid y Roma. En 4°, 52 pags. (Está unida al Teatro del Desengaño del P. Juan Rivero. Véase: P. J. Eug. DE URIARTE. Catálogo razonado de obras anónimas y seudónimas de autores de la Compañía de Jesús pertenecientes a la antigua Asistencia española. Madrid, III, 476, n°. 4507).

8 (El título igual a la edición de Córdoba). Bogotá, 1956. Forma parte de la edición colombiana del *Teatro del Desengaño*. Bogotá, Biblioteca de la Presidencia de Colombia, vol., 26 (1956) 11-36.

9 GUMILLA. *Escritos varios*. Caracas, Biblioteca de la Academia Nacional de la Historia, vol., 94 (1970) 21-54. (En esta edición reprodujimos el texto del original que reposa en el Archivo Romano de la Compañía de Jesús de Roma).

10 *El Orinoco ilustrado. Historia Natural, Civil y Geographica, de este Gran Río, y de sus caudalosas vertientes*: Govierno, usos, y costumbres de los indios sus habitantes, con nuevas y utiles noticias de Animales, Arboles, Aceytes, Resinas, Yervas, y Raíces medicinales: Y sobre todo, se hallarán conversiones muy singulares a nuestra Santa Fé, y casos de mucha edificacion. *Escrita* por el P. Joseph Gumilla, de la Compañía de Jesús, Mi sionero, y Superior de las Mi siones del Orinoco, Meta, y Casanare, Calificador, y Consultor del Santo Tribunal de la Inquisición de Cartagena de Indias, y Examinador Synodal del mismo Obispado, Provincial que fue de su Provincia del Nuevo Reyno de Granada, y actual Procurador a entrambas Curias, por sus dichas Mi siones y Provincia. Madrid, 1741, XL (sin foliar)-580 + 19 de índices.

11 *El Orinoco ilustrado y defendido*. Historia Natural, Civil y Geographica de este Gran Rio, y de sus vertientes: Govierno, usos y costumbres de los indios sus habitadores, con nuevas, y utiles noticias de Animales, Arboles, Frutos, Aceytes, Resinas, Yervas, y Raices medicinales; y sobre todo, se hallaran conversiones muy singulares a N. Santa Fe, y casos de mucha edificacion, *Escrita* por ... Segunda Impre sion, Revista, y Aumentada por su mismo Autor y dividida en dos partes. Madrid, M.DCC.XLV, IlL (sin foliar)-403 + 4 de indice. Y VIII (sin foliar)-412 + 16 de índice.

12 *Histoire naturelle, civile et geographique de l'Orenoque, et des principales Rivières qui s'y jettent*. Dans laquelle on traite du Gouvernement, des Usages & des Coutumes des Indiens qui l'habitent, des Animaux, des Arbres, des Fruits, des Résines, des Herbes & des Racines Médicinales qui naissent dans le Païs. Par le P. Joseph Gumilla, de la Compagnie de Jesus, Supérieur des Missions de l'Oronoque. Traduite de l'Espagnol sur la seconde Edition, par M. EIDOUS, cidevant Ingenieur des Armées de S. M. C. A Avignon, et se vend à Marseille, Chez Jean Mossy Libraire, à la Canebiere, M.DCC.LVIII, 3 vols.

13 *Historia natural, civil y geográfica de las Naciones situadas en las Riveras del Río Orinoco*. Su autor el Padre Joseph Gumilla, Misionero que fue de las Misiones del Orinoco, Meta y Casanare. Nueva impresión: Mucho más correcta que las anteriores y además adornada con ocho láminas finas, que manifiestan las costumbres y ritos de aquellos Americanos. Corregido por el P. Ignacio de Obregón, de los Clérigos Menores. Barcelona. En la Imprenta de Carlos Gibert y Tutó. Tomo, I, año MDCCXXXVI, XVI-360. *Historia natural* ... Corregido por el D. en A. D. D. Antonio Juglá y Font, Abogado de los Reales Consejos y de la Real Audiencia de Cataluña. Barcelona. En la Imprenta de Carlos Gibert y Tutó. Tomo II, año MDCCXXXXI, IV (sin foliar)-352.

14 *El Orinoco ilustrado. Historia Natural, civil y geográfica de las naciones situadas en las Riberas del río Orinoco*. Su autor el Padre José Gumilla, misionero que fue de las misiones del río Orinoco, Meta y Casanare. Barcelona. Imprenta de la Viuda e Hijos de J. Subirana, 1882, 2 vols; 253 y 251 + 2 de índices y 1 de Fe de erratas. (AIUL. Papeletas:

Gumilla, José: "Los dos tomos de que consta corresponden a los tomos 15 y 16 de *La verdadera ciencia española*").

15 *El Orinoco ilustrado*. Historia natural, civil y geográfica de este Gran Río. Bogotá, Biblioteca Popular de Cultura Colombiana, Viajes, vols., VI y VII, 2 vols., XX-360; 334.(Prólogo de José Rafael Arboleda S. J. "El Padre José Gumilla S. J. y su obra". Pags., IX-XX).

16 *El Orinoco ilustrado*. Introducción, notas y arreglo por Constantino Bayle S. J. Madrid, s/a [1945?]. M. Aguilar, Editor. "España Misionera, III", XXXI-519. Respecto a la fecha de 1945 nos remitimos al estudio de Demetrio RAMOS PÉREZ. "El Orinoco ilustrado y defendido". En: *El Orinoco ilustrado y defendido*. Caracas (1963) LXX-LXXIII.

17 *El Orinoco ilustrado y defendido*. Caracas, Biblioteca de la Academia Nacional de la Historia, vol., 68, 1963, CLII-519 + 4 de índices. La introducción consta de: 1). José NUCETE-SARDI. "Comentario Preliminar", pp. VII-XXV. 2). Demetrio RAMOS PÉREZ. "Gumilla y la publicación de *El Orinoco ilustrado*", pp. XXVII-CXXVI. 3). "Bibliografía gumillense", pp. CXXVI-CXXXVIII. 4). Constantino BAYLE, S. J. "El Padre José Gumilla y su libro", pp. CXLII-CLII.

18 Reseñamos las siguientes ediciones. *Historia natural, civil y geográfica de las naciones situadas en las riveras del río Orinoco*. Santander de Quilichao, 1984 [Reproducción facsimilar de la edición de Barcelona, 1791]. *El Orinoco ilustrado y defendido*... [Edición de 1745] Pròleg de Marc-Aurelli Vila. Valencia, 1988. *El Orinoco ilustrado y defendido*... [Reproducción de la edición de 1745] Caracas, Academia Nacional de la Historia, 1993.

19 Juan ARBIZU. *Historia del Colegio de la Compañía de Jesús de Zaragoza*. Tercera Parte. Comienza desde el año de 1650 hasta el de 1700. La ofrece a los muy Reverendos Rector, Padres y Hermanos del mismo colegio. El Padre Juan Arbizu, de la Compañía de Jesús. Adornada de índices y catálogos como en los libros antecedentes. Pags., 668-679. (Mss. del Archivo del Colegio del Salvador de Zaragoza. Me informa el docto historiador José Antonio Ferrer Benimeli que el manuscrito desapareció del archivo en estos últimos años). Juan RIVERO. *Historia de las Misiones*., 409: "Escribió sobre sus virtudes el Padre José Gumilla, como superior que

era entonces, en carta que sobre ellas envió a la ciudad de Santafé ...". GUMILLA. *Escritos varios*. Caracas (1970) 3-20.

20 AIUL. Creemos que se refiere a lo que se denomina *Informe Mimbela* y que se debe en gran parte a Gumilla (GUMILLA. *Escritos varios*, 191-266).

21 El texto no lo hemos podido conseguir. AGI. *Santo Domingo*, 678. (GUMILLA. *Escritos varios*, 98-100).

22 AGI. *Santo Domingo*, 678. (GUMILLA. *Escritos varios*, 101-105).

23 AGI. *Santo Domingo*, 678. (GUMILLA. *Escritos varios*, 73-105).

24 AGI. *Santo Domingo*, 634. (GUMILLA. *Escritos varios*, 109-116).

25 AGI. *Santo Domingo*, 634. (GUMILLA. *Escritos varios*, 119-135).

26 El conocido hasta el momento está recogido en: GUMILLA. *Escritos varios*, 145-185; 271-288.

27 Son cuatro los mapas gumillanos de que tenemos noticia. *Mapa n°. 1*. Es de 1732 y abarca desde la isla Fajardo y el Caroní hasta el mar (Véase: AGI. *Santo Domingo*, 632. "Nota del Fiscal al dorso de la Carta de Bartholomé de Aldunate. Trinidad y marzo 29 de 1732"). *Mapa, n°. 2*. Es de 1732 pero fue remitido en 1733. Abarca desde las bocas del Orinoco hasta el Guaviare (Véase: AGI. *Caracas*, 150. "Trinidad. Gobierno de don Agustín de Arredondo. Trinidad, 26 de julio, 1733". Se encuentra en: Archivo. Servicio Geográfico del Ejército. Madrid. Carpeta: *Venezuela y Guayana. Mapa, n°. 3*. Es aproximadamente de 1734 y lo suponemos de Gumilla. Guarda la misma estructura que el anterior pero es mucho más completo. Reposa en: Archivo del Museo Naval de Madrid. Sigla: XIII-9. *Mapa, n°. 4*. Las dos ediciones del mapa corresponden a las dos ediciones de *El Orinoco ilustrado*: 1741 y 1745. Es el mapa más conocido de Gumilla y el que ha sido incluido en los catálogos de mapas (Francisco VINDEL. *Mapas de América en los libros españoles de los siglos XVI al XVIII (1503-1789)*. Madrid (1955) 167, 171, 333). GUMILLA. *Escritos varios*, 137-144.

28 José GUMILLA. *Escritos varios*. Estudio preliminar y compilación del P. José del Rey S. J. Caracas, Biblioteca de la Academia Nacional de la Historia, vol., 94, 1970, CIX-340. En este volumen recogimos toda la obra escrita del P. Gumilla que no es *El Orinoco ilustrado*.

29 GILIJ. *Ensayo de historia americana*, IV, 392: "La lengua betoy fue reducida a Gramática por el P. Gumilla, manuscrito".

30 Juan RIVERO. *Historia de las Misiones*, 389: "Por estos medios y principalmente con las pláticas frecuentes que el Padre les hace en su propia lengua, a la cual se aplicó con eficacia sacando *Vocabulario y Arte*, traduciendo en ella el *Catecismo*". AGI. *Santafé*, 298. *Relación del P. Mateo Mimbela*: "... perfeccionándose tanto en el lenguaje que en breve pudo predicarles y enseñarles [a los betoyes] haziendo Bocabulario y algunas notas importantes para su inteligencia".

31 Juan RIVERO. Historia de las Misiones, 389.

32 AIUL. Papeletas: Gumilla, José: "Arte y Vocabulario de la lengua betoy; con doctrina, Confesionario y *Pláticas* en ella".

33 AGI. *Santafé*, 298. *Relación del P. Mateo Mimbela*: "Emprendió para este efecto un *Tratado* de varios remedios y hierbas para aplicar a sus enfermos, mui util para suplir con ellos la falta de medizinas". Y GILIJ. *Ensayo de historia americana*, II, 76: "Madame Fouget también añadió a los remedios comunes en Francia los que diligentemente recogió de la obra del P. Gumilla".

34 GILIJ. *Ensayo de Historia americana*, I, 53: "... en enero de 1749 estaba preparando para su historia una adición, que él mismo me leyó, en la cual, luego de retractar su error, describía larga y graciosamente, según solía, el descubrimiento que no sabía antes. Como le sobrevino la muerte (...) la obra quedó imperfecta e inédita". Y en el Tomo III, 28: " ... y después de escrita su historia del Orinoco, a la que sobrevivió más de 9 años, pudo consolarse con muchas hermosas noticias que le comunicaron muchos misioneros".

35 AIUL. Papeletas: Gumilla, José. "En fol., 2 hs.". Los bibliófilos dicen que este documento reposa en la Biblioteca de la Universidad de Valladolid. Parece que los autores, para esta afirmación, se basaron en el *Catálogo* publicado por vez primera por Gutiérrez del Caño. Sin embargo, en el actual, aparecido en 1929, no se cita este documento.

36 AIUL. *Ibidem*. AGI. *Santo Domingo*, 632. (GUMILLA. *Escritos varios*, 320-321).

37 1) Expediente para la publicación de El Orinoco ilustrado. (AGI. Indiferente General, 1655). 2) Memorial entregado por el Marqués de San

Felipe y Santiago y el Padre Jose Gumilla de la Compañia de Jesus sobre el fuerte del Rio Orinoco acompañando plano del castillo de Guayana. Cumaná, 28 de julio de 1739. (AGI. Santo Domingo, 599. 2 y tres cuartos folios). 3) Certificacion dada por Jose Gumilla, misionero del rio Orinoco del número de misiones de la Guayana y Trinidad. Guayana, diciembre de 1732. (AGI. Santo Domingo, 678. 1 fol.). 4) Traslado de la carta original del Padre Jose Gumilla de la Compañia de Jesus al Presidente de Santa Fe, D. Antonio Manso, sobre la ereccion de la nueva escolta para las Misiones de la Compañia de Jesus de la Provincia de los Llanos y del Rio Orinoco. Santafé, 14 de junio de 1725. (AGI. Santafé, 298). 5) Acuerdo del 7 de noviembre de 1729. (ANB. Protocolo de la Notaría 3 (1727-1731), fol., 66. 6) Existen además otros documentos citados por el propio autor en su obra magna: Carta al Gobernador del Esequivo, 1733 (El Orinoco ilustrado, 330). Relación entregada a un Maestro de Sagrada Escritura en Roma (Ob. cit., 307). Informe entregado por Gumilla al Fiscal Borrul (Carta de Gumilla al Gobernador Tavares). 7) Lettre ... relative a la traduction de l'histoire de l'Orenoque du P. Gumilla. Marseille, 20 juin 1757 (Bibliothèque Nationale. FF, 22-144, 56. Citado por SOMMERVOGEL. Bibliothèque de la Compagnie de Jésus, XI, 1737).

38 AIUL. Papeletas: Gumilla, José.. "Archivo de la Provincia de Toledo. En fol.; 2 hs."

39 AIUL. Papeletas: Gumilla, José.. En fol., 2 hs.

40 AIUL. Papeletas: Gumilla, José.. En fol., 2 hs.

41 AIUL. Papeletas: Gumilla, José. En fol., 2 hs.

42 AIUL. Papeletas: Gumilla, José. En fol., 2 hs.

43 AIUL. Papeletas: Gumilla, José. En fol., 2 hs.

44 AIUL. Papeletas: Gumilla, José. En fol., 2 hs.

45 AIUL. Papeletas: Gumilla, José.

46 AIUL. Papeletas: Gumilla, José. "AGI. *Contratación*, 5149. Remite un conocimiento de mil doblones oro, que dejó el Illmo. Sr. Don Antonio Claudio Albares de Quiñones, Arzobispo que fue de Santa Fe, a S. M. para las urgencias de la Plaza de Orán".

Capítulo III

EL ORINOCO ILUSTRADO Y SU VISION DE LA ORINOQUIA

Al asomarse al siglo XVIII se observa en la literatura histórica de los jesuitas americanos una floración de estudios que proponían meditaciones transformadoras para levantar un nuevo proyecto de la América profunda[543].

Citaremos algunos ejemplos significativos: En el Capitolio de Washington existen dos estatuas representativas de sendos descubridores jesuitas: la del P. Jacobo Marquette (1637-1675)[544], explorador del Missisipi y la Luisiana[545] y la del P. Eusebio Kino (1645-1711), descubridor de la Península de California[546].

En Colombia sería el P. Antonio Julián (1722-1790)[547] el cantor del gran río Magdalena[548]. La bibliografía sobre el Amazonas[549] es mucho mayor

---

543 Para una visión general: Ángel SANTOS HERNÁNDEZ. "Actividad misionera de los jesuitas en el continente americano". En: José DEL REY FAJARDO (Edit.). *Misiones jesuíticas en la Orinoquia*. San Cristóbal, Universidad Católica del Táchira, I (1992) 7-137. Un estudio imprescindible para la geografía histórica jesuítico-venezolana es: Pedro CUNILL GRAU. "Felipe Salvador Gilij, geógrafo dieciochesco de la cuenca del Orinoco y del Amazonas venezolano". En: *Montalbán*. Caracas, n°., 21 (1989) 21-68.
544 L. CAMPEAU. "Marquette, Jacques". En: Charles E. O'NEILL y Joaquín Mª DOMÍNGUEZ. *Diccionario histórico de la Compañía de Jesús*. Roma-Madrid, III (2001) 2514.
545 J. MARQUETTE. Récit des voyages et des découvertes du R.Pére Jacques Marquette de la Compagnie de Jesús en l'année 1673 et aux suivantes...et le journal autographe du P. Marquetteen 1674 et 1675, avec la carte de son voyage tracée de sa main, Albany, 1855.
546 Ernest J. BURRUS. "Kino (Chini, Chino) Eusebio Francisco". En: Charles E. O'NEILL y Joaquín Mª DOMÍNGUEZ. *Diccionario histórico de la Compañía de Jesús*. Roma-Madrid, III (2001) 2194-2195.
547 José DEL REY FAJARDO. *Catedráticos jesuitas de la Javeriana colonial*, Bogotá, (2002) 161-167.

pues se extiende desde el P. Cristóbal de Acuña (1598-1670)[550] y Manuel Rodríguez (1628-1684)[551] pasando por el P. Samuel Fritz (1651-1725)[552] y Pablo Maroni (1695-1757)[553] hasta el P. José Chantre y Herrera (1738-1801)[554].

Y para completar el diseño del semicírculo geográfico misional del subcontinente hay que recurrir a las Misiones del Paraguay. Tanto su rica cartografía ha sido estudiada por el P. Guillermo Furlong[555] así como la exquisita bibliografía producida por los misioneros guaraníticos como por escritores europeos de todas las épocas[556].

Dividiremos nuestro trabajo en cuatro partes.
I. La visión previa de la Orinoquia.
II. El contenido del primer *El Orinoco ilustrado*.

---

548 Antonio JULIÁN. La Perla de América, Provincia de Santa Marta, reconocida, observada y expuesta en discursos históricos por Don Antonio Julián. Madrid, 1787.

549 Cristóbal de ACUÑA. Nuevo descubrimiento del gran río de las Amazonas el año de 1639. Madrid, 1641. Manuel RODRÍGUEZ. El Marañón y Amazonas. Madrid, 1684. Samuel FRITZ. El gran río Marañón o Amazonas con la misión de la Compañía de Jesús. Quito, 1707. Pablo MARONI. Noticias auténticas del famoso río Marañón, y misión apostólica de la Compañía de Jesús de la Provincia de Quito. Madrid, 1889. José CHANTRE Y HERRERA. Historia de las Misiones de la Compañía de Jesús en el Marañón Español (1637-1767). Madrid, 1901.

550 Enrique FERNÁNDEZ G. "Acuña, Cristóbal de". En: Charles E. O'NEILL y Joaquín Mª DOMÍNGUEZ. *Diccionario histórico de la Compañía de Jesús*. Roma-Madrid. I (2001) 13.

551 Jorge VILLALBA. "Rodríguez Villaseñor, Manuel". En: Charles E. O'NEILL y Joaquín Mª DOMÍNGUEZ. *Diccionario histórico de la Compañía de Jesús*. Roma-Madrid, IV (2001) 3398.

552 Jorge VILLALBA y J. Mª DOMÍNGUEZ. "Fritz, Samuel". En: Charles E. O'NEILL y Joaquín Mª DOMÍNGUEZ. *Diccionario histórico de la Compañía de Jesús*. Roma-Madrid, II (2001) 2194-2195.

553 Jorge VILLALBA. "Maroni, Pablo". En: Charles E. O'NEILL y Joaquín Mª DOMÍNGUEZ. *Diccionario histórico de la Compañía de Jesús*. Roma-Madrid, III (2001) 2511.

554 Jorge VILLALBA. "Chantre y Herrera, José". En: En: Charles E. O'NEILL y Joaquín Mª DOMÍNGUEZ. *Diccionario histórico de la Compañía de Jesús*. Roma-Madrid, I (2001) 751-752.

555 FURLONG CARDIFF, Guillermo. Cartografía jesuítica del Río de la Plata. Buenos Aires, Talleres S. A. Casa Jacobo Peuser. 1936. Y una síntesis en: Guillermo FURLONG. Historia social y cultural del Río de la Plata 1536-1810. El trasplante cultural: Ciencia. Buenos Aires (1969) 120-134.

556 Véase información en: Javier BAPTISTA y Cayetano BRUNO. "Paraguay". En: Charles E. O'NEILL y Joaquín Mª DOMÍNGUEZ. *Diccionario histórico de la Compañía de Jesús*. Roma-Madrid, III (2001) 3032-3038.

III. El tercer *Orinoco ilustrado* y la gran década jesuítica orinoquense (1741-1751).

IV. Gumilla y la preilustración.

I. **La visión previa de la Orinoquia**

Las tierras del Oriente de Venezuela, y con ellas el río Orinoco y la Provincia de Guayana, ingresaron como protagonistas en la Historia de América desde los albores del descubrimiento. Sin embargo, su auténtica biografía comenzaría a ser escrita a mediados del siglo XVIII.

En el siglo XVI el utópico Dorado convocaría una serie de gestas cuyos relatos fueron fuente generosa de inspiración histórica[557] así como también han servido para iluminar la creación literaria que aún hoy día recrea los imaginarios de esas regiones míticas[558].

En el siglo XVII, con la firma del Tratado de Münster (1648), los Países Bajos asumieron su total independencia de España y comenzaron a actuar de forma más incisiva en diversos frentes del imperio español de Indias.

Además, las alianzas políticas europeas generaron rivalidades que repercutieron en los ámbitos de las tierras descubiertas por Colón. Y el riesgo de posesión colonial europea de signo protestante que se impone en el Caribe comienza a incrementar la inseguridad tanto en el extenso litoral marítimo venezolano (Provincias de Maracaibo, Venezuela y Margarita) así como también en la fachada atlántica de la Provincia de Cumaná y sobre todo el río Orinoco que es la puerta a toda la Provincia de Guayana y del Nuevo Reino.

En el caso concreto de Venezuela: en la primera mitad del XVII se establecen las colonias foráneas protestantes: los calvinistas holandeses en los territorios ultraesequivos y como amenaza todavía más peligrosa en Curazao en 1634[559], mientras que los ingleses ponen su pie definitivo en Jamaica en 1655. Y los franceses cercarían con algunas islas caribeñas el

---

557 Véase: Demetrio RAMOS PÉREZ, *El mito del Dorado. Su génesis y proceso*. Caracas, 1973

558 Una síntesis puede verse en: S. G. [Sonia GARCÍA]. "El Dorado, mito de". En: FUNDACIÓN POLAR. *Diccionario de Historia de Venezuela*. Caracas, II (1997) 190-192.

559 Carlos FELICE CARDOT. *Curazao hispánico*. Antagonismo flamenco-español. Caracas, 1973

mar Atlántico venezolano desde 1639 y se instalarían posteriormente en Guyana[560].

De toda esa rica veta de acciones heroicas la historiografía venezolana sólo ha conservado la obra del explorador inglés Walter Raleigh quien en 1596 publicó en Londres *The Discoverie*[561] y su impacto fue tan grande que obtuvo gran cantidad de ediciones en diversos idiomas.

Sin lugar a dudas ha sido la cartografía europea la que mejores espacios ha otorgado tanto al Orinoco como a la Provincia de Guayana[562]. Sin embargo, como oportunamente apunta Hermann González, los colores que aplican todos los mapas de los siglos XVI y XVII carecen de significación política e incluso en muchas oportunidades de la geográfica[563], sin embargo recogen la realidad no histórica del tema que nos ocupa.

Asimismo, en estas últimas décadas se ha ido publicando en Venezuela mucho material inédito sobre la Guayana y el Orinoco coloniales. Institucionalmente hay que recurrir a la colección "Fuentes para la Historia colonial de Venezuela" que edita la Academia Nacional de la Historia. Para los actores religiosos es conveniente revisar la obra de Odilo Gómez

---

560 Pierre PELLEPRAT. Relato de las misiones de los Padres de la Compañía de Jesús en las Islas y en Tierra Firme de América Meridional. Caracas (1965) 13-46. Véase: Abbé RENARD. Essai bibliographique sur l'histoire religieuse des Antilles françaises. Paris, s/f. Capítulo III. Además de las fuentes primarias que citaremos es necesario consultar P. De MONTEZON. Mission de Cayenne et de la Guyane française. Paris, 1857. (El verdadero nombre, según Sommervogel, es Fortuné DEMONTEZON y su amplia bibliografía la recoge en: SOMMERVOGEL. Bibliothèque, II, 1911-1913). G. DE VAUMAS. L'éveil missionnaire de la France au XVIIe. Siècle. Paris, Bloud & Gay. Bibliothèque de l'histoire de l'Eglise. Collecion publiée sous la direction de e. Jarry. Giovanni PIZZORUSSO. Roma nel Caraibi: organizzazione delle missione cattoliche nelle Antille en el Guyana (1635-1675). Ecole Franciase, 1995.

561 Walter RALEIGH. The Discoverie of the large, rich and bewtiful empyre of Guiana, with a relation of the great and Golden Citie of Manoa (wich the Spanyards call El Dorado)... London, 1596.

562 Hermann GONZÁLEZ OROPEZA. *Atlas de la Historia cartográfica de Venezuela*. Caracas, 1983. Existe una edición más popular de Enzo Papi Editor publicada en Caracas en 1987. Las citas nuestras pertenecen a esta última publicación. Santos RODULFO CORTÉS y Juan Vicente ARÉVALO. *Cartografía antigua de Guayana*. Caracas, 2000. DEL REY FAJARDO, José. *El aporte de la Javeriana colonial a la cartografía orinoquense*. Bogotá, 2003.

563 Hermann GONZÁLEZ OROPEZA. *Atlas de la Historia cartográfica de Venezuela*. Caracas (1987) 51. Hermann González es un buen conocedor de la historia política venezolana pues figuró como "experto" en las discusiones de límites entre Venezuela y el Reino Unido por el territorio del Esequibo.

Parente[564] para los franciscanos; la de Buenaventura de Carrocera[565] para los capuchinos; la de Fernando Campo del Pozo[566] para los agustinos; la de Alberto Ariza[567] para los dominicos; y finalmente la de José del Rey Fajardo[568] para los jesuitas.

II. El contenido del primer *El Orinoco ilustrado*

En 1741 aparecían en Madrid dos obras fundamentales para el conocimiento histórico de la Orinoquia: la *Historia de la Provincia de la Compañía de Jesús del Nuevo Reino de Granada, en la América*[569] del cofundador de la Real Academia José Cassani (1673-1750)[570] y *El Orinoco ilustrado* del misionero del gran río venezolano, P. José Gumilla[571].

En el plano histórico gozó la *Historia* del P Cassani de todo el favor del oportunismo. No es raro encontrar ejemplares suyos en las Bibliotecas europeas: en realidad fue la única fuente impresa de que han dispuesto los investigadores europeos hasta fines del siglo XIX y casi pudiéramos decir

---

564 Odilo GÓMEZ PARENTE. Labor franciscana en Venezuela: I. Promoción indígena. Caracas, 1979. Odilo GÓMEZ PARENTE. Los Franciscanos en Venezuela. Labor educativa y cultural durante los años de la colonia. San Cristóbal, 1997.
565 Buenaventura de CARROCERA. Lingüística indígena venezolana y los Misioneros Capuchinos. Caracas, 1981.
566 Fernando CAMPO DEL POZO. *Los Agustinos y las lenguas indígenas de Venezuela*. Caracas, Universidad Católica Andrés Bello, 1979.
567 Andrés MESANZA y Alberto ARIZA. *Bibliografía de la Provincia dominicana de Colombia*. Caracas, 1981. Alberto ARIZA, *Los Dominicos en Venezuela*, Bogotá, 1971.
568 José DEL REY FAJARDO. *Bio-bibliografía de los jesuitas en la Venezuela colonial*. San Cristóbal-Santafé de Bogotá, 1995.
569 Joseph CASSANI. Historia de la Provincia de la Compañía de Jesús del Nuevo Reino de Granada, en la América. Madrid, 1741.
570 José [MARTÍNEZ DE LA] ESCALERA. "Cassani, José". En: Charles E. O'NEILL y Joaquín Mª DOMÍNGUEZ. *Diccionario histórico de la Compañía de Jesús*. Roma-Madrid, 1 (2001) 695.
571 Joseph GUMILLA. *El Orinoco ilustrado*. Historia Natural, Civil y Geographica, de este Gran Rio, y de sus caudalosas vertientes: Govierno, usos, y costumbres de los indios sus habitantes, con nuevas y utiles noticias de Animales, Arboles, Aceytes, Resinas, Yervas, y Raíces medicinales: Y sobre todo, se hallarán conversiones muy singulares a nuestra Santa Fé, y casos de mucha edificacion. *Escrita* por el P. Joseph Gumilla, de la Compañia de Jesús, Missionero, y Superior de las Missiones del Orinoco, Meta, y Casanare, Calificador, y Consultor del Santo Tribunal de la Inquisicion de Cartagena de Indias, y Examinador Synodal del mismo Obispado. Provincial que fue de su Provincia del Nuevo Reyno de Granada, y actual Procurador a entrambas Curias, por sus dichas Missiones y Provincia. Madrid, 1741. XL (sin foliar)-580 + 19 de índices.

que hasta nuestros días; pues aunque Rivero[572] conoció su primera edición en Bogotá el año 1883, siguió siendo una curiosidad bibliográfica en el viejo Mundo no español. Sólo a través de las publicaciones de la Biblioteca de la Presidencia de Colombia han podido los eruditos utilizar las dos fuentes misionales básicas: la segunda edición de Rivero (1956) y la primera de Mercado que había permanecido inédita por más de dos siglos y medio[573].

Asimismo, la biografía gumillana del Orinoco, tutelada por el aval del conocido escritor P. José Cassani, tuvo pronto una enorme repercusión en el mundo europeo. Para citar tan sólo un ejemplo ilustrativo: en los tres lustros que separan la segunda edición (1745) de *El Orinoco ilustrado* y *defendido* del año 1760, aparecieron en Francia extensas síntesis y estudios que venían a hacerse eco de la problemática planteada por la curiosa sagacidad del misionero jesuita[574].

---

572 Juan RIVERO. S.J. Historia de las Misiones de los Llanos de Casanare y Orinoco y Meta. Bogotá, 1883.

573 Pedro DE MERCADO, S.J. *Historia de la Provincia del Nuevo Reino y Quito de la Compañía de Jesús*. Bogotá M.CM.LVII (con prólogo del P. Juan Manuel Pacheco). La parte relativa a Venezuela la ha publicado la Academia Venezolana de la Historia en la "Colección Fuentes para la Historia Colonial", Nº 79.

574 Mémoires pour l'Histoire des Sciences et des beaux Arts, commencés d'être imprimés l'an 1701 a Trevoux et dédiés a son Altesse Sérénissime Monseigneur le Prince Souverain de Dombes.

A Paris. Chez Chabert:
- (1747) Oct. Dec., pp. 2.319-2.345, 2.501-2.524.
- (1748) Jan. Mar., pp. 27-53, 189-191.
- (1759) Mar.-Avril, PP. 623-640.

Année Littéraire, année M.DCC.LVIII par M. Fréron, des Académis d'Angers, Montauban, de Nancy, de Marseille et de Caen.

A Amsterdam. Et se trouve a Paris chez Michel Lambert.
- (1758) Tom. VI., pp. 327-350.
- (1758) Tom. VII, pp. 73-92.

Journal encyclopédique par une societé de gens de lettres, dédié a Son Alt. Ser. et Emin. Jean Théodore, Duc de Bavière, etc....

A Liege, de l'Imprimerie du Bureau du journal.
- (1759) Tom. I, part. 3, pp. 73-84.
- (1759) Tom. II, part. 1, pp. 82-100.

Journal Étranger ou notice exacte et détaillée des ouvrages des toutes les nations étrangères, en fait d'arts, des sciences, de litterature, etc., par M. Fréron, des Académies d'Angers, de Montauban et de Nancy.

A Paris, chez Michel Lambert.
- (1756) Janvier, pp. 3-46.

Journal des savants combiné avec les Mémoires de Trévoux.

De igual forma hay que ubicar las dos obras venezolanas en el contexto de la literatura americanista producida por los jesuitas en la primera mitad del siglo XVIII en América que es sencillamente monumental. Todas las regiones continentales se convirtieron en "protagonistas" del sueño americano: era la primera respuesta institucional al reto de la selva y de la precivilización[575]. Si a ello añadimos el otro élan vital del continente colombino como es la historia de los grandes ríos se establece un marco de referencia que se vincula literaria y científicamente a la biografía de la Compañía de Jesús en las tierras descubiertas por Colón.

La formulación de una problemática común es bastante explícita en algunas obras impresas y en la correspondencia epistolar. Es indudable que las reducciones guaraníes y la ingente producción literario-jesuítica continental prendieron en las misiones venezolanas el deseo de una superación integral. Así pues no es de extrañar que el tema central de la historiografía sea la Orinoquia, pero no la arteria fluvial históricamente esquematizada sino la realidad de su devenir que clama justicia ante tanta posibilidad irredenta. A la precisión de la temática contribuye no poco la tradición histórico-jesuítica que en su fase sedimentaria que platea la búsqueda de una inspiración más universalista, más auténticamente hermanada a los problemas de su medio, en contraposición a los moldes tradicionales de crónica y metodología religiosa.

Pero, el punto inicial para ulteriores investigaciones ha de partir de la tesis que El *Orinoco Ilustrado* de 1741 representa en la ideología gumillana la primera gran síntesis, pero no la definitiva.

En efecto, debemos distinguir tres fases en el aporte de *El Orinoco ilustrado*. La primera corresponde a la edición de 1741. La segunda se

---

A Amsterdam, chez Marc Michel Rey.
- (1758) Sept.-Oct. PP. 353-359.
575 Indicaremos algunas obras representativas de las regiones más importantes. Miguel VENEGAS. *Noticia de la California y de su conquista temporal y espiritual hasta el tiempo presente*. Madrid, 1757. Eusebio KINO. *Las misiones de Sonora y Arizona*. México, 1913-1922. José ORTEGA, *Apostólicos afanes de la Compañía de Jesús, escritos por un Padre de la misma sagrada Religión de su provincia de México*. México, 1754. Pedro LOZANO, *Descripción Chorographica del terreno, Ríos, Arboles y Animales de las dilatadissimas Provincias del Gran Chaco, Gualamba y de los ritos y costumbres de las innumerables naciones barbaras e infieles que la habitan...* Córdoba, 1733. Martín DOBRIZHOFFER, *Historia de Abipombus Esquestri, Bellicosaque Paraquariae Natione locupletata...* Viennae, 1784.

refiere a la edición de 1745, muy cercana a la de 1741, pues al partir el autor para América en 1743 no pudo disponer materialmente del tiempo requerido para conocer las profundas transformaciones que en esos precisos momentos adelantaban sus hermanos de religión en el Orinoco profundo. Y la tercera, hoy desconocida por nosotros pero real, es la de 1750 que recoge su visión definitiva gumillana tras la gran década de descubrimientos jesuíticos en la Orinoquia.

El planteamiento de la génesis de El *Orinoco Ilustrado* nos introduce a una doble vertiente de reflexión: por una parte, el origen cronológico, y por otra, el causal-intencional.

Creemos que el análisis de esta dicotomía es esencial para poder comprender la exacta posición de la obra gumillana no sólo dentro del género histórico en el que debe encuadrarse, sino también como clave interpretativa de cierta digresiones e insistencias del autor a lo largo de todo su libro.

¿Cuál fue la causa última y decisiva que movió al misionero orinoquense redactar El Orinoco *Ilustrado*?

El proceso de decisión parece iniciarse al intercambiar Gumilla sus ideas en Europa[576]; a esta primera causa habría que añadir la intención o las intenciones del jesuita misionero que había viajado a Europa como Procurador de la Provincia del Nuevo Reyno ante las cortes de Madrid y Roma. Así pues hay que pensar en la conjunción, por una parte, de los deseos manifestados por los "literatos", y, por otra, la solución a los problemas misionales orinoquenses que fundamentalmente se cifraban en el reclutamiento de misioneros[577].

---

576 J. GUMILLA. *El Orinoco ilustrado*, 29. "Este material o terreno (digámoslo así) abandonado, he determinado cultivar, suave fuertemente compelido de los ruegos de muchas personas, a quienes no puedo disgustar cuya insinuación sola bastaba para darme por obligado". Y en la Introducción a la segunda parte conceptúa: " ... la materia... se reducirá responder a varias preguntas y dudas curiosas, originadas de lo mismo que llevo ya referido, y dar satisfacción a otras que de las mismas respuestas han excitado personas d literatura: y como tales, ansiosas de saber más y más.." (Gumilla. *Ob. cit.*, 275). "... por lo que he experimentado u observado en Italia, Francia y España, en donde tratando de estas mismas materias con personas de notoria y calificada erudición...".

577 "Y por esto, no como dictamen, sino como instancia, me parece que debo pedir a V.R. se sirva hacer que pase, cuanto antes, de la oficina de su aposento al molde de la prensa, para que salga a la noticia del público a ser demostración del Orinoco, inteligencia de sus partes, conocimiento de sus naciones, comprensión de sus naturales, desengaño de errores, instrucción

De esta suerte y como consecuencia directa se comprende la dualidad intencional de Gumilla: hacer que el Orinoco renazca al mundo científico con todas sus posibilidades[578] y paralelamente redimir a los habitantes de la gran arteria fluvial con la presencia de nuevos misioneros. Este afán propagandístico aparece claramente sin recurrir a segundas intenciones[579].

Esta doble intencionalidad es un presupuesto necesario para la intelección de las digresiones que se permite el autor a lo largo de su obra.

Cada día se afinca más el convencimiento de que Gumilla redactó *El Orinoco Ilustrado* en Europa, y más exactamente en el invierno inmediato a su regreso de Roma en 1740.

El argumento decisivo creemos encontrarlo en una carta de Gumilla al H. Miguel Sanchiz, su corresponsal en Gandía: "Salúdeme mucho (y sea con cara y frazes de pascua) a mi señora la duquesa y con la fraze más pura que se le ocurra (que no sea montañesa de Ontiñente) insinúele a Su Exª cómo todo este invierno me ha llevado respondiendo por escrito a las preguntas que su Exª me hizo, y a todas quantas se me pueden hazer (que es quanto se puede decir), de las quales ha resultado un libro cuyo título es: El Orinoco Ilustrado. Historia natural, civil y geographica, con la variedad de usos y costumbres raras de aquellas gentes. Sale nuevamente a luz por N. N. Dedícase al grande Apostol San Francisco Xavier, despues de aver resistido a tres graves impulsos de dedicarlo a la señora duquesa de Gandía y de Béjar; pero basta mi buena intención, aunque resistida, para que su Exª

---

de políticos, dirección de misioneros, representación de las Misiones, aplauso de la Compañía y utilísima consecuencia de la procuración de V.R. a esta corte..." (Dictamen de Don Dionisio de Alcedo y Herrera. Cfr. *El Orinoco ilustrado*, 20-21).

578 J. GUMILLA. *El Orinoco ilustrado*, 31: "...dará motivo para que el gran río Orinoco, hasta ahora casi desconocido, renazca en este libro con el renombre de ilustrado, no por el lustre que de nuevo adquiere, sino por el caos del olvido de que sale a la luz pública".

579 J. GUMILLA. *El Orinoco ilustrado*, 30: " ... sólo haré algunas reflexiones que den luz y prevengan los ánimos de los operarios que Dios nuestro Señor llamare al cultivo espiritual de aquella mies".

J. GUMILLA. *El Orinoco ilustrado*, 52: "A este nobilísimo fin (agregar cuanto antes estas ovejas perdidas al rebaño de la Santa Iglesia), como a centro único corren todas las líneas de esta historia".

Cfr. "Apóstrofe a los operarios de la Compañía de Jesús y Carta de Navegar en el peligroso mar de los indios gentiles" (J. GUMILLA. *El Orinoco ilustrado*, 493-519).

se digne de tomar la obra en sus manos, que saldrá a más tardar para mayo"[580].

En este mismo contexto se explican las palabras del Censor Jesuítico P. Antonio de Goyeneche, fechadas el 1,4 de julio de 1741 en el mismo colegio imperial de Madrid: "...obra, que no habiéndole costado al autor especial dificultad componerla, la ha tenido grande en darla al público; y nosotros no hemos tenido mayor para vencer su resistencia: con que si en esto hubiese culpa, no será suya, sino nuestra, por la instancia"[581].

También la lectura del texto mismo nos lleva a precisar las mismas fechas de redacción en la capital española [582]; tanto las referencias geográficas y literarias como las cronológicas nos hacen pensar en una redacción final llevada a cabo en los primeros meses de 1741[583]. Apela además a libros y personas que únicamente las pudo consultar o tratar en Europa. Un ejemplo típico lo constituyen las continuas citas de la *Historia de la Provincia del Nuevo Reyno* del P. José Cassani[584] o los procuradores de las diversas provincias americanas o de Filipinas[585].

---

580 J. GUMILLA. *Escritos Varios* (Estudio preliminar y Compilación por José del Rey sj. Biblioteca de la Academia Nacional de la Historia, vol. 94). Caracas (1970), 180-181.

581 J. GUMILLA. El Orinoco ilustrado, 8.

582 Todas las citas se refieren a *El Orinoco ilustrado*: "... lo mismo que todos los días de enero sucede aquí en Madrid, donde estoy escribiendo esto en enero" (p. 74). "...explícome con lo que sucede en el temperamento de esta Corte" (p. 77). y prosiguieron el año de 1739, por aviso que acabo de recibir en esta Corte por carta del P. Bernardo Rotella" (p. 251).

583 Cualquier fecha posterior a 1739 o cualquier lugar europeo suponen como consecuencia inmediata la redacción europea de *El Orinoco ilustrado*. Citamos algunos ejemplos: "El año pasado de 1739. - ." (p. 472). "...por lo que he experimentado en Italia, Francia y España" (p. 37). "...tanto que desde el año 1731 hasta el de 1739, han sido recogidos estos y aquellos a colonias regulares" (p. 140). "Me compele el haber comido pan americano durante 36 años continuos" (p. 181) (Gumilla partió para América en 1705). Habla de Roma, donde su única permanencia finaliza hacia marzo de 1740 (pp. 305, 363). El mismo estilo del texto es netamente europeo y los ejemplos abundan desde la primera página hasta la última:

"...como fragmentos que recogí en los desiertos de Orinoco" (p. 31).
"...en mi último viaje le hizo dar vueltas ... Dios nos favoreció" (p. 64).
"...lo mismo sucede en el temperamento de esta Corte" (p. 77).
"...porque allá los rayos del sol no hieren de soslayo" (p. 79).
"...tan diversos de los de nuestra Europa" (p. 220).
"...y esto mismo oí también a otros Padres españoles de aquellas Misiones" (p. 235).
"...no así en aquel país..." (p. 294).
"...cuando acá vemos to o lo contrario, y aun en las Américas se reconocen..." (p. 313).

584 J. GUMILLA. *El Orinoco ilustrado*. 29, 57, 67, 122, 167, 206, 334.

585 J. GUMILLA. *El Orinoco ilustrado*. 180, 195, 478. Los Procuradores de Filipinas, (pp., 400, 487). El Encargado de la Botica del Colegio Imperial de Madrid (p. 388). El Procurador de

Finalmente hemos de confesar que entre sus escritos americanos anteriores a 1740 no nos hemos tropezado nunca con la más mínima referencia a una obra estructurada en el sentido de *El Orinoco Ilustrado*.

La redacción definitiva debió concluirla -a más tardar- para finales de marzo ya que el 1º de abril de 1740, D. Dionisio de Alcedo y Herrera le podía remitir al jesuita valenciano su dictamen definitivo[586].

Mas ¿cómo pudo Gumilla redactar en tan poco tiempo un libro tan extenso si no disponía de antemano de mucho material organizado?

El mismo autor en el prólogo a El *Orinoco Ilustrado* abre la sugerencia cuando enmarca los límites de su Historia: "...concatenará las cosas singulares que observé y noté acerca de las aves, animales, insectos, árboles, resinas, hierbas, hojas y raíces"[587].

Además, el estudio de las formas externas literarias nos aboca a la detectación de distintos estratos que integran los diversos "contenidos literarios" utilizados por el autor. El análisis de estos fragmentos cronológicos y temáticos inciden en la posibilidad de nuestra tesis. La riqueza de lo anecdótico atestigua en sana lógica la existencia de un Diario o Libro de Notas[588].

Nueva España (pp., 382-383), El H. Miguel Ferrer (p. 383) Acerca de los libros no podemos citar a priori el número real de los que utilizó en Europa, pero nos inclinamos a creer que fue la mayoría.

586 Dictamen de Don Dionisio Alcedo y Herrera. J. GUMILLA. *El Orinoco Ilustrado*, 21.

587 J. GUMILLA. El *Orinoco ilustrado*, 31. Citamos también otro texto que aboga por nuestra tesis: "...pongo unilateral traducción de la lengua betoyana al castellano..." (J. GUMILLA. El *Orinoco ilustrado*, 319).

588 Ordenamos cronológicamente las citas expresas que hacen referencia a años concretos. J. GUMILLA. El *Orinoco ilustrado*:

1716 "Me cito a mi mismo, porque pasó delante de mis ojos en el año 1716", (p. 125). "Año de 1716...", (p. 285).

1717 "Año de 1717...", (p. 286).

"...con haber sucedido el año 1717, a principios de febrero", (p. 359).

1719 "Esto pasó en el pueblo de San Ignacio de Chicanoa, año 1719", (p. 172). "Caminábamos el año de 1719 por las vegas del río Apure", (pp. 369-370). "El año de 1719 soñó un viejo...", (p. 511).

1721 "Yo encontré el año 1721...", (p. 113).

1723 "El año 1723 encontré en las juntas de los ríos Sarare y Apure", (p. 119).

1724 "A las riberas del río Cravo llegué, año de 1724", (p. 287).

"Digo que caminando, el año de 1724, con el Padre Provincial", (p. 381).

1733 "...en el año de 1733, me quejé agria, aunque modestamente al Gobernador de Esquivo", (p. 328).

Aunque una gran parte de la producción gumillana se mueve dentro del área de lo "histórico", sin embargo, tanto su vocación como su temperamento literario le acercaron más a la Geografía Humana y a la Antropología. Por eso no es de extrañar la coexistencia de un doble concepto de Historia dentro del pensar gumillano; lo estático y lo dinámico (pasado histórico y presente prospectivo) crean una antinomia en el misionero orinoquense que podríamos definirla como el resultado de las divergencias existentes entre su concepto de Historia y lo existencias de lo "histórico".

Pero no discurre por estos cauces *El Orinoco Ilustrado*, ya que en ningún momento pretende su autor escribir una historia crítica ni de las misiones, ni de nuestra gran arteria fluvial; y mucho menos de detiene a explicar su pensamiento sobre la "Historia".

Su concepción es netamente tradicional y así identifica la Historia con la Historia General, denominación tan usual en la historiografía indiana[589]. Describe esta disciplina, sin establecer un concepto, como el testigo de los tiempos y la luz para todas las edades y generaciones[590]. También parece admitir un fin primario: disipar las dudas mediante la claridad, la distinción

---

1734 "...me dijeron el año pero no me acuerdo; sólo hago memoria de que me lo refirieron en diciembre de 1734". (p. 304).
"...al año siguiente...", (pp. 330-331).
1735 ...y fue que el año 1735 llegaron a esta población tres venerables ancianos", (p. 156).
... en la grande persecución de los caribes del año 1735", (p. 223).
"El año de 1735 creí que a las nueve de la noche nos habían asaltado los bárbaros caribes". (p. 459).
1736 "Consta esto de lo que le sucedió al Padre Manuel Román... El día de San Lorenzo, 10 de agosto de 1736", (p. 176).
1737 "...y me aseguró el año de 1737 el señor Gobernador de Caracas". (p. 184).
589 J. GUMILLA, El *Orinoco ilustrado*, 29.
590 J. GUMILLA, El *Orinoco ilustrado*, 37.

y el método[591]; y otro secundario, que es la honesta recreación y el aprovechamiento interior[592].

Una confirmación explícita aparece en la crítica de las fuentes. Una detenida reflexión sobre la bibliografía histórica utilizada por el autor de *El Orinoco Ilustrado*, nos conduce a la conclusión de que fundamentalmente las obras consultadas son las "clásicas" de los siglos XVI y XVII: José de Acosta, Colón, Herrera, Laet, Piedrahita, Fray Pedro Simón, etc. Pero sin lugar a dudas lo más significativo radica en el hecho de que el misionero orinoquense haya escogido como arquetipos literarios a un variado e interesante grupo de escritores jesuitas del siglo XVII[593]: Antonio Ruiz de Montoya (1585-1652)[594], Andrés Pérez Ribas (1575-1655)[595], Francisco Combés (1620-1665)[596], Francisco Colín (1592-1660)[597] y Manuel Rodríguez (1628-1684)[598].

---

591 J. GUMILLA. El *Orinoco Ilustrado*, 37: "Y al modo que (si falta la luz) en la más curiosa galería, todo aquel archivo de la mas apreciable antigüedad, pasa a un caos de confusión, pareciendo -ordinarias las piedras más selectas, y borrón tosco la más sutil miniatura, no de otra manera la más curiosa Historia, si le faltare la luz, claridad, distinción y método, será toda confusión y origen dt muchas dudas contra el fin primario de la Historia que tira a disiparlas".

592 J. GUMILLA. El *Orinoco Ilustrado*, 491: "Y antes de retirar la pluma, me debo prometer de la benignidad y discreción del piadoso y prudente lector que disimulará los borrones que de ella se hubieren deslizado en el tosco lienzo de esta Historia en la cual quisiera haber emulado con tal viveza los colores en la variedad del contexto, que a un mismo tiempo arrebatasen la vista para la honesta recreación, la atención para el aprovechamiento interior y el ánimo para alabar a Dios, siempre admirable en sus criaturas".

593 J. GUMILLA. El *Orinoco Ilustrado*, 30.

594 Javier BAPTISTA y Clement J. McNASPY. "Ruiz de Montoya, Antonio". En: Charles E. O'NEILL y Joaquín Mª DOMÍNGUEZ. *Diccionario histórico de la Compañía de Jesús*. Roma-Madrid, IV (2001) 3436-3437.

595 Ernest J. BURRUS Y Jesús GÓMEZ FREGOSO. "Pérez de Rivas (Ribas), Andrés". En: Charles E. O'NEILL y Joaquín Mª DOMÍNGUEZ. *Diccionario histórico de la Compañía de Jesús*. Roma-Madrid, III (2001) 3093.

596 José S. ARCILLA. "Combés, Francisco". En: Charles E. O'NEILL y Joaquín Mª DOMÍNGUEZ. *Diccionario histórico de la Compañía de Jesús*. Roma-Madrid, I (2001) 868.

597 José S. ARCILLA. "Colin (Colí), Francisco". En: Charles E. O'NEILL y Joaquín Mª DOMÍNGUEZ. *Diccionario histórico de la Compañía de Jesús*. Roma-Madrid, I (2001) 855-856.

598 Jorge VILLALBA. "Rodríguez Villaseñor, Manuel". En: Charles E. O'NEILL y Joaquín Mª DOMÍNGUEZ. *Diccionario histórico de la Compañía de Jesús*. Roma-Madrid, IV (2001) 3398.

Otra manifestación más periférica se deja entrever en la imperfección –y a veces descuido– con que trabaja el aparato crítico de su libro[599], en contraposición a la minuciosidad que despliega cuando describe o transcribe el hombre y el paisaje orinoquense.

Todo esto nos hace intuir la pugna interna de un Gumilla, que por formación es clásico, pero que su vivencia existencias de la Orinoquia le indujo a formulaciones nuevas, realistas y dinámicas, a pesar de que parecieran intrascendentes para la historia[600].

Mas recientemente fue la valoración nueva de lo "histórico" lo que dio renombre a *El Orinoco Ilustrado*. Desde los mismos umbrales de su obra, se apresura Gumilla a expresar sus intenciones y sus objetivos, cuando contrapone Historia General a la que él piensa ofrecer a sus lectores: Historia natural, civil y geográfica. Gobierno, usos y costumbres de los indios, sus habitadores, con nuevas y útiles noticias de Animales, Arboles, Frutos, Resinas, Aceytes, Yerbas y Raices medicinales[601].

Dos cualificaciones determinan el auténtico concepto de lo "histórico" en Gumilla: la concepción del Orinoco como protagonista de su nueva historia, y, en segundo lugar, la elección de la observación directa y la experiencia como bases de su metodología.

Al considerar al Orinoco –mejor diríamos la Orinoquia– como protagonista de su libro, significa intuir la "continentalidad" de Venezuela y un llamado a la conciencia de que la nacionalidad se fundamenta en el binomio hombre-territorio. Aquí se entronca su nueva ideología de la que hemos hablado en otra ocasión[602].

Con respecto al método, hay que resaltar el inicio del predominio del criterio de experimentación como superior al de autoridad, y en segundo

---

599 J. GUMILLA. El *Orinoco ilustrado*, 54 (errores sobre Pizarro y Orellana); 55 (errores históricos referentes a Guayana); 78 (el autor no es Pérez de Roxas, como dice Gumilla, sino Pérez de Ribas); 114 (sobre el origen judaico de los indígenas venezolanos); 120 (no sabemos de dónde sacó Gumilla los "Mojos de Quito").

600 J. GUMILLA. El *Orinoco ilustrado*, 32-33: "No obstante, no repetiré en esta Historia lo que ya está escrito en aquélla De modo que la cosecha abundante de copioso grano, en muchas y selectas noticias, hallará el curioso en dicha Historia General; y en ésta sólo el residuo de algunas espigas, fragmentos y migajas...".

601 J. GUMILLA. El *Orinoco ilustrado*, 29; 32-33; 122. "Es muy extendido el terreno que abarca esta Historia, recopilando especies y noticias, que están allá dispersas en muchos centenares de lenguas" (p. 394).

602 José DEL REY. "Venezuela y la ideología gumillana". En: *Sic*. Caracas (1964), 74-76.

lugar la justificación de una búsqueda de cauces nuevos para expresar una problemática real que se le escapaba a la férrea estructura de la "Historia General".

A Gumilla, como autor, no se le pueden negar las credenciales necesarias de un investigador de campo de esa época: alumno distinguido de la Universidad Javeriana de Bogotá, supo conjugar en su mente la disciplina lógica de la Escolástica con una vocación personal proclive al método de observación empírica. Además, si vivió 22 años en las misiones y estuvo dotado de un espíritu insaciable de curiosidad[603] e incluso fue cuidadoso no sólo de observar y anotar sus experiencias[604], sino en aceptar una auténtica crítica de sus escritos[605], no creemos que sea exagerado ni pretencioso cuando formula su criterio de credibilidad. "No pido ni quiero que se me dé más fe ni más autoridad a mi dicho que la que se me debe por testigo ocular, por sacerdote y por religioso de la Compañía de Jesús[606]

No podemos pasar por alto el juicio objetivo de dos escritores orinoquenses contemporáneos, pero posteriores, al autor de *El Orinoco Ilustrado*, y cuyo testimonio reviste gran valor: nos referimos a los Padres Antonio Caulín ()[607] y Felipe Salvador Gilij (1721-1789)[608]

Dice el autor de la *Historia Coro-graphica* en 1779: "...dexando a su Author en los debidos créditos de un varón apostólico y docto, y a su Obra digna de toda estimación, en todo aquello que no da fundamento para

---

603 J. GUMILLA. El *Orinoco ilustrado*, 367: "Preguntéles la causa, movido de mi continua y natural curiosidad, y me respondieron...".
604 J. GUMILLA. El *Orinoco ilustrado*, 31: "...con quienes concatenaré las cosas singulares que observé y noté acerca de...".
605 Felipe Salvador GILIJ. *Ensayo de Historia Americana*. Caracas (Biblioteca de la Academia Nacional de la Historia. 71. Fuentes para la Historia Colonial de Venezuela. Traducción y Estudio Preliminar de Antonio Tovar) (1965), I, 20: "El mismo no sólo previó, sino que vio en parte estas vicisitudes: y solía decirme graciosamente muchas veces que si a mí me tocara la suerte de ir de misionero al Orinoco, impugnase su libro (...). No repito servilmente lo dicho por él, sino que como él quería, y muchas veces me lo dijo, lo aumento con nuevos hallazgos y lo aclaro".
606 J. GUMILLA. El *Orinoco ilustrado*, 181. "No cito testigos del otro mundo: en éste estoy yo, que refiero lo que he visto, y de no haberlo visto, ni lo creyera, ni lo tomara en boca" (p. 144).
607 Odilo GÓMEZ PARENTE. *Labor Franciscana en Venezuela:I. Promoción indígena*. Caracas, Universidad Católica Andrés Bello (1979) 470-483.
608 José DEL REY FAJARDO. *Bio-bibliografía...*, 259-264.

apartarme de lo que escribió, como se dexa ver en los muchos pasages que le sigo"[609].

Más explícito es el juicio del discípulo de Gumilla, el jesuita italiano P. Felipe Salvador Gilij: "Pero excepto éstos que me parecen errores, el P. Gumilla, no menos por el Orinoco sacado de la oscuridad con sus fatigas y sus escritos, que por otras apreciables dotes, merece suma laude. Antes de él no hubo nadie que escribiese sobre el Orinoco, o al menos nadie hubo digno de consideración. Y si a aquellas dotes de gracia y fluidez en el decir, que son en él singularísimas, se hubiesen unido, además, otras de crítica exacta y de orden cuidadoso en el contar, tendría después de su muerte, como lo tuvo en vida, gran encomio"[610].

Gumilla sitúa a la Verdad como "base principal y fundamental de la Historia"[611] y profesa claramente su deseo de apartar "lo que hallare no ser conforme con la realidad de lo que tengo visto y experimentado"[612]; incluso en el plano de las ideas, llega a sostener que la "experiencia es madre de la mejor Y más cierta filosofía"[613].

En ningún problema insiste tanto Gumilla como en el de ser fidedigno; por eso fundamenta su "fidelidad histórica" en tres bases: Las Historias de Mercado y Rivero [614]; la experiencia personal tras una cuidadosa observación; y el testimonio cualificado de terceras personas[615]. En realidad toda la problemática gira en torno a los dos últimos puntos.

---

609 Antonio CAULIN. *Historia de la Nueva Andalucía*. Caracas (Biblioteca de la Academia Nacional de la Historia, 8ª Fuentes para la Historia colonial de Venezuela. Estudio preliminar y Edición crítica de Pablo Ojer), 1 (1966), 27-28.

Juan Antonio NAVARRETE. *Arca de Letras y Teatro Universal*. Caracas (Biblioteca de la Academia Nacional de la Historia. 60. Fuentes para la Historia Colonial de Venezuela) (1962). 92: "Esta su obra es para mi y debe ser para todo americano tan apreciable, como la aguja de marear en el mar (...). En mi Repertorio General, folio 83 y 88 he puesto índice alfabético a la dicha obra de Gumilla, que no la tiene, y un resumen de las equivocaciones que le nota Caulin".

610 GILIJ. Ensayo de Historia Americana, I, 19-20.
611 J. GUMILLA. El *Orinoco ilustrado*, 32.
612 J. GUMILLA. El *Orinoco ilustrado*, 30.
613 J. GUMILLA. El *Orinoco ilustrado*, 92.
614 No sabemos por qué no hace referencia a la *Historia de la Provincia del Nuevo Reyno* del P. José Cassani en esta ocasión; lo cierto es que a lo largo del texto será la obra que cite de forma regular.
615 J. GUMILLA. El *Orinoco ilustrado*, 32.
"No he sido testigo como dije de esta trampa con que los monos se prenden por sus mismos puños; pero tengo por fidedignas a las personas citadas, a quienes oí lo referido...". (J. GUMILLA. El *Orinoco ilustrado*, 433). Rotella, Bernardo (p. 223) (p. 251). Sales, José S.J. (p.

Pero no se adecuó la realidad a estos principios, y así descubrimos una significativa dualidad entre la criteriología propiamente dicha y la aplicación posterior a la crítica interna de *El Orinoco Ilustrado*.

En tres dimensiones insiste Gumilla en el plano teórico de los criterios: discernimiento, cualificación y objetividad.

En la valoración de los testimonios ajenos —clave para interpretar la credulidad gumillana— practica nuestro autor un buen criterio de discernimiento. Citamos un testimonio que juzgamos debe ofrecer mucha luz: "Este Juan Navarro y sus compañeros hicieron su diario y derrotero, que he leído varias veces: y aunque apuntaron en él varias noticias que necesitan de nueva confirmación y que omita, con todo, aquí y en otras partes me valdré de algunas de ellas, que tengo por ciertas; lo uno, porque las he visto practicadas en otros ríos y naciones; lo otro, porque examinando a Ignacio de Jesús, que hoy es soldado de nuestra escolta y acompañó a dicho Juan Navarro en el citado viaje, he visto tener probabilidades. Quede hecha aquí esta salva para cuando citare a estos viajeros, a fin de que se sepa la probabilidad de lo que por sus noticias hubiere de referir"[616].

Esta actitud crítica parece complementarse con la cualificación que en general le merecen los libros históricos; éstos no tienen "otro apoyo, sino el de la fe humana, fortalecida con las señales de credibilidad que alegan los autores, y con las circunstancias que concurren en la persona, estado y ocupación del que escribe"[617].

Y como era lógico que la visión del trópico orinoquense pareciese a los europeos fantástica y subjetiva, por eso enfatiza la posición gumillana que combate el argumento de "paridad" sobre todo cuando se trata de lo inaudito y extraordinario: "negarlos, o porque no los hemos visto o porque

---

180). Steigmiller, Ernest S.J. (p. 89). Tachart (p. 385). Toro, Juan Bautista de Dr. (p. 220). **Tuluiay** (p. 292). Zorrilla, Domingo (capitán) (p. 138).

616 J. GUMILLA. El *Orinoco ilustrado*, 326. "Quéjome, si, de aquellos viajeros y diaristas, de cuyos apuntamientos se valió M. Noblot; cuya calidad, graduación y secta debía haber examinado antes (...) una amigable reconvención a M. Noblot y en su persona a los eruditos recopiladores de manuscritos anónimos más dignos de examen de lo que parece a primera vista. Muéveme a esto el amor a la verdad, y la obligación de volver por el honor de los americanos, denigrado injustamente, con el de sus ministros evangélicos, y el de la nación española". J. GUMILLA. El *Orinoco ilustrado*, 181.

617 J. GUMILLA. El *Orinoco ilustrado*, 381.

no haya autor que escriba de ellos, fuera a mi ver vulgaridad, exorbitante"[618]. Y de ahí trasciende a una conclusión de profundas repercusiones filosóficas y antropológicas: el continente americano es un mundo nuevo, con hombres nuevos y estructuras nuevas[619].

Mas a pesar de todo lo dicho, la obra gumillana ofrece sus vetas de credulidad y de errores, patentizados ya por los escritores de su tiempo.

Los puntos controvertidos en el siglo XVIII pertenecen fundamentalmente a lo geográfico y se centra en temas vitales como: la comunicación Orinoco-Amazonas; la existencia de El Dorado; las fuentes y la medición de nuestra gran arteria fluvial y el origen judío de nuestros indígenas. Esta apreciación puede extenderse a veces a algunas referencias a la fauna orinoquense[620]. Prescindimos en este estudio del "mundo piadoso" que a veces se refleja en Gumilla y su propensión al providencialismo.

Con mucha razón escribía Gilij, al analizar los yerros de *El Orinoco Ilustrado*: "El P. Gumilla, que quiso darnos alguna noticia antes de tiempo, se apartó enormemente de la verdad"[621].

Con todo, hay dos observaciones que deben encuadrar el juicio sereno que se formule sobre la credulidad de nuestro autor. Como es lógico y natural, Gumilla no escapó a las influencias del medio rural llanero-orinoquense en que sumergió su existencia. Si a la soledad misionera añadimos la propensión mítica del Llano y el primitivismo cultural del mundo circundante misional: indios, soldados, aventureros y algún que otro misionero[622], llegaremos a la conclusión de que Gumilla es hijo de una

---

618 J. GUMILLA. El *Orinoco Ilustrado*, 38.
619 J. GUMILLA. El *Orinoco Ilustrado*, 33.
620 Antonio CAULIN. Historia de la Nueva Andalucía. I, 76, 77.
621 GILIJ. Ensayo de Historia Americana I. 23.
622 Ponemos a continuación, la lista de personas consultadas por Gumilla sobre los diversos aspectos. Entre paréntesis indicamos la página de *El Orinoco Ilustrado*:
Agullón, Juan de (Hermano) (p. 399). Anisón, Carlos S.J. (p. 256: 409-410). Anónimo: Encargado de la Botica del Colegio Imperial de Madrid (p. 388). Habitantes del Delta (p. 58). Habitantes de Trinidad (p. 44; 47; 304). Médico de Bogotá (p. 446). Procuradores del Paraguay (p. 180). Vecino de Guayana (p. 125). Bejarano, José S.J. (p. 487). Calvo, José S.J. (p. 400) (487). Carcasio, Pompeyo S.J. (p. 215). Cavarte, José S.J. (p. 191; 267; 326; 366). Eglin, Francisco (p. 138). Ferrer, Miguel S.J. (p. 383). Flores, Miguel de (Fray) (p. 267). García, Diego S.J. (p. 478). Gobernador de Caracas (p. 184). González Navarro, Juan (p. 326). Hidalgo, Silvestre (Fray) (p. 284). Jesús, Ignacio de (p. 326). Lozano y Vélez, Bernardo S.J. (p. 383). Masías, Francisco (p. 361). Meaurio, Ignacio (p. 262). Moya, Benito de (Fray) (p. 176) (486).

época y exponente de una situación geo-humana en interesante evolución[623].

En segundo lugar, muchos de estos errores hubiera podido corregirlos si su segunda edición la hubiera preparado en América[624]; pero en esto tuvo nuestro misionero que pagar tributo a la lentitud de su tiempo, además, si consideramos que redactó y concibió su libro en pocos meses y en Europa, donde la confrontación de ciertas experiencias era imposible, el error de Gumilla radica en gran parte en la celeridad con que preparó la segunda edición antes de regresar en enero de 1743 al Nuevo Reyno.

Finalmente, en ocasiones puede producir la impresión de que el apasionamiento en Gumilla le lleva a tomar posiciones preconcebidas; sin embargo, sus retractaciones[625] y la honestidad demostrada en otras ocasiones[626] nos disuaden de ello[627].

Or, Diego de (p. 260). Rico. Juan José S.J. (p. 195; 478). Rivero, Juan S.J. (p. 189; 374). Román. Manuel (p. 176; 234; 251).

623 GILIJ. *Ensayo de Historia Americana*, II. 228."Y no por esto debe decirse que Gumilla nos cuente mentiras o sueños de fantasía calenturienta. No. Debe sólo decirse que lo que hubo antaño en el Orinoco con el tiempo ha cambiado, como acaece en todas las cosas de esta tierra".

624 GILIJ. *Ensayo de Historia Americana*. I. 53: "Feliz Gumilla, que viviendo todavía, y siendo misionero en el Casanare, tuvo la suerte de deponer su error. Supo este grande hombre, no para su confusión sino para que se sume a sus gloriosos hechos (pues siempre fue amante, como he dicta, de la verdad), supo, digo, el viaje hecho al río Negro por el P. Román y la comunicación descubierta en aquella ocasión del Orinoco con el Marañón; y sin oponerse a ella o neciamente defender el error antes aceptado, en enero de 1749, estaba preparando para su historia una adición, que él mismo me leyó en la cual, luego de retractar su error, describía larga y graciosamente, según solía el descubrimiento, que no sabía antes. Como le sobrevino la muerte ... la obra quedó imperfecta e inédita". Tampoco hay que olvidar, en contraposición a Caulín. que el franciscano-historiador fue capellán de la Expedición de Límites y, por tanto, no sólo convivió con el equipo de técnicos enviados por la monarquía española, sino que, además, pudo comprobar in *situ* -haciendo referencia a Gumilla- muchas de sus aseveraciones.

625 GILIJ. Ensayo de Historia Americana, I, 20, 53.

626 Además de los textos expresos del P. Gilij: Cfr. José DEL REY. "Estudio Preliminar". En: José GUMILLA. *Escritos Varios*. Caracas. (Biblioteca de la Academia Nacional de la Historia, 94.Fuentes para la Historia Colonial de Venezuela.) (1970), pp. LXXXI-LXXXIV.

627 En diversas ocasiones, el P. Gilij reconoce que las opiniones de Gumilla eran explicabas, dados los conocimientos que en aquel entonces se tenían. V, gr. GILIJ. *Ensayo de Historia Americana*, I, 141: "Este ingenuo modo de hablar del P. Gumilla me atrae (refiriéndose al Dorado) y descubro en los muertos papeles aquella agudeza que reconocí siempre en él cuando vivía. Pero el indio Agustín pudo mentir, y me duele extremadamente que en el tiempo en que traté a este escritor nada despreciable, aunque hubiese yo leído su Orinoco ilustrado, fuera yo tan novato en la historia de América".

Si lo geográfico ocupó la atención de los escritores del siglo XVIII, lo histórico polariza la actitud de revisionismo frente a la obra gumillana dentro, de la historiografía venezolana de fines del siglo XIX.

El problema fundamental se ubica en el capítulo primero, parágrafo tercero, de El *Orinoco Ilustrado*, y más exactamente, en torno a la fundación e invasiones de la ciudad de Guayana y a la presencia jesuítica en la sufrida urbe orinoquense.

Mucho se ha escrito sobre este punto concreto y se ha llegado a conclusiones demasiado generales en torno al prestigio y a la figura de nuestro misionero. Se pueden agrupar en tres tendencias las actitudes de los que han ensayado afrontar las imprevisiones y errores gumillanos.

Una posición benigna tomó el profesor Jaenson[628], perito histórico en el conflicto de límites venezolano-guayanés, quien interpretó el párrafo en discusión como una mala lectura de textos. Se puede aceptar esta hipótesis como una de las soluciones viables, pero no creemos que radique ahi el punto de apoyo para una crítica constructiva que nos acerque al porqué de los errores gumillanos.

Una posición más radical adoptó Tavera Acosta[629], cuando detectó que Gumilla se había convertido en la fuente original de errores en torno a la ciudad mártir de los escritores venezolanos del siglo pasado. El autor de los *Anales de Guayana* realizó un gran estudio crítico y planteó como consecuencia la revisión crítica y valorativa de Gumilla como fuente documental.

Mucho más acertada se nos presenta la teoría de Pablo Ojer, quien se inclina a creer que se trata de un ¡y dale con los errores de imprenta![630]. A esta misma tesis se adhiere el profesor español Demetrio Ramos Pérez, quien a su vez demuestra, frente a los argumentos de Tavera Acosta, que la

---

628 Franklin JAENSON. *Report on Spanish and Dutch Settlements prior to 1648* (United States Commission on Boundary between Venezuela and British Guiana). Vol. I. Historical. Washington (1897) 39.

629 B. TAVERA-ACOSTA. *Anales de Guayana*. Caracas (1954), 25-28.

630 Pablo OJER. *la formación del Oriente Venezolano*.I. La creación de las Gobernaciones. Caracas (1966), 563-565. Pablo OJER. "Utopía y Tragedia de Guayana". En: *El Farol*. XXIX, Caracas (1966), 30-33.

fuente donde se inspiraron la mayoría de los escritores decimonónicos venezolanos, no fue Gumilla, sino Caulín[631].

Nosotros aceptamos esta última teoría, aunque reconocemos que la auténtica solución depende del hallazgo de los originales manuscritos que Gumilla entregó a la imprenta; mientras tanto, todos estos esfuerzos irán afianzando probabilidades que abran camino hacia la verdad.

Si analizamos por separado los hechos, las personas y las cronologías, varemos de inmediato que el error se detecta en el último punto.

Afortunadamente, Gumilla ha sido explícito en indicar las fuentes consultadas para su tercer parágrafo del capítulo cuestionado: El *Diario* de Colón; la *Décadas* de Herrera; las *Noticias Historiales* de Fray Pedro de Simón; *L'Histoire du Nouveau Monde* de Laet; La *Historia de* la *Provincia del Nuevo Reyno* Cassani, y una referencia interesante a la biografía del P. Caravantes. Sobre la confrontación de esta base documental elaboraremos nuestras reflexiones.

Tanto el esquema ideológico como el cronológico que fundamenta el núcleo de la controversia nos parece inspirado en la obra de Laet[632]. Ponemos, continuación, un es comparativo:

Acontecimientos	Laet	Gumilla
Expedición de Ralegh	1595	1545
Expedición de Keymis	1596	1546
Expedición de Mathamo	1596/97	1547
Expedición de Keymis y Ralegh	1618	1561
Expedición de Janzon	1629	1579

Dos conclusiones saltan de inmediato a la vista: la alteración de las fechas históricas indicadas por Gumilla, y, en segundo lugar, la aparición de una lógica causal dentro de la cronología histórica gumillana que se deshace cuando pasa a señalar la segunda expedición de Keymis y Ralegh y la del holandés Janson.

---

631 Demetrio RAMOS PÉREZ. "Gumilla y la publicación de El Orinoco Ilustrado". En: José GUMILLA. *El Orinoco* ilustrado y *defendido*. Caracas (1963), CXII-CXV.
632 LAET. *L'Histoire du Nouveau Monde ou description des Indes occidentales*. Contenant dix-huit Livres. Par le Sieur Jean de Laet, d'Anvers. A Leyde, 1640. En realidad la cita gumillana no es exacta, ya que se trata del Libro XVII, capítulos XXI-XXV.

Pero ¿cómo pudo Gumilla leer mal el texto original, sin darse cuenta d error? ¿Cómo pudo confirmar con el párrafo dedicado a los jesuitas de Guayana una cronología que él conocía muy bien frisaba la segunda mitad del siglo XVII y cuyas fechas eran decisivas en los conflictos jurídico-territorial entre los jesuitas y los capuchinos de Guayana y Caracas?[633].

Incluso, no descubrimos ningún interés –latente ni patente- en distorsionar las informaciones que Gumilla recoge de una serie de autores concretos y aceptados por él como fidedignos. Ciertamente no pretende escribir una historia de Guayana, sino más bien ambientar al lector con la selección de las principales acciones realizadas en torno a esta sufrida ciudad guayanesa[634].

Dentro de la controversia suscitada por el libro del misionero orinoquense, este párrafo pasó totalmente inadvertido. Baste comparar las variantes y añadiduras introducidas en la segunda edición a lo largo del capítulo primero. Y si además tenemos en cuenta que el libro apareció hacia octubre de 1741 y Gumilla se embarcó para Cartagena el 19 de enero de 1743[635], hemos de pensar que a duras penas contó con un año hábil para difundir el libro y para procesar y responder sino a las críticas más sobresalientes[636].

Así pues, si las fechas se cambiasen por las correctas, el párrafo gumillano tendría verdadero y auténtico sentido; sería exacto, pero

---

633 Se nos hace muy difícil de creer que un hombre que tuvo que manejar la documentación guayanesa, no sólo en la Concordia de 1734, sino en los conflictos posteriores, para la edición de *El Orinoco ilustrado*; que incluso trató a personas en Guayana, como doras -con mayor o menos exactitud- de los grandes fragmentos de la historia de ciudad portátil, a la hora de la verdad fuese a cometer errores tan desafortunados. Y otra, digo yo, es la no posterior relectura de las pruebas.
Cfr. José GUMILLA. *Escritos Varios*. Caracas (Estudio preliminar y compilación del P. José del Rey S.J. Biblioteca de la Academia Nacional de la Historia, 94) (1970), 58, 92, 142.

634 "Noticias previas del gran río Orinoco" especificó en la edición de 1745 en explicación del título general de la edición de 1741 en que decía: "Contiene las primeras noticias... la fundación de su única ciudad Santo Tomé de Guayana".

635 AGI. *Contratación*, 5.549. Expedición de 1743.

636 Podría haber sido significativa la actitud crítica de la edición francesa, ya que en esa nación aparecieron los más variados comentarios y críticas (José GUMILLA. *Escritos Varios*. Caracas (1970), p. XIV). Sin embargo, el "Avertissement du traducteur" de la *Histoire naturelle, civile et geographique de l'Orenoque*. Avignon (MDCCLVIII) se insiste únicamente en el problema de la comunicación Orinoco-Amazonas, y trae como confirmación del error gumillano una interesante carta que juzgamos se debe al P. Jaime de Torres. Fuera de esto, la impresión general que le merece al traductor y editor francés es excelente.

incompleto. La secuencia histórica es verídica, y lo único que se trastoca son las fechas.

Si en las incursiones extranjeras el error se ubica en las cronologías, en la historia relativa a Guayana, el confusionismo afecta a las personas y en cierto sentido a los hechos. Ya hemos escrito sobre el tema[637] y aquí Gumilla es víctima de un defecto crónico en la historiografía jesuítica neogranadina. Casi nos atreveríamos a decir que los conocimientos de Gumilla sobre este punto son más universales de lo que la mayoría de los historiadores jesuitas habían aportado hasta entonces.

Los errores de Gumilla –siguiendo a los cronistas jesuitas- se originan al querer sintetizar los 35 inestables años de labor misional guayanesa en torno a las figuras de los PP. Ellauri y Vergara; una confusión ulterior ha provenido de parte de ciertos historiadores que ignoraban la existencia de dos corsarios holandeses de parecido nombre: Janson y Jansen.

Los acontecimientos narrados por *El Orinoco Ilustrado* son verídicos: "...después de haber hecho mucho fruto en San José de Oruña, isla de la Trinidad, domesticaron y redujeron a vida civil a la nación Guayana (?), fundaron cinco iglesias y pusieron todo esfuerzo en adoctrinar aquellas gentes, como consta de los mismos libros de bautismos, que hoy tienen en dichos pueblos los RR.PP. Capuchinos y yo los he visto y leído"[638]. Pero no fueron los PP. Ellauri y Vergara los protagonistas de estas acciones. En San José de Oruña estuvo el P. Alonso Fernández en 1648, en compañía del Gobernador de Guayana[639]. Quien trabajó por la reducción de la nación Guayana fue, además de los PP. Andrés Ignacio y Alonso Fernández, el P. Dionisio Mesland durante 10 años y a él se debe la fundación de cuatro pueblos: los dos primeros llamados Belén y San Juan; más tarde tuvieron que mudarse, y mientras Belén conservó su nombre, San Juan se

---

[637] José del REY. "Mesland-Monteverde. Aclaraciones a un malentendido histórico". En: *Sic*. Caracas (1963), 166-167.
[638] GUMILLA. El Orinoco ilustrado, 56.
[639] ARSI, N.R. et Q. 12-I. Carta annua desde los años 1642 hasta el de 1652 de la Provincia del Nuevo Reyno de Quito. Escrita por el P. Melgar.

transformó en San Pedro[640]. Estos mismos pueblos misionó el P. Julián de Vergara años después[641].

Como confirmación de autenticidad de ciertas informaciones gumillanas citamos el autorizado testimonio del Coronel don José Dyguja Villagómez en 1761: "Infiérese esto por un libro de Bautismo en el que consta que desde el año de 1664 entraron varios sacerdotes y en distintos tiempos a la pacificación y reducción de estos Yndios, como fueron el Padre José San. Payo, Religioso Descalzo de San Agustín, los clérigos don Francisco de Rojas, don Miguel de Angulo, D. José de Figueroa y el racionero don Andrés Fernández, los PP. Jesuitas Juan de Bergara, Dionisio Mezland, Francisco de Ellauri e Ignacio Cano; los Capuchinos catalanes, el Padre Angel de Mataró y el Padre Pedro Blanes. A estos capuchinos y demás hicieron los padres de la Compañía, renuncia de las dichas Misiones..."[642]

Un nuevo planteamiento de gran parte de la problemática expuesta resurge con la dilucidación de la persona del corsario holandés Janson, citado por Gumilla.

En realidad se trata de ubicar no sólo cronológicamente, sino también la personalidad del "capitán Jansón", ya que la interpretación del párrafo dedicado a la historia de los jesuitas en Guayana depende de la conclusión que se deduzca de estas premisas.

La confusión se centra pues en Adriaen Janszoon Pater, quien asaltó a Guayana en 1629 al frente de nueve navíos de la Compañía Holandesa de

---

640 Pedro de MERCADO. Historia de la Provincia del Nuevo Reyno y Quito, de la Compañía de Jesús. Bogotá, II (1957), 349.

641 AGI. *Santafé*, Leg. 249. Información de Diego Bustamante."...dijo que conoció al Padre Julián de Vergara en el pueblo de Belén de Guayana y San Pedro del mismo paraje por doctrinero de ambos". AGI. Santafé. Leg. 249: Testimonio de José Ruiz Romero. "...que no ha conocido este testigo más que el Padre Julián de Vergara, siendo doctrinero en el pueblo de Mariguaca, tres leguas del castillo de Guiana en el exercicio de tal cura...".

642 José DIGUJA Y VILLAGÓMEZ. "Notas para la más pronta comprensión de el Mapa general de la gobernación de Cumaná, que dirige a S.M. en su Real y Supremo Consejo de Yndias, su Gobernador el Coronel don José de Iguya Villa Gómez. Años de 1761". En: Antonio B. CUERVO. *Colección de documentos inéditos sobre la Geografía y la Historia de Colombia*. Bogotá. III (1893), 16.

Fernando CAMPO DEL POZO. Historia documentada de los Agustinos en Venezuela durante la época colonial. Caracas (1968), 221-222.

Indias Occidentales[643]; y en Bernardo Jansen, quien saqueó la ciudad en 1664[644].

¿A cuál de ellos se refiere Gumilla en *El Orinoco Ilustrado?* Si, como testifica el mismo autor, se ha inspirado en Laet para la descripción de las invasiones extranjeras a Guayana, habría que concluir lógicamente que el misionero jesuita habla de Adriaen Janszoon Pater, entre otras razones porque *L'Histoire du Nouveau Monde* se publicó en el año 1640[645].

Pero se dan una serie de coincidencias a lo largo de la narración gumillana que abren de forma insistente la posibilidad de que también se haya podido referir a Bernardo Jansen.

Inmediatamente después de hablar del asalto de Janson en 1579, describe el autor de El *Orinoco Ilustrado* la nueva traslación de la ciudad mártir -la quinta- a Los Castillos de Guayana, evento que sucede a la destrucción de la ciudad en 1664, por Bernardo Jansen[646]; en este mismo contexto se integran los sucesos históricos que a continuación expone Gumilla: el asalto francés en 1684 y la consolidación de la ciudad.

En esta segunda hipótesis tendría genuina explicación el párrafo de la historia jesuítica guayanesa, que comienza: "Por aquel mismo tiempo..."[647], ya que exactamente los jesuitas Ellauri y Vergara llegaron en 1664 a Guayana[648].

Tal como aparece el texto impreso, nos encontramos con un adjetivo – "dicho corsario"-, cuyo sustantivo aparece 27 líneas más arriba y en otro párrafo distinto. Pero esta anormalidad gramatical podría dificultar la segunda hipótesis en el caso de que estuviera demostrado que el sustantivo "Janson" de que habla Gumilla fuera precisamente el asaltante de 1629.

Nosotros, por el contrario, creemos que se refiere a Bernardo Jansen, ya que los datos suministrados por Gumilla no sólo provienen de una tradición oral respetable y fidedigna, sino que, además, integra y enmarca una serie de acontecimientos singulares y vitales para la ciudad portátil guayanesa.

---

643 Nos remitimos a las notas críticas de Pablo OJER. En: CAULIN. *Historia de la Nueva Andalucía*, I, 41-42; 323-324.
644 AGI, *Santo Domingo*, 60 r.2: Información de D. Pedro Carvajal, 16 de julio de 1664.
645 LAET. L'Histoire du Nouveau Monde, 602.
646 OJER. "Utopía y tragedia de Guayana". En: *El Farol*. XXIX, 33.
647 GUMILLA, El Orinoco ilustrado, 56.
648 Juan M. PACHECO. *Los jesuitas en Colombia*, Bogotá, II (1962), 383-384.

Sus frecuentes estancias en Guayana entre 1731 y 1735 le hicieron captar y asimilar una historia real que arranca desde la primera presencia jesuítica en esa desolada región.

Así, pues, opinamos conscientes que Gumilla se inspiró en Laet y que *El Orinoco Ilustrado* recoge en este punto las informaciones locales y personales y que desde este punto de vista hay que reflexionar sobre este discutido párrafo.

III. El tercer *Orinoco ilustrado* y la gran década jesuítica orinoquense (1741-1751)

Como hemos adelantado en diversas ocasiones la verdadera ideología es la que corresponde al Gumilla reinsertado en las misiones casanareñas, al menos desde 1743, tras su periplo europeo. Algunos retazos los comenta su discípulo el P. Felipe Salvador Gilij y otros responderían a los descubrimientos que se había realizado su equipo misional desde su partida a Cartagena de Indias en 1737 hasta su vuelta a la reducción de Betoyes.

La primera retractación correspondería al problema de la comunicación Orinoco-Amazonas.

Sin lugar a dudas la obra gumillana había provocado grandes polémicas, las cuales habría que ubicarlas en contextos muy variados a fin de buscar una genuina explicación.

A nuestro parecer fue Demetrio Ramos Pérez quien inició la gama de visiones de Gumilla[649] y a ellas se debe recurrir a la hora de buscar explicaciones "históricas" a los supuestos errores gumillanos. Sin embargo, gracias a los estudios de Daniel de Barandiarán y a sus conocimientos geográficos de la Orinoquia la imagen de Gumilla ha recuperado su valor científico y cultural que le es debido[650].

---

649 Demetrio RAMOS. "Gumilla y la publicación de El Orinoco ilustrado". En: José GUMILLA. *El Orinoco ilustrado y defendido*. Caracas, Academia Nacional de la Historia (1963) XXVII-CXXVI. La temática mencionada puede verse: LXXVIII-CXXII.
650 Daniel de BARANDIARÁN. "La crónica del Hermano Vega 1730-1750". En: Agustín de VEGA. *Noticia del Principio y Progresos del establecimiento de las Missiones de Gentiles en el Río Orinoco, por la Compañía de Jesús*. Estudio introductorio: José del Rey Fajardo y Daniel de Barandiarán. Caracas, Academia Nacional de la Historia (2000) 460-474.

La problemática acerca de las fuentes de nuestro gran río, pienso, que no debe ser objeto de discusión. Toda la cartografía occidental, por lo menos hasta 1780, concibió al Orinoco como gemelo del Amazonas y lógicamente ubicó sus fuentes en los Andes quiteños[651].

La verdadera polémica la han centrado muchos autores en la negación de la comunicación interfluvial Orinoco-Amazonas. Sobre este punto es necesario hacer tres consideraciones para mejor entender este delicado problema histórico.

Primera, el fantasma de la interconexión fluvial entre el Orinoco y el Amazonas había surgido como pregunta en la historia jesuítica neogranadina antes de mediar el siglo XVII.

La *Instrucción* del Provincial del Nuevo Reino dada en 1646 a los PP. Andrés Ignacio y Alonso Fernández encargados de entablar la misión de Guayana[652] les advierte que pongan toda diligencia en averiguar si hay comunicación fluvial entre el Orinoco y el Amazonas[653] y si los indígenas de ambas cuencas tienen trato entre sí[654].

Es evidente que para los misioneros jesuitas de ambas cuencas existía comunicación terrestre entre las gentes de la Amazonia y las de la Orinoquia. El P. Samuel Fritz se enteró de la muerte de los PP. Fiol, Beck y

---

651 Para quien desee conocer la evolución histórica de la cartografía orinoquense: Daniel de BARANDIARÁN. "La crónica del Hermano Vega 1730-1750". En: Agustín de VEGA. *Noticia del Principio y Progresos del establecimiento de las Missiones de Gentiles en el Río Orinoco, por la Compañía de Jesús.* Estudio introductorio: José del Rey Fajardo y Daniel de Barandiarán. Caracas, Academia Nacional de la Historia (2000) 119-514.

652 APQu. Leg., 3. Instrucción y órdenes dadas por el Padre Provincial Rodrigo Barnuevo para los Padres Andrés Ignacio y Alonso Fernández para la misión de la Guaiana donde son enviados por la santa obediencia en 4 de junio de 1646. El documento ha sido publicado por José DEL REY FAJARDO. Documentos jesuíticos relativos a la Historia de la Compañía de Jesús en Venezuela. Caracas, II (1974) 153-156.

653 APQu. Legajo, 3. Instrucción y órdenes por el Padre Pr. Rodrigo Barnuevo a los Padres Andrés Ignacio y Alonso Fernández para la misión de Guayana, donde son enviados por la Santa Obediencia, en 4 de junio de 1646: "Procuren Vuestras Reverencias con toda diligencia saber si en este río Orinoco entra algún brazo del caudaloso río Pará, o si los indios que viven desta banda de la cordillera se comunican con los otros de la ribera del dicho río Pará, que sería de gran importancia saber si se puede haber comunicación de una banda a la otra, sin salir al mar".

654 APQu. Leg., 3. *Doc. cit.*, n. 22.

Toebast, acaecida en el Orinoco en 1684, durante el viaje que realizó a los Yarimaguas en febrero de 1696[655].

El mismo autor de *El Orinoco ilustrado* escribe en su libro que es necesario "reprimir el empeño con que los portugueses del río Marañón, atravesando hasta las riberas de Orinoco, empezaron a molestar y cautivar a los indios de ellas, desde el año 1737, en que estaba yo en el Orinoco, y prosiguieron en 1738..."[656]. Es más, Gumilla escribió una carta, en latín, al "comandante de la tropa" y, aunque no recibió contestación, pudo comprobar M. La Condamine que esta carta fue entregada al comandante portugués[657].

También los misioneros del Orinoco así como los del Marañón tenían información sobre la comunicación fluvial. El propio La Condamine conoció una carta del P. Francisco Rauber, misionero de Casanare, a otro misionero de Mainas en que hablaba de la comunicación[658]. Y el P. Rauber abandonó las misiones para 1731[659].

Segunda. Si es evidente que existía un convencimiento histórico de la comunicación entre las misiones jesuíticas de Mainas y el Orinoco por parte de los miembros de la Compañía de Jesús, qué razones tuvo Gumilla para negar la comunicación fluvial.

Antes de establecer un juicio de valor conviene precisar que Gumilla se ausenta de nuestro gran río en 1737 y tras su periplo por Europa regresa al Casanare a fines de 1743 o principios de 1744. En esos casi 7 años de ausencia sus compañeros de misión han resuelto tanto el enigma de las fuentes del Orinoco así como su interconexión hídrica.

En consecuencia, no se puede juzgar al Gumilla que escribe en Europa en 1740 a través de los descubrimientos que se operan después, sobre todo después del viaje del P. Manuel Román al Marañón en 1744.

---

655 José JOUANÉN. Historia de la Compañía de Jesús en la antigua Provincia de Quito (1570-1774). Quito, I (1941) 500.
656 GUMILLA. El Orinoco ilustrado, 251.
657 GILIJ. Ensayo de Historia Americana. I, 54.
658 Charles M. de la CONDAMINE. *Viaje a la América Meridional por el Río de las Amazonas*. Barcelona, Editorial Alta Fulla (1986) 66.
659 DEL REY FAJARDO. *Bio-bibliografía*, 515.

Es verdad que sus conmisioneros tratan estos hechos históricos como naturales pero hay que tener en cuenta que escriben bastantes años después cuando la novedad había pasado a ser patrimonio del común.

El P. Felipe Salvador Gilij afirmará en su Ensayo de *Historia Americana*, aparecido en Roma en 1780, que en el Orinoco "no había ni uno que se le opusiera" a la comunicación[660]; y añade una reflexión que la remonta a sus años de estudiante en Santafé (1743-1749) para aclarar que ya entonces "tuve en mis manos uno de estos acertados mapas"[661].

Todavía más, un inmediato colaborador de Gumilla como fue el H. Agustín de Vega se extrañaba cómo su antiguo Superior hubiera negado esta comunicación "pues el Padre –escribe hacia 1760- todavía estaba con nosotros en el Orinoco, cuando nos trajeron las primeras noticias, que gente del gran Pará, comenzó a traficar por dichos Ríos..."[662].

Al analizar esta disyuntiva afirma Barandiarán: "Con la constancia de que en la boca del Guaviare, el Orinoco pareciera seguir un rumbo diferente al del Guaviare, Gumilla, en 1732, al escaso año de su llegada a la Orinoquia, visualiza cartográficamente esta novedad, de tal modo que hoy debemos reconocer a Gumilla como el primer cartógrafo hispano y mundial en haber roto la segunda identidad del Orinoco amazónico, visualizada, durante un largo siglo, con su afluente mayor el Guaviare, luego que sus propios colegas jesuitas de mediados finales del siglo XVII rompieran también la identidad original de ese Orinoco amazónico con el Pauto-Meta-Orinoco de Jiménez de Quesada y de Antonio de Berrío"[663].

A pesar de todo lo dicho cabe preguntarse: ¿qué razones movieron a Gumilla para escribir en 1740 en pro de la no comunicación Orinoco-Amazonas?

Trataremos de sintetizar toda su argumentación al respecto[664].

---

660 GILIJ. Ensayo de Historia Americana, I, 54,
661 GILIJ. Ensayo de Historia Americana, I, 51
662 Agustín de VEGA. Noticia del principio y progresos..., 83.
663 Daniel de BARANDIARÁN. "La crónica del Hermano Vega 1730-1750". En: Agustín de VEGA. *Noticia del Principio y Progresos del establecimiento de las Missiones de Gentiles en el Rio Orinoco, por la Compañía de Jesús*. Estudio introductorio: José del Rey Fajardo y Daniel de Barandiarán. Caracas, Academia Nacional de la Historia (2000) 468.
664 José GUMILLA. *El Orinoco ilustrado y defendido*, 60-63. Demetrio RAMOS PÉREZ. "Las ideas geográficas del Padre Gumilla". En: *Estudios geográficos*, Madrid, nº 14 (1944) 179-199. Francisco ESTEVE BARBA. *Cultura virreinal*, Barcelona-Madrid (1965) 626-630.

Los fundamentos de la posición gumillana parecen ser: La existencia de una cordillera divisoria de las cuencas de los dos grandes ríos imposibilita la intercomunicación. Además, la concepción del relieve americano, cortado de norte a sur por los Andes, le lleva a concluir que todos los grandes ríos que desembocaban en el Atlántico debían tener sus fuentes en la cadena andina. Finalmente, toma el río Caura, conocido hasta sus fuentes, como punto de referencia para proyectar su "inducción" a lo desconocido del Orinoco.

Al aplicar esta teoría al hecho geográfico y a las explicaciones históricas que interpretaban el pro y el contra de la posible realidad es donde Gumilla opta por lo que él cree que es la respuesta más sensata.

Un compañero de fatigas misionales como lo fue el Hermano Vega confesará que al dibujar el Orinoco "siguió las Cartas antiguas"[665]. Al apelar a los argumentos de autoridad se basó en el mapa de su colega misionero el P. Fritz. Y posiblemente, al confrontar las noticias de la intercomunicación hídrica que él tenía entre los dos grandes ríos en España con la opinión de los eruditos hispanos prefirió el juicio de los eruditos hasta confirmar sus conocimientos misionales.

Tercera. Es la menos conocida y la más importante pues se trata de su retractación. Sería un discípulo, estimulado por el viejo misionero para que continuara su historia, el que no quiso dejar en la oscuridad el siguiente testimonio. Cuando el joven jesuita italiano Felipe Salvador Gilij se dirigía al Orinoco visitó a Gumilla en San Ignacio de Betoyes y 31 años más tarde recordaba: "Feliz Gumilla, que viviendo todavía, y siendo misionero en el Casanare, tuvo la suerte de deponer su error. Supo este grande hombre, no para su confusión, sino para que se sume a sus gloriosos hechos (...), supo, digo, el viaje hecho al Río Negro por el P. Román, y la comunicación descubierta en aquella ocasión del Orinoco con el Marañón; y sin oponerse a ella o neciamente defender el error antes aceptado, en enero de 1749 estaba preparando para su historia una adición, que él mismo me leyó, en la cual, luego de retractar su error, describía larga y graciosamente, según

---

[665] Agustín de VEGA. *Noticia del Principio*, 83.

solía, el descubrimiento que no sabía antes. Como le sobrevino la muerte (...) la obra quedó imperfecta e inédita"[666].

Como toda obra que describe por vez primera un mundo inédito tiene sus aciertos y desaciertos. Es bueno remitirse al criterio sereno y equilibrado del historiador franciscano, Fray Antonio Caulin, quien casi 40 años después y con las luces de los peritos de la Expedición de Límites adelantaría el siguiente juicio: "... y un plano geographico, en que a juicio de los facultativos, están de manifiesto los yerros de la Geographia, que procuraré desagraviar en el todo de esta Provincia, que en su referido plano se encuentra notablemente diminuta, e igualmente excesiva en la debida proporción, rumbos, y distancias, partes esenciales de esta facultad, en que no puede menos de resbalar la pluma, cuando se ve precisada a escribir, por noticias administradas muchas veces de hombres, que no escrupulizan dar por cierto lo que es dudoso, o del todo ignorado... dexando a su Author en los debidos créditos de un Varón Apostólico, y Docto, y a su Obra digna de toda estimación"[667].

Pero, ¿cuáles habían sido las transformaciones que se habían operado desde 1737 hasta 1749, fecha en que visita, en Betoyes, el novel misionero Felipe Salvador Gilij al viejo José Gumilla, artífice de la acción de la Compañía de Jesús en la Orinoquia?

Tres grandes acontecimientos cambiarían la visión y las estrategias misionales en el gran río venezolano: el descubrimiento del Casiquiare por el P. Manuel Román (1744); el mapa de Rotella (1747) que hoy es el primer testimonio gráfico del Orinoco guayanés y no andino; y la caída del imperio caribe en la zona media del Orinoco gracias a los guaypunabis traídos por el P. Manuel Román (1746).

El 14 de enero de 1744 se embarcaba el P. Manuel Román con 6 soldados de escolta[668] y Agustín de Flores y su esposa como prácticos y

---

666 GILIJ. Ensayo de Historia Americana, I, 53.
667 Antonio CAULÍN. *Historia de la Nueva Andalucía*. Caracas, Academia Nacional de la Historia, I (1966) 27-28. Y en la pag. 103 matiza: "... de quien me apartaré |del P. Gumilla| en todos aquellos parages, en que no pudo rastrear la verdad su cuidadosa solicitud, por lo poco traficados, que en su tiempo estaban aquellos paises, y la falta de buenos Instrumentos, y Peritos observadores, como los que hoy se han logrado, con la venida de la Real Expedición de Límites".
668 APT, *Fondo Astráin*, 28, *Informe sobre la misión del Orinoco*. (RDJ, II, 330-336). El compilador anónimo ha reunido a todas luces los informes de cada misionero y tanto por su

lenguaraces. Tras 24 días de navegación se encontraron con los indios caberres. De allí salieron para los dominios de Macapu quien se encontraba prevenido contra el misionero por las consejas dadas por los caribes. Gracias a la acción de la esposa de Agustín Flores, llamada María de la Concepción, de nación guaypunabi, se pudo evitar el enfrentamiento de Cadarena con el misionero y con Macapu. Aguas arriba se encontraron con los portugueses y pasando el P. Román a la embarcación del comandante portugués prosiguió su viaje con la promesa de que lo restituirían al Orinoco.

> Llegó por este Rio Negro el Padre Román a las misiones de los RR. PP. Carmelitas Calzados y por estar contigua a esta Misión la del Padre Achiles M. Abogadri[669] de nuestra Compañía a quien habiendo esperado el Padre Román el espacio de un mes (por haberse ido al Pará 30 jornadas desta misión, parte por Rio Negro y parte por las Amazonas) comunicó varios puntos. El primero que no diesen armas de fuego a los gentiles en los contratos. El 2° que se prohibiese a los portugueses venir al Orinoco a comprar los indios por esclavos. El 3° que todos mutuamente coadyuvasen a la reducción de las almas sin meter la hoz en mies ajena guardándose aquella fidelidad y lealtad que cada uno debe guardar a su soberano. Contestó gustoso a las proposiciones del Padre Manuel así el R. P. Misionero Carmelita Fray Joseph Magdalena como el Padre Achiles, misionero de nuestra Compañía que está puesto por el Rey de Portugal en dicho Río Negro para reconocer los indios que los portugueses sacan del Orinoco y Río Negro para los ingenios de la ciudad del Pará para que en ella sirvan como esclavos. Dijeron al Padre Manuel estar prohibido por el Rey de Portugal el dar armas a los indios y como también venir al Orinoco, que ellos llaman *Parava* y que si esto no se guardaba no era por falta de cautelas y preceptos del soberano sino por la ambición y codicia de los vasallos.

Concluida su misión el P. Román

---

contenido como por su estilo se puede adjudicar la paternidad literaria a sus respectivos autores. En el caso del P. Román es evidente.

669 Luis PALACÍN. "Avogadri, Aquile Maria". En: Charles E. O'NEILL y Joaquín Mª DOMÍNGUEZ, *Diccionario histórico de la Compañía de Jesús*, Roma-Madrid, I (2001) 306-307.

volvió al Orinoco demarcando aquellos sitios por si S. M. catholica gustase el que se haga alguna demarcación para que conste por los mapas la comunicación que hay del rio Orinoco con el Marañón o Amazonas llamado Casiquiari. Registró las muchas naciones que hay de una y otra parte del Orinoco y a sus márgenes y a la corta distancia de tres o cuatro días tierra adentro se cuentan hasta siete naciones distintas, unas menos numerosas que otras, por causa de las muchas hostilidades que los portugueses y caribes ejecutan en ellos y los muchos indios que sacan para esclavos en el Pará[670].

Toda esta información se debe completar con otros escritos del P. Román que lamentablemente no han llegado hasta nosotros.

Ciertamente Román formó un *Diario* de su viaje que debió servir de ayuda a los miembros de la Comisión de Límites. Así lo confirma la carta de don Mateo Gual, Gobernador de Cumaná, a la Corte:

... y como debe ser de mucho útil al viaje de esta Expedición *el Diario que formó el P. Manuel Román*, Superior de las misiones de Cabruta (sic), del que hizo él mismo cuando salió y fue hasta encontrarse con los portugueses del Marañón, le he escrito ahora, además del exhortatorio que le tengo anticipado, *suplicando le quiera dar un traslado puntual de dicho Diario* con las más noticias que hubiere adquirido al referido Jefe de Escuadra, al que podía servir de muchísima luz *junto con la copia del Mapa de aquellos Países que compuso entonces dicho Padre*, con la que me hallo yo también[671].

El segundo gran acontecimiento está recogido en el mapa del P. Bernardo Rotella y en la *Relación* que lo acompaña, fechada en Caicara del Orinoco el 1 de abril de 1747[672]. Ignoramos a quién va dirigida la carta: "A

---

670 APT. Fondo Astráin, 28. Informe sobre la misión del Orinoco. (RDJ, II. 333-336).
671 AGS. *Estado*, 7397, fol., 9. (Citado por Demetrio RAMOS PÉREZ. *El tratado de limites de 1750 y la expedición de Iturriaga al Orinoco*. Madrid (1947) 427). (El subrayado es nuestro). También tenemos noticia de este manuscrito o de otro similar por el testimonio de los bibliógrafos jesuitas, los PP. Uriarte y Lecina, quienes asientan en sus papeletas: (AIUL. Papeletas: ROMÁN, Manuel: "Se conservaba en el colegio Imperial al tiempo del extrañamiento").
672 Museo Naval. Madrid. Manuscritos, 320. *Noticias sobre la Geografía de la Guayana*.

la de ayer de V. M. respondi aprisa y con malos aperos. No los hay hoy mucho mejores, pero hay más lugar y así digo lo primero que si V. M. gustare de sacar el Orinoco antes que yo me halle con V. M., lo puede sacar así:"[673]. Y de inmediato sigue una descripción pormenorizada del río con sus respectivas coordenadas.

Entre la producción autóctona conocida es el primer mapa que revoluciona la concepción cartográfica guayanesa en sus aspectos fundamentales pues traza al Orinoco como río íntegramente guayanés y no andino, establece la comunicación Orinoco-Amazonas y sitúa al lago de la Parima como distribuidor de las aguas que corren a las hoyas del Amazonas, Orinoco y Esequivo.

Pablo Ojer y Hermann González creen encontrar la inspiración de la carta de Storm Van's Gravesande: "Mapa de la región Orinoco-Esequibo, hecho por la Compañía de las Indias Occidentales" (Año 1750) en el mapa del P. Bernardo Rotella "u otro similar desaparecido"[674] que quizá pudo ser el del P. Manuel Román u otro parecido.

No podemos precisar cuál es el mapa "Jesuítico-Holandés" del que copió von Gravessande su carta geográfica[675]. Lo cierto es que coinciden en la concepción de las funciones de la Parima con toda el área de la Guyana holandesa. También es factible que para ciertas aseveraciones hayan tenido informantes comunes.

Con los mapas de Rotella y Román se inicia una nueva etapa en la cartografía orinoquense. "En efecto, diez años antes que Solano y que la Expedición de Límites, Rotella nos ha adelantado ya la hidrografía encogida del Orinoco-Paragua, naciendo con sus otros afluentes en el mítico pero resucitado Lago Parima, siendo por ello el Orinoco: <... no sólo el encanto del mundo, sino su mejor maravilla, como la Fuente que salía en medio de Paraíso y que regaba la faz de la Tierra>"[676].

---

673 Ibidem.
674 Hermann GONZÁLEZ OROPEZA. *Atlas de la Historia cartográfica de Venezuela.* Caracas (1987) 61. Puede verse todo el planteamiento en las páginas 58-62.
675 Hermann GONZÁLEZ OROPEZA. *Atlas de la Historia cartográfica de Venezuela*, 61: Cita parte de la carta del Gobernador Holandés: "la información que yo he obtenido subrepticiamente de indios libres, me convence que el mapa ha sido dibujado bien y exactamente por los Jesuitas, que formaron esa expedición con un oficial y cuarenta soldados".
676 Daniel de BARANDIARÁN. "La crónica del Hermano Vega 1730-1750". En: Agustín de VEGA. *Noticia del Principio y Progresos del establecimiento de las Missiones de Gentiles*

En realidad, los jesuitas habían roto la segunda identidad del Orinoco amazónico "visualizada, durante un largo siglo, con su afluente mayor el Guaviare, luego que sus propios colegas jesuitas de mediados finales del siglo XVII rompieran también la identidad original de ese Orinoco amazónico con el Pauto-Meta-Orinoco de Jiménez de Quesada y de Antonio de Berrío"[677]

El tercer acontecimiento Lo que no pudieron conseguir ni los gobernadores ni los misioneros lo obtendrían los nuevos aliados indígenas de los jesuitas. En efecto, serían los cabres y sobre todos los guaypunabis quienes acabarían de raíz la hegemonía caribe en el Orinoco medio. Gilij, que llegó al Orinoco en 1749, debía recordar muy vivamente las historias misioneras como ya superadas, pues escribiría en su *Ensayo de Historia Americana* que Puruey "ahora es a modo de quemada Troya humeante memoria de sus triunfos sobre las naciones orinoquenses, si dejando a los valerosos se hubieran contentado con subyugar a los más débiles"[678]. Y más adelante recordaría que este hecho histórico sería "sobre todo de utilidad para la libertad de las naciones del Orinoco"[679].

IV. Gumilla y la preilustración

Con la aparición de *El Orinoco ilustrado* en 1741 en Madrid se abre la época de la ilustración de la Orinoquia. Como obra programática está implicada "en el movimiento de iniciativas del siglo XVIII, el mismo que se despliega en la ilusión y en el optimismo de la Emancipación"[680], pues, en definitiva es el heredero directo de todo el impulso de acción que se inicia en esas fechas[681].

---

en el Río Orinoco, por la Compañía de Jesús. Estudio introductorio: José del Rey Fajardo y Daniel de Barandiarán. Caracas, Academian Nacional de la Historia (2000) 476. Y la cita de Rotella es: Rotella, Bernadrdo. "Noticias sobre la Geografía de la Guayana", firmado en Caicara del Orinoco, el día primero de abril de 1747 (Museo Naval. Madrid. Sección Manuscritos: Carpeta Guayana. Manuscrito nº 320).

677 Daniel de BARANDIARÁN. "La crónica del Hermano Vega 1730-1750", 468.
678 Felipe Salvador GILIJ. *Ensayo de Historia Americana*. Caracas, I, 62.
679 Felipe Salvador GILIJ. *Ensayo de Historia Americana*. Caracas, I, 57.
680 Ramón EZQUERRA. "La crítica española de la situación de América en el siglo XVIII". En: *Revista de Indias*. Madrid, nº., 87-88 (1962) 189.
681 D. RAMOS. *Art. cit.*, CXXIV-CXXV.

José Juan Arrom clasifica a Gumilla en la generación de 1714 con la que "amanece para América un nuevo día" y se extiende hasta la que llega a teñirse de enciclopedismo. Para Arrom es tan profundo el cambio que se instaura con *El Orinoco ilustrado* que, por su contenido cree "se acerca más a Humboldt que a los historiadores del siglo anterior"[682]. Además, como obra representativa, la ubica en la línea de la del regidor de La Habana, José Martín Félix de Arrate, autor de la *Llave del Nuevo Mundo, antemural de las Indias Occidentales: La Habana descrita, noticias de su fundación, aumentos y estado*.

Realmente existe una ilustración indiana y por ello adoptamos la definición de Mario Hernández Sánchez-Barba que es "una actitud, un estilo, un concepto, que permite elaborar y expresar un juicio, una idea, desde una posición eminentemente racional y crítica". Y añade: no dispone de un espacio cultural donde se produzca y desde donde se difunda al resto del mundo, "sino que se trata de una maduración que abarca un inmenso espacio de la sociedad occidental y que ofrece sus mejores resultados en el amplísimo escenario histórico del Atlántico y sus tierras continentales aledañas"[683].

Por ello, abrimos la pregunta: ¿Esta visión de América excluye la literatura anterior a 1767 aunque pertenezca a una misma Weltanschaung indiana?

Ya en 1963 insinuaba Demetrio Ramos el atisbo de esta tesis al referirse al jesuita orinoquense: "Si su libro [de Gumilla] se semeja, anticipadamente, al de un jesuita expulso, que añora su viejo campo de acción, ¿no pueden verse también muchos libros, tenidos por expresivos de la literatura ideológica de los expulsos, tan atávicos ejemplos de lo que Gumilla representa?"[684].

---

682 José Juan ARROM. "Esquema generacional de las letras hispanoamericanas". En: *Thesaurus*. Bogotá, t. XVI, nº 2 (1961) 328, 7, 100,
683 Mario HERNÁNDEZ SANCHEZ-BARBA. "La ilustración indiana". En: *Historia de España*. XXXI, 2. La época de la ilustración. Madrid, Espasa-Calpe, XXXI (1988) 293.
684 Demetrio RAMOS. "Gumilla y la publicación de El Orinoco ilustrado". En: José GUMILLA, *El Orinoco ilustrado y defendido*. Caracas, Biblioteca de la Academia Nacional de la Historia (1993) p. CXXVI.

Sin lugar a dudas el influjo –positivo y negativo- que provocó *El Orinoco ilustrado* lo hace merecedor del título del primer descubridor de la Orinoquia.

El sueño americano de la Compañía de Jesús se interrumpe bruscamente en nombre del despotismo ilustrado pero pensamos que la "literatura de exilio" también debe estudiarse en el contexto temporal anterior a la expatriación.

Capítulo IV

LAS IDEAS DE JOSÉ GUMILLA EN EL DISEÑO DE VENEZUELA COMO NACIÓN

La literatura histórica americana reconoce que la república cristiana del Paraguay fue –a juicio de Jean Lacouture- "una de las empresas más audaces de la historia de las sociedades, de las culturas y de las creencias"[685] y pronto se convirtió en el ámbito de las visiones filosóficas e históricas occidentales en el mito jesuítico-guaraní.

Pero también hay que reconocer que las Misiones del Paraguay han eclipsado las biografías de otras experiencias jesuíticas llevadas a cabo en tierras colombinas y dentro de la crónica histórica de la Compañía de Jesús americana las Misiones jesuíticas de los Llanos de Casanare y de los ríos Meta y Orinoco han sido hasta el momento las menos estudiadas[686].

Imaginación, innovación y audacia fueron principios rectores para muchas personalidades jesuíticas que trataron de dar respuesta a los retos que le planteaban las personas, los tiempos y las geografías. De ahí que los

---

685 Jean LACOUTURE. *Jesuitas. I. Los conquistadores*. Barcelona-Buenos Aires-México, Ediciones Paidós (1993) 548.
686 Véase: Pedro de MERCADO. Historia de la Provincia del Nuevo Reino y Quito de la Compañía de Jesús. Bogotá, Biblioteca de la Presidencia de la República, 1957, 4 vols. Juan RIVERO. Historia de las misiones de los Llanos de Casanare y los ríos Orinoco y Meta. Bogotá, 1956. Joseph CASSANI. Historia de la Compañía de Jesús del Nuevo Reyno de Granada. Madrid, 1741 (La edición de Caracas es de 1967). BORDA, José Joaquín. Historia de la Compañía de Jesús en Nueva Granada. Poissy, 1972, 2 vols. RESTREPO, Daniel. La Compañía de Jesús en Colombia. Compendio historial y Galería de Varones Ilustres. Bogotá, Imprenta del Corazón de Jesús, 1940. JEREZ, Hipólito. Los Jesuitas en Casanare. Bogotá, Prensas del Ministerio de Educación nacional, 1952. Juan Manuel PACHECO. Los Jesuitas en Colombia. Bogotá, 1959- 1989, 3 vols. José DEL REY FAJARDO. Documentos jesuíticos relativos a la historia de la Compañía de Jesús en Venezuela. Caracas, 1966-1974, 3 vols.

mitos y los estereotipos sobre los hombres seguidores al de Loyola se hayan multiplicado en la revisión que realiza la historiografía moderna.

En este capítulo trataremos de estudiar el influjo del jesuita valenciano de Cárcer en el diseño de Venezuela como nación.

Para ello esbozaremos un primer contexto para que recoja los principales hitos recorridos para llegar a la unificación de las 6 provincias que integran la Venezuela actual. En un segundo cuadro trataremos de diseñar la geopolítica jesuítica en la Sudamérica colonial para pasar después a sintetizar las diversas visiones de los ignacianos sobre el territorio guayanés, para concluir con las ideas gumillanas en la construcción de la Venezuela actual.

1. El Proceso fundacional de Venezuela como nación

Los inicios de Venezuela tal como se nos presenta en el día de hoy conoció su acta de nacimiento el año 1777 y en menos de medio siglo recorrió apresuradamente los caminos de su verdadera identidad pues en su acelerado recorrido iría zurciendo progresivamente todos los poderes: el administrativo, político, militar, judicial y eclesiástico.

El lento proceso unificador que se fue gestando a lo largo del siglo XVIII cambió su ritmo integracionista a partir de la creación de la "Intendencia de Ejército y Real Hacienda" del 8 de diciembre de 1776[687].

Pero el paso definitivo se daría con el nacimiento de la Capitanía General de Venezuela, mediante Real Cédula del 8 de septiembre de 1777, por la que se produjo la agregación, en lo gubernativo y militar, de las provincias de Cumaná, Guayana, Maracaibo, Margarita y Trinidad (que en 1797 pasó a ser colonia británica). De esta suerte se unificaba lo que hasta ese momento había sido un mosaico de regiones en una sola entidad política, económica y militar que es el territorio de la actual república[688].

Pero todavía se añadirían dos entidades imprescindibles para la consolidación de la estructura civil de la nueva Venezuela: la primera sería

---

[687] Manuel LUCENA SALMORAL. "Intendencia de Ejército y Real Hacienda". En: FUNDACION POLAR, *Diccionario de Historia de Venezuela*. Caracas. II (1997) 812-813.

[688] Álvaro GARCÍA CASTRO. "Capitanía general". En: FUNDACION POLAR, *Diccionario de Historia de Venezuela*. Caracas, I (1997) 635-642.

la Real Audiencia de Caracas, decretada el 6 de julio de 1786, por la que se insertaba en Caracas el ámbito judicial y administrativo que había pertenecido a Santo Domingo y Bogotá[689]; la segunda sería el Consulado de Caracas, aprobado por Real Cédula del 3 de junio de 1793, organismo de fomento industrial y tribunal de justicia mercantil[690].

En 1803 se completaba la configuración de una Venezuela definitiva con la creación del Arzobispado de Caracas[691] pues cesaba la dependencia de la sede Metropolitana sita en la Isla de Santo Domingo así como también de la zona andina perteneciente al arzobispado de Bogotá[692] y el oriente venezolano adscrito al obispado de Puerto Rico[693].

En 1810 los legisladores definieron el territorio de la nueva República y es de señalar que cada una de las provincias integrantes de la Capitanía General, decidió su propio destino autonómico de acuerdo con una identidad histórica de vieja data. Para la organización territorial el Congreso aplicó el principio del "uti possidetis juris", "como poseías de acuerdo con el derecho, poseerás"[694].

De esta suerte, tras la toma de conciencia por parte de Venezuela de su autonomía (1810-1812) obtendría por fin su anhelo por la libertad definitiva en la batalla de Carabobo el año 1821.

---

689 Guillermo MORÓN. El proceso de integración de Venezuela 1776-1793. Caracas. 1977.
690 Ermila TROCONIS DE V. "Consulado de Caracas". En: FUNDACIóN POLAR. *Diccionario de Historia de Venezuela*. Caracas, I (1997) 1032-1033.
691 Nicolás E. NAVARRO. *Anales eclesiásticos venezolanos*. Caracas (1929) 119-120. La Real Cédula en que se notificaba la erección del obispado de Caracas en arzobispado es del 16 de julio de 1804 y fue obedecida el 16 de noviembre del mismo año.
692 Véase: Juan Manuel PACHECO. *Historia eclesiástica*. Tomo II: *La consolidación de la Iglesia. Siglo XVII*. Bogotá, Historia Extensa de Colombia, vol., XIII, 1975. Tomo III: *La Iglesia bajo el regalismo de los bobones. Siglo XVIII*. Bogotá, Historia Extensa de Colombia, vol., XIII, 1986.
693 Álvaro HUERGA. *La evangelización del Oriente de Venezuela*. (Los anexos del obispado de Puerto Rico). Ponce, Pontificia Universidad Católica de Puerto Rico, 1996.
694 Véase: Pablo OJER. *El Golfo de Venezuela. Una síntesis histórica*. Caracas (1983) 9-45. El criterio quedó plasmado en el Congreso Constituyente de 1821 al ratificar la Ley Fundamental de la Gran Colombia: "El Territorio de la República de Colombia será el comprendido dentro de los límites de la antigua Capitanía General de Venezuela y el Virreinato y Capitanía General del Nuevo Reino de Granada, pero la asignación de sus términos precisos será reservada para tiempo más oportuno (p. 12-13).

El diseño de la territorialidad eclesiástica siguió las pautas del desarrollo político de las regiones y la traza definitiva correspondía a la monarquía hispana aunque con el placet de la Santa Sede.

Las alianzas políticas europeas generaron rivalidades que repercutieron en los ámbitos de las tierras descubiertas por Colón. Y el riesgo de posesión colonial europea de signo protestante que se impone en el Caribe comienza a incrementar la inseguridad tanto en el extenso litoral marítimo venezolano (Provincias de Maracaibo, Venezuela y Margarita) así como también en la fachada atlántica de la Provincia de Cumaná y sobre todo el río Orinoco que es la puerta a toda la Provincia de Guayana y del Nuevo Reino.

En consecuencia, la estructuración eclesiástica hacía referencia a las concepciones geopolíticas que imperaban en la segunda mitad del siglo XVI[695]: el occidente pertenecía a la arquidiócesis de Bogotá, el oriente y Guayana a la diócesis de Puerto Rico[696] y la parte central a la de Santo Domingo[697].

---

695 Para una visión de conjunto de las diócesis venezolanas, véase: Álvaro HUERGA. "Venezuela: la Iglesia diocesana". En: Pedro BORGES (Edit.). *Historia de la Iglesia en Hispanoamérica y Filipinas (siglos XV-XIX)*. Madrid, Biblioteca de Autores Cristianos, II (1992) 375-388.

696 La diócesis de Puerto Rico fue creada en 1511 y en 1519 le fueron agregados los "Anexos" que eran las islas de Margarita y Cubagua y en tierra firme Cumaná y Guayana (Álvaro HUERGA. "Antillas: implantación y consolidación de la Iglesia". En: Pedro BORGES (Edit.). *Historia de la Iglesia en Hispanoamérica y Filipinas (siglos XV-XIX)*. Madrid, Biblioteca de Autores Cristianos, II (1992) 9.

697 J. M. OTS CAPDEQUÍ. *Instituciones*. Barcelona, Ed. Salvat, Tomo XIV de la *Historia de América y de los Pueblos Americanos* dirigida por Antonio Ballesteros Baretta. Rafael FERNÁNDEZ HERES. "Factores históricos determinantes en la creación del Arzobispado de Caracas" [Manuscrito]. Con posterioridad publicó el autor este estudio en el *Boletín de la Academia Nacional de la Historia*. Caracas, n°. 346 (2004) 169-210. Para la consulta de la bibliografía eclesiástica nos remitimos a: Francisco Javier HERNÁEZ. *Colección de Bulas, Breves y otros documentos relativos a la Iglesia de América y Filipinas*. Bruselas, 1879, 2 vols., y al *Bullarium Romanum, Bullarum, Diplomatum et Privilegiorum Sanctorum Romanorum Pontificum*. Augustae Taurinorum, 1867-1872, 24 vols. Para la consulta relativa al Estado español, amén de las *Leyes de Indias* es conveniente tener presente a: Diego de ENCINAS. *Cedulario indiano*. Reproducción facsímil de la edición de 1596 por A. García Gallo. Madrid, 1945-1946, 4 vols., a Hermann GONZÁLEZ. *Iglesia y Estado en Venezuela*. Caracas, 1997 y a Enrique OTTE. *Cedularios de la Monarquía relativos a la Provincia de Venezuela*. Caracas, 1959, 2 vols. Y posteriormente *Cédulas Reales relativas a Venezuela 1500-1550*. Caracas, 1963.

La primera diócesis efectiva de Venezuela fue la de Coro (1532)[698], mediante la bula *Excellenti praeminentia*, y surgió a la sombra de la Gobernación de Venezuela sita en la capital coreana. Con todo, su primer obispo don Rodrigo de Bastidas[699] llegaría por primera vez el 11 de julio de 1534. Su fundación hace constar que es sufragánea de la arquidiócesis de Sevilla[700] hasta que en 1545 pasó a serlo de Santo Domingo[701].

[Sin embargo, en los albores del siglo XVII había propuesto el prelado caraqueño Antonio de Álcega (1607-1610)[702] una ordenación territorial de su obispado pues lo dividía en dos jurisdicciones eclesiásticas. La primera estaba constituida por los espacios orientales, o los llamados "Anejos ultramarinos del obispado de Puerto Rico": Cumaná, Guayana y Margarita y con sede en Caracas. La segunda contemplaba los territorios centro-occidentales con su catedral en Trujillo[703]. En el siglo XVIII también se intentarán otros ensayos como el que intentó conseguir la pujante provincia de Barinas en 1798[704].

Es curioso anotar que mientras en lo político se daba un paso trascendental para otorgar en 1777 la carta de ciudadanía propia a la Provincia de Venezuela todavía la visión hispana de la territorialidad eclesiástica seguía fragmentada pues en 1778 se creaba la diócesis de Mérida (*Magnitudo Divinae Bonitatis* del 16 de febrero de 1778[705]) sujeta a

---

698 Josef METZLER. *America Pontificia primi saeculi evangelizationis 1493-1592*. Città del Vaticano, Libreria Editrice Vaticana. I (1991), doc., 106ª.
699 Josef METZLER. America Pontificia primi saeculi evangelizationis 1493-1592, I, doc., 51 (pp., 225-233).
700 Josef METZLER. *America Pontificia primi saeculi evangelizationis 1493-1592*, I, doc., 51d: *Cum nos pridem*, die 21 junii 1531 (p., 230). Véase también: R. RITZLER y P. SEFRIN. *Hierarchia Catholica Medii et Recentioris aevi*. Paravii, III (1923) 329-330.
701 Fernando CAMPO DEL POZO. *Sínodos de Mérida y Maracaibo de 1817, 1819 y 1822*. Introducción y Edición crítica. Madrid, Centro de Estudios Históricos del Consejo Superior de Investigaciones Científicas (1988) 14
702 Nicolás E. NAVARRO. *Anales eclesiásticos venezolanos*. Caracas (1929) 54-56. Mons Navarro escribe "Alzega".
703 Lucas Guillermo CASTILLO LARA. "Intentos para la creación de una diócesis en Venezuela en la época colonial". En: *Boletín de la Academia Nacional de la Historia*. Caracas, nº., 264 (1983) 995- 1008.
704   OJO FALTA
705 La Bula fue expedida el 16 de febrero de 1778 aunque la datación del documento pontificio es diez y seis de febrero del año de la Encarnación de mil setecientos setenta y siete. En 1445 el Papa Eugenio IV dispuso que las bulas debían datarse a partir del día de la Encarnación del Señor, es decir, a partir del 25 de marzo.

la Metropolitana de Santa Fe de Bogotá[706] y en 1790 la de Guayana (aunque desde 1750 los obispos de Puerto Rico abogaban por la desmembración)[707] y se adscribía a la Metropolitana de Santo Domingo[708].

Una serie de acontecimientos políticos que vivió la península ibérica motivaron que el año 1803 se elevara el obispado de Venezuela a la categoría de arquidiócesis y se fijaran sus demarcaciones eclesiásticas con un nuevo ordenamiento territorial pues se le anexaban las diócesis de Mérida y la de Guayana como sufragáneas.

La desastrosa política exterior española frente a la República francesa de la Revolución le llevó a firmar el Tratado de Basilea el 22 de julio de 1795 y el Rey de España tuvo que aceptar que "*... por si y sus sucesores, cede y abandona en toda propiedad a la República Francesa toda la parte española de la Isla de Santo Domingo en las Antillas*"[709].

La primera consecuencia ponía en evidencia que el Arzobispo Metropolitano del que dependían algunos obispados del área caribeña pasaba a ser territorio extranjero y además por el Convenio entre la República de Francia y la Santa Sede (15 de julio de 1801) se acentuaban las exigencias regalistas galas en su subordinación al gobierno de París. Esta situación era inaceptable para la monarquía hispana y rompía la ordenación político-administrativa de la geopolítica del Patronato español en el siempre conflictivo mediterráneo caribeño.

Así pues, estos acontecimientos históricos obligaron a desmembrar la Metropolitana Primada de América de Santo Domingo para dar paso a nuevos centros de jurisdicción eclesiástica como fueron Santiago de Cuba y Caracas que se erigieron como Arzobispados[710].

---

706 Gabriel PICÓN. Datos para la historia de la Diócesis de Mérida. Caracas (1916) 27.
707 Álvaro HUERGA. *La evangelización del Oriente de Venezuela*. (Los anexos del obispado de Puerto Rico). Ponce (1996) 315-318.
708 R. RITZLER y P. SEFRIN. *Hierarchia Catholica Medii et Recentioris aevi*, Paravii, VI (1958) 232.
709 "Tratado de Paz de Basilea". En: PRÍNCIPE DE LA PAZ. *Memorias*. Madrid. Biblioteca de Autores Españoles, I (1965) 106-109. (Artículo, 9).
710 Carlos NOUEL. Historia Eclesiástica de la Arquidiócesis de Santo Domingo. Santo Domingo, II (1979) 239-240.

Con toda claridad lo expresaba la bula del papa Pío VII, *In universalis Ecclesiae regimine*[711] y así otorgaba a los nuevos arzobispos todas las facultades contempladas en el Breve de Gregorio XIII acordado en 1578, mandado a guardar por la Ley X, título IX, libro I, de la *Recopilación de Indias*.

De esta forma se consumaba la integración total de la nueva Venezuela y se creaba una nueva provincia eclesiástica en la que se insertaban tanto la diócesis de Mérida-Maracaibo, creada en 1777[712], y la de Guayana nacida en 1790. Estos dos obispados se segregaban el primero del arzobispado de Santa Fe de Bogotá y el segundo de Santo Domingo y se les liberaba de toda sujeción a metropolitanos extranjeros.

2. La geopolítica jesuítica en la Sudamérica colonial

Los jesuitas ingresan a los espacios americanos cuando las otras órdenes religiosas llevaban varias décadas de acción evangelizadora en el Nuevo Mundo. Por ello, pronto entendieron que su utopía debía proyectase no en la corteza del continente sino en los grandes espacios irredentos, es decir, en el corazón y en las entrañas de América[713].

Ello explica que la Compañía de Jesús americana se impusiera un ritmo histórico tan apremiante[714] en las primeras décadas del XVII que se puede afirmar con Esteve Barba que, de facto, a cargo de los jesuitas correrá la ciencia geográfica de la época desde California hasta la Argentina o los valles de Chile[715].

---

711 El texto puede verse en: Libro que contiene la erección de la Santa Iglesia Catedral de Santiago de Cuba, Autos de Ordenanzas despechados por varios Illmos. Señores Obispos de ella, por orden de sus fechas y algunas Reales Cédulas... Todo.. por disposición del Illmo. Sr. Dr. D. Joaquín Osis de Alzúa y Cooparacio... Año de 1796. Santiago de Cuba (1887) 176-188.

712 El texto de la bula puede verse en: Antonio Ramón SILVA. *Documentos para la historia de la diócesis de Mérida*. Mérida, Imprenta diocesana, I (1908) 15-34. La cédula real consiguiente (*Ibidem*, 35-37).

713 MATEOS, Francisco, "Antecedentes de la entrada de los jesuitas españoles en las Misiones de América" en *Missionalia Hispánica*, Madrid 1944, pp. 109-166.

714 Para una visión general de todas las misiones jesuíticas en ambas Américas, véase a Ángel SANTOS HERNÁNDEZ, "Actividad misionera de los jesuitas en el continente americano". En: J. DEL REY FAJARDO (Edit.). *Misiones jesuíticas en la Orinoquia*. San Cristóbal, I (1992) 7-137.

715 Francisco ESTEVE BARBA, *Cultura virreinal*. Barcelona-Madrid, Salvat Editores (1965) 636.

Pero, quien analice la geografía histórica de nuestro subcontinente durante el período hispánico observará la existencia de un cinturón de misiones jesuíticas que se iniciaba en el alto Orinoco y pasaba por Mainas, Mojos, Chiquitos y el Paraguay[716] y el cual significaba un bloqueo y una tentación para el avance portugués siempre ajeno al espíritu de Tordesillas. Esta evidente realidad le llevó a declarar en 1646 al conde de Salvatierra, virrey del Perú, que los indígenas de las reducciones jesuíticas eran los *custodios de la frontera*[717].

Pero, como hemos visto más arriba, la política territorial del virreinato del Perú, lamentablemente, le dio la espalda a esta utopía del corazón de América y el virrey Chinchón desoyó el consejo de la reunión resolutoria de Lima para que inaugurara la vía fluvial Napo-Amazonas, como vía formal de enlace con España y de esa forma evitar la ruta continental y marítima que trajinaba el océano Pacífico y atravesaba el Istmo de Panamá[718].

En la historia de la formación y deformación de los territorios de las nacionalidades actuales la visión amazónica española acabaría ignorando las posiciones estratégicas y la diligencia mostrada por la Compañía de Jesús para mantener los extensos territorios que le había conferido a la corona hispana el Tratado de Tordesillas.

La penetración de los miembros de la Compañía de Jesús a los espacios profundos sudamericanos se lleva a cabo, desde el lado hispano, al mediar el siglo XVII.

En 1646 llegaban los jesuitas neogranadinos a Santo Tomé de Guayana, capital de la Provincia de Guayana con la intención de remontar aguas arriba el Orinoco[719]. A tales efectos llama poderosamente la atención la

---

716 Para una información sistemática, V., SANTOS HERNÁNDEZ, Ángel, "Actividad misionera de los jesuitas en el continente americano" en *Misiones jesuíticas en la Orinoquia*, I, J. DEL REY FAJARDO (edit.), San Cristóbal 1992, pp. 34-56; 65-83.

717 BAYLE, Constantino, "Las Misiones, defensa de las fortalezas de Mainas" en *Missionalia Hispánica*, Madrid 1951, pp. 417-503.

718 VARGAS UGARTE, Rubén, *Historia General de Perú*, III, Lima 1971, pp. 223 y ss. Citado por BARANDIARÁN, Daniel de, "Brasil nació en Tordesillas. (Historia de los límites entre Venezuela y Brasil). Primera parte: 1494-1801", en *Paramillo*, Universidad Católica del Táchira, 13, 1994, pp. 412-413.

719 DEL REY FAJARDO, José, "Introducción al estudio de la historia de las misiones jesuíticas en la Orinoquia", en *Misiones jesuíticas en la Orinoquia*, I, J. DEL REY FAJARDO (edit.), San Cristóbal 1992, pp. 406-411.

concepción continental que subyace en algunas de las de las instrucciones dadas a sus protagonistas. Una de ellas expresaba: "... procuren Vuestras Reverencias con toda diligencia saber si en este río Orinoco entra algún brazo del caudaloso Pará, o si los indios que viven desta banda de la cordillera se comunican con los otros de la ribera del dicho Pará, que sería de gran importancia saber si se puede haber comunicación de una banda a la otra sin salir al mar"[720].

La misma Provincia jesuítica del Nuevo Reino de Granada, a través de su sede de Quito, iniciaría sus actividades, en 1638, en el área denominada Misiones de Mainas[721].

También la Provincia del Perú se hacía presente en 1674 en los espacios que la colonia designó como Alto Perú y hoy pertenecen a la República de Bolivia. Nos referimos a la Misión de Mojos[722] cuya vitalidad ha venido siendo resucitada a través de los estudios realizados en el siglo XX[723].

Todavía más al sur y en territorios bolivianos la Compañía de Jesús estableció en 1692 la Misión de Chiquitos pero dependiente de la Provincia del Paraguay. Su territorio se extendía al sudeste de los llanos de mojos,

---

720 APQU, Leg., 3. Instrucción y órdenes por el Padre Pr. Rodrigo Barnuevo a los padres Andrés Ignacio y Alonso Fernández para la misión de Guayana, donde son embiados por la Santa obediencia, en 4 de junio de 1646.
721 Para una visión general V., SANTOS HERNÁNDEZ, Ángel, "Actividad misionera de los jesuitas en el continente americano" en *Misiones jesuíticas en la Orinoquia*, 1, J. DEL REY FAJARDO (edit.), San Cristóbal 1992, pp. 40-47.
722 Para una visión general V., SANTOS HERNÁNDEZ, Ángel, "Actividad misionera de los jesuitas en el continente americano", 52-55. V., también BARNADAS, Josep M., "Introducción". EDER, Francisco Javier, sj., *Breve descripción de las Reducciones de Mojos*, Traducción y edición de BARNADAS, Josep M., *Historia Boliviana*, Cochabamba 1985, III-CIV.
723 RODRÍGUEZ, Manuel, *El descubrimiento del Marañón*, Madrid 1648, pp. 225-226. La preocupación por la geografía profunda la consignaba en 1648 el P. Manuel Rodríguez cuando escribía: *"De estas naciones y ríos, que llaman de la Madera los portugueses y los indios que le habitan Cuyari, tengo por cierto, según el dicho de los prácticos tupinambas, que se continúan con las naciones de los chiriguanas, moxos y otros de azia Potosí, a cuya reducción han entrado ya missioneros de la Compañía por Santa Cruz de la Sierra, y que descendiendo por sus ríos al que se compone de ellos y subiendo otros por el de la Madera, podrán juntarse o continuarse grandes reducciones, en tantas leguas como corre aquel rio, desde tanta altura de el Perú asta lo más baxo de el Marañón. El nombre que dize el padre Acuña le dan los naturales manifiesta que es río de el Perú, porque es de la lengua inga la palabra cuyari, que sale del verbo cucuyni, que significa 'amar'..."*.

desde las fuentes del Baures hasta la sierra de Santiago y hasta los países pantanosos de los guaycurús[724].

Cerraban este semicírculo geográfico que atenazaba los territorios brasileros las Misiones del Paraguay que se habían iniciado en 1609[725].

Pero el topos, para la utopía de la Orinoquia, venía condicionado por dos premisas jurídico-filosóficas: el Tratado de Tordesillas[726] que interpretaría las zonas mundiales de influencia hispano-portuguesa pero dejaría a la intemperie las fronteras gestantes, abiertas a la dinámica civilizadora; y el "Mare Liberum" de Grocio[727] que propugnaba los derechos universales del libre comercio y de la libre navegación. El "Mare Liberum" transformó el Mediterráneo americano, en zona de ensueño y fantasía para los aventureros de toda índole, bucaneros que saqueaban las haciendas de los españoles y filibusteros que se convirtieron en corsarios de todo navío mercante a la vez que ambicionaban como botín de guerra los galeones hispanos. En su deambular por los mares caribeños y atlánticos Inglaterra, Francia y Holanda buscarían hábitats para asegurar sus monopolios comerciales en la fachada construida entre la desembocadura del Amazonas y el rosario isleño caribe.

Tristemente la Orinoquia sería un lugar desafortunado de encuentro entre el Tratado de Tordesillas y el Mare liberum, pero esa es la realidad histórica.

---

724 Para una visión general V.. SANTOS HERNÁNDEZ, Ángel, "Actividad misionera de los jesuitas en el continente americano" en *Misiones jesuíticas en la Orinoquia*, I, J. DEL REY FAJARDO (edit.), San Cristóbal 1992, pp. 55-57.

725 Para una visión general V.. SANTOS HERNÁNDEZ, Ángel, "Actividad misionera de los jesuitas en el continente americano" en *Misiones jesuíticas en la Orinoquia*, I, J. DEL REY FAJARDO (edit.), San Cristóbal 1992, pp. 65-83.

726 Daniel de BARANDIARÁN. *Brasil nació en Tordesillas. (Historia de los límites entre Venezuela y Brasil)*. Primera parte: 1494-1801. San Cristóbal, Universidad Católica del Táchira, 1994. [Citaremos por la separata].

727 Hugo GROCIO, Mare Liberum sive de jure quod Batavis competit ad indiana commercia dissertatio. Lugduni Batavorum, 1609.

3. **Las visiones geopolíticas**

El marco espacial de la Provincia neogranatense lo diseñaría en 1607 – tres años después de su llegada al Nuevo Reino- el P. Martín de Funes[728], hombre cosmopolita con mentalidad renacentista quien venía de enseñar teología en Austria y había recorrido como Profesor de esa disciplina una buena parte de Europa y quien pasaría a la historia eclesiástica romana como principal ideólogo del primer seminario de misiones extranjeras"[729]. Su inquieta y atrevida personalidad intelectual[730] dejó sus huellas en el alma de la nueva Provincia.

Su visión geopolítica de lo que él denominaba "Provincia de Tierra Firme" abarcaba desde Panamá hasta Canarias (de donde esperaba conseguir vocaciones para tan magna empresa); también se incluían todos los Llanos hasta el Brasil; por el norte comprendía las Islas de la Española y Cuba[731].

Por otra parte la nueva circunscripción neogranadina, ínsita en el corazón del mundo chibcha, se desgajaba de la del Perú y por ello es lógico que heredara su pasión por la vocación amazónica y su respuesta imitativa en la búsqueda del Marañón y del Orinoco.

Caracas se convertirá en el siglo XVIII como el lugar de encuentro entre la progresiva toma de conciencia guayanesa que busca expandirse hasta las orillas del Amazonas y la visión caribeña con sede en Santo Domingo y Curaçao[732].

---

728 DEL REY FAJARDO. *Catedráticos jesuitas de la Javeriana colonial*. Bogotá (2002) 131-134.

729 José Luis SÁEZ. "La visita del P. Funes a Santo Domingo y sus Memoriales sobre las Indias (1606-1607)". En: *Paramillo*. San Cristóbal, 14 (1995) 573.

730 Giuseppe PIRAS. *La Congregazione e il Collegio di Propaganda Fidei di J. Vives, G. Leonardi e M. de Funes*. Roma, 1976.

731 Véase la trascripción castellana en: José Luis SÁEZ. "La visita del P. Funes a Santo Domingo y sus Memoriales sobre las Indias (1606-1607)". En: *Paramillo*. San Cristóbal, 14 (1995) 605-606.

732 Véanse: José DEL REY FAJARDO. *Entre el deseo y la esperanza: los jesuitas en la Caracas colonial*. Caracas. Universidad Católica Andrés Bello, 2004. José **DEL REY FAJARDO**, *El mito Schabel. Las antinomias de un jesuita aventurero*. Valera, Universidad Valle del Momboy, 2007.

Los jesuitas orinoquenses tuvieron que enfrentar varios dilemas a la hora de afrontar la realización de sus proyectos sobre la civilización de la gran Provincia de Guayana: la primera respondería a la vocación andina de sus inspiradores hispanos; la segunda miraría al Atlántico por la seducción que el mar océano infundía a los jesuitas franceses que trataron de insertarse en la fachada oriental de Venezuela.

La primera visión nacía de la de la concepción obligada de la continentalidad pues tenían que penetrar a las tierras interioranas de Sudamérica desde la cordillera andina[733].

Pero en la década 1640-1650 la dinámica de la Compañía de Jesús del Nuevo Reino había asumido nuevos retos y optado por otros proyectos.

La Provincia jesuítica del Nuevo Reino de Granada, a través de su sede de Quito, iniciaría sus actividades, en 1638, en el área denominada Misiones de Mainas[734]. El papel jugado por los seguidores de Ignacio de Loyola en estas regiones del Marañón y sus luchas territoriales frente al Brasil portugués[735] así como su aporte escrito para el conocimiento de sus hombres, de su historia y de su geografía[736] constituyen un arquetipo de lo que fueron y significaron las misiones jesuíticas en el corazón de Sudamérica.

Y desde Bogotá se vendría a dar respuesta al proyecto de Guayana como nuevo polo de desarrollo misional. Pensamos que fue don Martín de Mendoza de la Hoz Berrío, gobernador de Guayana, el que colaboró a formular a los jesuitas el Proyecto guayanés, quizá a través de una de las figuras más vinculadas a la primera historia misional llanera; nos referimos a Doña Serafina Orozco, esposa de Don Martín de Mendoza, encomendera

---

733 Para una visión global de la acción jesuítica en América. Véase: Ángel SANTOS HERNÁNDEZ. "Acción misionera de los jesuitas en la América Meridional española". En: *Miscelánea Comillas*. Madrid, 46 (1988) 43-106.

734 Véase: Ángel SANTOS HERNÁNDEZ. "Actividad misionera de los jesuitas en el continente americano", 40-47.

735 Constantino BAYLE. "Notas sobre bibliografía jesuítica en Mainas". En *Missionalia Hispanica*. Madrid (1949) 277-317.

736 Constantino BAYLE. "Las Misiones, defensa de las fortalezas de Mainas". En *Missionalia Hispanica*. Madrid (1951) 417-503.

de Chita y persona cercana a los jesuitas que misionaron el balcón andino en el trienio 1625-1628[737].

En 1646 llegaban los jesuitas sevillanos Andrés Ignacio (1599-1648)[738] y Alfonso Fernández (1617-1654)[739] a Santo Tomé de Guayana, capital de la Provincia de Guayana con la intención de trazar una carta de navegar misional que entretejiera las regiones profundas del subcontinente[740].

Desconocemos los orígenes precisos que generaron el proyecto guayanés, pero la *Instrucción* dada a los exploradores encargados del proyecto[741] y la política misional de la joven Provincia jesuítica del Nuevo Reino y Quito[742] delatan una concepción geo-misionera del corazón de Sudamérica. La *Instrucción* remite al viaje del P. Acuña por el Marañón y Amazonas[743] y a la experiencia de los jesuitas en el Paraguay[744], como métodos orientadores del ensayo. Asimismo les advierte que pongan toda

---

737 Juan RIVERO. Historia de las Misiones de los Llanos de Casanare y los ríos Orinoco y Meta. Bogotá (1956) 84.

738 José DEL REY FAJARDO. *Bio-bibliografía de los jesuitas en la Venezuela colonial*. San Cristóbal-Santafé de Bogotá (1995) 309

739 José DEL REY FAJARDO, *Bio-bibliografía...*, 220.

740 José DEL REY FAJARDO. "Introducción al estudio de la historia de las misiones jesuíticas en la Orinoquia". En: José DEL REY FAJARDO (Edit.). *Misiones jesuíticas en la Orinoquia*. San Cristóbal. I (1992) 406-411.

741 APQu., Leg., 3. Instrucción y órdenes dadas por el Padre Provincial Rodrigo Barnuevo para los Padres Andrés Ignacio y Alonso Fernández para la misión de la Guaiana donde son enviados por la santa obediencia en 4 de junio de 1646. El documento ha sido publicado por José DEL REY FAJARDO. Documentos jesuíticos relativos a la Historia de la Compañía de Jesús en Venezuela. Caracas. II (1974) 153-156.

742 No conocemos hasta el momento ningún estudio específico sobre el tema; sin embargo, la acción llevada a cabo con el mundo negro a través de Alonso de Sandoval y Pedro Claver en Cartagena; el ensayo desarrollado en los Llanos entre 1625 y 1628; y los intentos con los Paeces y en las costas del Pacífico por los jesuitas neogranadinos obligan a formular tales teorías. No incluimos aquí los esfuerzos de la parte de Quito encauzados a la misión del Marañón.

743 Cristóbal de ACUÑA. *Nuevo Descubrimiento del Gran Río de las Amazonas*. Por el Padre Christoval de Acuña, Religioso de la Compañía de Iesus, y Calificador de ls Suprema General Inquisición. El qual fue y se hizo por orden de su Magestad el año de 1639. Por la Provincia de Quito en los Reynos de Perú. Al Excelentísimo Señor Conde Duque de Olivares. Con licencia. En Madrid, en la Imprenta del Reyno, año de 1641; 46 hs y 6 de prels. Constantino BAYLE. "Notas sobre bibliografía jesuítica de Mainas". En: *Missionalia Hispanica*. Madrid (1949) 277-317. Idem. "Cuarto Centenario del descubrimiento del Amazonas. Descubridores jesuitas del Amazonas". En: *Revista de Indias*. Madrid (1940) 121-149. Francisco MATEOS. "Misioneros jesuitas españoles en el Perú desde el siglo XVI". En: *Missionalia Hispanica*. Madrid (1944) 559-571. Idem. "En pleno corazón del Amazonas". En: *Razón y Fe*. Madrid. 152 (1955) 99-109.

744 APQu. Leg., 3; *Doc. cit.*, n. 9.

diligencia en averiguar si hay comunicación fluvial entre el Orinoco y el Amazonas y si los indígenas de ambas cuencas tienen trato entre sí[745].

Más, de forma paralela surgiría un nuevo concepto que dejaba de lado la concepción andina y optaba por una vocación atlántica. Al mediar el siglo XVII hacían acto de presencia por la fachada atlántica de Venezuela, de forma sorpresiva, los jesuitas galos que venían de las Antillas francesas.

La historiografía venezolana no se ha asomado hasta el momento a la problemática jurídica que produjo un breve del Santo Oficio, el 12 de julio de 1635, el cual significaba una derogación tácita de la bula de Alejandro VI del 12 de mayo de 1493[746]. El poderío político de Francia, a través del Cardenal Richelieu, conseguía poner fin, de facto y de jure, a la exclusividad que habían gozado España y Portugal con respecto a los nuevos mundos descubiertos en oriente y occidente[747].

La experiencia misional del Guarapiche ocasionó verdaderos problemas diplomáticos entre las coronas española y francesa, evidenció la verticalidad de la política hispana con respecto a los hombres que no eran súbditos de su corona[748] y frustró lo que podía haber sido un verdadero ensayo de política misional en uno de los flancos mayores y más

---

745 APQu. Leg., 3. *Doc. cit.*, n. 22.

746 G. DE VAUMAS, *L'éveil missionnaire de la France au XVIIe. Siècle*. París, Bloud & Gay. Bibliothèque de l'histoire de l'Eglise. Collecion publiée sous la direction de c. Jarry., 198. También recomendamos como bibliografía obligada a: Bernard DAVID. *Dictionnaire biographique de la Martinique (1635-1848)* "Le Clergé". Tome 1. 1635-1715. Fort-de-France. Société d'Histoire de la Martinique, 1984. Giovanni PIZZORUSSO. *Roma nel Caraibi: organizzazione delle missione cattoliche nelle Antille en el Guyana (1635-1675)*. Ecole Francaise, 1995, así como su artículo "Ordini regulari, missione e politica nelle Antille del XVII secolo". En Flavio RURALE. *I Religiosi a Corte. Teologia, politica e diplomazia in Antico Regime*. Roma, Bulzoni (1998) 249-286.

747 Para entender la versión francesa, véase: Joseph LECLER. "La <donation> d'Alexandre VI". En: *Études*, París (1938) 1-16; 195-208.

748 DEL REY FAJARDO, José. "Antoine Boislevert (1618-1669) fundador [de las Misiones] de los Llanos de Casanare". En: *Boletín de la Academia Nacional de la Historia*. Caracas, t. LXXVII, n°., 308 (1994) 97. Así escribía el P. Monteverde: "La Audiencia Real de Santafé nos ha ocultado esta cédula y ha representado a Madrid que importa retenemos aquí. Casi al mismo tiempo llegó esta cédula y la noticia que el Rey de Francia había declarado la guerra por el Condado de Bravante. Como los consejeros de esta Presidencia son más entendidos en derecho que en las leyes de la guerra inmediatamente nos hicieron venir al P. Dionisio Mesland y a mí de la misión de los Llanos como si fuéramos los rehenes y los garantes de las diferencias entre Francia y España y después de haber servido tanto tiempo y no inútilmente a las misiones de esta monarquía debíamos ser menos privilegiados que los seculares [extranjeros?] de todas las naciones que pasan a España o a estas Indias".

desasistidos que tenía la América española en el área comprendida entre el Orinoco y el Amazonas.

Creemos que el peregrinar del jesuita francés Antonio de Monteverde por el mundo insular caribeño así como sus conversaciones con hombres de gobierno y las dolorosas experiencias de su compatriota del cartesiano Dionisio Mesland coadyuvaron para que su mente reordenara los grandes espacios llaneros venezolanos y el Atlántico.

Su estrategia fue la de concebir el Orinoco como una entidad única en la que se daban la mano Casanare, Guayana y la Isla de Trinidad porque siendo la Guayana puerta "para innumerables infieles, se encadenaban las misiones, se dilataba su esfera, y aún se facilitaba más esta parte de la misión con los socorros temporales de herramientas y otros menesteres que podían servir en Casanare"[749]. El plan incluía también una residencia en la isla de Trinidad, la cual debía servir de escala para los misioneros que vinieran de Europa evitando de esta forma el fatigoso caminar de Cartagena a Bogotá y de aquí a Casanare[750].

Hay que reconocer que al dar la espalda al Caribe y al Atlántico los jesuitas neogranadinos se iría expandiendo, paralelamente, entre la desembocadura del Orinoco y del Amazonas la presencia francesa[751].

Con toda razón se pregunta Daniel Barandiarán: "¿Qué hubiera sido de las Misiones Jesuíticas del Orinoco Amazónico, si desde un inicio, como muy bien lo intuyeron Mesland y Monteverde, se hubieran vertebrado no en la mediterránea y alejada Bogotá, sino en Trinidad y Santo Tomé, y con su continua y obstinada proyección a las supuestas fuentes amazónicas de ese Orinoco Jesuítico, en busca del abrazo fraternal con las otras Misiones Jesuíticas de los Padres Fritz y Sana en el Amazonas y Maynas?... ¿no se hubiera arraigado nuestra Provincia Guayanesa en la inmersión estructural

---

749 Juan RIVERO. Historia de las Misiones..., 176.
750 Todo el plan lo formuló Monteverde en una carta que dirigió al P. José de Urbina, Rector de la Universidad Javeriana de Bogotá, en marzo de 1664 (Véase: Juan RIVERO. Historia de las Misiones..., 176).
751 Véase: G. DE VAUMAS. L'eveil missionnaire de la France au XVIIe Siècle.. París [s. f.] y Giovanni PIZZORUSSO. Roma nei Caraibi. L'organizzazione delle missioni cattoliche nelle Antille e in Guyana (1635-1675). Roma, 1995.

de las mil y una venas acuíferas del Orinoco y del propio Amazonas en su orilla izquierda septentrional, cerrando el paso al avance de Portugal?"[752].

Más, con el correr de los años ambos proyectos fracasarían antes de concluir el siglo XVII. La razón última radica en el hecho de que tras la muerte del gobernador don Martín de Mendoza y de la Hoz Berrío, en 1656, la Provincia de Guayana y su gobernación se sumen "en la más profunda de las noches administrativo-civiles dejando prácticamente el campo abandonado para la doble estrategia contradictoria: la misionera evangelizadora y la caribe depredatoria y esclavizadora" al servicio de la "guerrilla fluvial y selvática de los indios caribes al servicio del azúcar holandés"[753].

En el siglo XVIII surgen nuevos planteamientos de los que José Gumilla será el principal arquitecto.

4. El contexto americanista de la obra de José Gumilla

Al asomarse al siglo XVIII se observa en la literatura histórica de los jesuitas americanos una floración de estudios que proponían meditaciones transformadoras para levantar un nuevo proyecto de la América profunda [754]. Todas las regiones continentales se convirtieron en "protagonistas" del sueño americano: era la primera gran respuesta institucional al reto de la selva y de la precivilización[755].

---

[752] Daniel BARANDIARÁN. "El Orinoco Amazónico de las Misiones Jesuíticas". En: José DEL REY FAJARDO (Edit.). *Misiones jesuíticas en la Orinoquía*. San Cristóbal (1992) 229.

[753] Daniel BARANDIARÁN. "El Orinoco amazónico de las Misiones Jesuíticas". En: José DEL REY FAJARDO (Edit.). *Misiones jesuíticas en la Orinoquía*. San Cristóbal, II (1992) 317.

[754] Para una visión general: Ángel SANTOS HERNÁNDEZ. "Actividad misionera de los jesuitas en el continente americano". En: José DEL REY FAJARDO (Edit.). *Misiones jesuíticas en la Orinoquía*. San Cristóbal, Universidad Católica del Táchira, I (1992) 7-137. Para la ubicación del aporte jesuítico en la historia de la geografía venezolana: Pedro CUNILL GRAU. *Historia de la Geografía de Venezuela*. Caracas, Ministerio del Poder Popular para la Educación Superior; Consejo Nacional de Universidades; Oficina de Planificación del Sector Universitario, I (2009) 3-72; 99-106.

[755] Indicaremos algunas obras representativas de las regiones más importantes. Miguel VENEGAS, *Noticia de la California y de su conquista temporal y espiritual hasta el tiempo presente*. Madrid, 1757. Eusebio KINO. *Las misiones de Sonora y Arizona*. México, 1913-1922. José ORTEGA. *Apostólicos afanes de la Compañía de Jesús, escritos por un Padre de la misma sagrada Religión de su provincia de México*. México, 1754. Pedro LOZANO. *Descripción Chorographica del terreno, Ríos, Arboles y Animales de las dilatadíssimas Provincias del Gran Chaco, Gualamba y de los ritos y costumbres de las innumerables naciones barbaras e infieles*

Citaremos algunos ejemplos significativos: En el Capitolio de Washington existen dos estatuas representativas de sendos descubridores jesuitas: la del P. Jacobo Marquette (1637-1675)[756], explorador del Missisipi y la Luisiana [757] y la del P. Eusebio Kino (1645-1711), descubridor de la Península de California[758].

En Colombia sería el P. Antonio Julián (1722-1790)[759] el cantor del gran río Magdalena[760]. La bibliografía sobre el Amazonas[761] es mucho mayor pues se extiende desde el P. Cristóbal de Acuña (1598-1670)[762] y Manuel Rodríguez (1628-1684)[763] pasando por el P. Samuel Fritz (1651-1725)[764] y Pablo Maroni (1695-1757)[765] hasta el P. José Chantre y Herrera (1738-1801)[766].

---

que la habitan... Córdoba, 1733. Martín DOBRIZHOFFER, *Ihstoria de Abiponibus Esquestri. Bellicosaque Paraquariae Natione locupletata...* Viennae, 1784.

756 L. CAMPEAU. "Marquette, Jacques". En: Charles E. O'NEILL y Joaquín Mª DOMÍNGUEZ. *Diccionario histórico de la Compañía de Jesús*. Roma-Madrid, III (2001) 2514.

757 J. MARQUETTE. Récit des voyages et des découvertes du R. Père Jacques Marquette de la Compagnie de Jésus en l'année 1673 et aux suivantes... et le journal autographe du P. Marquetteen 1674 et 1675, avec la carte de son voyage tracée de sa main. Albany, 1855.

758 Ernest J. BURRUS. "Kino (Chini, Chino) Eusebio Francisco". En: Charles E. O'NEILL y Joaquín Mª DOMÍNGUEZ. *Diccionario histórico de la Compañía de Jesús*. Roma-Madrid, III (2001) 2194-2195.

759 José DEL REY FAJARDO. *Catedráticos jesuitas de la Javeriana colonial*. Bogotá, (2002) 161-167.

760 Antonio JULIÁN. La Perla de América, Provincia de Santa Marta, reconocida, observada y expuesta en discursos históricos por Don Antonio Julián. Madrid, 1787.

761 Cristóbal de ACUÑA. Nuevo descubrimiento del gran río de las Amazonas el año de 1639. Madrid, 1641. Manuel RODRÍGUEZ. El Marañón y Amazonas. Madrid, 1684. Samuel FRITZ. El gran río Marañón o Amazonas con la misión de la Compañía de Jesús. Quito, 1707. Pablo MARONI. Noticias auténticas del famoso rio Marañón, y misión apostólica de la Compañía de Jesús de la Provincia de Quito. Madrid, 1889. José CHANTRE Y HERRERA. Historia de las Misiones de la Compañía de Jesús en el Marañón Español (1637-1767). Madrid, 1901.

762 Enrique FERNÁNDEZ G. "Acuña, Cristóbal de". En: Charles E. O'NEILL y Joaquín Mª DOMÍNGUEZ. *Diccionario histórico de la Compañía de Jesús*. Roma-Madrid. I (2001) 13.

763 Jorge VILLALBA. "Rodríguez Villaseñor, Manuel". En: Charles E. O'NEILL y Joaquín Mª DOMÍNGUEZ. *Diccionario histórico de la Compañía de Jesús*. Roma-Madrid, IV (2001) 3398.

764 Jorge VILLALBA y J. Mª DOMINGUEZ. "Fritz, Samuel". En: Charles E. O'NEILL y Joaquín Mª DOMÍNGUEZ. *Diccionario histórico de la Compañía de Jesús*. Roma-Madrid, II (2001) 2194-2195.

765 Jorge VILLALBA. "Maroni, Pablo". En: Charles E. O'NEILL y Joaquín Mª DOMÍNGUEZ. *Diccionario histórico de la Compañía de Jesús*. Roma-Madrid, III (2001) 2511.

766 Jorge Villalba. "Chantre y Herrera, José". En: En: Charles E. O'NEILL y Joaquín Mª DOMÍNGUEZ. *Diccionario histórico de la Compañía de Jesús*. Roma-Madrid, I (2001) 751-752.

Y para completar el diseño del semicírculo geográfico misional del subcontinente hay que recurrir a las Misiones del Paraguay. Tanto su rica cartografía ha sido estudiada por el P. Guillermo Furlong[767] así como la exquisita bibliografía producida por los misioneros guaraníticos como por escritores europeos de todas las épocas[768].

En 1741 aparecía en Madrid *El Orinoco ilustrado* del misionero del gran río venezolano, P. José Gumilla[769]. La formulación de una problemática común es bastante explícita en muchas de las obras impresas y en la correspondencia epistolar. Así pues no es de extrañar que el tema central de la historiografía guayanesa sea la Orinoquia, pero no la arteria fluvial históricamente esquematizada sino la realidad de su devenir que clama justicia ante tanta posibilidad irredenta.

Con la aparición de *El Orinoco ilustrado* en 1741 en Madrid se abre la época de la ilustración de la Orinoquia. Como obra programática está implicada "en el movimiento de iniciativas del siglo XVIII, el mismo que se despliega en la ilusión y en el optimismo de la Emancipación"[770], pues, en definitiva es el heredero directo de todo el impulso de acción que se inicia en esas fechas[771].

---

[767] FURLONG CARDIFF, Guillermo. Cartografía jesuítica del Río de la Plata. Buenos Aires, Talleres S. A. Casa Jacobo Peuser, 1936. Y una síntesis en: Guillermo FURLONG, Historia social y cultural del Río de la Plata 1536-1810. El trasplante cultural: Ciencia. Buenos Aires (1969) 120-134.

[768] Véase información en: Javier BAPTISTA y Cayetano BRUNO. "Paraguay". En: Charles E. O'NEILL y Joaquín Mª DOMÍNGUEZ. *Diccionario histórico de la Compañía de Jesús*. Roma-Madrid. III (2001) 3032-3038.

[769] Joseph GUMILLA. *El Orinoco ilustrado*. Historia Natural, Civil y Geographica, de este Gran Río, y de sus caudalosas vertientes: Govierno, usos, y costumbres de los indios sus habitantes, con nuevas y utiles noticias de Animales, Arboles, Aceytes, Resinas, Yervas, y Raices medicinales: Y sobre todo, se hallarán conversiones muy singulares a nuestra Santa Fé, y casos de mucha edificacion. *Escrita* por el P. Joseph Gumilla, de la Compañía de Jesús, Missionero, y Superior de las Missiones del Orinoco, Meta, y Casanare, Calificador, y Consultor del Santo Tribunal de la Inquisición de Cartagena de Indias, y Examinador Synodal del mismo Obispado. Provincial que fue de su Provincia del Nuevo Reyno de Granada, y actual Procurador a entrambas Curias, por sus dichas Missiones y Provincia. Madrid, 1741, XL (sin foliar)-580 + 19 de índices.

[770] Ramón EZQUERRA. "La crítica española de la situación de América en el siglo XVIII". En: *Revista de Indias*. Madrid, nº. 87-88 (1962) 189.

[771] Demetrio RAMOS. "Gumilla y la publicación de El Orinoco ilustrado". En: José GUMILLA, *El Orinoco ilustrado y defendido*. Caracas, Biblioteca de la Academia Nacional de la Historia (1963) CXXIV-CXXV.

José Juan Arrom clasifica a Gumilla en la generación de 1714 con la que "amanece para América un nuevo día" y se extiende hasta la que llega a teñirse de enciclopedismo. Para Arrom es tan profundo el cambio que se instaura con *El Orinoco ilustrado* que, por su contenido cree "se acerca más a Humboldt que a los historiadores del siglo anterior"[772]. Además, como obra representativa, la ubica en la línea de la del regidor de La Habana, José Martín Félix de Arrate, autor de la *Llave del Nuevo Mundo, antemural de las Indias Occidentales: La Habana descrita, noticias de su fundación, aumentos y estado*.

5. José Gumilla descubridor científico de la Orinoquia

Las tierras del Oriente de Venezuela, y con ellas el río Orinoco y la Provincia de Guayana, ingresaron como protagonistas en la Historia de América desde los albores del descubrimiento. Sin embargo, su auténtica biografía comenzaría a ser escrita a mediados del siglo XVIII.

En el siglo XVI el utópico Dorado convocaría una serie de gestas cuyos relatos fueron fuente generosa de inspiración histórica[773] así como también han servido para iluminar la creación literaria que aún hoy día recrea los imaginarios de esas regiones míticas[774].

En el siglo XVII, con la firma del Tratado de Münster (1648), los Países Bajos asumieron su total independencia de España y comenzaron a actuar de forma más incisiva en diversos frentes del imperio español de Indias.

En el caso concreto de Venezuela: en la primera mitad del XVII se establecen las colonias foráneas protestantes: los calvinistas holandeses en los territorios ultraesequivos y como amenaza todavía más peligrosa en Curazao en 1634[775], mientras que los ingleses ponen su pie definitivo en Jamaica en 1655. Y los franceses cercarían con algunas islas caribeñas el

---

[772] José Juan ARROM. "Esquema generacional de las letras hispanoamericanas". En: *Thesaurus*. Bogotá, t. XVI, nº 2 (1961) 328.

[773] Véase: Demetrio RAMOS PÉREZ. *El mito del Dorado. Su génesis y proceso*. Caracas, 1973

[774] Una síntesis puede verse en: S. G. [Sonia GARCÍA]. "El Dorado, mito de". En: FUNDACIÓN POLAR. *Diccionario de Historia de Venezuela*. Caracas, II (1997) 190-192.

[775] Carlos FELICE CARDOT. *Curazao hispánico. Antagonismo flamenco-español*. Caracas, 1973

mar Atlántico venezolano desde 1639 y se instalarían posteriormente en Guyana[776].

De toda esa rica veta de acciones heroicas la historiografía venezolana sólo ha conservado dos obras.

Desde que en 1596 publicara en Londres Walter Raleigh su libro *The Discoverie*[777] tendrían que transcurrir 145 años para que el río Orinoco y la Provincia de Guayana penetrasen en el mundo culto europeo con personalidad propia. Pero, si el libro del inglés produjo un gran impacto en la sociedad culta y política europea de comienzos del siglo XVII no lo fue menos el originado por *El Orinoco ilustrado* del P. José Gumilla editado en Madrid en 1741[778]. Baste aducir que en los tres lustros que separan la segunda edición de la obra del misionero (1745) aparecieron en Francia extensas síntesis y estudios que venían a hacerse eco de la problemática planteada por la curiosa sagacidad del jesuita orinoquense[779].

---

776 Pierre PELLEPRAT. Relato de las misiones de los Padres de la Compañía de Jesús en las Islas y en Tierra Firme de América Meridional. Caracas (1965) 13-46. Véase: Abbé RENARD. Essai bibliographique sur l'histoire religieuse des Antilles françaises. Paris, s/f. Capítulo III. Además de las fuentes primarias que citaremos es necesario consultar P. De MONTEZON. Mission de Cayenne et de la Guyane française. Paris, 1857. (El verdadero nombre, según Sommervogel, es Fortuné DEMONTEZON y su amplia bibliografía la recoge en: SOMMERVOGEL. Bibliothèque, II, 1911-1913). G. DE VAUMAS. L'éveil missionnaire de la France au XVIIe. Siècle. Paris, Bloud & Gay. Bibliothèque de l'histoire de l'Eglise. Colleción publiée sous la direction de e. Jarry. Giovanni PIZZORUSSO. Roma nel Caraibi: organizzazione delle missione cattoliche nelle Antille en el Guyana (1635-1675). Ecole Franciase. 1995.

777 Walter RALEIGH. The Discoverie of the large, rich and bewtiful empyre of Guiana, with a relation of the great and Golden Citie of Manoa (wich the Spanyards call El Dorado)... London, 1596. A ésta habría que añadir el diario de viaje de la expedición que en 1647 dirigió el capitán Manuel de Ochagavía para descubrir el río Apure (Jacinto de CARVAJAL. Relación del descubrimiento del río Apure hasta su ingreso en el Orinoco. León, 1892).

778 José DEL REY FAJARDO. "José Gumilla, explorador científico de la Orinoquia". En: Juan PLAZAOLA (Edit.). *Jesuitas exploradores, pioneros y geógrafos*. Bilbao, Ediciones Mensajero (2006) 199-243.

779 Mémoires pour l'Histoire des Sciences et des beaux Arts, commencés d'etre imprimés l'an 1701 a Trevoux et dédiés a son Altesse Sérénissime Monseigneur le Prince Souverain de Dombes. A Paris. Chez Chabert:
- (1747) Oct. Dec., pp. 2.319-2.345, 2.501-2.524.
- (1748) Jan. Mar., pp. 27-53, 189-191.
- (1759) Mar.-Avril, PP. 623-640.

Année Littéraire, année M.DCC.LVIII par M. Fréron, des Académis d'Angers, Montauban, de Nancy, de Marseille et de Caen.
A Amsterdam. Et se trouve a Paris chez Michel Lambert.
- (1758) Tom. VI, pp. 327-350.

El visionario hijo de Cárcer, que había sumergido su vida en las selvas profundas del Orinoco y los Llanos desde 1715 a 1737, intuyó en su viaje a Madrid y Roma la trascendencia de ese territorio guayanés que se había convertido en tierra de nadie y por ende en un talón de Aquiles para el control de las inmensas geografías comprendidas entre el Orinoco y el Amazonas.

Además, su peregrinar europeo le llevó a intercambiar sus ideas[780] con los "literatos" en un Occidente totalmente distinto al que él dejó en 1705 al pasar a tierras neogranadinas. Y su sagacidad le obligó a redactar tan importante obra en el invierno madrileño de 1740 antes de regresar a Guayana.

Y como buen valenciano deja el testimonio de su gratitud a la duquesa de Gandía que fue, al parecer, la propulsora de tan importante libro. El argumento decisivo creemos encontrarlo en una carta de Gumilla al H. Miguel Sanchíz, su corresponsal en Gandía: "Salúdeme mucho (y sea con cara y frazes de pascua) a mi señora la duquesa... y con la fraze más pura que se le ocurra (que no sea montañesa de Ontiñente) insinúele a Su Exª cómo todo este invierno me ha llevado respondiendo por escrito a las

---

- (1758) Tom. VII, pp. 73-92.

Journal encyclopédique par une société de gens de lettres, dédié a Son Alt. Ser. et Emin. Jean Théodore, Duc de Bavière, etc....

A Liège, de l'Imprimerie du Bureau du journal.
- (1759) Tom. I. part. 3. pp. 73-84.
- (1759) Tom. II, part. 1. pp. 82-100.

Journal Étranger ou notice exacte et détaillée des ouvrages des toutes les nations étrangères, en fait d'arts, des sciences, de litterature, etc., par M. Fréron, des Académies d'Angers, de Montauban et de Nancy.

A Paris, chez Michel Lambert.
- (1756) Janvier, pp. 3-46.

Journal des savants combiné avec les Mémoires de Trévoux.

A Amsterdam, chez Marc Michel Rey.
- (1758) Sept.-Oct. PP. 353-359.

780 J. GUMILLA. El Orinoco ilustrado, 29. "Este material o terreno (digámoslo así) abandonado, he determinado cultivar, suave fuertemente compelido de los ruegos de muchas personas, a quienes no puedo disgustar cuya insinuación sola bastaba para darme por obligado". Y en la Introducción a la segunda parte conceptúa: "... la materia... se reducirá responder a varias preguntas y dudas curiosas, originadas de lo mismo que llevo ya referido, y dar satisfacción a otras que de las mismas respuestas han excitado personas d literatura: y como tales, ansiosas de saber más y más.." (Gumilla. Ob. cit, 275). "... por lo que he experimentado u observado en Italia, Francia y España, en donde tratando de estas mismas materias con personas de notoria y calificada erudición...".

preguntas que su Ex" me hizo, y a todas quantas se me pueden hazer (que es quanto se puede decir), de las quales ha resultado un libro cuyo título es: El Orinoco Ilustrado. Historia natural, civil y geographica, con la variedad de Lisos y costumbres raras de aquellas gentes. Sale nuevamente a luz por N. N. Dedícase al grande Apostol San Francisco Xavier, despues de aver resistido a tres graves impulsos de dedicarlo a la señora duquesa de Gandía y de Béjar; pero basta mi buena intención, aunque resistida, para que su Ex⁰ se digne de tomar la obra en sus manos, que saldrá a más tardar para mayo"[781].

6. El gran proyecto gumillano y la futura Venezuela

El autor de *El Orinoco ilustrado* es sin duda el verdadero ideólogo de la nueva estrategia del siglo XVIII para el asentamiento de la Compañía de Jesús en las márgenes del gran río venezolano. Y para llevar adelante sus visiones insistió en cuatro grandes retos que fueron como las ideas madre de su macro proyecto[782].

Primer reto: considerar al Orinoco -mejor diríamos la Orinoquia- como protagonista de su libro, pues, significaba intuir la "continentalidad" de Venezuela y un llamado a la conciencia de que la nacionalidad se fundamenta en el binomio hombre-territorio[783].

Este criterio jurídico lo aplicaron los ignacianos con devoción jurídica como se demuestra en el estudio de la historiografía jesuítica que consagra tanto el sentido de la propiedad del territorio perteneciente a la corona así como también la jurisdicción hispana sobre todos sus hombres.

La superficie total de las Misiones jesuíticas en la primigenia Guayana occidental y meridional involucraba unos 50 mil kilómetros cuadrados de acción directa. A ellos habría que sumar los de los territorios de Casanare y Meta. Los espacios señalados en esta geografía histórica pertenecen hoy a tres naciones: Venezuela, Colombia y Brasil.

---

[781] GUMILLA. *Escritos Varios* (Estudio preliminar y Compilación por José del Rey sj. Biblioteca de la Academia Nacional de la Hisioria, vol. 94). Caracas (1970) 180-181.

[782] Véase: José DEL REY FAJARDO. *Los jesuitas en Venezuela*. Tomo V: *Las Misiones germen de la nacionalidad*. Caracas-Bogotá, 2007.

[783] José DEL REY. "Venezuela y la ideología gumillana". En: *Sic*. Caracas (1964), 74-76.

La incorporación de las etnias al imperio español se basó fundamentalmente primero en la alfabetización de los autóctonos que siempre fue bilingüe pero la babel de lenguas de esas enormes regiones reflexionó también sobre su posible unidad.

Quizá una constancia del sueño utópico de los misioneros del corazón de América lo supo recoger el Barón de Humboldt[784] cuando volvió a plantear el problema de las lenguas generales. "La estructura de las lenguas americanas —dice el viajero alemán— es tan opuesta a la de las lenguas derivadas del latín, que los jesuitas que habían examinado a fondo cuanto pudiese contribuir al ensanche de sus establecimientos, introducían entre los neófitos, en vez del español, algunas lenguas indígenas muy ricas, regulares y difundidas como el quichua y el guaraní. Trataban de sustituir estas lenguas a idiomas más pobres, más toscos, más irregulares en su sintaxis. Esta situación era muy cómoda, pues que los indios de las diferentes tribus se prestaban a ello con docilidad, y entonces esas lenguas americanas generalizadas constituyeron un medio fácil de comunicación entre los misioneros y los neófitos"[785].

No creemos, sin embargo, que se hubiese impuesto en el área jesuítica orinoquense el tamanaco como opina el autor del *Viaje a las Regiones Equinocciales del Nuevo Continente*[786]; más bien parece ser el maipure el idioma que prevalecía en esta región del gran río venezolano; "... apenas se encuentra en Orinoco —escribe Gilij— una nación en que no haya algún maipure. Su lengua, como facilísima de aprender, se ha convertido entre los orinoquenses en *lengua de moda, y* quién poco, quién mucho, quién

---

784 Alejandro de HUMBODLT. Viaje a las regiones equinocciales del nuevo continente. Caracas, II (1941) 178.

785 A. DE HUMBOLDT. Viaje a las regiones equinocciales del nuevo continente. Caracas, II (1941) 178.

786 HUMBOLDT. *Viaje a las regiones*, II, 181: "Si se hubiera seguido el sistema de los jesuitas, ciertas lenguas que ya ocupan vastas extensiones del país se habrían hecho casi generales. En la Tierra Firme y en el Orinoco hoy no se hablaría sino caribe y el tamanaco; en el sur y el suroeste, el quechua, el guaraní, el omagua y el araucano. Apropiándose esas lenguas, cuyas formas gramaticales son regularísimas y casi tan fijas como las del griego y el sánscrito, los misioneros se pondrían en tratos más íntimos con los indígenas que gobiernan. Junto con la confusión de idiomas, desaparecerían las dificultades sin cuento, con que se tropieza en el régimen de las misiones, formadas por una decena de lenguas muertas: pero el indio conservaría su individualidad, su fisonomía nacional, conservando un idioma americano. Se remataría así por vías pacíficas lo que comenzaron a establecer por la fuerza de las armas esos Incas tan famosos que dieron el primer ejemplo de fanatismo religioso en el Nuevo Mundo".

medianamente, quién bien, le hablan casi todos"[787]. Y añade: [el maipure] lo entienden todos en el gran río "y se podría hacer común si se quisiera"; por lo tanto, de persistir el "obstáculo de tantas lenguas... ésta sería bastante a propósito para hacer de ella una lengua general"[788].

Segundo reto: La defensa de la territorialidad. Así se comprende que la primera tarea del equipo jesuítico que recobra el proyecto guayanés en 1731 consistió en conquistar el territorio comprendido entre los dos grandes ríos americanos y en segundo lugar combatir la esclavitud a que los caribes habían sometido a las etnias débiles de la región.

Mas, para poder comprender las dimensiones de esa primigenia Provincia de Guayana señalaremos los resultados de la desintegración que sufrió a lo largo del siglo XIX. Por el Tratado de 1859, firmado con el Brasil, pasaron a la república sureña 200.000 kilómetros cuadrados: 150.000 correspondientes a la franja norte del Medio Yapurá y el Alto y Medio Río Negro-Guainía; y 50.000 comprendidos en la franja meridional del Medio Yapurá y el Río Amazonas o Solimoés[789]. Por el Laudo español de 1891 la Provincia de Guayana se desprendió de 519.857 kilómetros cuadrados[790] que se integraron a la actual República de Colombia[791]. Y a Venezuela le quedaron 460 mil kilómetros cuadrados contabilizados por el Delta Amacuro, el Territorio Federal Amazonas y el Estado Bolívar.

Cuando en 1756 hacen acto de presencia las avanzadas de la Expedición en la Misiones jesuíticas ya el P. Manuel Román había descubierto en 1744 la comunicación Orinoco-Amazonas a través del caño Casiquiare; Bernardo Rotella había revelado en 1747 las verdaderas fuentes del gran Orinoco en el macizo guayanés; se habían trajinado los grandes afluentes

---

787 GILIJ. Ensayo de Historia americana, II, 56.
788 GILIJ. *Ensayo de Historia americana*, III, 170-171. Y en el Tomo II, p. 56 dice: "Hacen amistad con todos y apenas se encuentra en Orinoco una nación en que no haya algún maipure. Su lengua, como facilísima de aprender, se ha convertido entre los orinoquenses en lengua de moda y quien poco, quien mucho, quien medianamente, quien bien, la hablan casi todos...".
789 Véase: Daniel de BARANDIARAN. "Brasil nació en Tordesillas". En: *Paramillo*. San Cristóbal, 13 (1994) 331-774.
790 Véase: Pablo OJER. La Década fundamental en la controversia de Límites entre Venezuela y Colombia (1881-1891). Maracaibo, Corpozulia, 1982.
791 Comandancia del Vichada (100.242 Kilómetros cuadrados); Departamento del Meta (85.635); Comisaría del Vaupés (107.595); Comisaría del Guainía (72.238); Intendencia del Caquetá (44.482); y Comisaría del Amazonas (109.665).

de la mano derecha del Orinoco como el Suapure, Parguza, Sipapo y Ventuari-Manapiare en el intento de acabar con las incursiones esclavistas caribes; en la región ríonegrina ya en 1751 el P. Roque Lubián intentó llegar a las fuentes del Río Negro en la zona amazónica del Caquetá, Guayavero y Guaviare y 4 años más tarde completaría esta expedición el P. José Mª. Forneri. Y en las relaciones interétnicas los jesuitas habían logrado la convivencia con los cabres y guaypunabis[792].

Pero una y otra vez insistirán los hombres de Ignacio de Loyola que la frontera sur de la Provincia de Guayana era el río Amazonas. Así lo verifica el P. Manuel Román quien, en 1744, desde la desembocadura del Atabapo hasta el primer establecimiento portugués en el Río Negro, la Misión de los PP. Carmelitas de Mariwá (posteriormente Barcelos), había tenido un recorrido de 1.200 kilómetros de ida y otros tantos de vuelta, toda por los caminos acuáticos del Orinoco, canal de Casiquiare y Río Negro, sin contar el viaje de ida y regreso de Carichana al Atabapo[793].

Y en un *Informe* enviado por el Provincial a las autoridades hispanas en 1745 afirma que el P. Román "volvió al Orinoco demarcando aquellos sitios por si S. M. Catholica gustase el que se haga alguna demarcación para que conste por los mapas la comunicación que hay del río Orinoco con el Marañón o Amazonas llamado Casiquiari. Registró las muchas naciones que hay de una y otra parte del Orinoco y a sus márgenes y a la corta distancia de tres o cuatro días tierra adentro se cuentan hasta siete naciones distintas, unas menos numerosas que otras, por causa de las muchas hostilidades que los portugueses y caribes ejecutan en ellos y los muchos indios que sacan para esclavos en el Pará"[794].

Sin embargo, la Expedición de Límites de 1750 acabaría con la convicción jesuítica de que la Guayana limitaba con el Amazonas.

---

[792] Véase: Daniel de BARANDIARÁN. "Brasil nació en Tordesillas. (Historia de los límites entre Vezuela y Brasil). Primera Parte: 1494-1801. En: *Paramillo*. San Cristóbal, 13 (1994) 496-497.

[793] Daniel de BARANDIARÁN, "La crónica del Hermano Vega 1730-1750". En: Agustín de VEGA. *Noticia del principio y progresos del establecimiento de las Missiones de gentiles en la río Orinoco por la Compañia de Jesús*. Estudio introductorio: José del Rey Fajardo sj y Daniel de Barandiarán. Caracas (2000) 474.

[794] APT. Fondo Astráin, 28. Informe sobre la misión del Orinoco. (DEL REY FAJARDO, Documentos jesuíticos, II, 333-336).

Es evidente que con las presiones a que sometió el Marqués de Pombal al Estado Español la corte hispana tratara de alejar a los jesuitas de sus fronteras con Brasil. En efecto, la preocupación del primer comisario, José de Yturriaga, por distanciar a la Compañía de Jesús del área norte del conflicto limítrofe vino a cristalizar en una Real Orden de 2 de noviembre de 1762 por la que se comisionaba a los capuchinos andaluces de Venezuela "para los nuevos pueblos del Alto Orinoco y Río Negro, señalándoles S. M. por terreno desde el Raudal de Maipures inclusive arriba"[795].

Una vez que los Capuchinos tomaron posesión de sus nuevas demarcaciones misionales fueron enfrentando la dura realidad de aquellas inhóspitas regiones. Cuando el P. Jerez de los Caballeros arribaba a San Carlos el 1º de abril de 1765 pudo verificar que las poblaciones que había dejado la Comisión de Límites se habían reducido a un recuerdo[796].

Con tristeza escribe Daniel de Barandiarán al analizar el Tratado de Límites de 1777: "Más tarde, la propia Junta de Límites, preparatoria en España del último Tratado de Límites de 1777 entre España y Portugal, ya no sabía que Berrío, heredero de Quesada, había recibido de éste todo el Dorado amazónico. Fueron llamados el propio Centurión y el veterano guayanés Vicente Doz y ninguno de los dos fue capaz de dar razón alguna sobre los límites jurisdiccionales del territorio de la Provincia de Guayana, simplemente porque nadie sabía Historia"[797].

---

795 AGI. *Caracas*, 205. *Carta del P. Fernando Ardales al Rey*. Misión de Caracas, 30 de mayo de 1764. El P. Ardales había recibido dos comunicaciones sobre este asunto: la primera fechada el 12 de noviembre de 1762 y la segunda el 28 de febrero de 1763.

796 AGI. Caracas, 440. Informe de 8 de febrero de 1766 del Presidente de las nuevas poblaciones del alto Orinoco y Río Negro a la Capitanía General de Venezuela. José A. Jerez de los Caballeros. [El documento lo trascribe Baltasar de LODARES. Los franciscanos capuchinos en Venezuela. Caracas, 1 (1929) 317-319]. En este escrito nos dejará constancia de San Fernando "ya destruida": del Raudal de Santa Bárbara "en cuya situación encontré aun los resquicios de la fundación que V. S. allí emprendió con el capitán Imo y sus gentes"; de la Garita de la Buena Guardia, a la entrada del Casiquiare "en cuyo distrito no hallamos más población de indios que la del Capitán Daviaje".

797 Véase: Daniel de BARANDIARÁN. "Brasil nació en Tordesillas". En: *Paramillo*. San Cristóbal. 13 (1994) 548. El autor fundamenta su elucubración en M. Consuelo CAL MARTÍNEZ, *La defensa de la integridad territorial de Guayana con Carlos III*. Caracas (1979) 63-70.

Tercer reto. El equipo gumillano pronto se convenció de que el futuro de las etnias orinoqueses se debatía entre esclavitud o ciudadanía.

El dilema era claro: O se mantenía que el imperialismo caribe perpetuara su acción esclavista que tanta inestabilidad territorial y tantas migraciones forzadas habían generado durante casi siglo y medio; o se ensayaba un proyecto de nación que pudiera garantizar la paz, la pervivencia y el bienestar de esas sociedades amedrentadas y diezmadas por el terrorismo caribe. Las demás posibles alternativas la historia se habría encargado de desecharlas.

Podríamos clasificar las acciones bélicas inspiradas por la esclavitud en tres géneros diversos: las ocasionadas por el beduinismo de algunas naciones andariegas; las provenientes de las rencillas entre naciones; y las causadas por el interés y el colonialismo.

Entre las naciones "gitanas" del área jesuítica descuella en la historia misional la guahiva y chiricoa[798]. Infatigables andariegos de los Llanos, su modo de vida les llevó a hacer depender directamente su supervivencia del robo y del asalto[799]. Querer narrar sus incursiones a las naciones pacíficas o reducidas sería interminable[800]; baste con citar, como ejemplo aclaratorio, el exterminio que realizaron en la sufrida nación achagua[801]. A pesar de los esfuerzos que hizo la Compañía de Jesús para reducir esta nación, todos sus intentos resultaron baldíos, y su presencia resultó una molestia continua para los navegantes y para los habitantes de los llanos[802].

No nos demoramos en el análisis del segundo motivo de las guerras: las turbaciones ya internas dentro de las tribus de una nación, ya externas, provenientes de las naciones limítrofes. Las *Historias* jesuíticas de los Llanos son fecundas en relatar narraciones de este tipo. "Cuántas naciones

---

798 RIVERO. Historia de las Misiones, 17. GUMILLA. El Orinoco ilustrado, 204-205; 407; 451. GILIJ. Ensayo de historia americana, I, 64; II, 58.
799 RIVERO. Historia de las Misiones..., 150.
800 GILIJ. Ensayo de Historia Americana, I, 65.
801 MERCADO. Historia de la Provincia, II, 306-317.
802 GILIJ, *Ensayo de Historia Americana*, I, 65: "...y esta nación nunca bien tomada ni por las armas españolas ni por la paciencia de los misioneros, nos dio mucho que hacer. Se duerme siempre de noche con centinela por temor a los guahivos, los cuales no raras veces, cuándo echados a gatas por el suelo, cuándo escondidos entre el boscaje, penetran hasta el lugar en que duermen los extranjeros y descargando una nube de flechas, huyen de nuevo velozmente al monte".

o ramas, por así decir de naciones han perecido por este genio desolador del Orinoco! Existieron en los países que son ahora de los tamanacos los llamados tiaos. De tal gente no queda ni uno. Qué son los voqueares, qué los aquerecotos, que otros indios que hemos citado en otra parte, sino una nada"?[803].

Pero sin lugar a dudas fueron los intereses de los que podríamos llamar "naciones poderosas" los que ocasionaron las mayores extorsiones demográficas entre los habitantes de la gran Orinoquia.

Los caribes en el bajo y medio Orinoco y los guaipunaves en el alto devastaron las naciones débiles o poco numerosas[804].

Gumilla escribió y gritó en todos los frentes políticos y administrativos, tanto en América como en España, para erradicar de raíz tanta hecatombe indígena, pues, la inmolación étnica del libre imperio caribe en el Orinoco "puede fácilmente calcularse en más de 30 mil indios aniquilados y más de diez mil vendidos como esclavos por los caribes, con la complicidad de los holandeses, franceses, ingleses y hasta de los mismos españoles. ¡Cuarenta mil víctimas en solo la hidrografía del Orinoco, en solo 30 años (1696-1730) sin contar los doce años de la hecatombe que representó el episodio de Quirawera (1684 a 1696)"[805].

En las regiones del sur de Venezuela actuaron los guaypunabis aliados con los portugueses. Según Agustín de Vega, entre el año 1736, fecha en que iniciaron los portugueses "a traficar en este trato", hasta el 1744, data en que bajó el P. Manuel Román hasta las tierras del Pará, y pudo enterarse por los registros que estimaban en 36.000 los esclavizados sin contar con la triste realidad que "para coger diez esclavos matan de más de treinta". Y de esta cacería humana sólo se reservaban "los muchachos de ambos sexos" pues los viejos los destinan para bastimento de los muchachotes "pues nos les dan a comer otra cosa, que la carne de sus mismos padres y madres"[806].

---

803 GILIJ. Ensayo de Historia Americana, II, 279.
804 GILIJ. Ensayo de Historia Americana, II, 279.
805 Daniel de BARANDIARÁN. "El Orinoco amazónico de las Misiones jesuíticas". En: José DEL REY FAJARDO (Edit.). *Misiones jesuíticas en la Orinoquia*. San Cristóbal, II (1992) 237-241. Demetrio RAMOS PÉREZ. *Estudios de Historia venezolana*. Caracas (1988) 241.
806 Agustín de VEGA. Noticia del principio y progresos del establecimiento de las Missiones de gentiles en la río Orinoco por la Compañía de Jesús, 674-675.

Cuando en julio de 1767 fueron expulsados del Orinoco los miembros de la Compañía de Jesús la paz social había fraguado y así lo escribía desde Roma en 1780 un expulso italiano, Felipe Salvador Gilij: "Un río donde antes no dominaba sino la barbarie y donde no se podía viajar más que con el fusil en la mano y el gatillo levantado, se recorre ahora por todos, indios y españoles, con seguridad"[807].

Cuarto reto. La construcción de la Nueva Guayana y la elaboración de lo que se denomina "cultura reduccional".

Este concepto abarca el proceso que vivirían las reducciones en sus usos y costumbres hasta llegar a desarrollar formas de vida cada vez mejores. Algunas de ellas, y no las más importantes, fueron: el cruce y selección de modos de subsistencia europeos e indígenas, así como en su resultante híbrido que adoptó formas más eficientes para llevar a cabo las tareas tradicionales. De esta suerte las reducciones se convirtieron progresivamente en centros urbanos en miniatura, poblados por indígenas que producían bienes para su propia subsistencia y para los mercados españoles[808] a la vez que cultivaban fórmulas de bienestar social.

José Gumilla insiste en los elementos esenciales que se requerían para fundar una reducción: buscar un herrero, montar una fragua, proporcionar tejedores de los pueblos ya establecidos y entablar una escuela[809]. Con todo, el P. Felipe Salvador Gilij explicita como exigencias imprescindibles de una misión: la escuela en donde aprendían a leer, a escribir y sobre todo la música; las artes (carpintería, herrería, tejerías); los animales (insiste en la necesidad de los domésticos) y la agricultura[810]. Además, el criterio del autoabastecimiento fomentó la necesidad de la preindustria con su consiguiente acompañamiento de las artes manuales.

Mas, sería la Escuela el primer espacio de actuación pública en que se sumergía el niño porque allí debía afrontar por vez primera el problema de la socialización que en definitiva es la cita con la sociedad, con los otros, con los extraños y de esa forma trasciende el cerrado círculo familiar.

---

807 GILIJ. Ensayo de Historia americana, I, 77.
808 David BLOCK. *La cultura reduccional de los Llanos de Mojos.* Tradición autóctona, empresa jesuítica & política civil, 1680-1880. Sucre, Historia Boliviana (1997) 32.
809 GUMILLA. El Orinoco ilustrado, 515.
810 GILIJ. Ensayo de Historia Americana, III, 63-67.

Pero también hay que señalar otros elementos que poblaban el imaginario gumillano en su "proyecto guayanés".

En primer lugar contemplaba el levantamiento de varias ciudades. El 11 de junio de 1741 recibe en Madrid una carta de su colega misionero P. Manuel Román en la que le recuerda: "Estando los caribes como están no me atrevo a extenderme por las pocas fuerzas que tenemos: en haciendo las ciudades que V. R. y yo deseamos en este Orinoco haremos más pueblos; mientras recogeremos la red y echaremos el anzuelo y se pescará lo que se pueda"[811].

De esta forma, sentadas las bases del posible desarrollo a través de las redes poblacionales pasa el autor de *El Orinoco ilustrado* a detallar las posibilidades del país. Su planificación se dirige a vitalizar las fuerzas estratificadas y para ello reclama planificación; personal inteligente[812]; romper el estancamiento de la riqueza; y superar el enviciamiento del comercio.

Y sienta su primer principio sobre el "cúmulo de riquezas" que produjera este reino si se labraran sus minas[813], si se cultivasen los campos "prontos a dar la grana, el cacao, tabaco, azúcar y otros importantísimos frutos"[814], si se introdujera el café "que lo sembré y creció de modo que se vio ser aquella tierra muy a propósito para dar copiosas cosechas de este fruto"[815], si se aprovecharan sus sabanas para fundar hatos de ganado[816]; en definitiva todo un programa de minería, ganadería y agricultura.

Y culmina todo este proceso con la exaltación del comercio[817], "el índice más cierto y que más evidencia la riqueza de cualquier país"[818]. Y en este

---

811 AGI. Santo Domingo, 634. Carta de Manuel Román al P. José Gumilla. Cabruta y junio 11 de 1741. (En: José GUMILLA. Escritos varios, 282). GUMILLA. El Orinoco ilustrado, 250.

812 GUMILLA. *El Orinoco ilustrado*. 212-213: "... y a la verdad es muy poco lo que en ellas se ha descubierto, en comparación del gran tesoro que yace escondido por falta de personas inteligentes".

813 J. GUMILLA. *El Orinoco ilustrado*, 262: al hablar del "cúmulo de riquezas", añade: "lo primero si se poblara; lo segundo si se labraran sus minas; y lo tercero si se desarraigase el comercio con los extranjeros".

814 GUMILLA. El Orinoco ilustrado, 261.

815 GUMILLA. El Orinoco ilustrado, 249.

816 GUMILLA. El Orinoco ilustrado, 250.

817 Trata Gumilla este apartado en el capítulo XXV de la primera parte de *El Orinoco ilustrado* (pp. 256-271).

818 GUMILLA. El Orinoco ilustrado, 257.

contexto conviene ubicar el lamento gumillano ante la monarquía española cuando al referirse al Nuevo Reino, ampliado a Tierra Firme, le suplica que vuelva los ojos "hacia aquel pobre reino, sólo pobre por falta de habitantes y opulentamente rico por sobra de abundantes minas"[819]. Y después se atreve a contraponer el comercio de Perú y México con el de Tierra Firme y alega que qué lograrían aquellos reinos si tuvieran unas costas tan abiertas como las de Tierra Firme. Y concluye "No quedaría fondo para el comercio de Cádiz"[820]. Y también es significativa su posición frente al nefasto comercio ilícito[821].

Mas, en su mapa conceptual –que en última instancia es un esfuerzo para diseñar una nueva nación- acentúa las provincias de soberanía, identidad, mestizaje y desarrollo como respuestas necesarias para un cambio radical y constructivo.

Pensamos que la identidad nacional se construye con referentes geográficos naturales, sobre los cuales el conglomerado social humano cincela sus rasgos como un bloque unitario. Y aquí surge la importancia que otorga el jesuita al mestizaje como nuevo componente de la identidad venezolana, pues, al solicitar el injerto de nuevas fuerzas sociales a través de la inmigración también ocupa un lugar singular el mestizaje. Así pues, no es de extrañar que escriba: "Dejen de llorar las señoras españolas y no se oiga más aquel ay de mi, que mi hijo se casó con una india"[822].

En conclusión. Cuando el 16 de julio de 1750 le sorprendió la muerte al hijo de Cárcer en la pequeña población misional de San Ignacio de Betoyes en el Alto Apure[823] pudo contemplar desde esa atalaya en donde había comenzado su vida guayanesa en 1715 las grandes transformaciones que se habían operado en esos 35 años de sueños, vigilias, sufrimientos y retos.

Se había puesto fin a la terrible sangría esclavista indígena que había atormentado durante casi siglo y medio a las etnias débiles de la Orinoquia. La unidad del territorio hasta las márgenes del Amazonas se había

---

819 GUMILLA. El Orinoco ilustrado, 255.
820 GUMILLA. El Orinoco ilustrado, 261.
821 GUMILLA. El Orinoco ilustrado, 262.
822 GUMILLA. El Orinoco ilustrado, 85.
823 José DEL REY FAJARDO, Los jesuitas en Venezuela, Tomo II: Los hombres, Caracas-Bogotá (2007) 246.

consolidado tras el descubrimiento del brazo Casiquiare en 1744 y el viaje del que fuera Rector de la Universidad Javeriana de Bogotá, Manuel Román. Las fuentes del Orinoco habían dejado de ser andinas para ubicarse en su verdadero origen guayanés gracias al mapa de Bernardo Rotella en 1747. El reto del sur de Venezuela había comenzado a descifrarse. Su libro de *El Orinoco ilustrado* había descubierto a los hombres pensantes de Europa la realidad y las posibilidades de la Venezuela profunda. Al cerrar sus ojos a esta vida el jesuita valenciano legaba a la posteridad el reto de una Orinoquia habitada por un hombre que comenzaba a ser nuevo amén de hacerle responsable de las enormes posibilidades políticas, económicas, sociales y humanas.

En fin, era el mejor testamento que había labrado para la posteridad al interpretar un envidiable pre-concepto de la Venezuela continental con su espina dorsal del río Orinoco como argumento de la nueva nación. Así lo reconocería la historia que nació en 1777 -27 años más tarde- con la creación de la Capitanía General de Venezuela.

Capítulo V

GUMILLA Y LA CARTOGRAFÍA ORINOQUENSE

Visión geo-histórica

Si intentáramos ofrecer una visión histórica de la gran Guayana tendríamos que hacer referencia a las expediciones doradistas que alumbraron las ilusiones de los hombres del XVI pero que todas concluyeron con la nostalgia por asomarse a los espacios provocadores del Llano y el indagar por las regiones del Orinoco que emergían más allá del Raudal de Atures[824].

Pero en medio de tantas acciones heroicas la historiografía venezolana ha consagrado dos obras claves para el mundo occidental: la del explorador inglés Walter Raleigh quien en 1596 publicó en Londres *The Discoverie*[825] y su impacto fue tan grande que obtuvo gran cantidad de ediciones en diversos idiomas; y en 1741 *El Orinoco ilustrado* escrito por un desconocido misionero de la Orinoquia: José Gumilla.

Sin embargo, en el contexto de la historia de la Compañía de Jesús neogranadina en la Orinoquia entre los años 1744 y 1749 se vivirían una serie de acontecimientos que conllevarían una gran transformación.

A nuestro juicio, cuatro grandes acontecimientos cambiarían la visión y las estrategias misionales en el gran río venezolano: 1) la publicación en Madrid, en 1741, *El Orinoco ilustrado* escrito por el P. José Gumilla; 2) el

---

824 Véase: Demetrio RAMOS PÉREZ, *El mito del Dorado. Su génesis y proceso.* Caracas, Academia Nacional de la Historia, 1973.
825 Walter RALEIGH, The Discoverie of the large, rich and bewtiful empyre of Guiana, with a relation of the great and Golden Citie of Manoa (wich the Spanyards call El Dorado)... London, Robert Robinson, 1596.

descubrimiento del Casiquiare por el P. Manuel Román (1744)[826]; 3) el mapa de Rotella (1747) que hoy es el primer testimonio gráfico del Orinoco guayanés y no andino[827]; 4) y el exterminio caribe en la zona media del Orinoco gracias a los guaypunabis traídos por el P. Manuel Román desde el alto Orinoco en 1746.

En 1741 aparecían en Madrid dos obras fundamentales para el conocimiento histórico de la Orinoquia: la *Historia de la Provincia de la Compañía de Jesús del Nuevo Reino de Granada, en la* América[828] del cofundador de la Real Academia José Cassani (1673-1750)[829] y *El Orinoco ilustrado*[830] del misionero del gran río venezolano, P. José Gumilla (1686-1750)[831].

En el plano histórico gozó la *Historia* del P Cassani de todo el favor del oportunismo. No es raro encontrar ejemplares suyos en las Bibliotecas europeas: en realidad fue la única fuente impresa de que han dispuesto los investigadores europeos hasta fines del siglo XIX y casi pudiéramos decir que hasta nuestros días.

---

826 AIUL. Papeletas: ROMÁN. Manuel. "Descubrimiento de la comunicación del Orinoco con el Marañón y Relación que hace el P. Manuel Román de su viaje de Carichana al Río Negro: desde el 4 de febrero hasta el 15 de octubre de 1744.

827 Museo Naval de Madrid. Manuscrito, 320. Allí reposan tanto el "Mapa de Guayana" como las "Noticias sobre la geografía de la Guayana". Caicara, abril primero, año de 1747.

828 Joseph CASSANI. Historia de la Provincia de la Compañía de Jesús del Nuevo Reino de Granada, en la América. Madrid, por Manuel Fernández, impresor de libros, 1741.

829 José [MARTÍNEZ DE LA] ESCALERA. "Cassani, José". En: Charles E. O'NEILL y Joaquín Mª DOMÍNGUEZ. *Diccionario histórico de la Compañía de Jesús*. Roma-Madrid, I (2001) 695.

830 Joseph GUMILLA. *El Orinoco ilustrado*. Historia Natural, Civil y Geographica, de este Gran Río, y de sus caudalosas vertientes: Govierno, usos, y costumbres de los indios sus habitantes, con nuevas y utiles noticias de Animales, Arboles, Aceytes, Resinas, Yervas, y Raíces medicinales: Y sobre todo, se hallarán conversiones muy singulares a nuestra Santa Fé, y casos de mucha edificacion. *Escrita* por el P. Joseph Gumilla, de la Compañía de Jesús, Missionero, y Superior de las Missiones del Orinoco, Meta, y Casanare, Calificador, y Consultor del Santo Tribunal de la Inquisición de Cartagena de Indias, y Examinador Synodal del mismo Obispado, Provincial que fue de su Provincia del Nuevo Reyno de Granada, y actual Procurador a entrambas Curias, por sus dichas Missiones y Provincia. Madrid, 1741, Por Manuel Fernandez, Impressor de la Reverenda Camaara Apostolica, en su Imprenta y Librería. XL (sin foliar)-580 + 19 de índices.

831 José DEL REY FAJARDO. *Biblioteca de escritores jesuitas neogranadinos*. Bogotá, Editorial Pontificia Universidad Javeriana (2006) 338-347.

En verdad, aunque Juan Rivero (1681-1736)[832] conoció su primera edición en Bogotá el año 1883 [833], siguió siendo una curiosidad bibliográfica en el Viejo Mundo no español. Sólo a través de las publicaciones de la Biblioteca de la Presidencia de Colombia han podido los eruditos utilizar las dos fuentes misionales básicas: la segunda edición de Rivero (1956)[834] y la primera de Pedro Mercado (1620-1701)[835] que había permanecido inédita por más de dos siglos y medio[836].

En este contexto no es de extrañar que la biografía gumillana del río Orinoco, tutelada por el aval de tan ilustre académico, tuviera pronto una enorme repercusión en el mundo europeo. Para citar tan sólo un ejemplo ilustrativo: en los tres lustros que separan la segunda edición (1745) de *El Orinoco ilustrado y defendido* del año 1760, aparecieron en Francia extensas síntesis y estudios que venían a hacerse eco de la problemática planteada por la curiosa sagacidad del misionero jesuita[837].

---

832 José DEL REY FAJARDO. Biblioteca de escritores jesuitas neogranadinos, 575-578.

833 Juan RIVERO. Historia de las Misiones de los Llanos de Casanare y Orinoco y Meta. Bogotá, Impr. de Silvestre y compañía, 1883.

834 Juan RIVERO. *Historia de las Misiones de los Llanos de Casanare y Orinoco y Meta*. Bogotá, Biblioteca de la Presidencia de Colombia, 1956.

835 DEL REY FAJARDO. Biblioteca de escritores jesuitas neogranadinos. 451-459.

836 Pedro de MERCADO. *Historia de la Provincia del Nuevo Reino y Quito de la Compañía de Jesús*. Bogotá, Biblioteca de la Presidencia de Colombia, 1957 (con prólogo del P. Juan Manuel Pacheco). La parte relativa a Venezuela se ha publicado en: José DEL REY FAJARDO. *Documentos jesuíticos relativos a la Historia de la Compañía de Jesús en Venezuela*. Caracas, Academia Nacional de la Historia (1966) I-141.

837 Mémoires pour l'Histoire des Sciences et des beaux Arts, commencés d'etre imprimés l'an 1701 a Trevoux et dédiés a son Altesse Sérénissime Monseigneur le Prince Souverain de Dombes.

A Paris. Chez Chabert:

- (1747) Oct. Dec., pp. 2.319-2.345,2.501-2.524.
- (1748) Jan. Mar., pp. 27-53, 189-191.
- (1759) Mar.-Avril, PP. 623-640.

Année Littéraire, année M.DCC.LVIII par M. Fréron, des Académis d'Angers, Montauban, de Nancy, de Marseille et de Caen.

A Amsterdam. Et se trouve a Paris chez Michel Lambert.

- (1758) Tom.VI., pp. 327-350.
- (1758) Tom. VII, pp. 73-92.

Journal encyclopédique par une societé de gens de lettres, dédié a Son Alt. Ser. et Emin. Jean Théodore, Duc de Baviére, etc....

A Liege, de l'Imprimerie du Bureau du journal.

- (1759) Tom.I, part. 3, pp. 73-84.
- (1759) Tom.II, part. 1, pp. 82-100.

Hay autores que consideran que con la obra del misionero del Orinoco se abre la época de la ilustración de la Orinoquia. Como obra programática está implicada "en el movimiento de iniciativas del siglo XVIII, el mismo que se despliega en la ilusión y en el optimismo de la Emancipación"[838], pues, en definitiva es el heredero directo de todo el impulso de acción que se inicia en esas fechas[839].

El 12 de abril de 1742 el Superior de las Misiones del Orinoco, P. Manuel Román (1696-1766)[840], comunicaba por vez primera al Monarca español la existencia del curioso fenómeno geográfico basado en las noticias que le habían dado algunos portugueses que fueron a parar en las misiones jesuíticas. Y concluía: "esta noticia no tiene en si más verdad que la que se puede dar a dichos viajeros"[841].

El 14 de enero de 1744 decide el P. Manuel Román realizar su viaje hacia el sur a fin de verificar personalmente el enigma del brazo Casiquiare que aclaraba la intercomunicación fluvial del Orinoco con el Amazonas[842].

Su gesta desde la desembocadura del Atabapo hasta el primer establecimiento portugués en el Río Negro, la Misión de los PP. Carmelitas de Mariwá (posteriormente Barcelos), había tenido un recorrido de 1.200

Journal Étranger ou notice exacte et détaillée des ouvrages des toutes les nations étrangéres, en fait d'arts, des sciences, de litterature, etc., par M. Fréron, des Académies d'Angers, de Montauban et de Nancy.
A Paris, chez Michel Lambert.
- (1756) Janvier, pp. 3-46.
Journal des savants combiné avec les Mémoires de Trévoux.
A Amsterdam, chez Marc Michel Rey.
- (1758) Sept.-Oct. PP. 353-359.

838 Ramón EZQUERRA. "La crítica española de la situación de América en el siglo XVIII". En: *Revista de Indias*. Madrid, nº., 87-88 (1962) 189.

839 Demetrio RAMOS. "Gumilla y la publicación de El Orinoco ilustrado": En: José GUMILLA. *El Orinoco ilustrado y defendido*. Caracas, Biblioteca de la Academia Nacional de la Historia (1993) pp. CXXIV-CXXV.

840 José DEL REY FAJARDO. *Biblioteca de escritores jesuitas neogranadinos*. Bogotá, Editorial Pontificia Universidad Javeriana (2006) 595-599.

841 AGI. Caracas, 198. Segunda via. Respuesta al pliego de veinte y uno de febrero de mil setecientos y quarenta que V. M. se dignó embiar al Prelado de las Missiones de Orinoco de la Compañia de Jhesus, despachado en el Pardo para que informe sobre lo que se huviere obrado en la construccion del Fuerte que V. M. ha mandado hacer en la Angostura del Orinoco. (GUMILLA. Escritos varios. Caracas, Academia Nacional de la Historia (1970) 311).

842 AIUL. Papeletas: ROMÁN, Manuel. "Descubrimiento de la comunicación del Orinoco con el Marañón y Relación que hace el P. Manuel Román de su viaje de Carichana al Río Negro: desde el 4 de febrero hasta el 15 de octubre de 1744.

kilómetros de ida y otros tantos de vuelta, toda por los caminos acuáticos del Orinoco, canal de Casiquiare y Río Negro, sin contar el viaje de ida y regreso de Carichana al Atabapo[843]. Y Daniel de Barandiarán anota a continuación que de Mariwá (la última Thule portuguesa de Río Negro) hasta el actual punto fronterizo entre Venezuela y Brasil (la Piedra del Cocuy) "hay más de 600 kilómetros de distancia fluvial rionegrina *succionados* por el avance portugués"[844].

Varias fueron las consecuencias que se siguieron de este gran viaje exploratorio de Manuel Román. En el ámbito de la geografía jesuítica el Raudal de Atures había dejado de ser el valladar líquido que significaba el "finis terrae" de la realidad conocida hasta entonces como última frontera. Por ello, el descubrimiento del Casiquiare no significa propiamente el comienzo de una etapa de excursiones y viajes misioneros: más bien supone una toma de conciencia ante el enigma real y concreto de la Orinoquia, no sólo en su longitud fluvial, sino con su realidad preocupante de las tierras del interior.

En el ámbito de las ciencias geográficas y cartográficas la asimilación de la nueva realidad de un Orinoco guayanés tardaría mucho tiempo en ser aceptada. Para La Condamine el nuevo descubrimiento significaba la verificación de una tercera anastomosis entre el Amazonas y el Orinoco-Guaviare todavía amazónico: la primera a través del Río Putumayo-Izá, la segunda por el Río Caquetá-Yapurá y la tercera por el Río Negro. La revelación del P. Manuel Román "destruye definitivamente la cosmovisión amazónica del Orinoco"[845] y es el primero en interpretar el origen guayanés de nuestro gran río que huye de sus afluentes gigantes y se esconde detrás de las misiones jesuíticas orinoquenses[846].

Pero, sin lugar a dudas, uno de los protagonistas todavía anónimos en la historia de Guayana es el P. Bernardo Rotella (1745-1748)[847]. Fundador

---

843 Daniel de BARANDIARÁN. "La crónica del Hermano Vega 1730-1750". En: Agustín de VEGA. *Noticia del principio y progresos del establecimiento de las Missiones de gentiles en la río Orinoco por la Compañía de Jesús*. Estudio introductorio: José del Rey Fajardo sj y Daniel de Barandiarán. Caracas, Academia Nacional de la Historia (2000) 474.
844 BARANDIARÁN. "La crónica del Hermano Vega 1730-1750", 374.
845 BARANDIARÁN. "La crónica del Hermano Vega 1730-1750", 467.
846 BARANDIARÁN. "La crónica del Hermano Vega 1730-1750", 475.
847 José DEL REY FAJARDO. *Biblioteca de escritores jesuitas neogranadinos*. Bogotá, Editorial Pontificia Universidad Javeriana (2006) 605-607.

junto con Gumilla de la nueva Misión del Orinoco en 1731 representa la síntesis de las visiones misionales que aportaron tanto el autor de *El Orinoco ilustrado* como la del descubridor del Casiquiare. Hombre polémico y visionario le llevó a intuir el valor del enclave de Cabruta, acción que le valió la incomprensión de sus contemporáneos. Al frecuentar después la geografía del binomio fluvial Atabapo-Guaviare se convirtió en pieza clave como forjador del nuevo equilibrio interracial en los espacios sur-orinoquenses. De esta forma consagró sus últimos años misioneros, dentro del esquema de Manuel Román, a la pacificación de la alta Orinoquia y la contención de los esclavistas portugueses[848]. Pero si Gumilla había legado a la posteridad su obra *El Orinoco ilustrado* y Román el descubrimiento del Casiquiare, Rotella dejaría un valioso "Informe Hidrográfico de Guayana" con un Mapa y donde el Orinoco se retrotrae en su escudo guayanés y nace en el gran Lago de la Parima[849]. Así dejaba el primer testimonio escrito en el que se abandonaban dos siglos y medio de tradición cartográfica que consagraba la realidad[850].

En el campo europeo no español era poco lo que se conocía de la Guayana profunda. En 1745 había publicado La Condamine su *Relation abrégée d'un voyage fair dans l'interieur de l'Amerique merdionale*[851] y en 1763 Nicolás Bellin lanzaba al público su *Description géographique de la Guayane*[852] con fuerte inspiración en *El Orinoco ilustrado* de Gumilla. El

---

[848] José DEL REY FAJARDO. *Los jesuitas en Venezuela*. Tomo V: *Las Misiones germen de la nacionalidad*. Caracas-Bogotá, Universidad Católica Andrés Bello-Pontificia Universidad Javeriana (2007) 244-257.

[849] Daniel BARANDIARÁN. "La Crónica del Hermano Vega 1730-1750". En: Agustín de VEGA. *Noticia del principio y progresos del establecimiento de las Missiones de gentiles en la río Orinoco por la Compañía de Jesús*. Estudio introductorio: José del Rey Fajardo sj y Daniel de Barandiarán. Caracas, Academia Nacional de la Historia, 2000) 474 y ss.

[850] Véase: Manuel Alberto DONÍS RÍOS. La Provincia de Guayana para mediados del siglo XVIII. Una visión a través del Mapa del P. Bernardo Rotella S. J. Caracas, Academia Nacional de la Historia, 2013.

[851] Charles-Marie DE LA CONDOMINE. Relation abrégée d'un voyage fair dans l'interieur de l'Amerique merdionale, depuis la Cote de la Mer du Sud, jusqu'aux Cotes du Bresil & de la Guyane, en descendan de riviere des Amazones. Paris, 1745.

[852] BELLIN, Jacques-Nicolas. *Description geographique de la Guiane*: contenant les possessions et les etablissemens des François, des Espagnols, des Portugais, des Hollandois dans ces vastes pays... avec des remarques pour la navigation et des cartes, plans et figures... A Paris: de l'imprimerie de Didot, 1763.

investigador establecía sus consultas a través de diccionarios geográficos de la época[853] y citamos por los aducidos por Gilij en su *Ensayo*: la *Encyclopedie* de Diderot y D'Alembert [854] ; el *Dictionnaire raisonné universel d'histoire naturelle* de Bomare[855]; la versión francesa de Laurence Echard, el *Dictionnaire geographique-portatif*[856] y el *Dizionario storico-geográfico dell'America Meriodanale* del P. Juan Domingo Coleti[857].

La cartografía gumillana

Con el reinicio de las misiones orinoquenses en 1731, el peso de la acción jesuítica tratará de tomar impulso desde Santo Tomé de Guayana dando la espalda a la parte alta del Orinoco medio donde en el siglo XVII habían tratado de insertarse los jesuitas del Nuevo Reino.

El primer sexenio (1731-1737) lo absorbe la acción gumillana aunque para ciertos efectos habrá que prolongar este período hasta 1741, fecha de publicación de la primera edición de *El Orinoco ilustrado*

Hasta el momento se han publicado cuatro mapas distintos de este misionero y a ellos haremos referencia. Y fundamentalmente haremos referencia a tres temas polémicos en su cartografía: la fortificación de la

---

Pedro CUNILL GRAU. "Aportes neohistóricos y cartográficos de la descripción Geográfica de la Guayana de Bellin". En: *Boletín de la Academia Nacional de la Historia*. Caracas, LXX (1987) ---

853 Véase: Manuel LUCENA GIRALDO. "Ciencia para la frontera: las expediciones de límites españolas". En: *Cuadernos hispanoamericanos*. "Los complementarios". Madrid (1988) 157-173. Horacio CAPEL. "Los diccionarios geográficos de la Ilustración española". En: *Cuadernos críticos de la Geografía Humana*. Barcelona (1981)

854 Denis y Jean DIDEROT y Rond D' ALEMBERT. *Encyclópedie, ou Dictionnaire raisonné des sciences, des arts et des métiers* par une societé de gens de lettres, mis en ordre & publié par M. Diderot... & quant à la Partie Mathématique, par M. D'Alembert...; tome premier. A Paris: chez Briasson... chez David l'aîné... chez Le Breton... imprimeur ordinaire du Roy... chez Durand..., 1751.

855 Jacques Christophe VALMONT-BOMARE. *Dictionnaire raisonné universel d'histoire naturelle:* contenant l'histoire des animaux, des végétaux et des minéraux... & des autres principaux phénomenes de la nature avec l'histoire et le description des drogues simples tirées des trois regnes... par M. Valmont de Bomare... A Paris: chez Didot, le jeune... [et. al.], 1764.

856 Laurence ECHARD. *Dictionnaire geographique-portatif...* traduit de l'anglois sur la treizieme édition de Laurent Echard, avec des additions & des corrections considérables par monsieur Vosgien, chanoine de Vaucouleurs. A Paris: chez Les Libraires Associes, 1779.

857 Giovanni Domenico COLETI. *Dizionario storico-geográfico dell'America Meriodanale* di Giandomenico Coleti della Compagnia di Gesu. En Venezia: nella stamperia Coleti ..., 1771.

Isla Fajardo, la intercomunicación fluvial Orinoco-Amazonas y el origen andino del Orinoco.

Mapa, nº 1. En realidad se trata de un croquis. Su título: *Muestra del Río Orinoco desde el Río Caroní, e isla de Fajardo hasta la mar, bosquejada por un Misionero de la Compañía de Jesus despues de novisima y exacta observacion. Año 1732*[858].

Gumilla llega a Santo Tomé en noviembre de 1731[859] y al mes siguiente pasa a Trinidad[860]. En su capital no sólo predicaría una misión durante quince días[861] sino que además pudo concretizar estrategias con su gobernador, don Agustín de Arredondo, encaminadas a una mejor restauración de las misiones. Pensamos que para el 21 de enero de 1732 se había apersonado de nuevo en Santo Tomé[862].

Este mapa fue remitido por su autor al Gobernador de Trinidad D. Bartolomé de Aldunate el 21 de febrero después de haber conocido el original del plan que el mandatario trinitario había remitido al Consejo. Gumilla repite el "viaje despacio y con toda observación y refleja" y a raíz de este viaje "resulta el diseño de Orinoco asta el rio Caroni, que remito a V. S"[863].

En última instancia este mapa posee una cualificación histórica: la de representar su verdadera opinión de Gumilla sobre el valor estratégico de la Isla Fajardo.

Donís Ríos hace referencia a tres copias claramente inspiradas en este primer croquis gumillano. La primera pertenece a algún miembro de la

---

858 AGI. *Santo Domingo*, 632. *Carta del P. José Gumilla al gobernador de Trinidad. D. Bartholome de Aldunate*. 21 de febrero de 1732. El mapa ha conocido diversas ediciones. F. MORALES PADRÓN Y J. LLAVADOR MIRA. *Ob. cit.*, 20-21. "Fecha: 1732. Dimensiones: 30 por 20. Color: Tinta. Signatura: Audiencia de Santo Domingo, legajo 632". Pablo VILA. *Geografía de Venezuela. II. El paisaje natural y el paisaje humanizado*. Caracas (1965) 382. La fuente señalada por este geógrafo es: AGI. *Mapas y planos de Venezuela*, nº 80.

859 AGI. *Caracas*, 391. *Carta de Gumilla a Sucre*. 23 de febrero de 1733.

860 GUMILLA. *El Orinoco ilustrado*, 416: "... pero navegando por dicho golfo Triste el año de 1731 y 1732": luego quiere decir que la ida fue en 1731 y el regreso en 1732.

861 GUMILLA. El Orinoco ilustrado, 44. VEGA. Noticia del Principio y progreso, 10.

862 GUMILLA. *Escritos varios*, 98.

863 Ibidem.

Compañía de Jesús según se desprende del anagrama típico de la Orden[864]. La segunda fue encontrada por el P. Hermann González Oropeza en la Bibliothèque Nationale de París[865] y está datada en 1733. La tercera es de 1747 y pertenece a don Gaspar de Lara, ingeniero español llegado en 1745 para hacerse cargo del fuerte que debería construirse en el Caño Limones[866].

Mapa, n° 2. Su título: *Río del Orinoco nuevamente observado en bajante a fin de expresar sus Raudales, Yslas, y bajos, Ríos, y Caños que tiene*[867].

A nuestro parecer Gumilla recoge una tradición cartográfica, si bien rudimentaria, de los jesuitas que le han antecedido en algunas regiones de las misiones así como de otros actores que reconocieron aquellas inmensas soledades.

La acción de Gumilla a lo largo del año 1732 fue intensa. A principios de marzo de 1732 se instalaba Nuestra Señora de la Concepción de Uyapi[868]. Unos días después dejaba sentado el de San José de Urbana[869]. Finalmente,

---

864 Plano de vna parte del Orinoco, que comprehende desde el Caño de Guaruapo asta la Isla de Faxardo, esta fiel, é individualmente sacado por el que delineó D. Pablo Días Farxardo Ingeniero de su Magestad en Cartagena quien por orden de su Mag. vino a este asumpto por Iunio de este año de 1733. Véase: Manuel Alberto DONÍS RÍOS. "La cartografia jesuítica en la Orinoquia (siglo XVIII)". En: Misiones jesuíticas en la Orinoquia, I, 803.

865 *Plano de una parte del Orinoco...* [igual texto que el anterior]. DONÍS RÍOS. *Art. cit.*, 806.

866 Plano Hidrographico de una parte del Orinoco que comprehende desde el Caño de Guaruapo hasta la Ysla de Faxardo. Por el qual se manifiesta que el sitio mas apto para establecer el nuevo Fuerte, es enfrente del Castillo de San Francisco de Asis de la Ciudad de Guayana. Fho. en Cumaná a 18 de Octubre de 1747. DONÍS RÍOS. Art. cit., 808.

867 Archivo del Servicio Geográfico del Ejército. Madrid. Carpeta: *Venezuela y Guayana*. El título es: *Río del Orinoco nuevamente sobservando en bajante* ... Año de 1732. Formado por el P. Joh Gumilla antiguo missionero de la Compañia de Jesus y remitido por el Gobernador de la Trinidad don (...) Arredondo en Carta de 26 de julio de 1733".

868 CASSANI. *Historia de la Compañía de Jesús del Nuevo Reyno de Granada*. Caracas (1967) 381: "Emprendieron pues el viaje en la primavera del año de 1732 a la nación de los Guayqueries, arriba de Caura". AGI. *Santo Domingo, 632. Carta del P. José Gumilla al Gobernador y Capitán General de Guayana*. Guayana, febrero 21 de 1732.

869 VEGA, Agustín de. Noticia del Principio y Progresos del establecimiento de las Missiones de Gentiles en el Rio Orinoco, por la Compañía de Jesús, con la continuación, y oposiciones que hicieron los Carives hasta el año de 744 en que se les aterro, y atemorizo, con la venida de unos Cabres traydos, que se havecindaron el Cabruta. Lo que para mejor inteligencia iremos contando por los años, en que se establecieron dichas Missiones, y lo que en cada uno passó, cómo passó, la qual relacion haze un testigo de vista que lo ha andado todo por si mismo muchas vezes, religioso de la Misma Compañía. En: J. DEL REY FAJARDO. Documentos

en este arranque inicial concluiría con la fundación de Pararuma (Nuestra Señora de los Ángeles) con los indios sálivas[870]. El 1º de diciembre de 1732 estaba de nuevo en Santo Tomé de Guayana e ignoramos el objetivo del viaje[871].

Con todo, el 23 de febrero de 1733 declaraba Gumilla que tenían fundadas cuatro poblaciones: La Purísima Concepción de guayqueríes, San José de Mapoyes, Los Ángeles de Pararuma y Santa Teresa[872]. Este dato es interesante pues en marzo comenzarían los asaltos caribes a las misiones y la vida efímera de algunas reducciones orinoquenses.

El 26 de julio de 1733 remitía de nuevo Gumilla al Gobernador Arredondo un segundo mapa, y añadía el mandatario: "Acompaña un mapa formado por el Padre Joseph Gumilla, antiguo misionero de la Compañía de Jesús, para que se tenga presente con más individualidad el Orinoco, tan poco traginado de los españoles; y aunque no sea con la curiosidad y forma que practican los profesores de geometría, sin embargo, le embia, porque hay pocos tan individuales y exactos como él"[873].

El propio autor confiesa abiertamente sus influencias para las regiones por él no visitadas. Y curiosamente, todas ellas, son anteriores a 1731 cuando todavía residía en Casanare como Superior de las Misiones.

Según su propia confesión se sirve para el Ayrico hasta el Guaviare del P. José Cavarte[874], quien falleció en 1724[875]. Para la región del sur del

---

jesuíticos relativos a la Historia de la Compañía de Jesús en Venezuela. Caracas, Academia Nacional de la Historia, II, (1974) 14.

870 VEGA. Noticia del Principio y Progresos, 15.

871 AGI. *Santo Domingo*, 678. (GUMILLA. *Escritos varios*, 74-75).

872 AGI. Caracas, 391. Carta del P. José Gumilla al Presidente Rafael de Eslava. Orinoco, 23 de febrero de 1733.

873 AGI. Caracas, 150. *Trinidad. Gobierno de don Agustín de Arredondo*. Trinidad, 26 de julio de 1733.

874 Archivo del Servicio Geográfico del Ejército. *Carpeta: Venezuela y Guayana*. Mapa de Gumilla. En las notas marginales se lee lo siguiente: "Hasta lo demarcado solo el P. Joseph Cavarte llegó y subió Guaviare arriva parte de cuias aguas viene de las cerranias que dividen a los Llanos de Neiba destos otros llanos de la Cordillera de Quito a Careana (¿?). A Quito baja un rio que abajo se llama Placencia, y costeandola y costeando la Cordillera entran en éste los rios siguientes hasta en frente de Timaná: Rio Tecuara, Rio Zanza, Rio Bodoquera, Rio Minebajaya, Rio Verde, Rio Zanabanda, Rio La enfermería Rio La fragua, Rio San Pedro, Rio Moco".

875 J. DEL REY FAJARDO. *Bio-bibliografía de los jesuitas en la Venezuela colonial*. Santafé de Bogotá-San Cristóbal (1995) 152.

Guaviare apela a Fr. Silvestre Hidalgo[876], quien habría vivido en los Llanos hasta 1717[877]. Y para la imprecisa área del Dorado aduce el testimonio de Juan González Navarro quien en 1728 hizo una expedición en busca de la mítica tierra doradina[878].

La gran virtud de este mapa de 1732 es que recoge la primera síntesis de la geografía física y humana orinoquense plasmada a través de la historia de las misiones jesuíticas.

Con todo, conviene resaltar algunos aportes que deben ser tenidos en cuenta a la hora de hacer historia cartográfica.

En primer lugar llama la atención que el misionero deja constancia de la existencia del Río Orinoco en la confluencia con el Guaviare. Pensamos que se trata de un acto de honestidad intelectual pues si es explícito en reseñar la información que ha recibido sobre el área del Guaviare, su silencio sobre nuestro gran río indica que no dispone de fuentes informativas que den luces explicativas para ese tramo geográfico.

En segundo término recoge tanto las bocas del Orinoco[879] como la correspondiente explicación[880] así como también deja constancia de la ubicación de los indígenas, de los ríos que confluyen en nuestra gran arteria

---

876 Archivo del Servicio Geográfico del Ejército. *Carpeta: Venezuela y Guayana*. Mapa de Gumilla. "Relacion que dio el P. Fray Silvestre Hidalgo religioso de San Agustin que fue capellan por los años de 1709 en la entrada o descubrimiento que desde los Andaquies para dentro. Duro 13 meses, de todos los cuales rios toma su caudal [el] Orinoco".

877 Fernando CAMPO DEL POZO. *Los Agustinos y las lenguas indígenas de Venezuela*. Caracas. Universidad Católica Andrés Bello (1979) 106.

878 Archivo del Servicio Geográfico del Ejército. *Carpeta: Venezuela y Guayana*. Mapa de Gumilla. En las notas marginales se lee lo siguiente: "En el año de 1728 fue de la Ciud. de Guiana (por orden del Sr. Dn. Aug. de Arredondo Governador y Capitan General que era de la isla de Trinidad y Provincia de Guayana) Juan Gonz. Navarro y tres compañeros a descubrir el dorado y llegando a la boca del Guaviare lo subió hasta más arriba del Rio Uva (?), yban en traje de caribes".

879 Archivo del Servicio Geográfico del Ejército. *Carpeta: Venezuela y Guayana*. Mapa de Gumilla. En las notas marginales se lee: "El numero fijo de las Bocas del Orinoco no se sabe y para saberse fuera menester navegar de propósito la costa de ellas. Las que aquí pongo son las que se trajinan de ordinario. Notese que los caños expresados o Bocas, todos se unen entre si con un laberinto de caños habitados de los indios de nación guarauna".

880 Archivo del Servicio Geográfico del Ejército. *Carpeta: Venezuela y Guayana*. Mapa de Gumilla. "Explicacion de las Bocas del Orinoco y puntas de la Isla de la Trinidad. 1. Boca de navios. 2. Boca de Tacaupano. 3. Boca de Maraguán. 4. Boca de Mariusa. 5. boca de Macareo. 6. Boca de Capure. 7. Boca de Pedernales. 8. Boca de Manaba 2. 9. Boca de Manaba 1. 10. El Soldado. 11. Los Gallos. 12. Punta de la Galera. 13. Puerto de España. 14. Bocas de los Dragos. 15 Caño de Cocos. 16. Golfo Triste. 17. Sitio que han escogido los Suecos para fundarse".

y de las Misiones que en ese momento regentan los miembros de la Compañía de Jesús. Y tampoco falta la indicación de la escala del mapa[881].

Existe también una copia "transflorada" del original de Gumilla en la que se han simplificado las leyendas de historia jesuítica por letras respetando tan sólo lo que es geografía debido a que por lo visto el mapa fue destinado a la Academia de Pilotos del Ferrol[882].

Mapa n° 3. IHS. Río Orinoco nuevamente observados sus Raudales, Bajos, Angosturas, y aguas que recibe en estas 400 leguas descubiertas. Notanse sus naciones de indios comarcanas, conocidas asta oy – Es en todo mas lo que falta que descubrir de este famoso Río[883].

Este mapa fue descubierto por Demetrio Ramos en 1944[884]. Se trata de una producción jesuítica y se puede con toda seguridad atribuir al P. Gumilla. La estructura y el estilo del dibujo guardan una gran similitud con el mapa n° 2. Abunda en muchos detalles geográficos nuevos, en leyendas explicativas, en inclusión de nuevas naciones indígenas y en la información histórica de la Compañía de Jesús que después trasladará a la carta que publicaría en 1741 en *El Orinoco ilustrado*.

La fecha de composición oscila entre 1734 y 1735. Cita las siguientes poblaciones: La Purísima Concepción de Uyapi, (abandonada en 1733)[885]; San Ignacio; San Joseph de Otomacos, (fundado en 1732, abandonado en 1733, vuelto a poblar en 1734 y quemado por los caribes en 1735)[886]; Los Santos Ángeles (Nuestra Señora de los Ángeles de Pararuma, fundada en 1732)[887], Santa Theresa que ya existía para 1733 y con otra letra: Cabruta.

---

[881] Archivo del Servicio Geográfico del Ejército. *Carpeta: Venezuela y Guayana*. Mapa de Gumilla. "Escala de cien leguas, menos para la atravesia [anchura] del Orinoco cuya cala [sic] es de ordinario de una legua, si bien en invierno se ensancha a siete y mas, en varias partes. Su profundidad es varia. Llega hasta ocho brazas".

[882] Archivo del Museo Naval. Madrid. Sigla: XIII-10. "Rio del Orinoco cuyas bocas son las que se trafican en él ignorando el todo de ellas copiado en los mismos términos por el que se transfloró".

[883] El original reposa en: Archivo del Museo Naval. Madrid. Sigla: XIII-9.

[884] Demetrio RAMOS. "Un mapa inédito del Río Orinoco. Es el precedente del de Gumilla y el más antiguo de los conocidos". En: *Revista de Indias*. Madrid, n°. 15 (1944) 89-104.

[885] VEGA. Noticia del Principio y Progresos, 21-22.

[886] José DEL REY FAJARDO y Edda O. SAMUDIO A. *Hombre, tierra y sociedad. I. Topohistoria y Resguardo indígena*. San Cristóbal-Bogotá (1996) 136-137.

[887] DEL REY FAJARDO y E. SAMUDIO. *Ob. cit.*, 100-103.

La única novedad fundacional con respecto al mapa n° 2 es la inclusión de San Ignacio de Guamos fundado a fines de 1733[888] y destruido por los caribes en 1735[889].

Quien estudie con detención este gran mapa, observará que supone una gran paso hacia adelante no sólo en el diseño técnico del Orinoco sino también en la visión histórica, geográfica y humana de esta gran arteria fluvial venezolana. En realidad, al enriquecer su información geográfica y antropológica tuvo que duplicar el tamaño utilizado en el mapa anterior. Así pues, constituye, sin dudas, la mejor síntesis de la presencia jesuítica en 1735 en las todavía inestables misiones del Orinoco.

Quizá este mapa obedezca a la denominada *Concordia de Guayana*, suscrita en Santo Tomé el 20 de marzo de 1734, por franciscanos, capuchinos y jesuitas a fin de fijar los escenarios territoriales entre las órdenes religiosas signatarias y abrir espacios, al parecer más controlables, de la inmensa Orinoquia. De esta suerte el área jesuítica se reducía desde el Cuchivero "tirando siempre para arriba"[890] hasta llegar al Brasil.

Mapa n° 4. Más, el mapa que daría fama a Gumilla sería el que publicó en *El Orinoco ilustrado* que conoció la luz pública por vez primera en Madrid en 1741 y la segunda allí mismo en 1745.

El mapa, grabado en cobre por Pablo Minguet, con una plancha de 39,1/2 por 28,1/2, tiene dos versiones como con toda minuciosidad precisó Demetrio Ramos. En la primera se fueron algunos errores, que de inmediato corrigió Gumilla a fin de poder incluir la nueva versión en los libros que todavía estaban sin vender[891].

Hay que tener en cuenta que el introductor del café en Colombia abandonaría las misiones en 1737 y con ello se cerraría un ciclo tanto a nivel personal como institucional. Desde ese momento la vida del misionero sufre una ruptura radical en lo que las vivencias misionales suponen. Ese mismo año comienza a regir los destinos del colegio de

---

888 VEGA. Noticia del Principio y Progresos, 38.
889 GUMILLA. El Orinoco ilustrado, 331.
890 AGI. *Santo Domingo*, 678.
891 Demetrio RAMOS. "Gumilla y la publicación de El Orinoco ilustrado". En: P. José GUMILLA S. I. *El Orinoco Ilustrado y Defendido*, Caracas, Biblioteca de la Academia Nacional de la Historia, vol., 68 (1963) p. XXXVIII.

Cartagena. En 1738 se le designaba Provincial y casi de inmediato es elegido Procurador a Roma y Madrid.

Su estadía en Europa se desarrolla entre julio de 1739 y enero de 1743[892]. La redacción de *El Orinoco ilustrado* parece que se llevó a cabo en el invierno de 1741 según el testimonio del propio autor[893].

Si en la cartografía misional orinoquense el jesuita de Cárcer había mostrado una minuciosidad propia de un andariego observador avisado, en la nueva empresa abandonaba lo concreto para abordar un universal como lo era la descripción de la Provincia del Nuevo Reino.

Se trata de una carta general de la Provincia del Nuevo Reino en la que bien es verdad que el Orinoco asume el papel de protagonista.

Establece como frontera de los conocimientos geográficos el río Ariare, aun en la edición de 1745: "... tenemos vistas y navegadas cuatrocientas cincuenta [leguas], desde el Golfo Triste hasta la boca del río Ariari. No podemos ahora pasar adelante sino por las señas de varios ríos (...); y careciendo casi enteramente de noticias, por lo que mira a la banda del Sur y provincias donde desde las primeras conquistas se ideó el famoso Dorado (...) es preciso hagamos término, dejando a los operarios que la divina Providencia destinare para el cultivo de aquellas incógnitas naciones el cuidado de registrar y avisar a los venideros los genios de aquellas gentes y lo singular de aquellos países"[894].

Cuando Gumilla regresa al Nuevo Reino en 1743[895] el conocimiento de la geografía orinoquense ha sufrido una insospechable mutación. Mas, así como para la preparación de la segunda edición de su obra, que apareció en 1745, dejó encargado al P. José Cassani[896], sin embargo, el mapa se reeditó sin ninguna transformación.

---

[892] J. DEL REY FAJARDO. *Bio-bibliografía*, 289.
[893] *Carta del P. José Gumilla al Hermano Miguel Sanchis*. Madrid 14 [enero] de 41: "... insinúele a su Excelencia [la duquesa de Gandía] cómo todo este invierno me he llevado respondiendo por escrito a las preguntas que su Excelencia me hizo, y a todas quantas se me pueden hazer (que es quanto se puede pedir), de las quales ha resultado un libro cuyo título es: El Orinoco ilustrado, Historia Natural, civil y geographica, con la variedad de usos y costumbres...". En: José GUMILLA. Escritos varios. Caracas. (1970) 181).
[894] J. GUMILLA. *El Orinoco ilustrado*, 277.
[895] José del REY FAJARDO. *Bio-bibliografía de los jesuitas en la Venezuela colonial*. San Cristóbal-Santafé de Bogotá (1995) 289.
[896] SOMMERVOGEL. *Bibbliothèque*, III, 1949. También en II, 815.

Sin lugar a dudas la obra gumillana provocó y ha provocado grandes polémicas, las cuales habría que ubicarlas en contextos muy variados a fin de buscar una genuina explicación.

A nuestro parecer fue Demetrio Ramos Pérez quien intuyó esta gama de visiones de Gumilla[897] y a ellas se debe recurrir a la hora de buscar explicaciones "históricas" a los supuestos errores gumillanos.

La problemática acerca de las fuentes de nuestro gran río, pienso, que no debe ser objeto de discusión. Toda la cartografía occidental, por lo menos hasta 1780, concibió al Orinoco como gemelo del Amazonas y lógicamente ubicó sus fuentes en los Andes quiteños[898].

La verdadera polémica la han centrado muchos autores en la negación de la comunicación interfluvial Orinoco-Amazonas.

Sobre este punto es necesario hacer tres consideraciones para mejor entender este delicado problema histórico.

Primera, el fantasma de la interconexión fluvial, o el divorcio de las aguas, entre el Orinoco y el Amazonas, había surgido como pregunta en la historia jesuítica neogranadina antes de mediar el siglo XVII.

La *Instrucción* del Provincial del Nuevo Reino dada en 1646 a los PP. Andrés Ignacio y Alonso Fernández encargados de entablar la misión de Guayana[899] les advierte que pongan toda diligencia en averiguar si hay comunicación fluvial entre el Orinoco y el Amazonas[900] y si los indígenas de ambas cuencas tienen trato entre sí[901].

---

897 Demetrio RAMOS. "Gumilla y la publicación de El Orinoco ilustrado". En: José GUMILLA. *El Orinoco ilustrado y defendido*. Caracas, Academia Nacional de la Historia (1963)XXVII-CXXVI. La temática mencionada puede verse: LXXVIII-CXXII.

898 Para quien desee conocer la evolución histórica de la cartografía orinoquense: Daniel de BARANDIARÁN. "La crónica del Hermano Vega 1730-1750". En: Agustín de VEGA. *Noticia del Principio y Progresos del establecimiento de las Missiones de Gentiles en el Río Orinoco, por la Compañía de Jesús*. Estudio introductorio: José del Rey Fajardo y Daniel de Barandiarán. Caracas, Academian Nacional de la Historia (2000) 119-514.

899 APQu. Leg., 3. Instrucción y órdenes dadas por el Padre Provincial Rodrigo Barnuevo para los Padres Andrés Ignacio y Alonso Fernández para la misión de la Guaiana donde son enviados por la santa obediencia en 4 de junio de 1646. El documento ha sido publicado por José DEL REY FAJARDO. Documentos jesuíticos relativos a la Historia de la Compañía de Jesús en Venezuela. Caracas, II (1974) 153-156.

900 APQu. Legajo, 3. Instrucción y órdenes por el Padre Pr. Rodrigo Barnuevo a los Padres Andrés Ignacio y Alonso Fernández para la misión de Guayana, donde son enviados por la Santa Obediencia, en 4 de junio de 1646. "Procuren Vuestras Reverencias con toda diligencia saber si en este río Orinoco entra algún brazo del caudaloso río Pará, o si los indios que viven desta banda de la cordillera se comunican con los otros de la ribera del dicho río Pará, que sería

Es evidente que para los misioneros jesuitas de ambas cuencas existía comunicación terrestre entre las gentes de la Amazonia y las de la Orinoquia. El P. Samuel Fritz se enteró de la muerte de los PP. Fiol, Beck y Toebast, acaecida en el Orinoco en 1684, durante el viaje que realizó a los Yarimaguas en febrero de 1696[902].

El mismo autor de *El Orinoco ilustrado* escribe en su libro que es necesario "reprimir el empeño con que los portugueses del río Marañón, atravesando hasta las riberas de Orinoco, empezaron a molestar y cautivar a los indios de ellas, desde el año 1737, en que estaba yo en el Orinoco, y prosiguieron en 1738..."[903]. Es más, Gumilla escribió una carta, en latín, al "comandante de la tropa" y, aunque no recibió contestación, pudo comprobar M. La Condamine que esta carta fue entregada al comandante portugués[904].

También tenían información sobre la comunicación fluvial. El propio La Condamine conoció una carta del P. Francisco Rauber, misionero de Casanare, a otro misionero de Mainas en que hablaba de la comunicación[905]. Y el P. Rauber abandonó las misiones para 1731[906].

Segunda. Si es evidente que existía un convencimiento histórico de la comunicación entre las misiones jesuíticas de Mainas y el Orinoco por parte de los miembros de la Compañía de Jesús, qué razones tuvo Gumilla para negar la comunicación fluvial.

Antes de establecer un juicio de valor conviene precisar que Gumilla se ausenta de nuestro gran río en 1737 y tras su periplo por Europa regresa al Casanare a fines de 1743 o principios de 1744. En esos casi 7 años de ausencia sus compañeros de misión han resuelto tanto el enigma de las fuentes del Orinoco así como su interconexión hídrica.

---

de gran importancia saber si se puede haber comunicación de una banda a la otra, sin salir al mar".

901 APQu. Leg., 3. *Doc. cit.*, n. 22.
902 José JOUANEN. Historia de la Compañía de Jesús en la antigua Provincia de Quito (1570-1774). Quito, I (1941) 500.
903 GUMILLA. El Orinoco ilustrado, 251.
904 GILIJ. Ensayo de Historia Americana, 1, 54.
905 Charles M. de la CONDAMINE. *Viaje a la América Meridional por el Río de las Amazonas*. Barcelona. Editorial Alta Fulla (1986) 66.
906 DEL REY FAJARDO. *Bio-bibliografía*, 515.

En consecuencia, no se puede juzgar al Gumilla que escribe en Europa en 1741 a través de los descubrimientos que se operan después, sobre todo después del viaje del P. Manuel Román al Marañón en 1744.

Es verdad que sus conmisioneros tratan estos hechos históricos como naturales pero hay que tener en cuenta que escriben bastantes años después cuando la novedad había pasado a ser patrimonio del común.

El P. Felipe Salvador Gilij afirmará en su *Ensayo de Historia Americana*, aparecido en Roma en 1780, que en el Orinoco "no había ni uno que se le opusiera" a la comunicación[907]; y añade una reflexión que la remonta a sus años de estudiante en Santafé (1743-1749) para aclarar que ya entonces "tuve en mis manos uno de estos acertados mapas"[908].

Todavía más, un inmediato colaborador de Gumilla como fue el H. Agustín de Vega se extrañaba cómo su antiguo Superior hubiera negado esta comunicación "pues el Padre –escribe hacia 1760- todavía estaba con nosotros en el Orinoco, quando nos trajeron las primeras noticias, que gente del gran Pará, comenzó a traficar por dichos Rios..."[909].

Al analizar esta disyuntiva afirma Barandiarán: "Con la constancia de que en la boca del Guaviare, el Orinoco pareciera seguir un rumbo diferente al del Guaviare, Gumilla, en 1732, al escaso año de su llegada a la Orinoquia, visualiza cartográficamente esta novedad, de tal modo que hoy debemos reconocer a Gumilla como el primer cartógrafo hispano y mundial en haber roto la segunda identidad del Orinoco amazónico, visualizada, durante un largo siglo, con su afluente mayor el Guaviare, luego que sus propios colegas jesuitas de mediados finales del siglo XVII rompieran también la identidad original de ese Orinoco amazónico con el Pauto-Meta-Orinoco de Jiménez de Quesada y de Antonio de Berrío"[910].

A pesar de todo lo dicho cabe preguntarse: ¿qué razones movieron a Gumilla para escribir en 1741 en pro de la no comunicación Orinoco-Amazonas?

---

907 GILIJ. Ensayo de Historia Americana, I, 54.
908 GILIJ. Ensayo de Historia americana, I, 51
909 VEGA. Noticia del Principio y Progresos, 83.
910 Daniel de BARANDIARÁN. "La crónica del Hermano Vega 1730-1750". En: Agustín de VEGA. *Noticia del Principio y Progresos del establecimiento de las Missiones de Gentiles en el Río Orinoco, por la Compañía de Jesús*. Estudio introductorio: José del Rey Fajardo y Daniel de Barandiarán. Caracas, Academian Nacional de la Historia (2000) 468.

Trataremos de sintetizar toda su argumentación al respecto"[911].

Los fundamentos de la posición gumillana parecen ser: La existencia de una cordillera divisoria de las cuencas de los dos grandes ríos imposibilita la intercomunicación. Además, la concepción del relieve americano, cortado de norte a sur por los Andes, le lleva a concluir que todos los grandes ríos que desembocaban en el Atlántico debían tener sus fuentes en la cadena andina. Finalmente, toma el río Caura, conocido hasta sus fuentes, como punto de referencia para proyectar su "inducción" a lo desconocido del Orinoco.

Al aplicar esta teoría al hecho geográfico y a las explicaciones históricas que interpretaban el pro y el contra de la posible realidad es donde a Gumilla opta por lo que él cree que es la respuesta más sensata.

Un compañero de fatigas misionales como lo fue el Hermano Vega confesará que al dibujar el Orinoco "siguió las Cartas antiguas"[912]. Al apelar a los argumentos de autoridad se basó en el mapa de su colega misionero el P. Fritz. Y posiblemente, al confrontar las noticias de la intercomunicación hídrica que él tenía entre los dos grandes ríos, en España con la opinión de los eruditos hispanos prefirió el juicio de los eruditos hasta confirmar sus conocimientos misionales.

Tercera. Es la menos conocida y la más importante pues se trata de su retractación. Sería un discípulo, estimulado por el viejo misionero para que continuara su historia, el que no quiso dejar en la oscuridad el siguiente testimonio. Cuando el joven jesuita italiano Felipe Salvador Gilij se dirigía al Orinoco visitó a Gumilla en San Ignacio de Betoyes y 31 años más tarde recordaba: "Feliz Gumilla, que viviendo todavía, y siendo misionero en el Casanare, tuvo la suerte de deponer su error. Supo este grande hombre, no para su confusión, sino para que se sume a sus gloriosos hechos (...), supo, digo, el viaje hecho al Río Negro por el P. Román, y la comunicación descubierta en aquella ocasión del Orinoco con el Marañón; y sin oponerse a ella o neciamente defender el error antes aceptado, en enero de 1749 estaba preparando para su historia una adición, que él mismo me leyó, en la

---

911 José GUMILLA. *El Orinoco ilustrado y defendido*, 60-63. Demetrio RAMOS PEREZ. "Las ideas geográficas del Padre Gumilla". En: *Estudios geográficos*. Madrid, nº 14 (1944) 179-199. Francisco ESTEVE BARBA. *Cultura virreinal*. Barcelona-Madrid (1965) 626-630.
912 VEGA. Noticia del Principio y Progresos, 83.

cual, luego de retractar su error, describía larga y graciosamente, según solía, el descubrimiento que no sabía antes. Como le sobrevino la muerte (...) la obra quedó imperfecta e inédita"[913].

Como toda obra que describe por vez primera un mundo inédito tiene sus aciertos y desaciertos. Es bueno remitirse al criterio sereno y equilibrado del historiador franciscano, Fray Antonio Caulín, quien casi 40 años después y con las luces de los peritos de la Expedición de Límites adelantaría el siguiente juicio: "... y un plano geographico, en que a juicio de los facultativos, están de manifiesto los yerros de la Geographia, que procuraré desagraviar en el todo de esta Provincia, que en su referido plano se encuentra notablemente diminuta, e igualmente excesiva en la debida proporción, rumbos, y distancias, partes esenciales de esta facultad, en que no puede menos de resbalar la pluma, quando se ve precisada a escribir, por noticias administradas muchas veces de hombres, que no escrupulizan dar por cierto lo que es dudoso, o del todo ignorado... dexando a su Author en los debidos créditos de un Varón Apostólico, y Docto, y a su Obra digna de toda estimación"[914].

---

913 GILIJ. Ensayo de Historia Americana, I, 53.
914 Antonio CAULÍN. *Historia de la Nueva Andalucia*. Caracas. Academia Nacional de la Historia, I (1966) 27-28. Y en la pag. 103 matiza: "... de quien me apartaré [del P. Gumilla] en todos aquellos parages, en que no pudo rastrear la verdad su cuidadosa solicitud, por lo poco traficados, que en su tiempo estaban aquellos paises, y la falta de buenos Instrumentos, y Peritos observadores, como los que hoy se han logrado, con la venida de la Real Expedición de Límites".

Anexos

MAPA N° 1

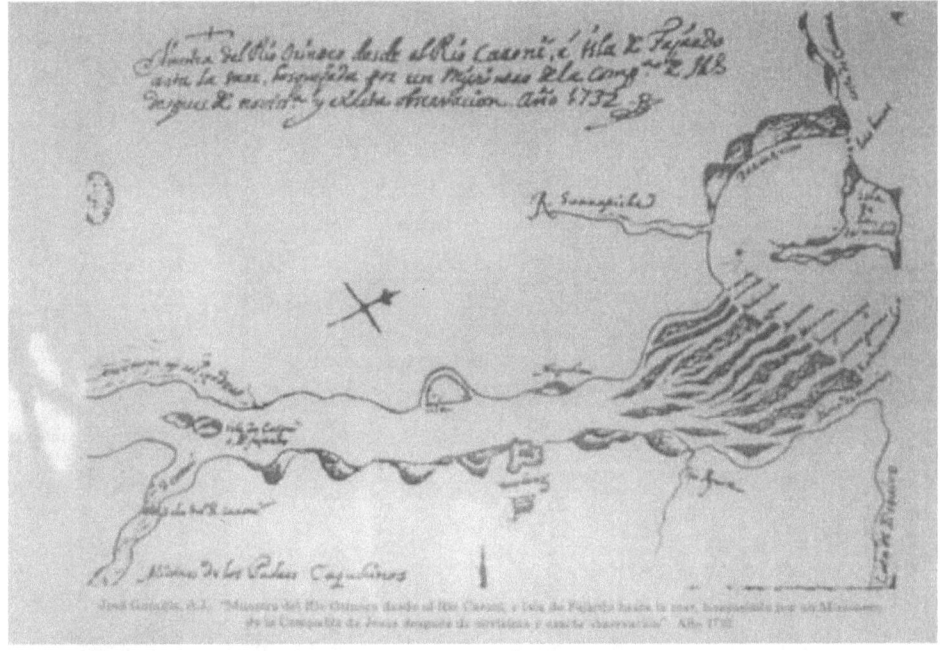

José Gumilla, S.J.: "Muestra del Río Orinoco desde el Río Caroní, e Isla de Fajardo hasta la mar, bosquejado por un Misionero de la Compañía de Jesús después de novísima y exacta observación". Año 1732.

MAPA N° 2

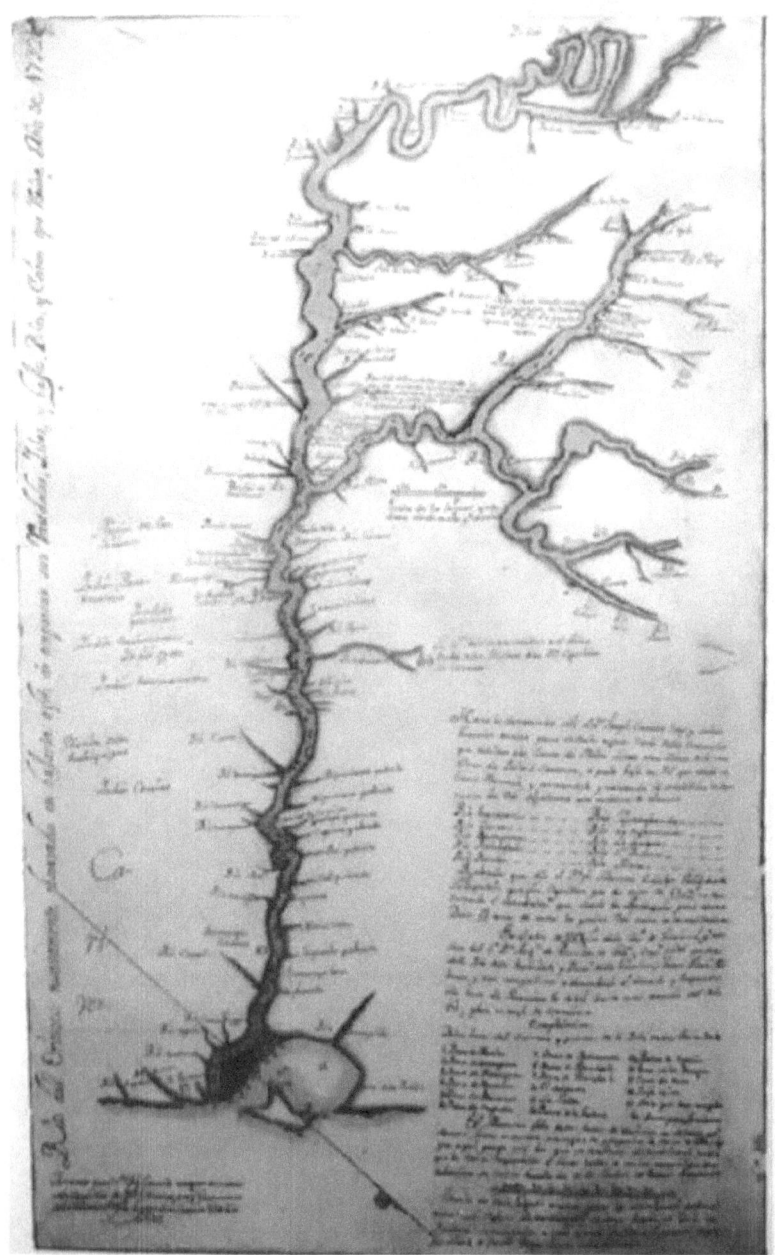

Río Orinoco nuevamente observado en bajante a fin de expresar sus Raudales, Yslas, y bajos, Ríos, y Caños que tiene. Año de 1732.

MAPA N° 3

Nota: Por motivos de tamaño, el mapa fue divido en tres partes.

Parte I

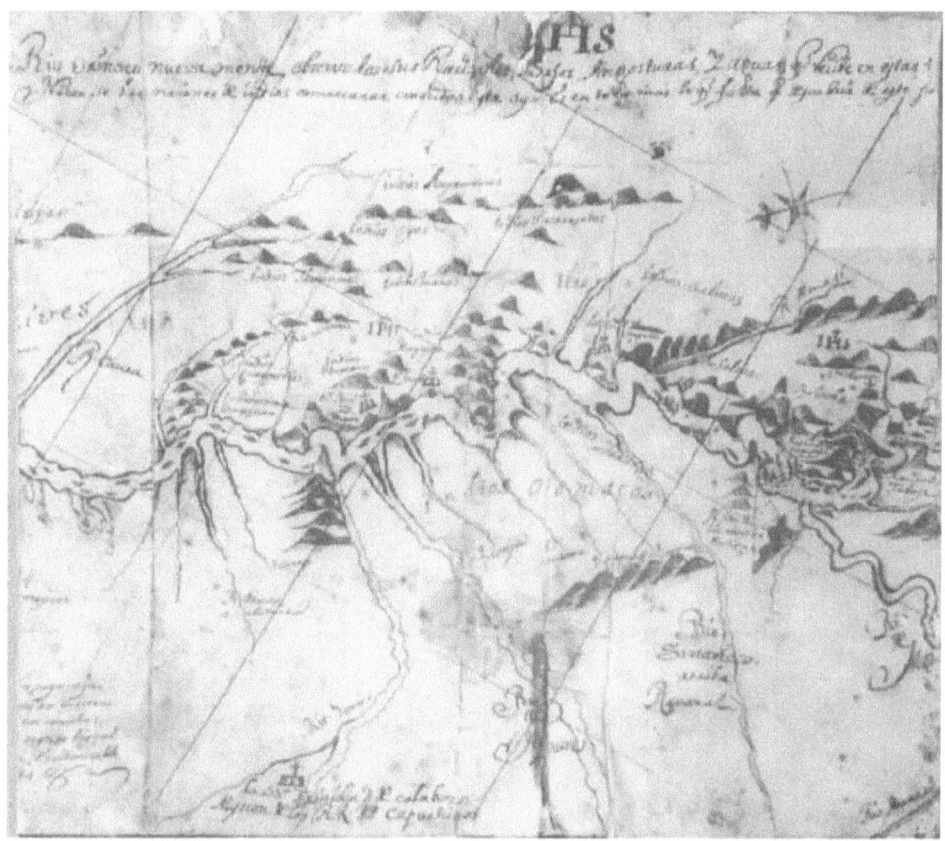

IHS. Río Orinoco nuevamente observados sus Raudales, Bajos, Angosturas, y aguas que recibe en estas 400 lenguas descubiertas. Notanse sus naciones de indios comarcas, conocidas asta oy=. Es en todo mas lo que falta que descubrir de este famoso Río.

Parte II

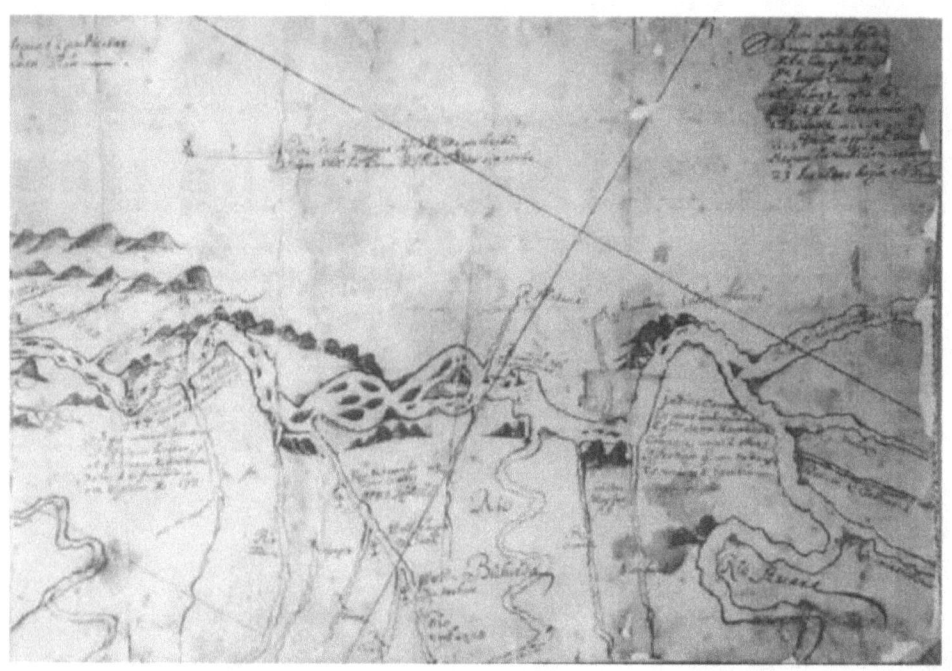

Parte III

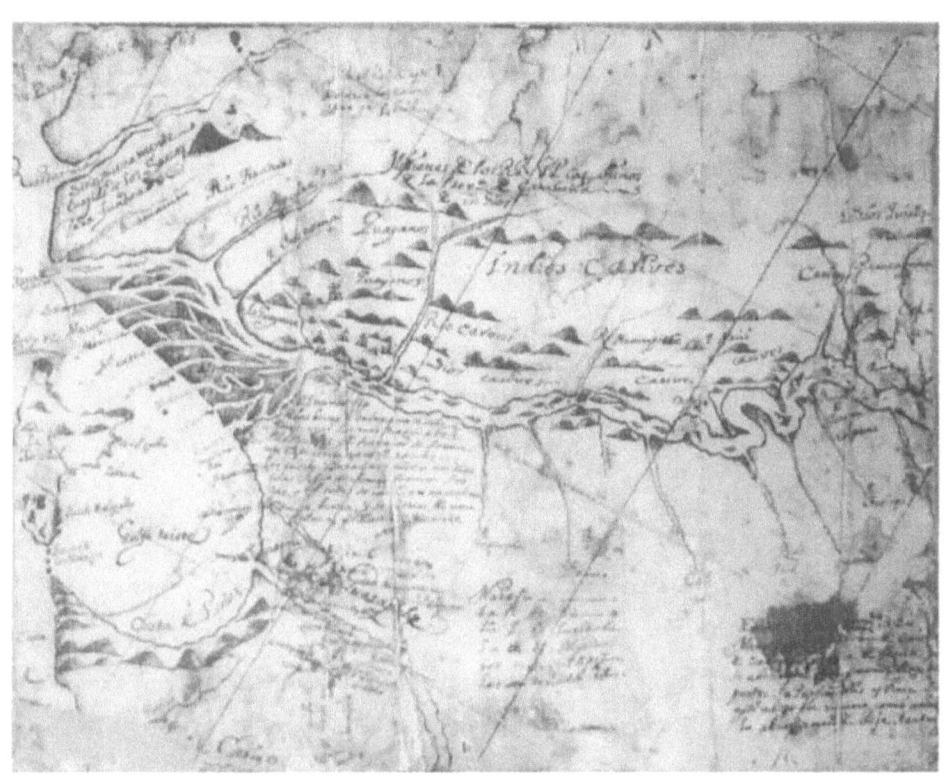

MAPA N° 4

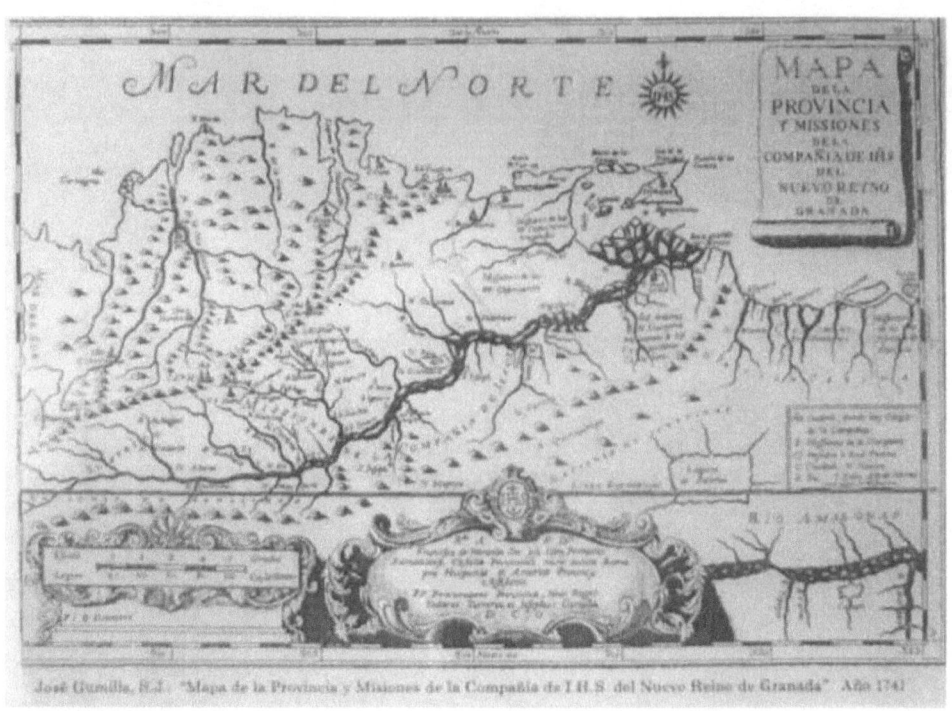

José Gumilla, S.J.: "Mapa de la Provincia y Misiones de la Compañía de I.H.S. del Nuevo Reino de Granada". Año 1741

ARCHIVOS Y BIBLIOGRAFIA

I. ARCHIVOS

ALCALÁ DE HENARES. Archivo de la Provincia de Toledo (APT).
Fondo Astráin, 5, 28, 132

BOGOTÁ. Archivo del Colegio Mayor de San Bartolomé.
Caja, Siglo XVIII, Varios, N°., 1:
Papeletas varias.

BOGOTÁ. Archivo Nacional de Colombia (ANB)
Conventos, t. 7, t. 68,
Reales Cédulas, t. 14,

CARACAS. Archivo del Servicio Geográfico del Ejército.
Carpeta: Venezuela y Guayana. Mapa de Gumilla

CARACAS. Archivo Universidad Católica Andrés Bello (AUCAB)
Libro de Consultas del Colegio de Mérida,

MADRID. Archivo Histórico Nacional. (AHN)
Jesuitas, 120.

MADRID. Archivo inédito Uriarte-Lecina. Universidad de Comillas.
Papeletas: ROMAN, Manuel.

MADRID. Archivo del Museo Naval.
Sigla: XIII-10. XIII-9.
Manuscrito, 320.

MADRID. Archivo del Real Jardín Botánico.
Manuscritos, Siglas II, 4-1-34.

MÉXICO Archivo General de la Nación. México.
Reales Cédulas, Vol. 9. Exp. 56.

QUITO. Archivo de la antigua Provincia de Quito de la Compañía de Jesús. (APQu.)
Leg., 3.

ROMA. Archivum Romanum Societatis Iesu (ARSI)
Provincia Novi Regni et Quiti (N.R. et Q.) 4, 5, 12-I. 14. 15.

SANTIAGO DE CHILE Archivo Nacional de Chile (ANCh).
Jesuitas, 226, 446.
Congregationes Provinciales, t. 88,

SEVILLA. Archivo General de Indias (AGI)
Caracas, 205, 440
Quito, 198.
Santafé, 36.

SIMANCAS. Archivo General de Simancas (AGS)
Estado, 3779, 7390, 7393, 7397

VALENCIA. Archivo General del Reino de Valencia.
Clero: Compañía de Jesús. Leg., 57.

Biblioteca Nacional de Bogotá.
Sección de Manuscritos, n° 137
Mss. 105. Libro de la Sacristía del Colegio de Tunja,

Biblioteca de Santa Cruz. Valladolid.
Mss. 342.

II. BIBLIOGRAFIA

Abbé RENARD.
    s/f.   Essai bibliographique sur l'histoire religieuse des Antilles françaises. Paris.

ACEVEDO LATORRE, Eduardo.
    1997   *Atlas de mapas antiguos de Colombia: siglos XVI al XIX.* Recopiló y dirigió Eduardo Acevedo Latorre. Bogotá, Arco, 1997.

ACUÑA, Cristóbal de.
    1641   *Nuevo Descubrimiento del Gran Río de las Amazonas.* Por el Padre Christoval de Acuña, Religioso de la Compañia de Iesus, y Calificador de Is Suprema General Inquisición. Con licencia. En Madrid, en la Imprenta del Reyno.

AGUIRRE ELORRIAGA, Manuel.
    1941   *La Compañía de Jesús en Venezuela.* Caracas, Editorial Cóndor.

AINSA, Fernando.
    1995   "La marcha *sin fin* de las utopías en América Latina". En: *Cuadernos Hispanoamericanos.* Madrid, n°. 538 (1995) 35-44.

ALEA Y ESTRADA Juan de.
    1956   "Introducción dedicatoria" al *Teatro de el Desengaño* del P. Juan Rivero. Bogotá, Biblioteca de la Presidencia de Colombia (1956).

ALVARADO, Eugenio de,
    1966   "Informe reservado sobre el manejo y conducta que tuvieron los Padres Jesuitas con la expedición de la Línea Divisoria entre España y Portugal en la Península Austral y orillas del Orinoco [1756]". En: José DEL REY FAJARDO, *Documentos jesuíticos relativos a la Historia de la Compañía de Jesús en Venezuela,* Academia Nacional de la Historia, Caracas 1966, pág. 215-333.

1999 "Relación sobre la colonia holandesa del Esequibo, 1755". Y "Relación de las comunicaciones que tiene la Provincia de Guayana con la colonia holandesa de Esequibo, 1755". En: Manuel LUCENA GIRALDO (Edit.). *Viajes a la Guayana ilustrada. El hombre y el territorio*. Estudio introductorio, selección documental y notas de Manuel Lucena Giraldo. Caracas, Banco Provincia (1999) 55-58; y 61-65.

ANDRADE S., Francisco.

1965 *Demarcación de las fronteras de Colombia*. Bogotá, Historia Extensa de Colombia, Academia Colombiana de Historia.

Année Littéraire, année

1758 M.DCC.LVIII par M. Fréron, des Académis d'Angers, Montauban, de Nancy, de Marseille et de Caen. A Amsterdam. Et se trouve a Paris chez Michel Lambert.

ARBIZU, Juan.

1650-1700 *Historia del Colegio de la Compañía de Jesús de Zaragoza*. Tercera parte. Comienza desde el año de 1650 hasta el de 1700. La ofrece a loa muy Reverendos Rector, Padres y hermanos del mismo colegio. El Padre Juan Arbizu, de la Compañía de Jesús. Adornada de índices y catalogos como en los libros antecedentes. MS. que reposa en el Archivo del Rectorado del Colegio del Salvador de Zaragoza. (Lamentablemente se ha perdido uno de los tomos).

ARCILLA, José S.

2001 "Colín (Colí), Francisco". En: Charles E. O'NEILL y Joaquín Mª DOMÍNGUEZ. *Diccionario histórico de la Compañía de Jesús*. Roma-Madrid, I (2001) 856-857.

--- "Combés, Francisco". En: Charles E. O'NEILL y Joaquín DOMÍNGUEZ. *Diccionario histórico de la Compañía de Jesús*. Roma-Madrid, I (2001) 868.

ARELLANO, Fernando.
    1986   *Una introducción a la Venezuela prehispánica*. Caracas, Universidad Católica Andrés Bello.

ARIZA, Alberto.
    1971   *Los Dominicos en Venezuela*. Bogotá. Convento de Santo Domingo.

ARRATE, José Martín Félix de.
    1876   Llave del Nuevo Mundo Antemural de las Indias Occidentales; La Habana descrita: noticias de su fundación, aumentos y estados. La Habana, Ed. de Rafael Cowley y Andrés Pego.

ARROM, José Juan.
    1961   "Esquema generacional de las letras hispanoamericanas". En: *Thesaurus*. Bogotá, t. XVI, n° 2 (1961) 311-342.

ASTRAIN, Antonio.
    1925   Historia de la Compañía de Jesús en la Asistencia de España. Madrid, Razón y Fe, VII.

BACKER, Agustín de.
    1869   Bibliothéque des écrivains de la Compagnie de Jésus, ou notices bibliographiques 1° de tous les ouvrages publiées par les membres de la Compaganie de Jésus de la fondation de l'ordre jusqu'á a nos jours, 2° des apologies, des controverses religieuses, des critiques littéraires et scientifiques suscitées á leur sujet. Liège-París, IV.

BAPTISTA, Javier y Cayetano BRUNO.
    2001   "Paraguay". En: Charles E. O'NEILL y Joaquín M° DOMÍNGUEZ. *Diccionario histórico de la Compañía de Jesús*. Roma-Madrid, III (2001) 3032-3038.

BAPTISTA, Javier y Clement J. McNASPY.
    2001   "Ruiz de Montoya, Antonio". En: Charles E. O'NEILL y Joaquín Mª DOMÍNGUEZ. *Diccionario histórico de la Compañía de Jesús*. Roma-Madrid, IV (2001) 3436-3437.

BARANDIARÁN, Daniel de.
    1992   "Introducción al estudio de la historia de las misiones jesuíticas en la Orinoquia". En: José DEL REY FAJARDO

(Edit.). *Misiones jesuíticas en la Orinoquia*. San Cristóbal, Universidad Católica del Táchira, I (1992) 247-265.

--- "El Orinoco amazónico de las misiones jesuíticas". En: J. DEL REY FAJARDO. *Misiones jesuíticas en la Orinoquia*. San Cristóbal, II (1992) 129-265.

1994 "Brasil nació en Tordesillas". En: *Paramillo*. San Cristóbal, 13 (1994) 331-774.

2000 "La Crónica del Hermano Vega 1730-1750". En: Agustín de VEGA. *Noticia del principio y progresos del establecimiento de las Misiones de gentiles en la río Orinoco por la Compañía de Jesús*. Estudio introductorio: José del Rey Fajardo sj y Daniel de Barandiarán. Caracas (2000) 121-514.

BARASORDA Y LARRAZABAL, Nicolás de.

1996 Relacion de los svgetos, qve se han criado en el Colegio Seminario, y Mayor de San Bartolomé, fundado en la Ciudad de Santa Fè, Nuevo Reyno de Granada... Madrid, 1723. Ha sido reeditado por William JARAMILLO MEJÍA. Real Colegio Mayor y Seminario de San Bartolomé. Bogotá, Instituto colombiano de cultura hispánica (1996) 235-271.

BARNADAS, Joseph M.

1985 "Introducción". EDER, Francisco Javier sj, *Breve descripción de las Reducciones Cochabamba, de Mojos*, Traducción y edición de Josep M. BARNADAS. Historia Boliviana.

BARTHES, Roland.

1974 Investigaciones retóricas. I. La antigua retórica. Buenos Aires.

BAYLE, Constantino.

1940 "Cuarto Centenario del descubrimiento del Amazonas. Descubridores jesuitas del Amazonas". En: *Revista de Indias*. Madrid (1940) 121-149.

1949 "Notas sobre bibliografía jesuítica de Mainas". En: *Missionalia Hispanica*. Madrid (1949) 277-317.

1951 "Las Misiones, defensa de las fortalezas de Mainas". En: *Missionalia Hispanica*. Madrid (1951) 417-503.

BECK, Gaspar.
1684 "Misión del río Orinoco en el Nuevo Reino. 1684". En: José DEL REY FAJARDO. *Documentos jesuíticos relativos a la historia de la Compañía de Jesús en Venezuela*. Caracas, Academia Nacional de la Historia, II (1974) 168-189. [Título original: *Missio orinocensis in novo Regno*. 1684. (Archivum Romanum Societatis Iesu. *Provincia Novi Regni et Quiti.*, 15-I, fols., 71-78v.

BELLIN, Jacques-Nicolas.
1763 *Description geographique de la Guiane:* contenant les possessions et les etablissemens des François, des Espagnols, des Portugais, des Hollandois dans ces vastes pays... avec des remarques pour la navigation et des cartes, plans et figures... A Paris: de l'imprimerie de Didot.

BERTRAND, Dominique.
1992 "Ignace de Loyola et la politique". En: Juan PLAZAOLA (Edit). *Ignacio de Loyola y su tiempo*. Bilbao, Universidad de Deusto (1992) 713.

BERTRAND, Dominique.
1991 "Política y mística en los jesuitas". En *Manresa*. Madrid, 63 (1991) 377-391.

Biographie Universelle Ancienne et Moderne.
1816 París, t. XVII (1816) pp. 382-383.

BLANCKAERT, Claude.
1985 "Unité et altérité. La parole confisquée". En: Claude BLANCKAERT (Edit.). *Naissance de l'ethnologie?*. Paris, Les Editions du Cerf (1985) 11-22.

BLOCK, David.
1997 *La cultura reduccional de los Llanos de Mojos*. Tradición autóctona, empresa jesuítica & política civil, 1680-1880. Sucre, Historia Boliviana.

BOLLANDUS, Ioannes.
    1640   Imago primi saeculi Societatis Iesu a Provincia Flandro-Belgica eiusdem Societatis repraesentata. Amberes.

BORDA, José Joaquín.
    s/f   Historia de la Compañía de Jesús en la Nueva Granada. Poissy, Imprenta de S. Lejay, 2 vols.

BORROMEO, Agostino.
    1991   "Ignacio de Loyola y su obra a la luz de las más recientes tendencias historiográficas". En: Quintín ALDEA (Ed.). *Ignacio de Loyola en la gran crisis del siglo XVI*. Bilbao, Universidad Complutense-Mensajero-Sal Terrae, S/f [1991] 321-334.

BOUSEMART, Gabriel.
    1750   Carta del Padre Gabriel Bousemart, Rector del Colegio Imperial de Madrid, para los Padres Superiores de la Provincia de Toledo, sobre la religiosa vida, y virtudes del Padre Joseph Cassani, difunto el día doce de noviembre de 1750. [Madrid, 1750].

BOXER, Charles.
    1953   "Comercio e contrabando entre Bahía e Potosí no século XVI". En: *Revista de Historia*. Sao Paulo, IV (1953) 195-212.

BREVE DE NUESTRO MUY SANTO PADRE CLEMENTE XIV
    1770-1773   por el qual su Santidad suprime, deroga, y extingue el instituto y orden de los Clérigos Regulares, denominados de la Compañía de Jesús, que ha sido presentado en el Consejo para su publicidad. Madrid. En la imprenta de Pedro Marín, 1773. [El texto que reposa en el archivo del Instituto de Investigaciones Históricas de la UCAB es bilingüe. Una copia fue publicada en J. A. FFERRER BENIMELI. "La expulsión y extinción de los jesuitas según la correspondencia diplomática francesa 1770-1773". En Paramillo. San Cristóbal, Universidad Católica del Táchira, 17 (1998) 319-372].

BREWER-CARIAS, Allan R.
    1997   La ciudad ordenada. (Estudio sobre -el orden que se ha de tener en descubrir y poblar- o sobre el trazado regular de la ciudad hispanoamericana, en particular, de las ciudades de Venezuela), Instituto Pascual Madoz, Universidad Carlos III de Madrid, Boletín Oficial del Estado, Madrid.

BRICEÑO JÁUREGUI, Manuel.
    1991   "La prelección como elemento metodológico en la enseñanza de las humanidades en los colegios jesuíticos neogranadinos (s. XVII-XVIII)". En: José DEL REY FAJARDO (Edit). *La pedagogía jesuítica en Venezuela.* San Cristóbal, Universidad Católica del Táchira, II (1991) 589-698.

BRITISH GUIANA BOUNDARY.
    1898   Arbitration with the United States of Venezuela.Appendix to the Case on behalf of ther Government of her Britanic Magesty. London, Printed at the Foreign Office, by Harrison and Sons, Printers in Ordinary to her Majesty, III.

*Bullarium Romanum. Bullarum, Diplomatum et Privilegiorum Sanctorum Romanorum Pontificum.*Augustae Taurinorum, 1867-1872, 24 vols.

BURRUS, Ernest J. y Jesús GOMEZ FREGOSO.
    2001   "Pérez de Rivas (Ribas), Andrés". En: Charles E. O'NEILL y Joaquín Mª DOMÍNGUEZ. *Diccionario histórico de la Compañía de Jesús.* Roma-Madrid, III (2001) 3093.

BURRUS, Ernest J.
    2001   "Kino (Chini, Chino) Eusebio Francisco". En: Charles E. O'NEILL y Joaquín Mª DOMÍNGUEZ. *Diccionario histórico de la Compañía de Jesús.* Roma-Madrid, III (2001) 2194-219

CAL MARTINEZ, M. Consuelo.
    1979   La defensa de la integridad territorial de Guayana con Carlos III. Caracas.

CAMPEAU, L.
    2001   "Marquette, Jacques". En: Charles E. O'NEILL y Joaquín Mª DOMÍNGUEZ. *Diccionario histórico de la Compañía de Jesús*. Roma-Madrid, III (2001) 2514.

CAMPO DEL POZO, Fernando.
    1968   Historia documentada de los Agustinos en Venezuela durante la época colonial. Caracas, Academia Nacional de la Historia.
    1979   *Los Agustinos y las lenguas indígenas de Venezuela*. Caracas, Universidad Católica Andrés Bello.
    1988   *Sínodos de Mérida y Maracaibo de 1817, 1819 y 1822*. Introducción y Edición crítica. Madrid, Centro de Estudios Históricos del Consejo Superior de Investigaciones Científicas.

CAPEL, Horacio.
    1981   "Los diccionarios geográficos de la Ilustración española". En: *Cuadernos críticos de la Geografía Humana*. Barcelona, Universitat de Barcelona.

CARAMAN, Philip y Hubert JACOBS.
    2001   "Lobo, Jerónimo". En: Charles E. O'NEILL y Joaquín Mª DOMÍNGUEZ. *Diccionario histórico de la Compañía de Jesús*. Roma-Madrid, 3 (2001) 2404.

CARAMAN, Philip.
    2001   "Cardiel, José". En: Charles O'NEILL y Joaquín Mª. DOMÍNGUEZ. *Diccionario histórico de la Compañía de Jesús*. Roma-Madrid, Institutum Historicum S. I.- Universidad Pontificia de Comillas, I (2001) 654-655.

CARAMAN, Philip y Javier BAPTISTA.
    2001   "XI. Tratado de Límites, 1750". En: Charles E. O'NEILL y Joaquín Mª DOMÍNGUEZ. *Diccionario histórico de la Compañía de Jesús*. Roma-Madrid, I (2001) 139-144.

CARROCERA, Buenaventura de.
    1979   *Misión de los Capuchinos en Guayana*. Caracas, Academia Nacional de la Historia.

CARVAJAL Jacinto de.
    1892   Relación del descubrimiento del río Apure hasta su ingreso en el Orinoco. León, Ediciones de la Diputación de León.

CARVALHO, Sebastiâo José de, marqués de Pombal,
    1757   Relaçâo abbreviada da republica que os religiosos jesuitas das provincias de Portugal e Hespanha estabeleceram nos dominios ultramarinos das duas monarchias, Lisboa.

CASSANI, Joseph.
    1741   Historia de la provincia de la Compañía de Jesús del Nuevo Reyno de Granada en la América: descripción y relación exacta de sus gloriosas mi siones en el Reyno, llanos, meta, y río Orinoco, almas y terreno que han conquistado sus mi sioneros para Dios. Madrid, En la Imprenta y Librería de Manuel Fernández.

CASTILLO LARA, Lucas Guillermo.
    1983   "Intentos para la creación de una diócesis en Venezuela en la época colonial". En: *Boletín de la Academia Nacional de la Historia*. Caracas, n°., 264 (1983) 995- 1008.

CAULIN, Antonio.
    1966   *Historia de la Nueva Andalucía*. Caracas, Academia Nacional de la Historia, I.

CHANTRE Y HERRERA, José.
    1901   Historia de las Misiones de la Compañía de Jesús en el Marañón Español (1637-1767). Madrid, Imprenta de A. Avrial.

CHARMOT, François.
    1952   *La pedagogía de los jesuitas*. Sus principios. Su actualidad. Madrid, Sapientia.

COLETI, Giovanni Domenico.
    1771   *Dizionario storico-geográfico dell'America Meriodanale* di Giandomenico Coleti della Compagnia di Gesu. En Venezia: nella stamperia Coleti..., 1771. [Traducción: *Diccionario histórico-geográfico de la América Meridional*. Bogotá, Banco de la República, 1974]

CORREIA-AFONSO, John y Nancy M. GETTELMAN.
> 2001 "GOES (GÓIS), Bento de". En: Charles E. O'NEILL y Joaquín Mª DOMÍNGUEZ. *Diccionario histórico de la Compañía de Jesús*. Roma-Madrid, 2 (2001) 1765-1766.

CUNILL GRAU, Pedro.
> 1987 "Aportes neohistóricos y cartográficos de la descripción Geográfica de la Guayana de Bellin". En: *Boletín de la Academia Nacional de la Historia*. Caracas, LXX (1987).
>
> 1989 "Felipe Salvador Gilij, geógrafo dieciochesco de la cuenca del Orinoco y del Amazonas venezolano". En: *Montalbán*. Caracas, n°. 21 (1989) 21-68.
>
> 2009 *Historia de la Geografía de Venezuela*. Caracas, Ministerio del Poder Popular para la Educación Superior; Consejo Nacional de Universidades; Oficina de Planificación del Sector Universitario, I.

DAHLGREN, E. W.
> 1909 Les rélations comerciales et maritimes entre la France et les côtes de l'Ocean Pacifique. París.

DAVID, Bernard.
> 1635-1715 *Dictionnaire biographique de la Martinique (1635-1848)* "Le Clergé". Tome I. 1635-1715. Fort-de-France, Société d'Histoire de la Martinique, 1984.

DE LA PARRA, Teresa.
> s/f Obras completas de Teresa de la Parra. Caracas, Editorial Arte.

DEL REY, José.
> 1958 "El P. José Gumilla: un sociólogo audaz y un americanista olvidado". En: *Revista Javeriana*, Bogotá (1958) 2-12.
>
> 1964 "Venezuela y la ideología gumillana". En: *Sic*, Caracas (1964), 74-76.

DEL REY FAJARDO, José.
> 1963 "Mesland-Monteverde. Aclaraciones a un malentendido histórico". En: *Sic*, Caracas (1963), 166-167.
>
> 1971 *Aportes jesuíticos a la filología colonial venezolana*. Caracas, Ministerio de Educación, 1971, 2 vols.

1974 Documentos jesuíticos relativos a la Historia de la Compañía de Jesús en Venezuela. Caracas, vols., 2 y 3.
1977 Misiones jesuíticas en la Orinoquia. Caracas, I.
1979 *Los Jesuitas y las Lenguas Indígenas Venezolanas*. Caracas, Universidad Católica Andrés Bello.
1988 "Consideraciones sobre el hombre y la lengua tuneba". En: María Elena MARQUEZ, Berichá (Esperanza AGUABLANCA) y Jesús OLZA. *Gramática de la lengua tuneba*. San Cristóbal, Universidad Católica del Táchira (1988) 5-28.
1990 *La expulsión de los jesuitas de Venezuela (1767-1768)*. San Cristóbal, Universidad Católica del Táchira, 1990.
1992 "Introducción al estudio de la historia de las misiones jesuíticas en la Orinoquia". En: José DEL REY FAJARDO (Edit.). *Misiones jesuíticas en la Orinoquia*. San Cristóbal, Universidad Católica del Táchira, I (1992) 197-682.
1993 "La Misión del Airico: 1695-1704". En: *Boletín de la Academia Nacional de la Historia*. Caracas, t. LXXVI, nº. 302 (1993) 49-68.
1994 "Miguel Alejo Schabel S. J. Escritor, Aventurero y Misionero". En: *Boletín Universitario de Letras*. Caracas, Universidad Católica Andrés Bello, 1 (1994) 169-196.
--- "Antoine Boislevert (1618-1669) fundador [de las Misiones] de los Llanos de Casanare". En: *Boletín de la Academia Nacional de la Historia*. Caracas, t. LXXVII, nº., 308 (1994) 81-104.
1995 *Bio-bibliografía de los jesuitas en la Venezuela colonial*. Santafé de Bogotá-San Cristóbal, Universidad Católica del Táchira-Pontificia Universidad Javeriana.
1996 "Topohistoria misional jesuítica llanera y orinoquense". En: José DEL REY FAJARDO y Edda O. SAMUDIO. *Hombre, Tierra y Sociedad*. San Cristóbal-Bogotá (1996) 7-158.

1998	Una utopía sofocada: Reducciones jesuíticas en la Orinoquia. Caracas, Academia Nacional de la Historia, 1998.
2002	Catedráticos jesuitas de la Javeriana colonial. Bogotá, CEJA.
2003	El aporte de la Javeriana colonial a la cartografía orinoquense. Bogotá, Pontificia Universidad Javeriana.
2004	Entre el deseo y la esperanza: los jesuitas en la Caracas colonial. Caracas, Universidad Católica Andrés Bello.
---	Jesuitas, libros y política en el Real Colegio Mayor y Seminario de San Bartolomé. Bogotá, Publicaciones Editores.
2006	"José Gumilla, explorador científico de la Orinoquia". En: Juan PLAZAOLA (Edit.). *Jesuitas exploradores, pioneros y geógrafos*. Bilbao, Ediciones Mensajero (2006) 199-243.
---	*Biblioteca de escritores jesuitas neogranadinos*. Bogotá, Editorial Pontificia Universidad Javeriana, 2006.
2007	El mito Schabel. Las antinomias de un jesuita aventurero. Valera, Universidad Valle del Momboy, 2007.
---	*Los jesuitas en Venezuela*. Tomo II: *Los hombres*. Caracas-Bogotá, Universidad Católica Andrés Bello-Pontificia Universidad Javeriana, 2007.
---	*Los jesuitas en Venezuela*. Tomo V: *Las Misiones germen de la nacionalidad*. Caracas-Bogotá, Universidad Católica Andrés Bello-Pontificia Universidad Javeriana.

DEL REY FAJARDO, José y Myriam MARÍN CORTÉS (Edit.).

2008	*La biblioteca colonial de la Universidad Javeriana comentada*. Bogotá, Pontificia Universidad Javeriana, Archivo Histórico Javeriano.
2009	La Universidad Javeriana, intérprete de la "otredad" indígena (siglos XVII-XVIII). Bogotá, Pontificia Universidad Javeriana.

DELUMEAU, Jean.
    1979   *Le catholicisme entre Luther et Voltaire*. París, Presses Universitaires de France.

DE MONTEZON [Fortuné DEMONTEZON].
    1857   Mission de Cayenne et de la Guyane française. París, Julien. Lanier, Cosnard.

DETTLING, Warnfried.
    1996   "Was heisst Solidarität heute". En: *Die Zeit*, 27 Dezember, pag. 1.

DIDEROT, Denis y Jean y Rond D' ALEMBERT.
    1751   *Encyclópedie, ou Dictionnaire raisonné des sciences, des arts et des métiers* par une societé de gens de lettres, mis en ordre & publié par M. Diderot... & quant à la Partie Mathématique, par M. D'Alembert...; tome premier. A Paris: chez Briasson... chez David l'aîné... chez Le Breton... imprimeur ordinaire du Roy... chez Durand...

DIGUJA Y VILLAGOMEZ, José.
    1893   "Notas para la más pronta comprensión de el Mapa general de la gobernación de Cumaná, que dirige a S.M. en su Real y Supremo Consejo de Yndias, su Gobernador el Coronel don José de Iguya Villa Gómez. Años de 1761". En: Antonio B. CUERVO. *Colección de documentos inéditos sobre la Geografía y la Historia de Colombia*. Bogotá. III (1893) 3-24.

DOBRIZHOFFER, Martín.
    1784   Historia de abiponibus equestri bellicosaque paraquariae natione: locupletata copiosis barbararum gentium, urbium. Viennæ, Typis Josephi Nob. di Kurzbek.

DONÍS RÍOS, Manuel Alberto.
    1992   "La cartografía jesuítica en la Orinoquia (siglo XVIII)". En: DEL REY FAJARDO (Edit). *Misiones jesuíticas en la Orinoquia*. San Cristóbal, Universidad Católica del Táchira, I (1992) 783-840.

2013 La Provincia de Guayana para mediados del siglo XVIII. Una visión a través del Mapa del P. Bernardo Rotella S. J. Caracas, Academia Nacional de la Historia, 2013

DUQUE GÓMEZ, Luis.
1992 "Visión etnológica del Llano y el proceso de la evangelización". En: José DEL REY FAJARDO (Edit.). *Misiones jesuíticas en la Orinoquia*. San Cristóbal, I (1992) 683-715.

DURBIN, Marshall.
s/f "A surwey of the carib language family". En E. B. BASSO (ed): *Carib-speaking indians: culture, society and language*. Tucson. The University of the Arizona Press (The Anthropological Papers of the of Arizona, 28).

DUVIOLS, Jean-Paul.
1976 "Pascual Martinez Marco. Viaje y derrotero de la ciudad de Cumaná a la de Santa Fe de Bogotá (1749)". En: *Cahiers du monde hispanique et luso-brésilien*. Toulouse, 26 (1976) 19-33.

ECHÁNOVE, Alfonso,
1955 "Origen y evolución de la idea jesuítica de "Recucciones" en las Misiones del Virreinato del Perú" en *Missionalida Hispanica*, XII, n° 34, Madrid 1955, 95-144; XIII, n° 39, Madrid 1956, 497-540.

ECHARD, Laurence.
1779 *Dictionnaire geographique-portatif...* traduit de l'anglois sur la treizieme édition de Laurent Echard, avec des additions & des corrections considérables par monsieur Vosgien, chanoine de Vaucouleurs. A Paris: chez Les Libraires Associes.

Efemeridi Letterarie di Roma.
1781-1785 X: 1-3; 7-9; 9-12; 25-27; 33-35; 289-291; 297-299. XI: 153-155; 161-163; 169-171. XII: 97-99. *L'Esprit des Journaux*. París. 1781 (junio): 106-116. 1782 (enero): 75-90. 1784 (julio): 187-209. 1785 (octubre): 160-169.

EGUÍA RUIZ, Constacio.
    1935   "El P. José Cassani, cofundador de la Academia española". En: *Boletín de la Academia española*. Madrid, XXII (1935) 7-30.

ELORDUY, Eleuterio.
    1948   *La igualdad jurídica según Suárez*. Salamanca, Universidad de Salamanca.

ENCINAS, Diego de.
    1945-1946   *Cedulario indiano*. Reproducción facsímil de la edición de 1596 por A. García Gallo. Madrid, 4 vols.,

ESTEVE BARBA, Francisco.
    1965   *Cultura virreinal*. Barcelona-Madrid, Salvat Editores.

EZQUERRA, Ramón.
    1962   "La crítica española de la situación de América en el siglo XVIII". En: *Revista de Indias*. Madrid, n°., 87-88 (1962) 159-286.

FELICE CARDOT, Carlos.
    1973   *Curazao hispánico*. Antagonismo flamenco-español. Caracas.

FERET, H. M.
    1953   Sur la terre comme au ciel. Le vrai drame de Hochwälder, col. Contestations, París.

FERNÁNDEZ G., Enrique.
    2001   "Acuña, Cristóbal de". En: Charles E. O'NEILL y Joaquín M ª DOMÍNGUEZ. *Diccionario histórico de la Compañía de Jesús*. Roma-Madrid, I (2001) 13.

FERNÁNDEZ HERES, Rafael.
    2004   "Factores históricos determinantes en la creación del Arzobispado de Caracas" [Manuscrito]. Con posterioridad publicó el autor este estudio en el *Boletín de la Academia Nacional de la Historia*. Caracas, n°., 346 (2004) 169-210.
    s/f   "Factores históricos determinantes en la creación del Arzobispado de Caracas". [Manuscrito]

FERRER BENIMELI, José Antonio.
- 1990 "Los jesuitas y los motines en la España del siglo XVIII" en *Paramillo*, 9/10, San Cristóbal (1990) 365-396.
- --- "Carlos III y la extinción de los jesuitas" en *Paramillo*, 9/10, San Cristóbal (1990) 417-436.
- 1995 "Córcega y los jesuitas españoles expulsos 1767-1768. Correspondencia diplomática" en *Paramillo*, 14, San Cristóbal (1995) 5-196.
- 1998 "La expulsión y extinción de los jesuitas según la correspondencia diplomática francesa: 1770-1773" en *Paramillo*, 17, San Cristóbal, (1998) 5-386

FLÓREZ DE OCARIZ, Juan.
- 1943 *Genealogías del Nuevo Reino de Granada*. Bogotá, Prensas de la Biblioteca Nacional, I.

FORTIQUE, José Rafael.
- 1971 *Aspectos médicos en la obra de Gumilla*. Caracas, Talleres de Italgráfica.

FRITZ, Samuel.
- 1707 *El gran río Marañón o Amazonas con la misión de la Compañía de Jesús*, geograficamente delineado por el P. Samuel Fritz, mi sionero continuo de este rio. P. J. de N. Societatis Iesu, quondam in hoc Marañon missionarius, sculpebat Quiti, anno 1707.

FURLONG CARDIFF, Guillermo.
- 1936 *Cartografía jesuítica del Río de la Plata*. Buenos Aires, Talleres S. A. Casa Jacobo Peuser.

FURLONG, Guillermo.
- 1969 *Historia social y cultural del Río de la Plata 1536-1810*. El transplante cultural: Ciencia. Buenos Aires, Tipográfica Editora Argentina.

GALLARDO, José.
- 1888 Ensayo de una Biblioteca Española de libros raros y curiosos. Madrid, Editorial Manuel Tello, III.

GARCÍA CASTRO, Álvaro.
    1997   "Capitanía general". En: FUNDACIÓN POLAR. *Diccionario de Historia de Venezuela*. Caracas, I (1997) 635-642.

GARCÍA CHUECOS, Héctor.
    1957   *Historia documental de Venezuela*. Caracas, Editorial Rex.

GARCÍA DE CORTÁZAR, Fernando.
    2006   "Algo más que un aventurero. 500 años del nacimiento de San Francisco Javier". En: *SIC*. Caracas, n°., 684 (2006) 163-165.

GARCÍA VILLOSLADA, Ricardo.
    1948   "La idea del Sacro Romano Imperio, según Suárez". En: *Razón y Fe*. Madrid, 183 (1948) 286-311.

GARCÍA, Sonia.
    1997   "El Dorado, mito de". En: FUNDACIÓN POLAR. *Diccionario de Historia de Venezuela*. Caracas, II (1997) 190-192.

GIARD, Luce (Edit.).
    1995   *Les jésuites à la Renaissance*. Système éducatif et production du savoir. París, Presses Universitaires de France.

GIL CORIA, Eusebio (Edit.).
    2002   *La pedagogía de los jesuitas, ayer y hoy*. Madrid, Universidad Pontificia de Comillas.

GILIJ, Felipe Salvador.
    1965   *Ensayo de historia americana*. Caracas, Academia Nacional de la Historia, 3 vols.

GILIJ, Felipe Salvatore.
    1780-1784   Saggio di Storia Americana, ossia Storia Naturale, Civile e Sacra dei Regni, e delle provincie Spagnole di Terraferma nell'America meridionale. Scritta dall'Abate Filippo Salvatore Gilij e consacrata alla Santità di N. S. Papa Pio Sesto felicemente regnante. Tomo I. Della storia geografica e naturale della provincia dello Orinoco. Roma MDCCLXXX. Per

Luigi Perego Erede Salvioni, Stampatore vaticano nella Sapienza. 8°, XLIV-399 pp. Tomo II. De' Costumi degli Orinochesi. Roma, MDCCLXXXI. 8°, XVI-399 pp. Tomo III. Della religione e delle lingue degli Orinochesi, e di altri Americani. Roma, MDCCLXXXII. 8°, XVI-430 pp. Tomo IV. Stato presente di Terra-Ferma. Roma, MDCCLXXXIV. 8°, XX-498 pp.

GOETSTOUWERS-VAN DE VORST, J. B.
    1950   *Synopsis historiae Societatis Jesu*. Lovanii, Typis ad Sancti Alphonsi.

GÓMEZ CAFFARENA, José.
    1948   "Suárez filósofo". En: *Razón y Fe*. Madrid, 183 (1948) 137-156.

GÓMEZ HOYOS, Rafael.
    1961   *La Iglesia de América en las Leyes de Indias*. Madrid-Bogotá, Instituto González de Oviedo-Instituto de Cultura Hispánica de Bogota.

GÓMEZ PARENTE, Odilo.
    1979   Labor franciscana en Venezuela: I. Promoción indígena. Caracas. Universidad Católica Andrés Bello.
    1997   Los Franciscanos en Venezuela. Labor educativa y cultural durante los años de la colonia. San Cristóbal, Universidad Católica del Táchira.

GONÇALVES DA CAMARA, L.
    1943   "Memoriale seu diarium". En: *Fontes narrativi de S. Ignatio de Loyola et de Societatis Iesu initiis*. I: *Narraciones scriptae ante annum 1557*. A cargo de D. FERNÁNDEZ ZAPICO, C. DE DALMASES. Romae (1943) 508-755.

GONZÁLEZ OROPEZA, Hermann.
    1983   Atlas de la Historia cartográfica de Venezuela. Caracas. Editorial Papi.

1985 "LA Objeción de conciencia del P. José Gumilla". En: *Noticias Venezuela*. Caracas, Oficina Provincial de la Compañía de Jesús, n°., 309 (1985) 2-6.

1997 *Iglesia y Estado en Venezuela*. Caracas, Editorial Papi.

GUMILLA, José.
    1963 El Orinoco ilustrado y defendido. Caracas.
    1970 *Escritos varios*. Estudio preliminar y compilación del P. José del Rey S. J. Caracas, Academia Nacional de la Historia.

HEGEL, G.W.F.,
    1986 Vorlesungen über die Philosophie der Geschichte, Werke 12, Frankfurt/M.

HERNÁEZ, Francisco Javier.
    1879 *Colección de Bulas, Breves y otros documentos relativos a la Iglesia de América y Filipinas*. Dispuesta, anotada e ilustrada por el P. Francisco Javier Hernáez de la Compañía de Jesús, Bruselas, Imprenta de Alfredo Vromant, Impresor-editor, 2 vols.

HERNÁNDEZ, Pablo,
    1913 Organización social de las doctrinas guaraníes de la Compañía de Jesús, 2 vols., Barcelona.

HERNÁNDEZ DE ALBA, Guillermo.
    1976 *Documentos para la historia de la educación en Colombia*. Bogotá, Patronato Colombiano de Artes y Ciencias, III.

HERNÁNDEZ SÁNCHEZ-BARBA, Mario.
    1988 "La ilustración indiana". En: *Historia de España*. XXXI, 2. La época de la ilustración. Madrid, Espasa-Calpe, XXXI (1988) 291-360.

HERVÁS y Panduro, Lorenzo.
    1800-1805 *Catálogo de las lenguas de las naciones conocidas*, y numeración, división y clases de éstas según la diversidad de sus idiomas y dialectos, 6 vols., Madrid.
    2000 *Biblioteca jesuítico-española (1759-1799)*. Estudio introductorio, edición crítica y notas: Antonio Astorgano Abajo. Madrid, Libris: Asociación Libreros de viejo, I.

HUERGA, Álvaro.
- 1992 "Antillas: implantación y consolidación de la Iglesia". En: Pedro BORGES (Edit.). *Historia de la Iglesia en Hispanoamérica y Filipinas (siglos XV-XIX)*. Madrid, Biblioteca de Autores Cristianos, II (1992) 3-30.
- --- "Venezuela: la Iglesia diocesana". En: Pedro BORGES (Edit.). *Historia de la Iglesia en Hispanoamérica y Filipinas (siglos XV-XIX)*. Madrid, Biblioteca de Autores Cristianos, II (1992) 375-388.
- 1996 *La evangelización del Oriente de Venezuela*. (Los anexos del obispado de Puerto Rico). Ponce, Pontificia Universidad Católica de Puerto Rico.

HUMBODLT, Alejandro de.
- 1941 *Viaje a las regiones equinocciales del nuevo continente*. Caracas, Ediciones del Ministerio de Educación de Venezuela, II.

INSTITUTO GEOGRÁFICO AGUSTÍN CODAZZI.
- 1995 Los nombres originales de los territorios, sitios y accidentes geográficos de Colombia. Santafé de Bogotá, Instituto Agustín Codazzi.

IPARRAGUIRE Ignacio, Cándido de DALMASES y Manuel RUIZ JURADO.
- 1991 *Obras de San Ignacio de Loyola*. Madrid, Biblioteca de Autores Cristianos.

IRIARTE, Joaquín.
- 1948 "La proyección sobre Europa de una gran Metafísica –o– Suárez en la Filosofía de los días del Barroco". En: *Razón y Fe*. Madrid, 138 (1948) 229-283.

JACOB John Abraham de y C. Alexander HARRIS.
- 1911 *Storm van's Gravesande; the rise of British Guiana*, compiled from his despatches by C.A. Harris ... and J.A.J. de Villiers... London Printed for the Hakluyt Society.

JACOBS, Hubert.
   2001   "Lobo, Jerónimo". En: Charles E. O'NEILL y Joaquín Mª DOMÍNGUEZ. *Diccionario histórico de la Compañía de Jesús*. Roma-Madrid, 2 (2001) 1773.

JAENSON, Franklin.
   1879   *Report on Spanish and Dutch Settlements prior to 1648* (United States Commission on Boundary between Venezuela and British Guiana). Vol. I. Historical. Washington.

JARAMILLO MEJIA, William.
   1996   *Real Colegio Mayor y Seminario de San Bartolomé. - Nobleza e hidalguía- Colegiales de 1605 a 1820*. Santafé de Bogotá, Instituto Colombiano de Cultura Hispánica.

JEREZ, Hipólito.
   1952   *Los Jesuitas en Casanare*. Bogotá, Prensas del Ministerio de Educación Nacional.

JENSEN, A. E.
   1966   *Mito y culto entre pueblos primitivos*. México, Fondo de Cultura Económica.

JOUANEN, José.
   1941   Historia de la Compañía de Jesús en la antigua Provincia de Quito 1570-1774. Quito, Editorial Ecuatoriana, I.

Journal des savants combiné avec les Mémoires de Trévoux. A Amsterdam, chez Marc Michel Rey. 1758.

Journal encyclopédique par une société de gens de lettres, dédié a Son Alt. Ser. et Emin. Jean Théodore, Duc de Baviére, etc.... A Liège, de l'Imprimerie du Bureau du journal. 1759.

Journal Étranger ou notice exacte et détaillée des ouvrages des toutes los nations étrangéres, en fait d'arts, des sciences, de litterature, etc., par M. Fréron, des Académies d'Angers, de Montauban et de Nancy. A Paris, chez Michel Lambert. 1756.

JOVER ZAMORA, José María y Elena HERNÁNDEZ SANDOICA.
   1987   "España y los Tratados de Utrecht". En: José María JOVER ZAMORA (Director). *Historia de España. La*

Época de los primeros borbones. Tomo XXIX, Volumen I: La nueva Monarquía y su posición en Europa (1700-1759). Madrid, Espasa-Calpe (1987) 339-440.

KONETZKE, Richard.
1958   Colección de documentos para la historia de la formación social de Hispanoamérica, 1493-1810. Madrid, Consejo Superior de Investigaciones Científicas.

KRATZ, Guillermo.
1954   El Tratado hispano-portugués de límites de 1750 y sus consecuencias. Roma, Institutum Historicum S. I.

LA CONDAMINE, Charles-Marie de.
1745   Relation abrégé d'un voyage fait dans l'intérieur de l'Amérique méridionale depuis la côte de la mer du Sud jusqu'aux côtes du Brésil et de la Guyane, en descendant la rivière des Amazones, lue à l'assemblée publique de l'Académie des sciences, le 28 avril 1745. París, Vve. Pissot.
1986   Viaje a la América Meridional por el Río de las Amazonas. Barcelona, Editorial Alta Fulla.

LACOUTURE, Jean.
1993   *Jesuitas. I. Los conquistadores*. Barcelona-Buenos Aires-México, Ediciones Paidís.

LAWRENCE.
1919   *The Society of Nations*. New York, Oxford University Press.

LAET.
1640   *L'Histoire du Nouveau Monde ou description des Indes occidentales* Contenant dix-huit Livres. Par le Sieur Jean de Laet, d'Anvers. A Leyde.

LAS CASAS.
1957   *Historia de las Indias*. Biblioteca de Autores Españoles. Madrid.

LEAL, Ildefonso.
1978   Libros y bibliotecas en Venezuela colonial (1633-1767). Historia Colonial de Venezuela, 2 vols.

LECLERC, Charles.
    1878   *Bibliotheca americana*: histoire, géographie, voyages, archéologie et linguistique des deux Amériques et des îles Philippines. Paris, Maisonneuve et cie,.

LECLER, Joseph.
    1938   "La <donation> d'Alexandre VI". En: *Etudes*, París (1938) 1-16; 195-208.

LEMMON, Alfred E.
    1979   "Jesuits and Music in the Provincia del Nuevo Reino de Granada" en *Archivum Historicum Societatis Jesu*, XLVIII, Roma (1979) 149-160.

LETURIA, Pedro.
    1940   "Perché la Compagnia de Gesù divenne un Ordine insegnante". En: *Gregorianum*. Roma, 21 (1940) 350-382.

Libro que contiene la erección de la Santa Iglesia Catedral de Santiago de Cuba, Autos de Ordenanzas despechados por varios Illmos. Señores Obispos de ella, por orden de sus fechas y algunas Reales Cédulas. Todo por disposición del Illmo. Sr. Dr. D. Joaquín Osís de Alzúa y Cooparacio. Año de 1796. Santiago de Cuba (1887) 176- 188.

LODARES, Baltasar de.
    1929   *Los franciscanos capuchinos en Venezuela.* Caracas, Cia. Anon. Edit. Empresa Gutenberg, I, 1929. 3 vols.

LOZANO, Pedro.
    1733   Descripción Chorographica del terreno, Rios, Arboles y Animales de las dilatadíssimas Provincias del Gran Chaco, Gualamba y de los ritos y costumbres de las innumerables naciones barbaras e infieles que la habitan... Córdoba, En el Colegio de la Assumption, por Joseph Santos Balbás.

LUCENA GIRALDO, Manuel y Antonio E. DE PEDRO.
    1992   La frontera caríbica: Expedición de Límites al Orinoco, 1754-1761. Caracas, Cuadernos Lagovén.

LUCENA GIRALDO, Manuel.
- 1988 "Ciencia para la frontera: las Expediciones de Límites españolas (1754-1804)". En: *Cuadernos Hispanoamericanos*. Los Complementarios/2. Madrid.
- 1991 (Edit.). *El bosque ilustrado. Estudios sobre la política forestal española en América*. Madrid, Instituto Nacional para la Conservación de la Naturaleza, 1991.
- --- *Laboratorio tropical*. La Expedición de Límites al Orinoco, 1750-1767. Caracas, Monte Ávila Editores-consejo superior de Investigaciones Científicas, 1991.
- --- (Edit.). *El bosque ilustrado. Estudios sobre la política forestal española en América*. Madrid, Instituto Nacional para la Conservación de la Naturaleza.
- s/f "Defensa del territorio y explotación forestal en Guayana, 1758-1793". En: M. LUCENA GIRALDO (Edit.). *El*
- 1992-1993 "Los jesuitas y la expedición de límites al Orinoco, 1750-1767". En: *Paramillo*. San Cristóbal, 11-12 (1992-1993) 243-257.
- 1997 "Expedición de Límites de 1754-1761". En: FUNDACION POLAR. *Diccionario de Historia de Venezuela*. Caracas, Fundación Polar, II (1997) 292-294.
- --- "Iturriaga, José de". En: *Diccionario de Historia de Venezuela*. Caracas, Fundación Polar, II (1997) 831-832.

LUCENA GIRALDO, Manuel (Edit.).
- 1999 *Viajes a la Guayana ilustrada. El hombre y el territorio*. Estudio introductorio, selección documental y notas de Manuel Lucena Giraldo. Caracas, Banco Provincia.
- 1967 *Nuevo Reino de Granada. Real Audiencia y Presidentes*. Tomo 2. Presidentes de Capa y Espada (1628-1654). Bogotá, Ediciones Lerner.
- 1997 "Intendencia de Ejército y Real Hacienda". En: FUNDACIÓN POLAR. *Diccionario de Historia de Venezuela*. Caracas, II (1997) 812-813.

MAGNIN, Jean.
    1940   "Breve descripción de la Provincia de Quito en la América Meridional, y de sus misiones de Sucumbíos, de religiosos de San Francisco, y de Maynas de la Compañía de Jesús a las orillas del gran río Marañón". En: *Revista de Indias.* Madrid, I (1940) 151-185.

MARONI, Pablo.
    1889   Noticias auténticas del famoso río Marañón, y misión apostólica de la Compañía de Jesús de la Provincia de Quito. Madrid, Estab. tip. de Fortanet.

MARQUETTE, Jacques.
    1855   Récit des voyages et des découvertes du R. Père Jacques Marquette de la Compagnie de Jésus, en l'année 1673 et aux suivantes: La continuation de ses voyages par le R. P. Claude Alloüez et Le journal journal autographe du P. Marquette en 1674 & 1675, avec la carte de son voyage tracée de sa main. Albanie, N.Y. Impr. de Weed, Parsons & cie.

MARTÍNEZ DE LA] ESCALERA, José.
    2001   "Cassani, José". En: Charles E. O'NEILL y Joaquín Mª DOMINGUEZ. *Diccionario histórico de la Compañía de Jesús.* Roma-Madrid, I (2001) 695.

MARTÍNEZ DE RIPALDA, Juan.
    1704   De usu & abusu doctrinae divi Thomae, pro Xaveriana Academia Collegii Sanctafidensis in Novo Regno Granatensi. Leodi, Apud Guilielmum Henricum Stareel, M.DCC.IV.

MARTÍNEZ RUBIO, Juan.
    1966   "Relación del estado presente de las Misiones". La traducción castellana la publicamos por vez primera en: *Documentos jesuíticos relativos a la Historia de la Compañía de Jesús en Venezuela.* Caracas, I (1966) 143-168.

MARTÍNEZ, Aníbal R.
    1997   "Zuloaga y Moya, Gabriel José". FUNDACIÓN POLAR. *Diccionario de Historia de Venezuela*. Caracas, Fundación Polar, IV (1997) 356-357.

MATEOS, Francisco.
    1944   "Misioneros jesuitas españoles en el Perú desde el siglo XVI". En: *Missionalia Hispanica*. Madrid (1944) 559-571.

MATEOS, Francisco.
    1944   "Antecedentes de la entrada de los jesuitas españoles en las Misiones de América". En: *Missionalia Hispanica*. Madrid (1944) 109-166.
    1955   "En pleno corazón del Amazonas". En: *Razón y Fe*. Madrid, 152 (1955) 99-109.

MATTEI-MILLER, Marie Claude.
    1992   "El Tamanaku en la lingüística caribe. Algunas propuestas para la clasificación de las lenguas caribes de Venezuela". En: DEL REY FAJARDO (Edit.). *Misiones jesuíticas en la Orinoquia*. San Cristóbal. Universidad Católica del Táchira, II (1992) 461-613.

MEDINA, José Toribio.
    1901   *Biblioteca Hispano-Americana (1493-1810)*. Santiago de Chile, Casa del Autor, IV.

Mémoires pour l'Histoire des Sciences et des beaux Arts, commencés d'etre emprimés l'an 1701 a Trévoux, et dédiés á Son Altesse Sérénissime Monseigneur le Prince Souverain de Dombes. A Paris, Chez Chaubert: (1747) oct-dec., pp. 2319-2345, 2501-2524. (1748) jan-mar, pp. 27-53, 189-191. (1759) marz-abril, pp. 623-640.

MENGET, Patrick,
    1985   "Notes sur l'etnographie jésuite de l'Amazonie portugaise (1653-1759)" en Claude BLANCKAERT, *Naissance de l'ethnologie?*, Les Editions du Cerf, París, 175-192.

MERCADO, Pedro de.
    1957   Historia de la Provincia del Nuevo Reino y Quito de la Compañía de Jesús. Bogotá, Biblioteca de la Presidencia de la República, 4 vols.

MESANZA, Andrés y Alberto ARIZA.
    1981   Bibliografía de la Provincia dominicana de Colombia. Caracas. Parra León Hermanos Editores.

METZLER, Josef.
    1493-1592   *America Pontificia primi saeculi evangelizationis 1493-1592*. Cità del Vaticano, Libreria Editrice Vaticana, I 991.

MINISTERIO DE RELACIONES EXTERIORES.
    1982   *Suplemento al Libro Amarillo de los Estados Unidos de Venezuela*. Caracas, [Edición facsimilar. Caracas, Tipografía Universal. Talleres al Vapor, 1899]. La edición manejada es de 1982.

MORALES PADRÓN, Francisco y José LLAVADOR MIRA.
    1958   Mapas, planos y dibujos sobre Venezuela existentes en el Archivo General de Indias. Sevilla, Escuela de Estudios Hispanoamericanos.

MOREY, Nancy C. y Robert V. MOREY.
    1980   "Los sáliva". En: Walter COPPENS (Edit.). *Los aborígenes de Venezuela*. Caracas, Fundación La Salle de Ciencias Naturales, I (1980) 241-285.

MORÓN, Guillermo.
    1977   *El proceso de integración de Venezuela 1776-1793*. Caracas, Academia Nacional dela Historia.

MORRA, Humberto.
    1968   *Coloquio con Berenson*. México, Fondo de Cultura Económica.

MOYA PONS, Frank.
    1973   *La Española en el siglo XVI, 1493-1520*. Santiago, República Dominicana, UCMM.

NAVARRETE, Juan Antonio.
- s/f. *Arca de Letras y Teatro Universal*. Caracas, Biblioteca de la Academia Nacional de la Historia.

NAVARRO, Nicolás E.
- 1929 *Anales eclesiásticos venezolanos*. Caracas, Tipografía Americana.

NOUEL, Carlos.
- 1979 Historia Eclesiástica de la Arquidiócesis de Santo Domingo. Santo Domingo, Dominicana de Bibliófilos, II.

Nuovo Giornale di Letteratura di Modena. Tomo 33. Págs. 233-251.

O'NEILL, Charles E.
- 2001 "Geografía". En: Charles E. O'NEILL y Joaquín Mª DOMÍNGUEZ. *Diccionario histórico de la Compañía de Jesús*. Roma-Madrid, Institutum Historicum S. I.- Universidad Pontificia de Comillas, 2 (2001) 1712-1714.

PÉREZ, Omar Alberto.
- 1997 "Carreño, José Francisco". En: FUNDACION POLAR. *Diccionario de Historia de Venezuela*. Caracas, I (1997) 699.

OJER, Pablo.
- 1962 "El mapa de Guayana del P. Bernardo Rotella S. J.". En: *SIC*. Caracas (1962) 489-492.
- 1966 La formación del Oriente venezolano. Caracas.
- --- "Utopía y Tragedia de Guayana". En: *El* Farol, XXIX, Caracas (1966), 30-33.
- 1969 Robert H. Schomburgk explorador de Guayana y sus líneas de frontera. Caracas, Universidad Central de Venezuela,
- 1982 La Década fundamental en la controversia de Límites entre Venezuela y Colombia (1881-1891). Maracaibo, Corpozulia.
- 1983 El Golfo de Venezuela. Una síntesis histórica. Maracaibo, Biblioteca Corpozulia,
- 1992 "Las Misiones carismáticas y las institucionales en Venezuela". En: José DEL REY FAJARDO (Edit.).

Misiones jesuíticas en la Orinoquia. San Cristóbal, I (1992) 141-154.

OLAECHEA, Rafael.
    1992   "Historiografía ignaciana del siglo XVIII". En: Juan PLAZAOLA (Edit.). *Ignacio de Loyola y su tiempo.* Bilbao (1992) 55-106.

OLZA, Jesús.
    1992   "El Padre Felipe Salvador Gilij en la historia de la lingüística venezolana". En: DEL REY FAJARDO (Edit). *Misiones jesuíticas en la Orinoquia.* San Cristóbal, Universidad Católica del Táchira, II (1992) 361-459.

ORTEGA, José.
    1754   Apostólicos afanes de la Compañía de Jesús, escritos por un Padre de la misma sagrada Religión de su provincia de México. Barcelona, Pablo Nadal.

ORTIZ, Sergio Elías.
    1966   *Nuevo Reino de Granada. Real Audiencia y Presidentes.* Tomo 4. Presidentes de capa y espada (1654-1719). Bogotá, Academia Colombiana de la Historia, Historia Extensa de Colombia, vol., III.

OTERO D'COSTA, Enrique.
    1934   "El P. José Gumilla". En: *Senderos*, Bogotá, 1 (1934) 131-134.

OTS CAPDEQUÍ, J. M.
    s/f   *Instituciones.* Barcelona, Ed. Salvat, Tomo XIV de la *Historia* de *América y de los Pueblos Americanos* dirigida por Antonio Ballesteros Baretta.

OTTE, Enrique.
    1959   Cedularios de la Monarquía relativos a la Provincia de Venezuela. Caracas, Fundación Boulton y Mendoza, 2 vols.
    1963   *Cédulas Reales relativas a Venezuela 1500-1550.* Caracas, Compilación y estudio preliminar. Fundación John Boulton y Fundación Mendoza, 1963.

PACHECO, Juan Manuel.
    1986   *Historia eclesiástica.* Tomo II: *La consolidación de la Iglesia. Siglo XVII.* Bogotá, Historia Extensa de Colombia, vol., XIII, 1975. Tomo III: La *Iglesia bajo el regalismo de los bobones. Siglo XVIII.* Bogotá, Historia Extensa de Colombia, vol., XIII.

    1959-1989   *Los jesuitas en Colombia.* Bogotá, Editorial San Juan Eudes, I, 1959; Hijos de Santiago Rodríguez, II, 1962; Pontificia Universidad Javeriana, III, 1989.

PALACÍN, Luis.
    2001   "Avogadri, Aquile Maria". En: Charles E. O'NEILL y Joaquín Mª DOMÍNGUEZ. *Diccionario histórico de la Compañía de Jesús.* Roma-Madrid, I (2001) 306-307.

PALAU Y DULCET, Antonio.
    1953   *Manual del Librero Hispano Americano.* Barcelona, Librería Anticuaria de A. Palau.

PELLEPRAT, Pedro.
    1655   *Relato de las Misiones de los Padres de la Compañía de Jesús en las islas* y en *tierra firme de América Meridional.* Estudio preliminar por José del Rey s.j. Caracas, Biblioteca de la Academia Nacional de la Historia, nº, 77, 1965. [La edición príncipe apareció en París en 1655].

PEREÑA, Luciano.
    1954   *Teoría de la guerra en Francisco Suárez.* Madrid, Consejo Superior de Investigaciones Científicas, I.

PERERA, Miguel Ángel.
    s/f   Oro y Hambre: Antropología histórica y Ecología cultural de un mal entendido. Guayana en el siglo XVI. **Manuscrito.**

PÉREZ, Omar Alberto.
    1997   "Aldunate y Rada, Bartolomé". En: FUNDACIÓN POLAR. *Diccionario de Historia de Venezuela.* Caracas, Fundación Polar, I (1997) 108.

--- "Carreño, José Francisco". En: FUNDACIÓN POLAR. *Diccionario de Historia de Venezuela*. Caracas, I (1997) 699.

PÉREZ ESTEVES, Antonio,
1994 "Hegel y América" en *Analogía Filosófica*, año 8, n° 2 México (1994) 119-137.

PICÓN, Gabriel.
1916 *Datos para la historia de la Diócesis de Mérida*. Caracas, Instituto de Acción Cultural-Consejo de Desarrollo Científico, Humanístico y Tecnológico.

PIRAS, Giuseppe.
1976 La Congregazione e il Collegio di Propaganda Fidei di J. Vives, G. Leonardi e M. de Funes. Roma, Università Gregoriana Editrice, 1976.

PIZZORUSSO, Giovanni.
1995 *Roma nei Caraibi*. L'organizzazione delle Misión cattoliche nelle Antille e in Guyana (1635-1675). Roma, École françcaise de Rome.
1998 "Ordini regulari, missione e politica nelle Antille del XVII secolo". En Flavio RURALE. *I Religiosi a Corte. Teologia, politica e diplomazia in Antico Regime*. Roma, Bulzoni (1998) 249-286.

PLA, Josefina,
1973 "Los Talleres Misioneros (1609-1767)" en *Revista de Historia Argentina*, n° 75-78, Buenos Aires, 9-53.

PLAZA, José A.
1850 Memorias para la Historia de la Nueva Granada. Bogotá, Imprenta del Neo-Granadino.

PLAZAOLA, Juan (Edit.).
2006 Jesuitas exploradores, pioneros y geógrafos. Bilbao, Ediciones Mensajero.

POLGAR, László.
1981 Bibliographie sur l'histoire de la Compagnie de Jesús 1901-1980. Roma, Institum Historicum S. I., I.

PRAGMÁTICA SANCION DE SU MAJESTAD, en fuerza de Ley, para el
1990   estrañamiento de estos Reynos a los Regulares de la Compañía, ocupación de sus Temporalidades y prohibición de su restablecimiento en tiempo alguno, con las demas precauciones que expresa. Dada en el Pardo a dos de Abril de mil setecientos y sesenta y siete años. La transcripción puede verse en: José DEL REY FAJARDO. La expulsión de los jesuitas de Venezuela (1767-1768). San Cristóbal, Universidad Católica del Táchira, (1990) 14-19.

RAHNER, Hugo.
1955   Ignacio de Loyola y su histórica formación espiritual. Santander, Editorial Sal Terrae.

RALEIGH, Walter.
1596   The Discoverie of the large, rich and bewtiful empyre of Guiana, with a relation of the great and Golden Citie of Manoa (wich the Spanyards call El Dorado)... London, Robert Robinson.

RAMOS PÉREZ, Demetrio.
1944   "Las ideas geográficas del Padre Gumilla". En: *Estudios geográficos*. Madrid, nº 14 (1944) 179-199.
---   "Un mapa inédito del Río Orinoco. Es el precedente del de Gumilla y el más antiguo de los conocidos". En: *Revista de Indias*. Madrid, nº 15 (1944) 89-104.
1946   El tratado de límites de 1750 y la expedición de Iturriaga al Orinoco. Madrid. Consejo Superior de Investigaciones Científicas.
1956   "La defensa de Guayana". En: *Revista de Indias*. Madrid, 66 (1956) 525-584.
1958   "Un plan de inmigración y libre comercio defendido por Gumilla para Guayana en 1739". En: *Anuario de Estudios Americanos*. Sevilla, XV (1958) 201-224.
1963   "Gumilla y la publicación de El Orinoco ilustrado". En: P. José GUMILLA S. I. *El Orinoco Ilustrado y Defendido*. Caracas, Biblioteca de la Academia Nacional de la Historia, vol., 68 (1963) XXVII- XXXVIII.

1973 *El mito del Dorado. Su génesis y proceso.* Caracas, Academia Nacional de la Historia,

1988 *Estudios de Historia venezolana.* Caracas, Academia Nacional de la Historia

RAUSCH, Jane M.

1984 *Una frontera de la sabana tropical. Los llanos de Colombia 1531-1831.* Santafé de Bogotá, Colección Bibliográfica Banco de Colombia, s/a [El original inglés es de 1984]

RECOPILACIÓN DE LEYES de los Reynos de las Indias.

1681 Mandadas a imprimir y publicar por la Magestad Católica del Rey don Carlos II. Madrid, Ivlian de Paredes.

REINHARD, Wolfgang.

1977 "Gegenreformation als Modernisierung? Prolegomena zu einer Theorie des konfessionellen Zeitalters". En: *Archiv für Reformationsgeschichte*, 68 (1977) 226-252.

RENNARD (Abbé).

1931 Essai bibliographique sur l'histoire religieuse des Antilles françaises. Paris, Secrétariat des Pères du Saint-Esprit.

RESTREPO SÁENZ, José María.

1952 Biografías de los Mandatarios y Ministros de la Real Audiencia (1671-1819). Bogotá, Editorial Cronos.

RESTREPO, Daniel y Guillermo y Alfonso HERNÁNDEZ DE ALBA.

1928 *El Colegio de San Bartolomé.* I. El Colegio a través de nuestra historia. Por el P. Daniel Restrepo S. J. II. Galería de Hijos insignes del Colegio. Por Guillermo y Alfonso Hernández de Alba. Bogotá, Sociedad Editorial, 1928, II.

RESTREPO, Daniel.

1940 *La Compañía de Jesús en Colombia.* Compendio historial y Galería de Varones Ilustres. Bogotá, Imprenta del Corazón de Jesús.

RITZLER, R. y P. SEFRIN.

1923 Hierarchia Catholica Medii et Recentioris aevi. Paravii, III.

RIVERO, Juan.
- 1956 Historia de las Misiones de los Llanos de Casanare y los ríos Orinoco y Meta. Bogotá, Biblioteca de la Presidencia de Colombia.
- 1741 *Teatro del desengaño* en que se representan las verdades católicas, con algunos avisos espirituales a los estados principales, conviene a saber, *Clérigos, Religiosos y Casados*, y en que se instruye a los mancebos solteros para elegir con acierto su estado y para vivir en el ínterin en costumbres cristianas. obra póstuma, escrita por el V. P. Juan Rivero, Religioso Profeso de la Compañía de Jesús, misionero apostólico y Superior de las Misiones del Orinoco, Meta y Casanare, que cultiva la provincia del Nuevo Reyno, en la América Meridional. Córdoba, [1741]. El libro no tiene fecha. La licencia del Ordinario data del 13 de Abril de 1741. La Tassa de D. Miguel Fernández Munilla, cuando ya el libro estaba impreso es del 22 de enero de 1742.

RODRIGUEZ, Félix BARBERO.
- 2001 "Suarismo". En: Charles E. O'NEILL y Joaquín Mª. DOMÍNGUEZ. Diccionario histórico de la Compañía de Jesús. Roma-Madrid, IV (2001) 3658-3662.

RODRÍGUEZ, Manuel.
- 1684 El Marañon y Amazonas. Historia de los descubrimientos, entradas y reduccion de naciones, trabajos malogrados de algunos conquistadores y dichosos otros, así temporales como espirituales, en las dilatadas montañas y mayores ríos de America. En Madrid, en la Imprenta de Antonio Gonçalvez de Reyes. Año de 1684.

RODULFO CORTÉS, Santos y Juan Vicente ARÉVALO.
- 2000 *Cartografía antigua de Guayana*. Caracas, CVG. Electrificación del Caroni, C. A. Edelca.

RONAN, C. E.
- 2001 "Viscardo y Guzmán, Juan Pablo". En: Charles E. O'NEILL y Joaquín Mª. DOMÍNGUEZ. *Diccionario*

histórico de la Compañía de Jesús. Roma-Madrid, IV (2001) 3986-3988.

RONDET, Michel.
    2006   "Ignace-François Xavier-Pierre Favre". En: *Études*. Paris. (Juin 2006) 786-795.

SÁEZ, José Luis.
    1991   "Universidad Real y Pontificia Santiago de la Paz y de Gorjón en la Isla Española (1747-1767)". En: José DEL REY FAJARDO (Edit.). *La pedagogía jesuítica en Venezuela*. San Cristóbal, Universidad Católica del Táchira, I (1991) 175-224.
    1995   "La visita del P. Funes a Santo Domingo y sus Memoriales sobre las Indias (1606-1607)". En: *Paramillo*. San Cristóbal, 14 (1995) 571-612.

SALAZAR QUIJADA, Adolfo.
    1978   *La Toponimia en Venezuela*. Universidad Católica Andrés Bello, Instituto de Investigaciones Históricas.
    1993   La toponimia venezolana en las fuentes cartográficas del Archivo General de Indias. Caracas, Academia Nacional de la Historia.

SAMUDIO, Edda.
    2008   "La geohistoria en la Biblioteca colonial de la Universidad Javeriana de Bogotá". En: José DEL REY FAJARDO y Myriam MARÍN CORTÉS (Edit.). *La biblioteca colonial de la Universidad Javeriana comentada*. Bogotá, Pontificia Universidad Javeriana, Archivo Histórico Javeriano (2008) 637-656.

SAMUDIO A, Edda O.,
    1992   "Las haciendas jesuíticas de las Misiones de los Llanos del Casanare, Meta y Orinoco" en DEL REY FAJARDO (Edit.), *Misiones jesuíticas en la Orinoquia*, I, San Cristóbal 1992, 717-781.

SÁNCHEZ, Manuel Segundo.
    1964   *Bibliografía venezolanista*. Caracas, Banco Central De Venezuela.

SANTOS HERNANDEZ, Ángel.
    1988   "Acción misionera de los jesuitas en la América Meridional española". En: *Miscelánea Comillas*. Madrid, 46 (1988) 43-106.
    1992   "Actividad misionera de los jesuitas en el continente americano". En: J. DEL REY FAJARDO (Edit.). *Misiones jesuíticas en la Orinoquia*. San Cristóbal, Universidad Católica del Táchira, I (1992) 7-137.

SANTOS, Ángel.
    2001   "Mariana (Mariano). Luis". En: Charles E. O'NEILL y Joaquín Mª DOMÍNGUEZ. *Diccionario histórico de la Compañía de Jesús*. Roma-Madrid, 3 (2001) 2507.

SCHIMIDT, Wilhelm.
    1926   *Die Sprachfamilien und Sprachkreisen der Erde*. Heidelberg, Karl Winter Universitätbuchhandlung.

SCHULZE, Wolfgang.
    1987   "Gerhard Oestereichs Begriff <Sozialidisziplinierung> in der frühen Neuzeit". En: *Zeitschrift für hitorische Forschung*, 14 (1987) 265-302.

SEBES, Joseph y John W. WITEK.
    2001   "China". En: Charles E. O'NEILL y Joaquín Mª DOMÍNGUEZ. *Diccionario histórico de la Compañía de Jesús*. Roma-Madrid, 1 (2001) 776-787.

SHERBURNE, Richard F.
    2001   "Andrade, Antonio de". En: Charles E. O'NEILL y Joaquín Mª DOMÍNGUEZ. *Diccionario histórico de la Compañía de Jesús*. Roma-Madrid, 1 (2001) 160-161.

SILVA, Antonio Ramón.
    1908   Documentos para la historia de la diócesis de Mérida. Mérida, Imprenta diocesana, I.

SOMMERVOGEL, Carlos.
    1890-1932   *Bibliothèque de la Compagnie de Jésus*. Paris-Bruxelles, Schepens-París, Picard, 1890-1932, 11 vols. [Reimpresión por el P. M. DYKMANS. Héverlé-

Louvain. Éditions de la Bibliothèque S. J. Collège philosophique et théologique, 1960]. XI, 1932.

SONTAG, Susan.
1968   *Kunst und Antikunst*. Reinbek bei Hamburg, Reinbek bei Hamburg, Rowohlt [1968].

STOECKLEIN, Joseph.
1726-1761   Der neue Welt-Bott. Mit allerhand Nachrichten dem Missionariorum Soc. Jesu. Allerhand so lehr- als geistreiche Brief, Schrifften und ReisBeschreibungen, welche von denen Missionariis der Gesellschaft Jesu aus beyden Indien und andern über Meer gelegenden Ländern ... in Europa angelangt seynd. Jetzt zum erstenmal, theils aus handschrifftlichen Urkunden, theils aus denen französischen Lettres édifiantes. Ausburg-Graz-Wien, Im Verlag Philipp, Martin und Jo. Veith seel. Erben.

STREIT, Rob.
1927   Bibliotheca Missionum. Dritter Band. Amerikanische Missionsliteratur 1700-1909. Freiburg/Br. Herder & Co. (1927).

TANUCCI, Bernardo,
1980-1985   *Epistolario*, Roma, Edizioni di storia e letteratura, Roma.

TAPIA, Matías de.
1715   *Mudo Lamento* de la vastisima, y numerosa gentilidad que habita las dilatadas margenes del caudaloso Orinoco, su origen, y sus vertientes, a los piadosos oidos de la Magestad Catholica de las Españas, nuestro Señor Don Phelipe Quinto (que Dios guarde). Madrid.

TAVERA-ACOSTA, B.
1954   Anales de Guayana. Caracas.

The Edinburgh Review, enero de 1809.

TIETZ, Manfred (Edit.).
2001   Los jesuitas españoles expulsos. Su imagen y su contribución al saber sobre el mundo hispánico en la

Europa del siglo XVIII. Madrid, Iberoamericana; Frankfurt am Main, Vervuert.

TOBAR. A. y C. LARRUCEA DE TOVAR.
    1984   Catálogo de las lenguas de América del Sur con clasificaciones, indicaciones tipológicas, bibliografía y mapas. Madrid, Editorial Gredos.

TOBAR, Antonio.
    1961   Catálogo de las Lenguas de América del Sur. Buenos Aires, Edit. Sudamericana.

TOBAR DONOSO, Julio.
    1955   "Un nuevo mapa de misiones ecuatorianas". En: *Boletín de la Academia Nacional de Historia*. Quito, 35 (1955) 72-115.

"TRATADO DE PAZ DE BASILEA".
    1965   En: PRÍNCIPE DE LA PAZ. *Memorias*. Madrid, Biblioteca de Autores Españoles, I.

TROCONIS DE VERACOECHEA, Ermila
    1997   "Consulado de Caracas". En: FUNDACIÓN POLAR. *Diccionario de Historia de Venezuela*. Caracas, I (1997) 1032-1033.

TÜCHLE.
    1965   "¿Es el Barroco la raíz del triunfalismo de la Iglesia?" en *Concilium*, 7, 144-149.

UNITED STATES. **Commission to Investigate and Report upon the True**
    1897   Divisional Line between Venezuela and British Guiana. Maps of the Orinoco-Essequibo Region, South America: Compiled for the Commission Appointed by the President of the United States "to Investigate and Report Upon the True Divisional Line Between the Republic of Venezuela and British Guiana. Washington, Venezuelan Boundary Commission atlas. [s.n.].

URIARTE, J. Eug. de.
    1906   Catálogo razonado de obras anónimas y seudónimas de autores de la Compañía de Jesús pertenecientes a la antigua asistencia española. Madrid, Establecimiento

Tipográfico <Sucesores de Rivadenyra> Impresores de la Real Casa, III.

USECHE LOSADA, Mariano.
    1987   El proceso colonial en el alto Orinoco-Río Negro (siglos XVI a XVIII). Bogotá, Banco de la República.

VALDENEBRO, José María de.
    1900   *La imprenta en Córdoba*. Ensayo bibliográfico por Don José María de Valdenebro y Cisneros. Madrid, Madrid: [s. n.], (Est. tip. "Sucesores de Rivadeneyra").

VALLE LLANO, Antonio.
    1950   La Compañía de Jesús en Santo Domingo durante el período hispánico. Ciudad Trujillo, Seminario de Santo Tomás.

VALMONT-BOMARE, Jacques Christophe.
    1764   *Dictionnaire raisonné universel d'histoire naturelle:* contenant l'histoire des animaux, des végétaux et des minéraux... & des autres principaux phénomenes de la nature avec l'histoire et le description des drogues simples tirées des trois regnes... par M. Valmont de Bomare... A Paris: chez Didot, le jeune... [et. al.].

VARGAS UGARTE, Rubén.
    1971   *Historia General de Perú*. Burgos, Imprenta de Aldecoa. 4 vols.

VARGAS JURADO, J. A.
    s/f   Tiempos coloniales. Bogotá (Biblioteca de Historia Nacional, vol., 1) 24.

VAUMAS, G. de.
    1959   *L'éveil missionnaire de la France au XVIIe. Siècle*. París, Bloud & Gay. Bibliothèque de l'histoire de l'Eglise. Collecion publiée sous la direction de e. Jarry. Giovanni.

VEGA, Agustín de
    2000   Noticia del principio y progresos del establecimiento de las Missiones de gentiles en la río Orinoco por la Compañía de Jesús. Estudio introductorio: José del Rey Fajardo sj y

Daniel de Barandiarán. Caracas, Academia Nacional de la Historia.

VENEGAS, Miguel.
    1757   *Noticia de la California y de su conquista temporal y espiritual hasta el tiempo presente*. Madrid, en la imprenta de la viuda de Manuel Fernandez, y del Supremo Consejo de la Inquisicion.

VENEZUELA-BRITISH GUIANA BOUNDARY ARBITRATION.
    1898   The Case of the United States of Venezuela before the Tribunal of Arbitration to Convene at Paris under the Provisions of the Treaty between the United States of Venezuela and Her Britannic Majesty Signed at Washington February 2, 1897. Volume 2. Appendix: Parts 1 and 2. New York (1898), n. 363.

VERGARA Y VELASCO, F.J.
    1901-1902   Nueva geografía de Colombia, Bogotá.

VILA, Pablo.
    1965   Geografía de Venezuela. II. El paisaje natural y el paisaje humanizado. Caracas, Ediciones del Ministerio de Educación.

VILLALBA, Jorge y J. Mª DOMÍNGUEZ.
    2001   "Fritz, Samuel". En: Charles E. O'NEILL y Joaquín Mª DOMÍNGUEZ. *Diccionario histórico de la Compañía de Jesús*. Roma-Madrid, II (2001) 2194-2195.

VILLALBA, Jorge.
    2001   "Chantre y Herrera, José". En: En: Charles E. O'NEILL y Joaquín Mª DOMÍNGUEZ. *Diccionario histórico de la Compañía de Jesús*. Roma-Madrid, I (2001) 751-752.
    ---   "Maroni, Pablo". En: Charles E. O'NEILL y Joaquín Mª DOMÍNGUEZ. *Diccionario histórico de la Compañía de Jesús*. Roma-Madrid, III (2001) 2511.
    ---   "Rodríguez Villaseñor, Manuel". En: Charles E. O'NEILL y Joaquín Mª DOMÍNGUEZ. *Diccionario histórico de la Compañía de Jesús*. Roma-Madrid, IV (2001) 3398.

WEST, Robert C.
    1962   "The Geography of Colombia" en A. CURTIS WILGIUS (Edit.), *The Caribbean Contemporary Colombia*, Gainesville.

WRIGHT, Jonathan.
    2005   *Los jesuitas*. Una historia de los <soldados de Dios>. Santa Perpetua de Mogola (Barcelona).

XIMENO, Vicente.
    1749   Escritores del Reyno de Valencia cronológicamente ordenados desde el año M.CC.XXXVIII, de la Christiana Conquista de la misma Ciudad, hasta el de M.DCC.XLVIII. Tomo II. Contiene los Escritores que han florecido desde el oao M.DC.LI hasta el de M.DCC.XLVIII y principios de XLIX y cino índices, uno particular de este Tomo y quatro generales a toda la Obra. En Valencia, En la Oficina de Joseph Estevan Dolz, Impressor del S. Oficio.

YARZA, José.
    1974   Expulsio sociorum, 1767. Narratur historia laborum Societatis inter Indianos quórum indoles et mores describuntur. Iter exsulium Jesuitarum in Italiam. Suppressio Societatis. 1773. Traducción parcial por Juan Manuel Pacheco. "La expulsion de los jesuitas del Nuevo Reino de Granada en 1767". Fue publicada por José DEL REY FAJARDO. Documentos jesuíticos para la Historia de la Compañía de Jesús en Venezuela. Caracas, III (1974) 89.

YÉPEZ, Federico.
    2001   "Magnin, Juan (Jean)". En: Charles O'NEILL y Joaquín Mª. DOMÍNGUEZ. *Diccionario histórico de la Compañía de Jesús*. Roma-Madrid, Institutum Historicum S. I.- Universidad Pontificia de Comillas, III (2001) 2472.

ZUBILLAGA, Félix.
    1979   *Cartas y escritos de San Francisco Javier*. Madrid, Biblioteca de Autores Cristianos, t. 101.

www.ingramcontent.com/pod-product-compliance
Lightning Source LLC
Chambersburg PA
CBHW021137230426
43667CB00005B/149